2017年

CHINA INDUSTRY
DEVELOPMENT REPORT
2017

中国工业发展报告

中国信息通信研究院 主编

人民邮电出版社
北 京

图书在版编目（CIP）数据

2017年中国工业发展报告 / 中国信息通信研究院主编. -- 北京：人民邮电出版社，2017.12
ISBN 978-7-115-47725-5

Ⅰ．①2… Ⅱ．①中… Ⅲ．①工业发展—研究报告—中国—2017 Ⅳ．①F424

中国版本图书馆CIP数据核字(2017)第326557号

内 容 提 要

《2017年中国工业发展报告》分为综合篇、行业篇、热点专题篇、政策法规篇和国际篇五篇。本报告立足于当前国内外发展新环境和新的发展阶段，全面、系统地分析了2016年全年及2017年上半年我国工业整体运行态势及重点行业现状，揭示了需要重点关注的问题，研判了未来发展趋势。同时聚焦热点专题、主要产业政策以及发达国家最新举措等内容并进行了深入分析，充分揭示了当前我国工业发展全景及未来发展的重点。

本报告可供工业领域政府主管机构、行业管理部门、相关企业及研究人员等学习参考。

◆ 主　　编　中国信息通信研究院
　　责任编辑　杨　凌
　　责任印制　彭志环

◆ 人民邮电出版社出版发行　　北京市丰台区成寿寺路 11 号
　　邮编　100164　电子邮件　315@ptpress.com.cn
　　网址　http://www.ptpress.com.cn
　　北京市艺辉印刷有限公司印刷

◆ 开本：787×1092　1/16
　　印张：25　　　　　　　　　2017 年 12 月第 1 版
　　字数：389 千字　　　　　　2017 年 12 月北京第 1 次印刷

定价：188.00 元
读者服务热线：(010) 81055488　印装质量热线：(010) 81055316
反盗版热线：(010) 81055315

本书主要编写单位

主编单位

中国信息通信研究院

参与编写单位（排名不分先后）

中国石油和化学工业联合会

中国钢铁工业协会

中国有色金属工业协会

中国建筑材料联合会

中国汽车工业协会

中国机械工业联合会

中国纺织工业联合会

中国轻工业联合会

中国医药企业管理协会

中国电子信息行业联合会

本书主要编写人员

特约撰稿人（排名不分先后）：

中国石油和化学工业联合会副会长　傅向升

国务院参事、中国有色金属工业协会会长　陈全训

中国建筑材料联合会副会长　陈国庆

中国医药企业管理协会副会长　王学恭

主　　编：刘　多

副 主 编：余晓晖　何桂立

编 写 组：（按姓氏笔画排序）

于明德	王含春	王欣怡	王贺彬	王峰	王德春	王霞
文彩霞	叶盛基	田洪川	冯旭	巩天啸	成微	朱吉乔
朱军	朱敏	伦一	刘巧英	刘世佳	刘钊	李文宇
李拥军	李杰	李明怡	李贺	李晓佳	杨婕	宋超
张红	张洁	张倩	张涌涛	张婧姝	范敏	范德君
金永花	周洁	房珊杉	赵武壮	赵淑钰	赵新敏	钟倩
段德炳	祝昉	贺静	倪全	高素梅	郭文	续合元
谢聪敏						

序

　　自 2008 年以来，世界经济从危机转入长期低速增长，未见显著起色，形势复杂多变，被认为进入了一个"新常态""新平庸"时期。这一时期，我国经济尽管也遭受了很大冲击，但始终保持了稳中求进的中高速增长态势。在此过程中，中国工业经济总体规模跃居世界前列，综合实力和国际竞争力显著增强。当前，我国经济新常态特征更加明显，工业发展进入了新旧动能接续转换、结构调整和转型升级的关键时期。习近平总书记在党的十九大报告中指出："建设现代化经济体系，必须把发展经济的着力点放在实体经济上，把提高供给体系质量作为主攻方向，显著增强我国经济质量优势。"这为我国工业发展指出了战略方向，对于我国工业抢抓新一轮科技革命和产业变革机遇，特别是发展新型制造业和高新技术产业、打造国际竞争新优势具有重要意义。

　　2016 年，中国工业积极应对面临的新形势、新矛盾，一方面不断释放市场活力，另一方面积极完善产业政策，以不断创新的精神，推动形成了工业平稳增长、结构趋向优化、发展动力有序转换的良好态势。从全年走势来看，工业经济运行总体稳中向好、提质增效稳步推进、结构调整进展明显、创新能力明显增强、融合发展迈出坚实步伐。2017 年，面对更加复杂的国内外形势，工业提质增效与转型升级的要求更加迫切，继续坚持以提高发展质量和效益为中心，以供给侧结构性改革为主线，不断深化创新驱动和两化融合，加快新动能培育和传统动能提升，已成为 2017 年中国工业发展的基本特征。

　　《2017 年中国工业发展报告》全面反映了 2016 年至 2017 年上半年中国工业发展的态势，并对 2017 年全年及今后一段时期中国工业的发展走势进行了展望。本报告分为综合篇、行业篇、热点专题篇、政策法规篇和国际篇五篇，多角度地系统分析了中国工业运行现状、热点重点问题、主要政策，并观察和分析了发达国家的一些最新举措，作为借鉴。本报告为读者提供了一幅当前中国工业发展和未来趋势的全景图。

　　根据本报告作者的观察、分析和判断，从总体上看，中国工业 2016年增长态势稳固，2017 年增长态势进一步增强。在全球经济缓慢复苏、国内市场持续回暖、消费支撑作用不断增强的内外部环境下，2017 年全年工业增长预计在 6%～7%区间内。而为了继续保持这样的向好态势，需要进一步坚持创新驱动，深入推进《中国制造 2025》战略；持续深化两化融合，培育壮大新业态、新模式；加快结构调整优化，不断提升供给质量和效益；持续深化改革，营造良好的发展环境，为全面提升中国工业发展质量、推进产业迈向中高端水平打下坚实的基础。

行业篇对各重点行业的发展状况进行了具体分析，介绍了全景与特点，并指出未来的发展趋势及相关政策建议。其中不乏新颖独到、力透纸背的内容与观点，对于深刻认识各行业发展的特点与问题、研判行业未来走势具有较好的参考价值。

热点专题篇聚焦供给侧结构性改革、数字经济、新旧动能转换、产业集群、"一带一路"、新兴产业发展及工业投资等重要问题，进行了深入研究和讨论，不乏具有启发性的观点和结论。

政策法规篇系统梳理了 2016 年以来出台的助力工业经济发展的七个方面的产业政策，集中体现了产业政策对工业稳增长、调结构、推融合、促创新、优环境等方面所发挥的重要作用。

国际篇是一个视野更为开阔的部分，主要观察和讨论了美国、德国、日本、印度等代表性国家制造业发展的最新情况及政府所采取的重要政策举措，以此作为促进我国制造业发展有益的借鉴和启示。

从本报告的全文来看，中国工业发展正处于一个可以积极进取、大有作为的重要战略机遇期，虽然面临诸多矛盾和挑战，但使命重大，任务艰巨，前景广阔，成就可期。全面建成小康社会和实现"中国梦"，需要中国工业做出更大的贡献，中国工业自身也将在奉献于中华民族伟大复兴事业中更加壮大，走到世界先进工业国家的前列。

本报告的编著者邀我作序，使我有幸先睹为快。全书体系完整、观点鲜明、重点突出、资料翔实，不仅具有很好的参考价值，而且有许多很有启发的内容，可以引发更多的思考和讨论。在中国经济中，工业是长期处于改革开放和经济发展最前沿的领域，也是做出了最大贡献的经济部门之一，堪称大国之筋骨。因此，持续观察、分析和研究中国工业发展，及时报告中国工业发展的态势，具有非常重要的意义。感谢《2017年中国工业发展报告》编著者们为我们提供了这本有益之作。

中国社会科学院学部委员

2017 年 12 月 10 日于北京

目　录

综　合　篇

行业篇

热点专题篇

国 际 篇

综 合 篇

第一章　2016 年全球工业发展总览

　　2016 年全球工业经济发展形势整体向好，发展中国家依然引领世界工业经济发展，美国重返第一商品贸易大国的地位，战略性新兴产业发展势头迅猛。2017 年全球工业经济发展环境稳中向好，工业数字化趋势明显加快，人工智能成为工业经济发展的新引擎，新兴业态向着更高端化方向发展。全球工业经济发展概况与发展趋势对我国工业发展形势、智能制造、供给侧结构性改革、战略性新兴产业等方面均产生了重大影响。

一、2016 年全球工业发展概览

　　联合国工业发展组织相关资料显示，2016 年世界工业生产逐步得到改善，2016 年第四季度工业生产总值与 2015 年同期相比增长了 2.7%，发达国家增长了 1.4%，发展中国家与新兴国家增长了 4.4%。从区域来看，发达国家与东亚地区的工业经济发展势头良好，欧洲也出现了稳步增长，亚洲地区的工业经济总量维持了 5.5%左右的高增长，而北美地区则出现了减速倾向。从行业来看，高技术产业以及中高等技术产业增长较快，其中计算机、电子器械、光化学器械制造业维持了 6.3%的增长。

（一）发展中国家依然引领世界工业经济增长

　　从 2016 年世界工业增加值的变化来看（如图 1 所示），其中工业增加值占 GDP 的比重为 27.07%，增速为 2.88%。从主要国家来看，工业增加值占 GDP 比重最高的国家为中国(39.81%)，其次是韩国(38.56%)、德国(30.45%)；工业增加值增速方面，增速最高的国家仍然为中国（6.08%），其次是印度（5.59%）、韩国（3.33%）。美国、日本、德国等发达国家的工业增加值增速均低于世界平均水平，可见，2016 年引领世界工业经济增长的地区仍然为发展中国家。

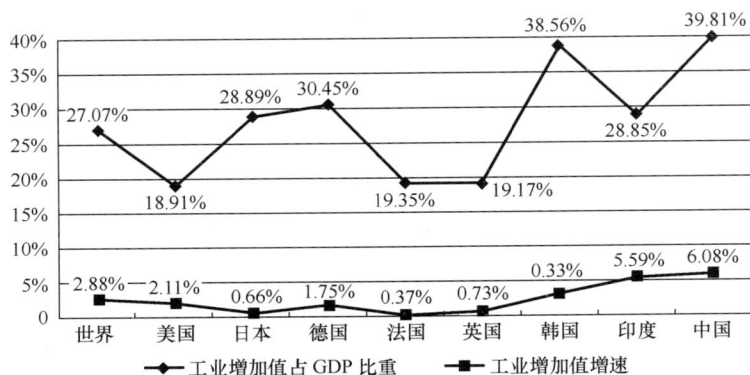

注：日本与世界工业增加值占 GDP 比重为 2015 年数据，日本与美国工业增加值增速为 2015 年数据。

图 1　2016 年工业增加值变化（数据来源：世界银行）

（二）美国重返第一商品贸易大国地位

2016 年世界商品贸易变化情况如图 2 所示，出口总额为 160 553.28 亿美元，进口额为 162 177.59 亿美元，占 GDP 的比重为 50.03%。从地区来看，商品贸易出口最多的国家为中国（20 981.61 亿美元），其次是美国（15 049.14 亿美元）。进口最多的国家为美国（23 079.46 亿美元），其次是中国（15 874.31 亿美元）；就商品贸易占 GDP 的比重来看，比重最高的为韩国（63.89%），其次是德国（59.07%），其他国家则均低于世界平均水平。

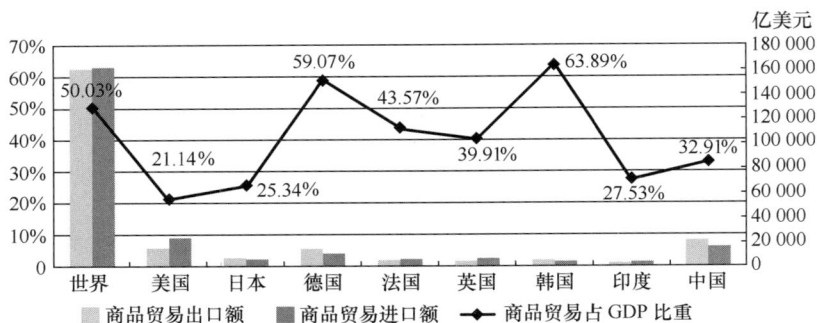

注：美国数据为 2015 年。

图 2　2016 年商品贸易变化（数据来源：世界银行）

（三）战略性新兴产业发展势头迅猛

通信设备产业发展迎来变革期。通信设备产业市场规模增速将逐步放缓，根据咨询公司 Gartner 的预测，2016—2020 年，复合增长率将下降 6.4%。企业兼并重组成为提升竞争力的重要手段，芯片等核心产业链环节的作用进一步显现，协议标准化、设备专用化、能力封闭化成为网络产业发展的主要特点。此外，互联网安全技术发展也对通信设备产业提出了更严格的要求，根据世界银行统计显示（如图 3 所示），2016 年全世界在互联网交易过程中使用加密技术的服务器为 215.06 台/百万人。

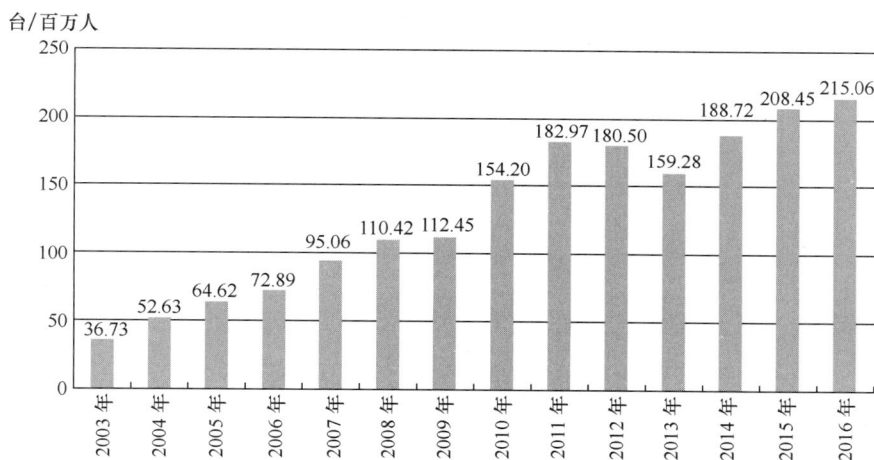

注：安全服务器是指在互联网交易过程中使用加密技术的服务器。

图 3　全球安全服务器使用情况（数据来源：世界银行）

数控机床的国际市场需求平稳增长。从全球金属加工机床消费情况来看（如图 4 所示），2015 年全球金属加工机床消费额为 789.7 亿美元，比 2014 年略有回升。从国家来看，消费市场最大的国家为中国，其次是美国。根据中国机床工具工业协会的估算，2016 年中国机床消费额的降幅将进一步收窄，仍将保持世界第一的市场地位。

工业机器人销售量增长迅速。根据国际机器人协会（IFR）最新公布的数据显示，2016 年全球工业机器人销售量增长 14%，达 29 万台。从主要国家工业机器人的进出口情况来看（如图 5 所示），出口总额最多的国家为日本（16.53 亿美元），遥遥领先于第二的德国（6.40 亿美元）；进口总额最多的国家为中国

（8.05 亿美元，2015 年数据），第二位的国家为德国（3.46 亿美元）。

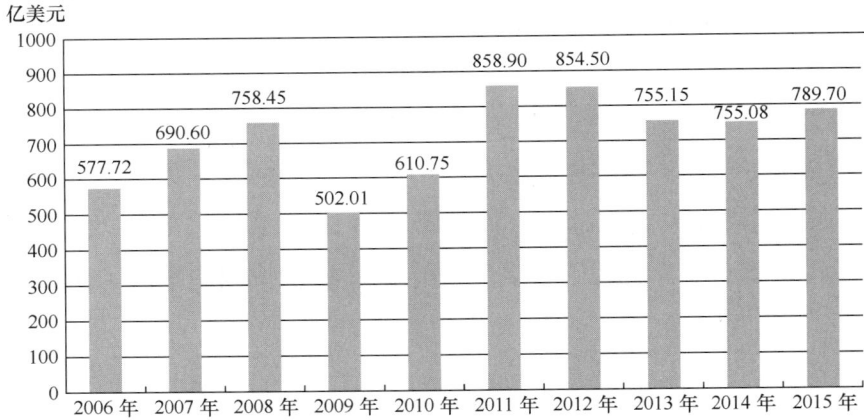

图 4　全球金属加工机床消费情况（数据来源：wind 数据库）

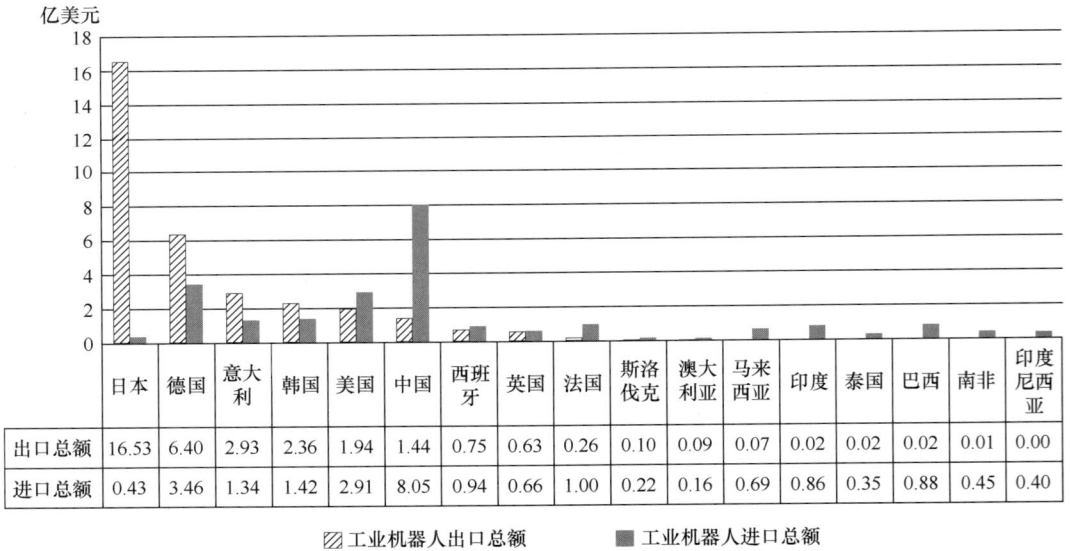

	日本	德国	意大利	韩国	美国	中国	西班牙	英国	法国	斯洛伐克	澳大利亚	马来西亚	印度	泰国	巴西	南非	印度尼西亚
出口总额	16.53	6.40	2.93	2.36	1.94	1.44	0.75	0.63	0.26	0.10	0.09	0.07	0.02	0.02	0.02	0.01	0.00
进口总额	0.43	3.46	1.34	1.42	2.91	8.05	0.94	0.66	1.00	0.22	0.16	0.69	0.86	0.35	0.88	0.45	0.40

▨ 工业机器人出口总额　　　■ 工业机器人进口总额

注：中国、韩国、印度尼西亚、泰国数据为 2015 年。

图 5　2016 年主要国家工业机器人进出口情况（数据来源：wind 数据库）

民用航空制造业市场仍被波音与空客占据。亚太航空中心（CAPA）数据显示，2016 年全球机队规模增长 4%，但因部分新飞机延期交付，交付量自 2010 年来首次出现下降，全球飞机订单储备量约 15 496 架，订单积压已接近航空业 9.3 年的产量。波音与空客发布的 2016 年业绩显示（见表 1），2016 年，波音交付飞机数量为 748 架，空客交付飞机数量为 688 架，占全球交付总量的 86%。

表1	2016 年波音与空客业绩对比	单位：架
	空客	波音
交付数量	688	748
净订单	1036	768
单通道飞机	545（A320）	49（A350XWB）
宽体客机	490（737）	137（787）

数据来源：新浪财经。

农机机械装备产业规模持续增长。相关资料显示，农机机械装备产业预期 2016 年产值将达到 1000 亿欧元左右，贸易额将达到 530 亿欧元。从地区来看，全球农机装备生产地区主要集中在亚洲、欧洲、美洲。进出口方面（如图 6 所示），美国为出口农机机械装备最多的国家，占全球出口的比重为 19.9%，遥遥领先于第二位的德国；进口农机机械装备最多的国家为德国，占全球比重为 20.8%，排名第二位的是美国与日本，占全球的比重均为 19.1%。

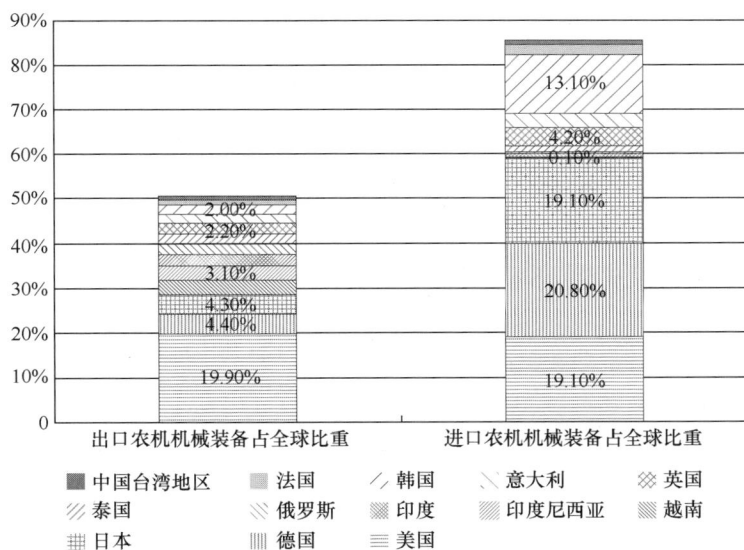

图 6 2015 年主要国家和地区农机机械装备进出口情况（数据来源：wind 数据库）

新能源汽车销量大幅增加。根据中国产业信息网数据显示，2016 年，全球新能源乘用车销售 77.4 万辆，同比增长 40%，其中，纯电动车型占比 64%、插电式占比 36%。从企业来看（如图 7 所示），销售较多的企业为日产聆风、特斯拉 Model S、比亚迪唐。从国家来看，中国为全球新能源乘用车第一大国，并且有 11 款车型位列全球销量 Top20。

万辆

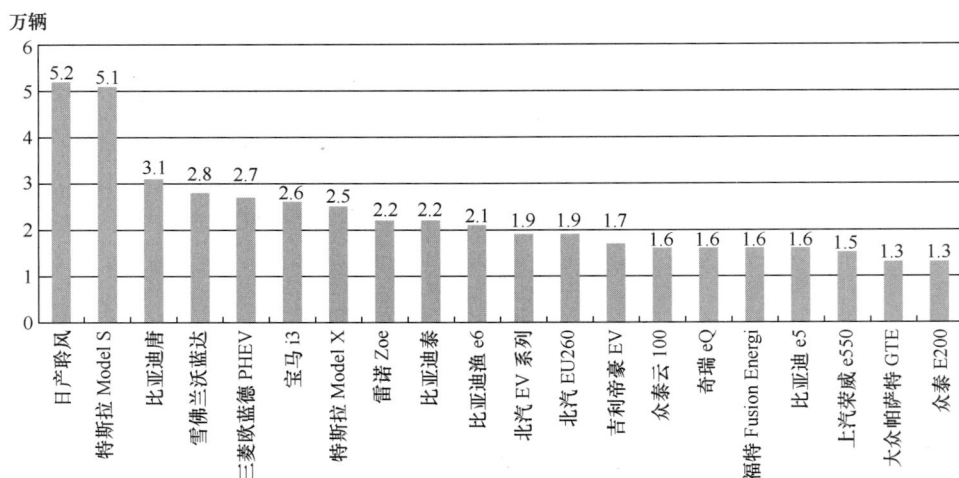

图 7 2016 年全球销量 Top 20 的车企（数据来源：中国产业信息网）

二、2017 年全球工业发展趋势

联合国工业发展组织数据显示，2017 年世界工业经济发展趋势整体向好，发展中国家工业增长仍高于发达国家，高技术制造业将持续高速增长。另一方面，工业数字化、人工智能等正在成为工业经济增长的新动能。

（一）工业经济发展环境整体向好

根据世界银行对各国及各地区实际 GDP 的估算与预测（见表 2），2017 年全球实际 GDP 增速为 2.7%，比 2016 年增长 0.3 个百分点。全球贸易量增速预测为 4.0%，比 2016 年增加 1.5 个百分点。根据美国 Markit 发布的各国制造业采购经理人指数 PMI 预测，2017 年世界主要国家的工业将呈现稳步增长的趋势。

表 2 　　　　　　　　　各国及各地区实际 GDP 增长预测

	2016 年 e	2017 年 f
世界	**2.4%**	**2.7%**
发达经济体	**1.7%**	**1.9%**
美国	1.6%	2.1%
欧元区	1.8%	1.7%
日本	1.0%	1.5%
新兴市场和发展中经济体（EMDEs）	**3.5%**	**4.1%**

续表

	2016 年 e	2017 年 f
出口大宗商品 EMDEs	0.4%	1.8%
其他 EMDEs	5.7%	5.7%
不包括中国的其他 EMDEs	4.5%	4.6%
东亚、太平洋地区	6.3%	6.2%
中国	6.7%	6.5%
印度尼西亚	5.0%	5.2%
泰国	3.2%	3.2%
欧洲、中亚地区	1.5%	2.5%
俄罗斯	−0.2%	1.3%
土耳其	2.9%	3.5%
波兰	2.8%	3.3%
拉美、加勒比地区	−1.4%	0.8%
巴西	−3.6%	0.3%
墨西哥	2.3%	1.8%
阿根廷	−2.3%	2.7%
中东、北非地区	3.2%	2.1%
沙特阿拉伯	1.4%	0.6%
伊朗伊斯兰共和国	6.4%	4.0%
阿拉伯埃及共和国	4.3%	3.9%
南亚地区	6.7%	6.8%
印度	6.8%	7.2%
巴基斯坦	4.7%	5.2%
孟加拉国	7.1%	6.8%
撒哈拉以南非洲地区	1.3%	2.6%
南非	0.3%	0.6%
尼日利亚	−1.6%	1.2%
安哥拉	0.0	1.2%
其他项目：		
高收入国家	1.7%	1.9%
发展中国家	3.6%	4.3%
低收入国家	4.4%	5.4%
金砖五国	4.2%	5.0%
世界贸易量	2.5%	4.0%

注：e 为估算，f 为预测。

数据来源：世界银行。

（二）工业数字化趋势明显加快

一是新一代信息技术对工业经济的影响进一步加深。物联网将得到快速发展，高性能产品及芯片技术的成熟将降低工业企业的自动化成本；越来越多的企业将利用"工业 4.0"提升自动化的效益，同时企业间的开放程度也将大大提高；信息技术（IT）和运营技术（OT）将进一步融合，促进工业生产与业务系统深度融合，使生产环节成为业务信息的一部分；自动化生产投资稳步增长，外包生产将逐步减少。

二是工业互联网效果逐步显现。虽然全球的工业互联网仍处于发展初期，但生产体系、产品和服务、商业模式、产业组织模式、基础设施等均在不断演变中，工业互联网平台建设将不断加快，工业互联网在工业企业产品结构升级、集成创新、工业技术进步以及生产效率提升、成本下降等方面的效果将初步显现。

三是数字技术加快工业经济增长动能转换。数字技术将进一步促进工业生产方式的变革，推动工业经济转型升级。同时，数字技术与工业技术的融合发展也将带动群体性的突破，带动全要素生产率的提升，促进传统工业经济增长动能的改造，加快工业经济增长新旧动能转换的步伐。

（三）人工智能成为工业经济发展的新引擎

一是智能工厂建设进入快速发展期。Capgemini 全球智能工厂报告显示，84%的受访者声称拥有"智能工厂"计划。而各国也将为抢占人工智能国际竞争的制高点，加大对企业智能工厂建设的支持力度，并开展与智能工厂建设相关的重大科技项目，实施人工智能集聚区、人工智能众创基地计划等措施。

二是工业机器人等智能装备产业需求激增。根据 Tractica 的预测，2016—2022 年，全球机器人市场将快速增长，其中工业和非工业机器人单位销售收入将从 2016 年的 310 亿美元增长到 2022 年的 2373 亿美元。为应对巨大的市场需求，全球主要工业机器人制造商纷纷开始拓展生产能力。

三是工业投资向人工智能领域倾斜。随着工业互联网、"工业 4.0"以及智能制造等技术与应用的进一步发展，工业生产方式的变革不断深化，信息通信技术及相关智能装备需求大幅提升，因而工业领域投资也将向人工智能领域倾斜。

（四）新兴业态向高端化方向发展

制造业更加重视绿色化与服务化。一方面，随着节能、低碳、循环等发展理念的深入，传统工业加快转型升级步伐，新兴业态将低碳、低污染、高效率的绿色化作为发展基础。节能环保、再制造等产业规模不断扩大，增材制造（3D打印）、轻量化等技术进一步深入推进。另一方面，数字经济的不断推进，将进一步推动工业经济发展进入万物互联时代，制造业生产从产品制造逐渐向提供产品与服务转变，从重视产品性能向重视顾客产品体验转变。

三、全球工业发展趋势对我国的影响

世界工业经济形势的向好，为我国工业经济的发展提供了世界市场，巩固了我国工业经济发展稳中向好的趋势。同时，跟随世界工业经济发展的新趋势，智能制造等数字化新模式也被提上日程，一批战略性新兴产业发展成果凸显，工业领域的供给侧结构性改革效果逐步显现。

一是全球工业经济形势整体向好有利于国内工业经济增长。在全球宏观经济发展形势向好的大背景之下，我国的工业经济形势稳中向好。2017 年以来，制造业 PMI 始终维持在 51%～52%区间内（如图 8 所示），制造业总体走势平稳；对外贸易方面，因世界商品贸易市场需求的复苏，我国工业产品的出口形势向好；能源需求方面，因制造业生产规模的扩大，能源进口显现出了短时增长趋势。

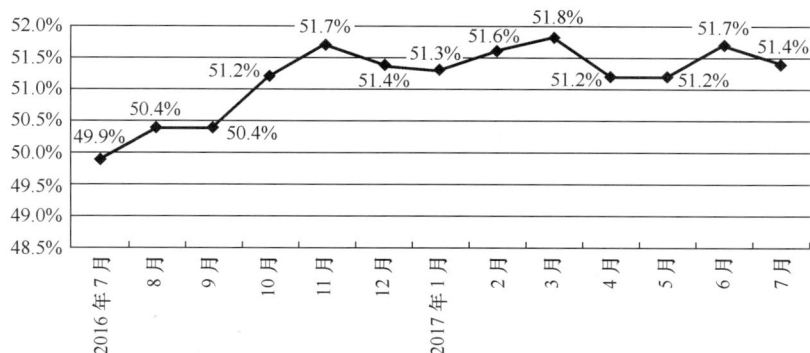

图 8　2016 年 7 月以来中国制造业 PMI 指数（数据来源：国家统计局）

二是全球数字经济新趋势推动国内智能制造顶层设计及行业布局有序展开。各国相继出台智能制造发展战略后，2017 年 7 月 8 日，国务院印发了《新一代人工智能发展规划》，规划了我国未来人工智能发展的战略部署、总体目标与主要任务等。随着智能制造顶层设计的完善，与智能制造相关的智能工厂、数字化车间等发展步伐加快，形成了一批较成熟、可复制、可推广的智能制造新模式。此外，高档数控机床与工业机器人、智能传感与控制装备、增材制造装备、智能检测与装配装备、智能仓储与物流装备等智能制造装备取得了积极进展，工业设计仿真软件、工业控制软件、企业经营管理软件等核心工业软件发展迅速，智能装备与工业软件的融合发展也将新一步深化。

三是全球产业转型升级推动工业供给侧结构性改革的步伐加快。为振兴工业经济发展，稳固世界经济大国的地位，《中国制造 2025》进入全面落实阶段，为探索实体经济尤其是制造业转型升级新突破，建设制造强国，国务院部署创建了"中国制造 2025"国家级示范区，促进了我国工业供给侧结构改革步伐的加快。此外，落后产能淘汰由行政命令等手段逐渐向规范企业行为等市场化手段转变；科技创新孵化机构、创新示范项目等逐渐发挥作用，一批科技创新成果将得到产业化；国有企业、军民融合等领域改革进一步深化；粗放型工业发展方式将在绿色化、集群化、协同化等方面取得突破性的改善。

四是全球战略性新兴产业发展推动国内战略性新兴产业发展及市场需求加快。借着战略性新兴产业的迅猛发展势头，节能环保、新一代信息技术、生物、高端装备制造、新能源、新材料和新能源汽车等战略性新兴产业的发展速度将进一步加快。另一方面，高档数控机床、基础制造装备、大飞机、航空发动机、燃气轮机等国家科技重大专项的支持力度将进一步提升。此外，随着战略性新兴产业的快速发展以及工业生产自动化水平的提升，我国对工业机器人等智能装备的需求大幅增加，根据日本机器人协会（JARA）的统计，与 2016 年同期相比，2017 年 1~3 月会员出口至中国的工业机器人总额上升了 48.3%，达到将近 457 亿日元（约 27.5 亿元人民币）。

第二章 2016 年中国工业发展全景及 2017 年展望

一、2016 年我国工业发展概览

（一）工业运行稳中向好

工业增长态势趋于稳固。2016 年，我国规模以上工业增加值同比增长 6%，比上年下降 0.1 个百分点。从全年工业增长动态来看，波动性下行态势得到缓解，月度工业增加值增速基本保持在 6.0%左右，如图 9 所示。分行业大类来看，受下游需求不足和行业产能过剩影响，采矿业增加值增速降为 −1.0%，比 2015 年下降 3.7 个百分点；制造业增加值增速为 6.8%，基本与上年持平；公共事业领域增加值增速较快，达到 5.5%。2016 年工业在结构调整中增加值增速保持稳定，其中，公共事业领域和制造业成为主要支

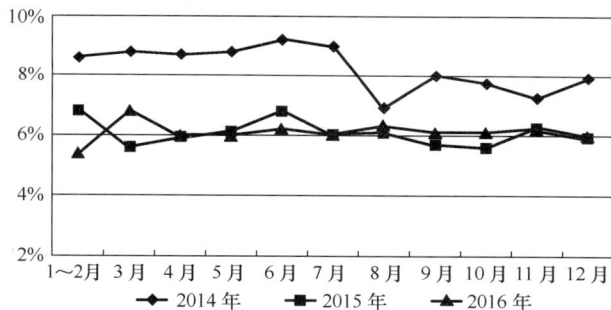

图 9 2014—2016 年规模以上工业增加值月度增速

（数据来源：国家统计局）

撑。从经济类型来看，2016 年国有及国有控股企业增加值增长 2%，比 2015 年上升 0.6 个百分点，集团企业增长下滑为负，股份合作企业增速上升到 6.9%，股份制企业增长下滑至 6.9%，私营企业增长下滑至 7.5%。

工业增加值增速与 GDP 增速差有所缩小。一般而言，经济扩张周期，工业增速高于 GDP 增速，而经济下行周期，工业增速回落比 GDP 增速回落更快。受金融危机影响，工业增速曾于 2009 年第一、二季度低于 GDP 增速，但得益于大规模刺激效应的释放，很快在当年第三季度迎头赶上。在本轮经济下行周期，受投资拉动作用有所下降，以及能源、原材料需求率先下滑等影响，2015—2016 年，工业增速明显低于 GDP 增速，如图 10 所示。2016 年，规模以上工业增加值增速仍低于 GDP 增速，但增速差有所缩小，比 2015 年增速差缩小 0.1 个百分点。

从增加值占比来看，工业是我国经济增长关键引擎的地位没有改变，2016 年，当年价全部工业增加值占 GDP 比重下降态势有所减缓，基本趋于稳固。

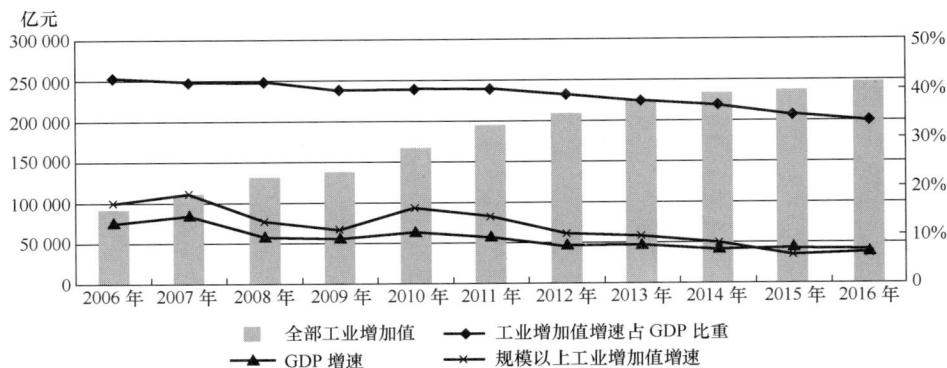

图 10　工业增加值占 GDP 比重及增速（数据来源：国家统计局）

改革开放以来，中国经济以年均接近 10% 的速度持续增长，创造了经济增长奇迹。而自 2010 年起，经济增速持续下滑，从 2010 年的 10.4% 下滑至 2016 年的 6.7%，如图 11 所示。尽管在 20 世纪 80 年代末和 90 年代末，经济也曾出现较大波动，增速下行至 4.4% 和 7.8%，但很快又重新恢复至高速增长状态。2016 年 GDP 增速比 2015 年下降 0.2 个百分点，增速下降趋于平缓。在经济进入下行调整周期，GDP 增速与工业增加值增速变化趋同。

图 11　各阶段 GDP 增速及人均 GDP 走势（数据来源：wind 数据库）

分行业来看，装备制造业拉动作用突出。2016 年，受原材料行业增速下滑影响，行业增长面下降明显，2014 年、2015 年、2016 年行业增长面分别为 95.1%、97.6% 和 82.9%。消费品工业增长有升有降，装备制造产业增速加快，从图 12

可以看出，2016 年，黑色金属冶炼及压延加工业增长大幅降低，汽车制造业增速大幅提升。一是以汽车制造业为代表的装备制造业强势复苏是全年的重要特征，装备制造业比上年增长 9.5%，增速高于全部规模以上工业增速 3.5 个百分点。受汽车领域优惠政策及相关行业增势影响，以及房地产强势回暖和国家重点输电通道、配电网建设等基建项目快速增长带动，汽车、通用机械、专用机械强势复苏，拉动整个机械行业快速增长。9 月以来增速持续上升，通用和专用设备制造业增速一直保持在 8% 以上，12 月汽车制造业增速虽有所下滑，但仍然是增长最快的行业。二是战略性新兴产业正在加速成长。2016 年，战略性新兴产业增加值比上年增长 10.5%，高于全部规模以上工业 4.5 个百分点。智能制造等技术改造也给新兴产业发展带来了新动力。三是六大高耗能行业增速持续回落。2016 年，六大高耗能行业增加值比上年增长 5.2%，增速较上年回落 1.1 个百分点。分季度来看，各季度分别增长 6.3%、6.1%、5.1%、3.6%，逐季回落态势明显。产能过剩产业集中的原材料行业在第二季度短暂回升后，下半年受去产能影响继续负增长，12 月，黑色金属冶炼和压延加工业增长下降至 −13.1%。

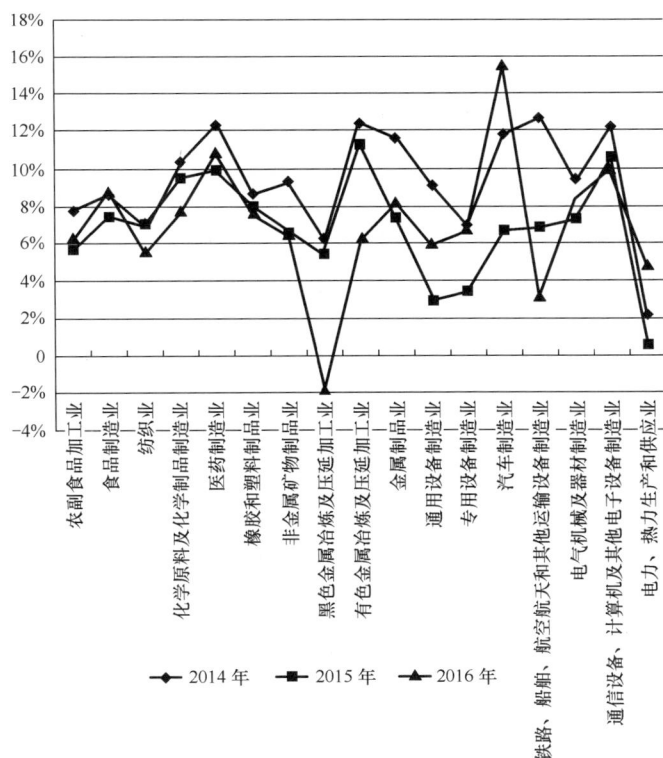

图 12　重点制造行业增长走势（数据来源：国家统计局）

　　分产品来看，重点工业产品增势良好。2016 年，产品产量增长面扩大。在统计的 589 种主要工业产品产量中，第一季度增长面为 61.3%、上半年为 64%、全年为 66.9%，远高于 2015 年 50.4% 的水平。工业转型升级带动新兴产业发展良好，与消费升级相关的汽车、集成电路、工业机器人等产品继续高速增长。其中，新能源汽车呈现井喷式增长，1～12 月累计增长 58.5%，工业机器人累计增长 34.3%。在机械行业发展带动下，自 2016 年 8 月以来，金属切削机床继续保持正增长。自下半年以来发电机组产量增速由负转正。受房地产投资和基建投资稳定增长影响，水泥、粗钢、10 种有色金属产量增速保持平稳增长。主要工业产品产量及增速见表 3。

表 3　　　　　　　　　　　　　　主要工业产品产量及增速

产品名称及单位	2015 年		2016 年	
	产量	增速	产量	增速
布（亿米）	715	2.7%	710	3.1%
硫酸（折 100%）（万吨）	8889	−0.8%	8976	4%
烧碱（折 100%）（万吨）	3284	8.8%	3028	−1.4%
乙烯（万吨）	1781	3.9%	1715	1.6%
化学纤维（万吨）	4944	3.8%	4872	12.5%
水泥（万吨）	240 295	2.5%	234 796	−4.9%
平板玻璃（万重量箱）	77 403	5.8%	73 863	−8.6%
生铁（万吨）	70 074	0.7%	69 141	−3.5%
粗钢（万吨）	80 837	1.2%	80 383	−2.3%
钢材（万吨）	113 801	2.3%	112 350	0.6%
10 种有色金属（万吨）	5283	2.5%	5090	5.8%
金属切削机床（万台）	78	2.2%	76	−9.3%
工业机器人（台/套）	72 426	34.3%	32 996	21.7%
汽车（万辆）	2819.3	13.1%	2483.8	2.7%
其中：轿车（万辆）	1223.8	3.7%	1170	−8.3%
发电机组（发电设备）（万千瓦）	14 066	4.7%	12 441	−13.8%
微型计算机设备（万台）	29 009	−9.6%	31 419	−12.9%
移动通信手持机（万台）	226 109	20.3%	181 914	3.9%
其中：智能手机（万台）	157 472	12.1%	139 943.1	11.3%
集成电路（亿块）	1329	21%	1087	6.8%
原煤（万吨）	336 399	−9.4%	368 485	−3.5%
发电量（亿千瓦时）	59 111	4.5%	56 184	−0.2%

　　数据来源：国家统计局。

固定资产投资仍然处于低位。稳定投资增长是稳定经济增长的关键。这几年我国经济增速下行，与投资增速回落密切相关。2014 年、2015 年、2016 年投资增速分别比上年回落 3.9、5.7、1.9 个百分点。2016 年，三大板块中，制造业投资、房地产投资、基础设施建设（不含电力）投资分别同比增长 4.2%、6.8%、17.4%，2015 年则分别增长 8.1%、2.5%、17.2%。2016 年，资金"脱实向虚"现象加重，制造业投资大幅下滑，占全部投资比重较 2015 年下降 1.2 个百分点，基建投资基本保持稳定，房地产投资增长较快。值得注意的是，**民间投资活力相对减弱**，2016 年以来全国民间固定资产投资增速持续下滑，自 8 月以来小幅回升，但仍远低于全国总体固定资产投资增速。2017 年以来情况有所改善，1～6 月民间投资同比增长 7.2%，比 2016 年提高 4.0 个百分点，具体如图 13 所示。

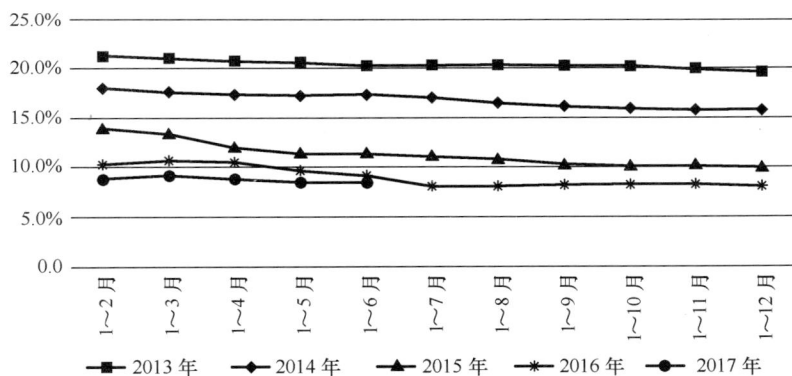

图 13　2013 年以来固定资产投资（不含农户）累计增速（数据来源：国家统计局）

基建投资、存货投资驱动下工业投资稳中缓升。2016 年，工业投资 227 892 亿元，同比增长 3.6%，增速较 2015 年放缓 4.1 个百分点，但用于补社会民生、公共服务和基础设施等短板领域的投资高速增长。从边际上看，全年投资较 1～11 月加快 0.2 个百分点，连续两个月回升，下行压力正在减小。9 月以来，工业投资增速呈现一定的企稳特征，1～12 月工业投资同比增长 3.4%，比 1～11 月提升 0.2 个百分点，1～12 月工业民间投资增速达到 3.4%，比 1～11 月提高 0.3 个百分点，其中，制造业增速提高 0.5 个百分点。基础设施投资 1～12 月增长 17.4%，虽然增速继续回落，但仍然是拉动投资稳定增长的重要力量。2015—2016 年工业投资变化及增速如图 14 所示。

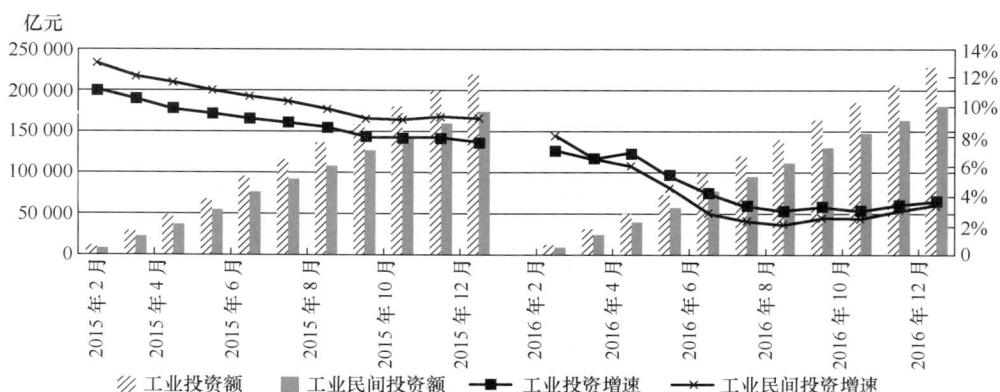

图 14　工业投资变化及增速（数据来源：国家统计局）

消费增长基本保持稳定。2016 年，全年社会消费品零售总额 332 316 亿元，比上年名义增长 10.4%（实际增长 9.6%）。总体来看，2016 年消费增长相比 2015 年虽略有放缓，但整体保持平稳，月度数据主要在 10%～11% 间波动。12 月，社会消费品零售总额增长 10.9%，较 11 月加快 0.1 个百分点。这主要是源于消费品价格的上涨和节日因素影响，价格水平回升也有助于推高名义消费增速，社会消费品销售总额实际增速与上月持平。从消费类型来看，网上零售消费基本保持较快增长，全年网上零售额 51 555.7 亿元，比上年增长 26.2%。从行业来看，汽车消费拉动作用明显，12 月汽车行业限额以上单位商品零售总额增长 14.4%，比 11 月加快 1.3 个百分点，全年来看，汽车消费比 2015 年加快 4.8 个百分点；粮油、食品类消费比上年有较为明显的下降；受房地产消费拉动，相关的家具、装潢等产品消费增速也处于较高水平。2015 年、2016 年主要工业产品消费零售额及增速见表 4。

表 4　　　　　　　　　　　　　主要工业产品消费零售额及增速

指标	2015 年		2016 年	
	绝对值（亿元）	同比增长	绝对值（亿元）	同比增长
社会消费品零售总额	300 931	10.7%	332 316	10.4%
其中：限额以上单位消费品零售额	142 558	7.8%	154 286	8.1%
其中：实物商品网上零售额	32 424	31.6%	41 944	25.6%
商品零售	268 621	10.6%	296 518	10.4%
其中：限额以上单位商品零售额	133 891	7.9%	145 073	8.3%
粮油、食品类	13 553	15.1%	15 055	10.9%
饮料类	1961	15.3%	2175	10.5%

指标	2015 年		2016 年	
	绝对值（亿元）	同比增长	绝对值（亿元）	同比增长
烟酒类	3951	12.7%	4300	9.3%
服装鞋帽、针纺织品	13 484	9.8%	14 433	7%
化妆品	2049	8.8%	2222	8.3%
金银珠宝	3069	7.3%	2996	0
日用品	4842	12.3%	5467	11.4%
家用电器和音像器材	8270	11.4%	9004	8.7%
中西药品	7895	14.2%	8460	12%
文化办公用品	2963	15.2%	3306	11.2%
家具	2445	16.1%	2781	12.7%
通信器材	3470	29.3%	3894	11.9%
石油及制品	18 450	−6.6%	18 697	1.2%
汽车	36 006	5.3%	40 372	10.1%
建筑及装潢材料	3060	18.7%	3372	14%

数据来源：国家统计局。

从增长贡献来看，统计公报显示，2016 年，最终消费对国民经济增长的贡献率继续保持第一，超出 2015 年 4.9 个百分点，高于 2016 年投资贡献率 22.4个百分点。在居民收入稳定增长、工业转型升级和城镇化带动下，未来消费对经济增长的贡献将持续上升。2006—2016 年三大需求贡献率变化情况如图 15所示。

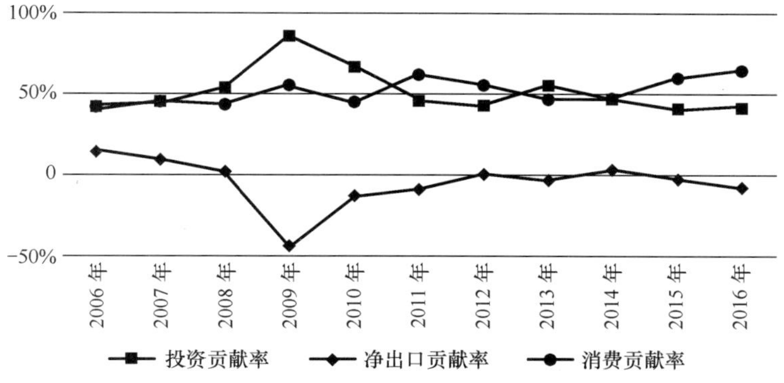

图 15　三大需求贡献率变化情况（数据来源：国家统计局）

19

外贸形势仍然复杂。 2016 年出口表现总体欠佳。以人民币和美元分别计价的全年累计出口金额同比增长-2%和-7.7%，分别比 2015 年放缓 0.2 个、5 个百分点。在外部需求恢复缓慢的环境下，汇率贬值尚未对出口体现出促进作用，而我国企业由于各项成本的上升出口压力进一步加大。12 月，进出口总值同比增长转为负，为-2.2%，其中，出口总值同比增长由 11 月的 0.1%转为-6.1%。在如此复杂的外贸形势下，国内机电、纺织等劳动密集型产品仍然是出口主力，国际竞争力仍然较强。2016 年，我国对部分"一带一路"国家出口实现持续增长，同时，对欧盟出口增长1.2%，对美国出口微增 0.1%。2015—2016 年进出口增速变化情况如图 16 所示。

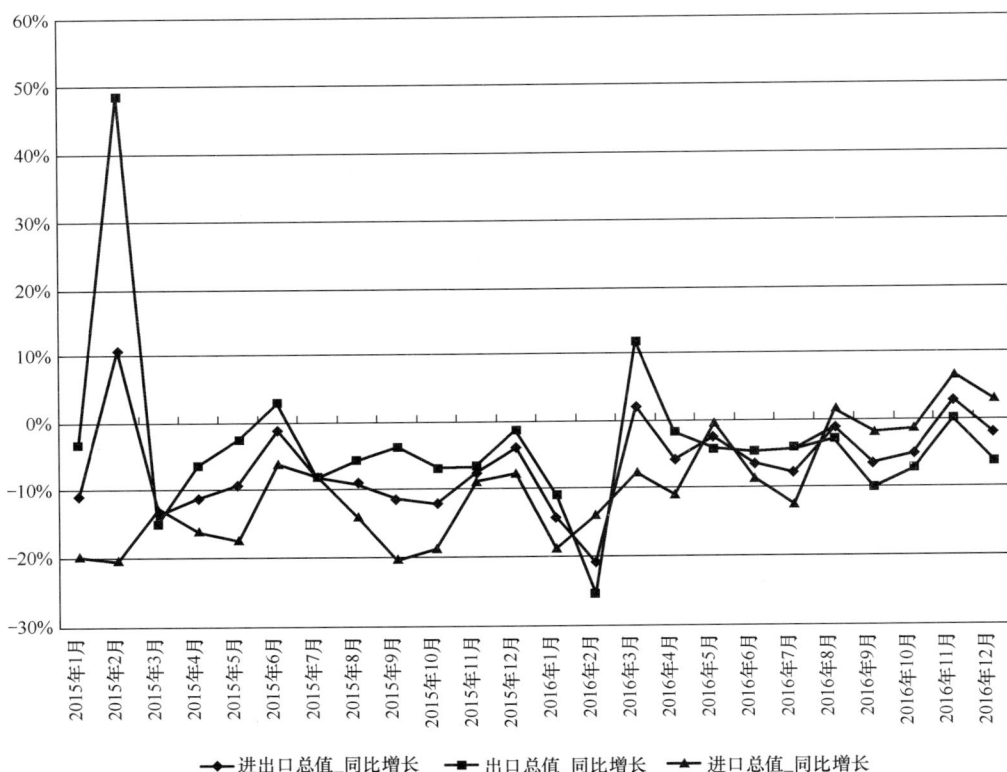

图 16 进出口增速变化情况（数据来源：国家统计局）

重点指数处于回升态势，通缩状况有所缓解。 供给侧改革有效改善了工业品出厂价格，2016 年 9 月，结束了连续 54 个月的下滑态势。从工业品价格指数变化趋势来看，自 2016 年 1 月开始，工业生产者出厂价格指数和购进价格指数分别呈现明显的上升态势，并在第四季度上升态势加快，12 月工业生产者出厂价格指数达到了 105.5。在供给侧改革的推动下，企业生产成本上涨明显，11

月，生产者购进价格指数超过了出厂价格指数，工业企业生产经营压力仍然较大，具体如图 17 所示。2016 年，制造业 PMI 基本保持在扩张区间，比 2015 年有明显好转，具体指数详见表 5。其中，生产指数和新订单指数在第四季度均有明显提升，反映供给端和需求端均有所改善。但原材料库存始终处于临界点以下，制造业目前依旧以去库存为主。

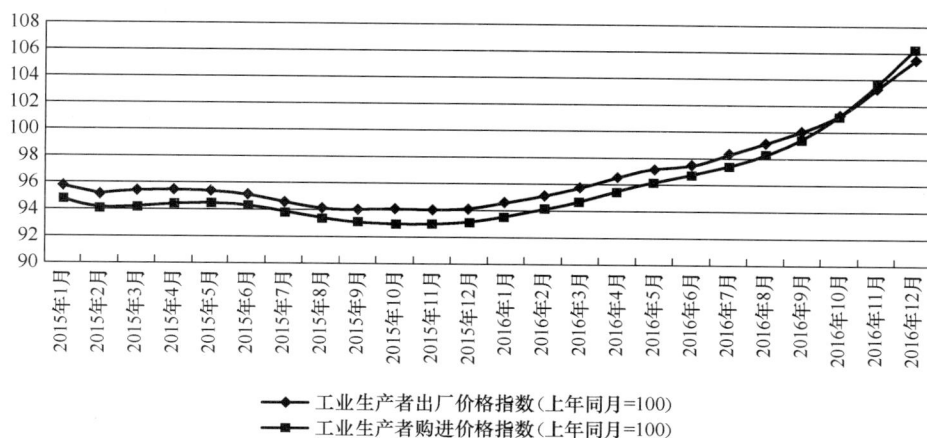

图 17　工业品相关价格指数变化情况（数据来源：国家统计局）

表 5　　　　　　　　　　　制造业 PMI 及相关分析指数变化情况

时间	制造业采购经理指数	生产指数	新订单指数	新出口订单指数	从业人员指数	时间	制造业采购经理指数	生产指数	新订单指数	新出口订单指数	从业人员指数
2015 年 1 月	49.8%	51.7%	50.2%	48.4%	47.9%	2016 年 1 月	49.4%	51.4%	49.5%	46.9%	47.8%
2015 年 2 月	49.9%	51.4%	50.4%	48.5%	47.8%	2016 年 2 月	49%	50.2%	48.6%	47.4%	47.6%
2015 年 3 月	50.1%	52.1%	50.2%	48.3%	48.4%	2016 年 3 月	50.2%	52.3%	51.4%	50.2%	48.1%
2015 年 4 月	50.1%	52.6%	50.2%	48.1%	48%	2016 年 4 月	50.1%	52.2%	51%	50.1%	47.8%
2015 年 5 月	50.2%	52.9%	50.6%	48.9%	48.2%	2016 年 5 月	50.1%	52.3%	50.7%	50%	48.2%
2015 年 6 月	50.2%	52.9%	50.1%	48.2%	48.1%	2016 年 6 月	50%	52.5%	50.5%	49.6%	47.9%
2015 年 7 月	50%	52.4%	49.9%	47.9%	48%	2016 年 7 月	49.9%	52.1%	50.4%	49%	48.2%
2015 年 8 月	49.7%	51.7%	49.7%	47.7%	47.9%	2016 年 8 月	50.4%	52.6%	51.3%	49.7%	48.4%
2015 年 9 月	49.8%	52.3%	50.2%	47.9%	47.9%	2016 年 9 月	50.4%	52.8%	50.9%	50.1%	48.6%
2015 年 10 月	49.8%	52.2%	50.3%	47.4%	47.8%	2016 年 10 月	51.2%	53.3%	52.8%	49.2%	48.8%
2015 年 11 月	49.6%	51.9%	49.8%	46.4%	47.6%	2016 年 11 月	51.7%	53.9%	53.2%	50.3%	49.2%
2015 年 12 月	49.7%	52.2%	50.2%	47.5%	47.4%	2016 年 12 月	51.4%	53.3%	53.2%	50.1%	48.9%

数据来源：国家统计局。

（二）提质增效稳步推进

工业企业效益明显改善。2016 年，工业企业利润结束了 2015 年全年负增长的态势，全年全国规模以上工业企业实现利润总额同比增长 8.5%，扭转了 2015 年利润下降（-2.3%）的局面。总体来看，企业效益改善主要得益于工业生产和销售增长加快以及工业生产者价格上涨。原煤、钢材、成品油等大宗商品价格上涨，拉动煤炭、钢铁和石油加工等企业利润快速增长，对全部规模以上工业企业利润增速提高产生了明显的推动作用。成本降低也提升了企业的盈利空间，2016 年全国规模以上工业企业主营业务收入利润率为 5.97%，同比上升 0.19 个百分点。12 月，受部分企业产品结构调整、投资收益波动，以及原油价格短期波动影响，工业企业利润呈短期性下滑，1～12 月利润增速比 1～11 月回落 0.9 个百分点。剔除局部因素和短期因素，因为 PPI 大幅上升，产品销售收入增速上升，工业利润增速保持上升趋势，如图 18 所示。从行业来看，高技术制造业利润实现高速增长。2016 年，高技术制造业利润增长 14.8%，比 2015 年提高 5.9 个百分点；实现主营业务收入 15.4 万亿元，比 2012 年增长 50.3%，年均增长 10.7%，比同期规模以上工业年均增速高 5 个百分点；2012—2016 年，高技术制造业对规模以上工业主营业务收入增量的贡献为 22.4%。

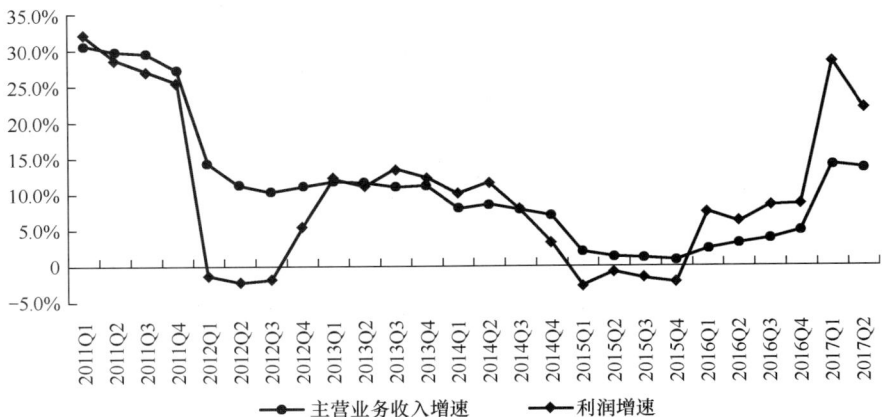

图 18 2011 年以来规模以上工业企业主营业务收入和利润增幅

（数据来源：国家统计局）

　　供给侧结构性改革在工业领域取得阶段性成果。2016 年随着供给侧结构性改革的深入推进，工业领域的重点改革任务取得积极进展。一是库存水平有所下降。2016 年年末，规模以上工业企业产成品存货比上年增长 3.2%，增速比上年回落 0.1 个百分点；产成品存货周转天数为 13.8 天，比上年减少 0.4 天。房地产去库存方面，在城镇化发展和棚改货币化安置的推动下，2016 年年末商品房待售面积为 6.95 亿平方米，同比下降 3.2%。二是杠杆率有所下降。从工业企业来看，2016 年年末，规模以上工业企业的资产负债率为 55.8%，比上年下降 0.4 个百分点，如图 19 所示。从全部企业来看，2016 年非金融企业的杠杆率为 166.3%[1]，结束了连续 19 个季度的上升趋势。但总体来看，我国企业的杠杆率仍处于较高水平，2017 年企业去杠杆仍将是重点工作内容。三是单位成本略有降低。2016 年，规模以上工业企业每百元主营业务收入的成本为 85.52 元，比上年下降 0.16 元（如图 20 所示），主营业务收入利润率为 5.97%，比上年提高 0.19 个百分点。2016 年以来，国家出台多项措施降低企业成本，继续推进和完善涉企收费清单制度，开展涉企收费清理和督查，并通过配合营改增试点推行，降成本政策效果逐步显现。2017 年是供给侧结构性改革深化之年，随着供给侧结构性改革的推进，工业结构升级不断加快，经济增长新动能加快积蓄，工业企业效益向好的态势将进一步巩固。

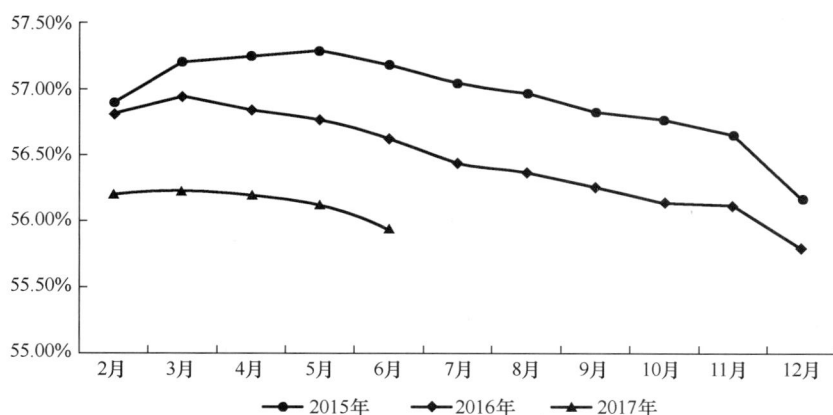

图 19　2015 年以来工业企业资产负债率（数据来源：国家统计局）

---

[1] 数据来源：国际清算银行。

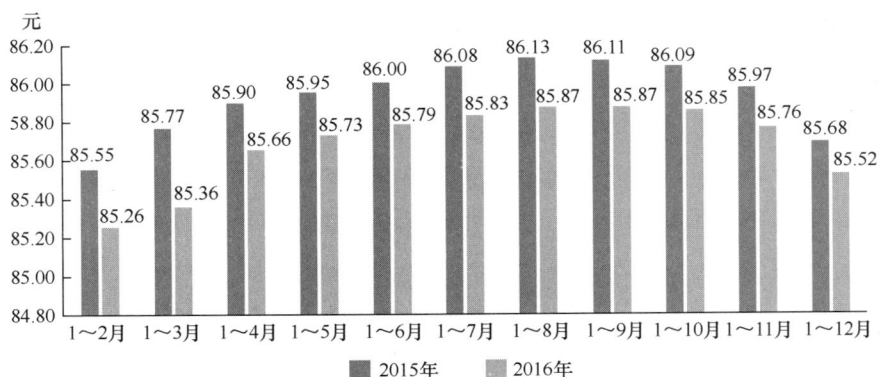

图 20　2015—2016 年规模以上工业企业每百元主营业务收入成本

（数据来源：国家统计局）

　　品牌建设取得显著成效。作为"十三五"开局之年，2016 年国家高度重视质量和效益提升，各部委出台了多项促进产业质量品牌提升的政策和指导意见。根据《中国制造 2025》建设要求，工业和信息化部加大对质量品牌建设相关项目的资金支持，支持质量品牌公共服务平台、行业非竞争性共性质量技术问题解决方案推广应用两大项目[2]。2016 年，产业集群区域品牌建设试点工作取得积极成效[3]。根据对试点单位的统计调查，两年来，主营产品国内市场占有率平均提高 2.3%，出口增速平均超过 10%，效益水平整体提升，品种结构优化升级，企业新产品产值率从 27% 提高到 34.1%，国际先进标准产品化提高，企业品牌培育成效显著，自主品牌销售产品比重提高 8.1 个百分点，名牌产品产值比重提高 7.3 个百分点。根据中国满意度指数[4]，2016 年，中国整体满意度指数显著提升。在耐用消费品行业中，汽车、家电、笔记本电脑等耐消产品的品牌客户满意度较高。

　　产品质量进一步提升。2016 年，国家质检总局调查公布，全年开展的 8 大类产品质量国家监督抽查中，产品合格率为 91.6%，比 2015 年提高 0.5 个百分点[5]。2016 年，国家加大了对食品相关产品的监督抽查力度，在全年 2919 批次抽查中，合格率为 97.6%，比 2015 年提高了 0.8 个百分点。从其他行业来看，日用及纺织品抽查合格率为 90.7%，比 2015 年提高了 3.7 个百分点；轻工产品

2　资料来源：工业和信息化部网站。
3　资料来源：中国工业质量品牌网。
4　资料来源：http://finance.ifeng.com/a/20161020/14951498_0.shtml。
5　资料来源：国家质检总局网站。

为 87.2%，比 2015 年下降了 1.5 个百分点；机械及安防产品为 95%，比 2015 年提高了 0.8 个百分点；电子电器为 82.1%，比 2015 年提高了 2.8 个百分点；电工及材料为 92.3%，比 2015 年提高了 2.2 个百分点；建筑装饰装修材料为 92.5%，比 2015 年提高了 0.3 个百分点；农业生产资料为 93.1%，比 2015 年下降了 0.4 个百分点。从企业规模来看，大、中、小型企业产品抽查合格率分别为 96.1%、93.6% 和 90.3%，其中，小型企业的产品抽查合格率同比上升 1.3 个百分点。

（三）结构调整进展明显

装备制造业和高技术产业引领工业经济增长。2016 年，装备制造业增加值增长 9.5%，高于规模以上工业增加值增速 3.5 个百分点，占规模以上工业增加值的比重为 32.9%。从细分行业来看，通用设备制造业增长 5.9%，专用设备制造业增长 6.7%，汽车制造业增长 15.5%，电气机械和器材制造业增长 8.5%，计算机、通信和其他电子设备制造业增长 10.0%，汽车行业及计算机、通信和其他电子设备制造业是支撑制造业稳定增长的主要力量。高技术制造业增加值增长 9.5%，占规模以上工业增加值的比重为 12.4%，增长优势显现。从行业增长贡献率来看，2016 年，装备制造业对工业增长的贡献率达到 50%，高技术制造业贡献率达到 21.6%，分别比 2012 年提高 22.7 和 10.5 个百分点。利润快速增长的行业显示出产业升级特征。2016 年，汽车制造业是 41 个工业大类行业中创造利润最多的行业，实现利润总额 6677.4 亿元，利润增速达 10.8%。2011—2016 年高技术产业与规模以上工业增加值增速情况如图 21 所示。

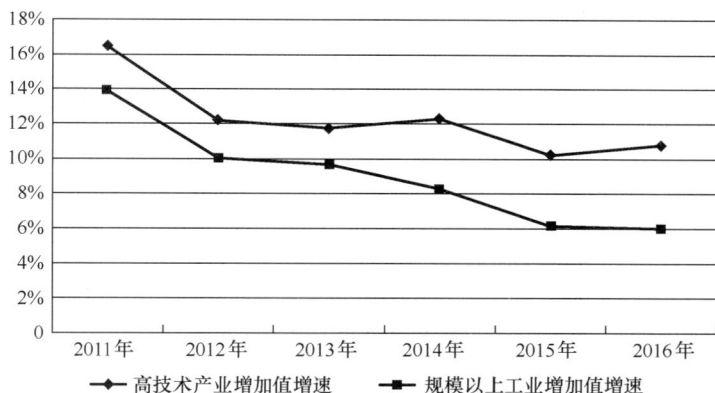

图 21　高技术产业与规模以上工业增加值增速（数据来源：国家统计局）

传统行业去产能成效渐显，高耗能行业增长放缓。在转型升级和供给侧结构性改革的持续推动下，传统过剩行业化解产能过剩成效明显。钢铁、煤炭去产能有序推进，水泥、平板玻璃、造船等行业的去产能进程也在加快，在政策支撑和地方政府引导下，过剩行业逐步实现主动减量、优化存量、引导增量。从钢铁和煤炭行业的去产能成效来看，任务提前超额完成，2016 年，全国提前完成全年压减粗钢产能 4500 万吨、退出煤炭产能 2.5 亿吨的任务目标。在去产能的推动下，产业结构逐步优化，行业生产经营状况整体好转。中国钢铁协会数据显示，2016 年中钢协会员企业利润由 2015 年的亏损 847 亿元转为盈利 350 亿元；规模以上煤炭企业实现利润 950 亿元，约为 2015 年的 2.1 倍。此外，各地政府积极引导小型煤矿关闭退出，全国约有 1500 处 30 万吨以下小煤矿关闭退出。传统行业通过产业链价值提升和产品结构优化等方式实现了转型发展。从传统行业内部结构变化来看，生产份额更多地向附加值高的产业链环节调整。如钢铁、有色工业中，附加值相对较低的冶炼行业生产份额减少、增速走低，而附加值相对较高的压延加工行业生产份额增加。产品结构也在向质量更优、技术含量更高的方向调整。如建材行业中，传统的水泥、平板玻璃产量增长相对较缓。高耗能产业增长持续下降，2016 年，高耗能行业增长 5.2%，低于规模以上工业增加值增速 0.8 个百分点。分季度来看，第一季度增长 6.3%、第二季度增长 6.1%、第三季度增长 5.1%、第四季度增长 3.6%，逐季回落态势明显。2011—2014 年高耗能产业与规模以上工业增加值增速情况如图 22 所示。

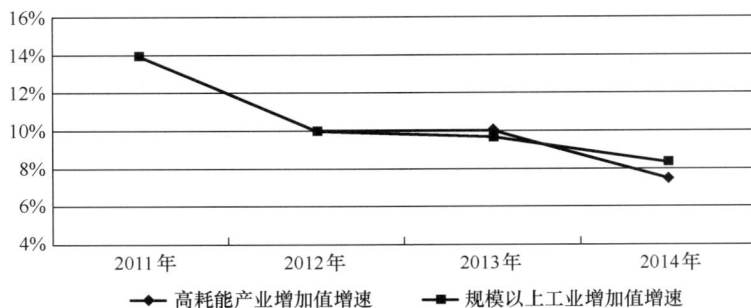

图 22　高耗能产业与规模以上工业增加值增速（数据来源：国家统计局）

工业增长新动能不断显现。2016 年以来，在《中国制造 2025》和"互联网+"等政策的推动下，工业领域迎来了新一轮的新兴产业发展浪潮，符合产业升级和消费升级的新产品、新业态和新模式不断涌现。2013—2016 年间，新能源汽车、工业机器人、光电子器件、智能手机等新兴产品实现了高速增长。根据美国数据公司 IDC 公布的数据，中国的智能手机市场出货量同比增长 8.7%，远高于 2015 年同期增速（1.6%）。国内品牌中，OPPO、华为、VIVO 稳居前列，占据超过半数的国内市场。2016 年，中国新能源汽车产销量继续位居世界首位，累计推广量占全球市场保有量的 50% 以上。并且随着新能源汽车产业的发展，整车和零部件技术趋于成熟，电池续航和能量密度同步提升，国产电动汽车的市场竞争力不断提升，"双创"取得积极效果。2016 年，国务院和地方政府积极推动和支持"双创"发展，各地"双创"形式多样，各项投资对接增长态势良好，成为培育新动能的有力支撑。2016 年，全国新登记企业 553 万户，其中，制造业企业 44.6 万户；全年规模以上工业企业新建投产 1 万多户，对工业增长的贡献率高达 20%。目前，全国已有 17 个"双创"区域示范基地，积极举办创业交流会议，为初创企业搭建平台。在 2016 年 10 月的全国"双创"活动周中，航天科工等 9 家央企，以及腾讯等行业领军企业和中小创新企业达成的意向交易额超过 100 亿元[6]。此外，"众创、众包、众扶、众筹"等新模式极大地提升了全社会创业创新的热情。例如，海尔集团的"海创汇"创业平台汇聚了 1328 家风险投资机构、98 家孵化器资源及 4000 多家生态资源，已成功推出雷神笔记本、水盒子等 1000 多个创新产品及创业项目。

（四）创新能力明显增强

创新投入持续加大。"十三五"规划提出全社会研发投入强度（R&D 经费支出占 GDP 比重）要达到 2.5% 的目标。未来几年，我国的研发投入力量将不断加大，并不断优化科研投资结构，注重科技投入的质量和效益。"十二五"科技规划提出的几个指标，除全社会研发投入强度以外，其他指标都已经完成或超过目标值[7]。2016 年，全年研究与试验发展（R&D）经费支出 15 500 亿元，比上年增长 9.4%；与国内生产总值（GDP）之比为 2.08%，比上年提高 0.01 个百分点。国家高度重视重大科技研发项目建设，以重点实验室为引领，重点突破关键技术。在科技部的推动下，中国重点实验室建设工作推进顺利，2015 年，科技部启动了第三批企业国家重点实验室建设工作，围绕节能环保、新一代信

---

[6] 资料来源：http://www.zhonghongwang.com/show-102-38025-1.html。
[7] 资料来源：http://www.thepaper.cn/newsDetail_forward_1442049。

息技术、生物、高端装备制造、新能源、新材料和新能源汽车等战略性新兴产业，新批准建设 78 个企业国家重点实验室。在 177 个企业国家重点实验室中，材料领域 43 个，制造业领域 26 个，医药领域 18 个，能源领域 25 个，矿产领域 22 个[8]。截至 2016 年年底，我国共建设国家重点实验室 488 个。围绕把握新一轮科技竞争制高点的契机，我国将全面启动实施"科技创新 2030—重大项目"，包括航空发动机及燃气轮机、深海空间站、量子通信与量子计算、脑科学与类脑研究、智能制造和机器人等。企业的创新主体地位逐步提高，2016 年累计认定的国家级企业（集团）技术中心为 1276 家，较 2012 年增加 389 家；全年技术中心研发经费支出为 4928.6 亿元，占全国企业研发经费支出的比重为 40.6%[9]。

龙头企业研发增长突出。目前，中国已经成为仅次于美国的全球第二大研发经费投入国家，但研发投入强度与美国、日本和韩国相比还有不小的差距。2014 年，美国、德国、日本和韩国的研发投入强度分别是 2.74%、2.84%、3.59% 和 4.29%。创新能力总体有所上升。世界知识产权组织发布的全球创新指数显示，我国创新能力综合排名由 2012 年的第 34 位上升到 2016 年的第 25 位，位居中等收入经济体第一位。随着信息技术革新和制造业领域竞争程度的加剧，以 ICT 企业为代表的中国企业越来越重视科技研发。据欧盟委员会发布的 2016 年全球企业研发投入排行榜[10]，在调查的 2500 家企业中，中国企业的研发投入同比增长 24.7%。在全球研发前 100 家企业中，美国企业达 35 家，中国大陆地区有 6 家，其中，华为公司排行第 8 位。

高端装备领域技术取得重大突破。"蛟龙号"载人潜水器研制成功，ARJ21 新型支线客机交付商用，多轴精密重型机床等产品已跻身世界先进行列。高寒抗风沙、混合动力、永磁牵引系统高速列车实现自主研制，电力电子关键技术和网联车控制系统进入国际市场，"京沪干线"广域量子通信骨干网络工程全线开通。重大工程建设方面，成功攻克港珠澳大桥关键技术，建成难度最大的跨海集群工程，国产掘进装备突破大于 12 米盾构技术并实现工程化应用。信息通信领域，国产 12 寸设备加工晶圆产品突破千万片次，我国主导推动的 Polar 码被国际移动通信标准化组织采纳为 5G 增强移动宽带控制信道标准方案。航空航

---

[8] 数据来源：科技部网站。
[9] 数据来源：国家统计局。
[10] 资料来源：http://www.askci.com/news/hlw/20161229/14594285451.shtml。

天方面，全年完成 22 次宇航发射。长征五号、长征七号新一代运载火箭成功首飞，天宫二号空间实验室、神舟十一号载人飞船成功发射。

（五）融合发展迈出坚实步伐

政策推动智能制造产业快速发展。根据《中国制造 2025》的要求，国家高度重视智能制造在推进工业转型升级、打造制造强国过程中的作用。2016 年，《智能制造发展规划（2016—2020 年）》出台，明确了未来五年智能制造技术与装备实现突破的具体目标。与此同时，机器人、智能硬件等专项规划也陆续出台，相关领域规划体系不断完善。机器人、工业软件引领产业发展态势明显。2016 年，中国的机器人产量持续保持高速增长。轨道交通、航空航天、能源电力等重点装备领域的龙头企业加快智能制造项目建设，积极引入全生命周期软件实现对现有设备的智能化升级。此外，处于工业 2.0 和 3.0 阶段的企业加快信息技术与制造技术的融合进程，推动制造业转型升级。企业的数字化设计工具普及率超过 61.8%，关键工艺流程数控化率达到 45.4%。

"双创"模式成为制造业与互联网融合的重要抓手。2016 年，我国确立了首批 28 个"双创"示范基地。一方面，在大型制造企业的需求和制造业互联网化发展的推动下，一些制造业龙头企业积极通过网络化、平台化建设，提高制造资源的整合和利用效率，并对创新产业链的形成提供基础。另一方面，互联网企业通过提供先进的信息服务、大数据运算技术，推动制造业"双创"生态形成。工业互联网成为信息化与工业化融合的重要技术成果。基于智能制造的发展需求，实现对企业研发、生产、流通、销售等环节的数字化、智能化管理至关重要。目前，三一重工、海尔、航天科工等企业已经打造出多个具有自主知识产权的工业互联网平台。制造业互联网化技术和平台基础的发展，催生出"苹果+富士康"代工模式。2016 年，蔚来汽车等多家互联网造车企业已经开始探索与传统汽车企业进行合作生产，这种模式的发展将加快制造业互联网化发展。

二、2017 年上半年我国工业运行情况

2017 年以来，全球经济呈现持续回暖态势，第二季度主要经济体实现持续复苏，拉动我国对外贸易持续较高速增长。从国内来看，国民经济运行总体平

稳，工业领域政策的积极效应不断显现，产业结构调整效果明显，工业投资有所恢复，工业生产者价格仍处于较高水平，企业经营效益得到明显改善。但与此同时，一方面，外部不确定性因素仍然存在，美国减税、加息等政策将对新兴经济体复苏造成影响，并针对我国发起新一轮的贸易调查，欧洲大选仍可能对有所起色的经济造成影响，都可能给我国部分产品出口带来不利影响；另一方面，影响我国工业发展的根本性问题并没有解决，工业增长内生动力仍然不足，工业投资增速始终处于低位，部分行业产能过剩问题仍然突出。下半年工业增长仍面临较大压力。

（一）工业稳定增长态势进一步增强

2017 年 1～6 月，在外需持续走强、消费稳定增长、供给侧改革持续发力、制造业需求不断回升的情况下，工业稳定增长态势进一步稳固。6 月，除上述支撑因素外，受 5 月部分地区工业限产、基建投入进一步加大影响，工业增加值增速再次出现反弹。其中，制造业和公共事业行业增加值增速相比 5 月均呈现大幅度提升。从行业增长面来看，6 月，41 个工业行业增长面为 87.8%，比 5 月提高 2.4 个百分点，保持了总体向好态势。

（二）下游制造业需求回升支撑工业增长向好

在 16 个主要制造业中，装备制造行业大部分呈两位数增长，消费品行业增速也呈上升态势，下游行业需求增加拉动原材料行业稳定向好。6 月，受去产能监管力度加大影响，汽车、船舶、铁路机车等装备制造产品，以及家电等消费品行业需求持续增长，钢铁等原材料供需关系良好，产品价格在高位保持稳定。从装备行业来看，2017 年 1～6 月，全国造船完工量 2654 万载重吨，同比增长57.4%，2016 年同期增速为-7.4%；6 月汽车市场继续保持平稳增长，1～6 月，汽车产销同比均呈小幅增长，增幅比 1～5 月略有提高；据工程机械工业协会挖掘机分会统计，6 月，26 家主机制造企业共销售挖掘机械 8933 台，同比涨幅100.8%，1～6 月，这 26 家主机制造企业全国挖掘机累计销量达 70 821 台，同比增长 110.3%，已经超过 2016 年全年销量。2017 年上半年国内重卡持续销售火爆，累计销量已达 58.1 万辆，同比增长 71%。1～5 月，消费品工业增加值同比增长 7.4%，高于全部工业 0.7 个百分点，食品制造业、服装、家具、体育等重点行业的产销率都保持较高水平。

（三）产品生产继续稳定向好

6月，产品生产大幅向好，在596种工业产品中，有462种产品产量比2016年同期增长，增长面为77.5%，比5月提高9个百分点。6月，主要工业产品产量中，水泥增速略有下滑，粗钢、10种有色金属产量大幅提升，汽车和新能源汽车产量增速持续回升。从新兴领域来看，工业机器人、民用无人机、城市轨道车辆、SUV、新能源汽车、集成电路、锂离子电池、太阳能电池、光缆、光电子器件等新兴工业产品均保持了快速增长。

（四）产业结构调整成效持续稳固

2017年1～6月，装备制造业和高技术产业增加值同比分别增长11.5%和13.1%，增速分别高于规模以上工业4.6和6.2个百分点，增长优势持续保持。1～6月，六大高耗能行业增加值同比增长3.2%，增速较上年全年放缓2个百分点，低于规模以上工业3.7个百分点。在去产能措施的严格落实下，高耗能行业内部供给结构得到优化，无效和低端供给得到遏制，有效供给增加。此外，新增长点对工业增长的贡献较大，1～6月全国有近万家新建规模以上工业企业投产，占全部规模以上工业企业的2.6%，对工业增长的贡献率达17.6%。

（五）消费对经济增长的贡献有所提升

6月，全社会消费品零售总额名义增速、实际增速，以及限额以上零售同比增速分别为11.0%、10.0%和10.2%，分别高于5月0.3、0.5和1个百分点，消费增速进一步加快。1～6月，全国居民人均可支配收入同比名义增长8.8%，扣除价格因素实际增长7.3%，高出经济增速0.4个百分点。受收入提高的影响，消费对经济增长的拉动作用更为突出，消费继续发挥经济增长第一引擎的作用。1～6月，最终消费支出占国内生产总值的比重为57.3%，比上年同期提高0.3个百分点。新业态消费持续快速发展，网上商品零售额继续保持高速增长。1～6月，在网民红利、消费升级、线上线下融合、业态模式创新等有利因素的影响下，我国网络零售市场规模增速保持在30%以上，且呈逐月上升趋势。从行业来看，食品、烟酒消费增速有所回落，而后房地产类消费（家具、建筑装潢）

增速出现回升，汽车消费增速稳步回升。

（六）制造业投资贡献不断增强

2017 年 1～6 月，基建财政投入进一步加大，基建投资增速比 1～5 月提高 0.2 个百分点，高位增长态势稳定。房地产市场因城施策调控效果显现，投资继续放缓，增速比 1～5 月回落 0.3 个百分点。去库存进度加快，1～6 月房地产销售面积同比增长 16.1%，增速比 1～5 月提高 1.8 个百分点。6 月末，商品房待售面积比 5 月末减少 1441 万平方米。制造业投资增速持续回升，在制造业需求和生产回升的带动下，企业投资意愿增强。1～6 月，制造业投资增速比 1～5 月提高 0.4 个百分点，对全部投资增长的贡献率达到 20.4%。民间制造业投资增速提高幅度明显，1～6 月工业民间投资增速比 1～5 月、1～4 月分别提高 0.8 和 1.2 个百分点。其中，三大工业行业投资都有不同程度的回升，制造业投资回升最为明显。工业投资结构进一步优化。制造业下游行业增长向好拉动装备制造行业投资加快，1～6 月，装备制造业投资同比增长 9.4%，增速进一步加快。由政策推动的各地技改资金投入不断加大。高耗能制造业投资继续呈下降态势。

（七）对外贸易延续回稳向好势头

6 月，我国出口同比增长 11.3%，比 5 月提高 2.6 个百分点。出口继续回升主要源于发达经济体和新兴经济体经济持续改善，6 月，中国对主要发达经济体的出口继续保持强劲增长，其中对美国和欧盟出口同比分别增长 19.9% 和 15.2%，均较 5 月大幅回升，与第二季度发达经济体复苏向好相一致。对新兴市场的出口增速也进一步回升。此外，进口增长也反映我国内需增长回升，6 月原油、谷物、铁矿石等进口数量持续回升。

三、当前我国工业发展存在的问题

（一）新旧动能接续乏力影响劳动生产率提升

中国当前处于经济增长新常态，经济下行趋势显著，新旧增长动能接续乏力。从需求侧来看，一是投资拉动经济作用明显减弱，投资内生动力不足。在持续大规模基建投资后，公共投资空间收窄，以项目驱动的投资收益边际递减，难以支撑经济高速增长。利润倾斜推动资本流出实体部门。2016 年，主要商业银行和券商企业主营业务收入利润率普遍位于 30%以上，相比之下，制造业企业主营业务收入利润率自 2010 年以来持续下滑至 2017 年 7 月的 5.97%，其中传统制造业行业企业利润率更低。利润率差异导致制造业企业信贷持续缩减，而不断流向房地产市场。二是收入分配结构不合理导致消费增长疲软。社会福利保障体系建设与经济发展速度不匹配，初次分配中注重政府和企业的收入份额，再分配中资源集中于公共投资等方面，居民的医疗、住房问题始终难以有效解决，储蓄难以转化为实际消费。2000—2016 年间，社会消费品零售总额增长 7.5 倍，同期人民币储蓄总额增长 11.4 倍。从供给侧来看，一方面，传统产业转型升级任务艰巨。尽管随着"地条钢"的全面清理，钢铁行业产能过剩问题得到有效抑制，但其他传统产业仍存在产能利用率不足的问题。另一方面，新兴产业体量较小，难以弥补传统产业退出带来的空间。与此同时，地方对行业实施大规模补贴政策，但企业创新能力并未实时跟进，导致大量资本和资源密集分布于产业链的中低端，造成高端产品有效供给不足。工业全要素生产率（TFP）和资本边际产出共同递减，据社科院相关研究，2003—2011 年，在工业增加值高速增长阶段，工业 TFP 逐渐走低，工业资本边际产出在 2002 年之后就出现了下降，这表明，从供给方面，仅依靠资本投入难以促进中国工业经济快速增长。我国单位劳动生产率远低于世界平均水平。2015 年，中国的单位劳动产出只有 7318 美元，明显低于世界平均水平（18 487 美元），与美国的 98 990 美元相比，差距更大。

（二）供给侧结构性改革难度加大

一是去产能过程中市场力量缺失。一方面，相比国有企业，民营企业承担了更多的去产能重任，去产能过程中市场不到位，主要以行政手段和"一刀切"的政策限制产量，往往会殃及高效率的民营企业。另一方面，行政化去产能操作不当可能打破行业发展平衡。政府主导的去产能很大程度上仰仗政策制定者对市场需求及其变化的预测和把握，但这一预测结果往往可能存在偏差。2016 年，煤炭行业在去产能的规划下大规模关停限产，导致供需结构失衡，煤炭价格暴涨，在挤压中下游行业利润空间的同时，引发煤电行业零和博弈，助推通货膨胀趋势。二是淘汰落后产能催生产能扩大。兼并重组与去产能之间存在矛盾冲突。部分地区由于历史遗留原因，对劣质产能进行兼并重组后往往催生出一批新增产能。而且伴随供需关系的调整，传统行业产品价格上涨，企业为积累利润，产能调整意愿并不强烈，因而加大了去产能难度。三是企业对信贷的依赖仍处高位。根据国际清算银行（BIS）的数据，截至 2016 年年末，我国总体杠杆率为 257%，与全球平均水平（246%）相仿。但中国非金融机构企业的杠杆率高达 166.3%，在世界主要国家中位居前列。企业对信贷的高度依赖主要体现在国有企业上。2016 年年底，国有企业负债总额达 87 万亿元，占社会融资规模存量的 56%，资产负债率高达 66.4%，高于同期规模以上工业企业资产负债率将近 10 个百分点。

（三）质量效益问题制约工业持续稳健发展

一是劣等产品侵占优质产品市场。部分地区产业基础薄弱，主要产品品牌、技术附加值低，不具备市场竞争能力。在实现追赶式发展过程中，由于个别企业经济生产硬实力不足、缺乏工匠精神，且相应的配套监管政策法规不完善，在发展过程中涌现出了一批假冒伪劣产品。根据国家质监局发布的资料，2017 年全国产品抽查合格率达 91.6%，仍与发达国家平均 98%的产品合格率之间存在差距。二是面临"国货"信任危机。近年来，国内产品质量问题频现，国内消费者对"国货"产生信任危机。2016 年，中国跨境电商交易规模达 6.7 万亿元，同比增长 24%。企业为扩大国内市场价格竞争优势而"偷工减料"，而国内对产品质量标准和监测力度不到位，导致部分产品在国内市场与国外市场存在明显的质量差异，消费者对国货的产品质量无法产生充分信任。

（四）要素流动加剧区域发展失衡

2016 年，各地区的工业增长呈现分化态势：中西部地区高速增长，东部地区增速平稳，东北地区进入负增长轨道。区域发展增速差异的实质在于产业结构的不同。2015 年，东部地区工业销售产值中装备制造业占比达 28.57%，东北地区销售产值前七大行业中，属于原材料工业的有石化行业、非金属制造业、化学制品业、黑色金属、电力热力生产和供应业，合计比重达 28.71%。以原材料供应为主要支柱的东北地区位于产业链低端，受大宗商品价格波动影响，利润空间单薄。尽管自 2016 年下半年以来原材料产品价格大幅上扬带来形势好转，然而这一态势难以持续。劳动力流动导致区域发展环境恶化。在既有的产业链布局下，人口问题成为制约东北地区发展的重要因素。根据统计局公布的数据，2006—2015 年十年间，东北地区人口自然增长率持续下滑，2015 年负增长 0.23%。人口自然增长乏力与大量人口外流导致东北地区总人口占全国的比重一路下滑，而 2015 年总人口首次同比负增长。资本流动进一步削弱了东北地区的发展潜力。自 2014 年起，东北地区固定资产投资同比名义增速持续走低，自 2015 年进入负增长轨道。尽管自 2016 年下半年起投资增速跌幅有所收窄，但至今尚未脱离负增长区间。一方面，东北地区产业结构中，传统产业仍是主要支柱，在传统产业产能过剩的宏观形势下，投资者的决策行为受到一定影响；另一方面，东北地区由于其历史基础、市场开放程度相对较低，存在诸多体制机制障碍，投资者的合法权益难以得到保障。

（五）中小企业发展环境未得到有效改善

一是价格传导不畅引发利润挤压。自 2016 年下半年以来，生产资料出厂价格水平快速上扬，生活资料价格平稳增长，形成价格倒挂，挤压中下游行业的利润空间。价格传导不畅的原因在于上、下游企业竞争环境的差异。上游行业如石油、钢铁行业仍以大型国有企业为主导，竞争并不充分，企业具有较大的议价权；而中下游行业市场结构相对多元，市场环境更偏向于垄断竞争，企业难以对产品价格自主调整。原材料价格的上涨给中下游企业带来成本冲击，在需求没有回升的情况下，中下游企业难以通过价格上涨转嫁成本，从而形成利润的两极分化。二是存在新一轮"国进民退"隐忧。受化解过剩产能和原材料价格上涨的双重影响，国有控股企业进入快速增长阶段。2017 年年初，国有控股工业企业利润增速急速上升，上半年累计增长 45.8%，同期私营企业的利润增速仅为 14.8%。与此同时，国有企业利润快速增长并未带来杠杆率的有效降低，相反国企的杠杆率仍然高于私企约 10 个百分点。三是企业多元成本处于历史高位。制造业综合成本竞争力指数研究表明，美国近十年制造业成本相对保持平稳，而中国同期提升了将近 10 个百分点。国内制度性交易成本居高不下，"融资难、融资贵"的问题从未减弱。

四、2017 年我国工业发展展望

（一）面临的形势

全球经济呈现缓慢复苏态势，产业竞争格局有所加剧。从经济周期角度来看，未来几年全球经济增长仍处于低谷阶段或者周期的初期上升阶段。一是**成本优势促进全球再工业化进程加快**。一方面，美、欧、日等发达经济体长期以来积累的人才优势、研发优势使其抢占了许多领域的技术制高点，特别是在信息网络、生物医药、大数据、新能源、新材料等领域，先发优势较为明显。另一方面，许多发展中国家也在积极吸引劳动密集型产业转移，力图融入全球产业分工体系中。随着中国劳动力成本的逐渐上升，印度、越南、菲律宾、墨西哥等发展中国家和地区的劳动力成本优势开始凸显。二是**全球治理体系发生深刻变革**。一方面，新兴经济体的话语权快速上升。近年来，新兴经济体在现有的多边治理机制（如世界银行、国际货币基金组织）中的地位和重要性继续提升；20 国集团逐步成为全球经济政策对话与协调的重要平台。另一方面，发达国家加快推动新的国际规则。当前，新兴经济体利益诉求分化，协调能力较弱，在重大问题上难以形成一致的声音，而发达国家凭借其经济、科技、政治、军事方面的优势地位，在推动新的国际规则形成方面具有明显优势。

发达国家制造业复苏态势持续。美国经济保持温和扩张。2017 年 6 月，美国制造业增速创下近三年来最高水平，劳动力市场总体稳定。特朗普新政完全落实的难度很大，但有助于提升经济信心，促进投资和消费增长。**日本经济持续稳健增长**。6 月经季节调整的 Markit/日经日本制造业采购经理指数（PMI）升至 53.5，该指数仍连续 9 个月高于 50 荣枯分水岭。但人口老龄化、政府高额债务、要素资源匮乏等结构性问题和地缘政治问题继续困扰日本经济增长前景。刺激政策效果有限，预计未来日本经济将低速增长。**欧洲经济格局重构，经济增速有所放缓**。在难民危机、债务问题、地缘政治、黑天鹅事件等共同作用下，欧洲地区之间的不平衡状况加重，国家间利益取向和政策目标分化加剧，经济格局正在经历重构。目前在美国加息的支撑下，欧元保持强劲，复苏态势不断增强。

新兴市场经济体整体温和复苏，受到的外部冲击压力加大。国际大宗商品价格和原油价格回升，资源依赖型新兴国家的国际收支状况得到改善。部分新兴市场经济国家的结构调整取得进展，中产阶级比重提升带动消费增长。资源依赖型国家经济好转，制造业依赖型国家保持较快增速。新兴国家受到的外部冲击压力可能加大，不排除部分中小新兴市场国家出现资金加速外流引发金融风险的情况。

中国经济仍处于追赶美国阶段，改革进入新常态。"十三五"期间，中国经济总量仍将处于追赶美国的进程中。2009 年，中国 GDP 超过日本，位居世界第二。据世界银行的数据，2016 年，中国 GDP 占世界 GDP 的比重为 14.9%，低于美国占世界 GDP 比重 9.5 个百分点，美国仍遥遥领先于其他国家。从人均 GDP 来看，2016 年中国排名第 68 位，根据世界银行对收入区间的划分，中国属于中等收入偏上国家。中国仍需要深层次的改革。2017 年 6 月，IMF 于 2017 年第二次上调其对中国经济增速的预期，并预计中国经济将在 2018—2020 年平均每年增长 6.4%。与此同时，研究认为，虽然中国一些短期风险已经消退，但改革需加快，以应对当前经济调整可能面临的风险。未来几年，中国需要更加关注供给侧改革、财税改革、国企改革给经济发展带来的影响。

当前国内宏观环境总体趋稳向好。上半年，国民经济整体运行稳定，第二季度 GDP 同比增长 6.9%，与第一季度持平。从支撑因素来看，供给侧的工业和需求侧的消费对国民经济实现稳定增长作用增强。上半年，最终消费贡献率为 63.4%，虽然比第一季度略有下降，但仍然占据"三驾马车"首位。工业对经济增长的拉动作用明显回升，上半年制造业对经济增长的贡献率为 30.7%，比上年同期提高 0.9 个百分点。国内物价走势较为平稳，受大宗商品价格变动影响，上半年食品价格有所波动，但总体保持了温和上涨态势，上半年，扣除食品和能源价格的核心 CPI 同比上涨 2.1%，比第一季度提高 0.1 个百分点。货币政策继续呈现稳健中性边际趋紧，金融领域去杠杆取得初步成效。6 月末狭义货币供应量（M1）同比增长 15.0%，增速比上月末和 2016 年同期分别低 2.0 个和 9.6 个百分点，广义货币供应量（M2）同比增长 9.4%，增速分别比上月末和 2016 年同期低 0.2 个和 2.4 个百分点，M2 增速持续回落符合市场预期。企业投资意愿有所增强，6 月新增人民币信贷 1.54 万亿元，高于 5 月 0.43 万亿元，整体结构有所改善，其中，企业中长期贷款新增 5778 亿元，其新增额、同比和环比多增额均超过短期贷款。财政支出继续发力，1～6月全国一般公共预算支出同比增长 16.9%，比 1～5 月提升 2.2 个百分点。综合分析，国内宏观环境总体稳定。

（二）未来趋势展望

市场供需关系不断改善，工业稳定增长态势短期内不会改变。2017 年以来，在供给侧结构性改革的推动下，下游需求有所改善，PPI 持续处于高位，企业的生产经营情况得到扭转，投资信心不断增强，工业总体稳定增长。从关键指标来看，制造业 PMI 持续处于扩张区间，工程机械产品销售持续火爆，运输与工业用电量保持稳定增长态势。装备制造业支撑作用明显，产业结构不断优化。上半年，消费品行业基本保持稳定，原材料行业增速呈明显波动性变化。受改革刺激和行业逐步进入回暖周期影响，汽车、通用、专用等重点装备制造业基本保持 10%以上的增长态势，结合行业市场需求来看，全年预计保持稳定增长。

消费支撑作用不断增强，投资增长仍处低位。消费保障经济运行稳定性基础性作用增强。消费增长态势平稳，3 月以来，社会消费品零售总额同比增速基本保持在 10.7%[11]左右。消费受收入增长约束在减轻，上半年，全国居民人均可支配收入实际增长 7.3%[12]，高出经济增速 0.4 个百分点，将刺激消费对经济增长的拉动作用。新的消费模式和业态带动新兴消费发展，在服务和产品供给质量提升的环境下，信息技术促进新型消费将迎来巨大的增长空间。**基建和地产投资带动乏力，制造业投资持续回暖动力不足。**基建投资恐面临回落，从未来看，财政支出受限和 PPP 项目融资监管加强可能导致融资困难加剧，影响到部分项目的有序推进。此外，由于地方政府债务与去杠杆问题叠加，下半年基建投资增速可能在高位的水平上有所回落。房地产投资将继续回落，受调控政策影响，全国商品房销售面积及销售额增速逐月回落，正逐渐向房地产投资传导，下半年投资压力更大。制造业领域企业投资信心难以大幅回升，随着基建和地产投资回落，以及工业品价格和效益涨幅持续回落，制造业融资成本、生产经营成本持续上涨，制造业投资持续复苏仍具有很大的不确定性。

2017 年全年，规模以上工业增加值增速预计处于 6.5%～6.8%的区间。2017 年上半年，在工业供给侧结构性改革的推动下，我国工业增长不断呈现企

---

[11] 数据来源：国家统计局。
[12] 数据来源：国家统计局。

稳回升的积极信号，生产、效益、价格、贸易等多方面指标明显改善，工业增加值增速达到 6.9%。但与此同时，我国仍处于结构调整期，支撑工业增长的长期因素有待进一步培育，创新投入有待持续加大，工业投资有待持续提升，企业生产经营环境有待进一步完善，同时考虑到当前我国"去产能"的紧迫性，总体经济下行压力仍然较大。下半年，消费、出口和基建投资的支撑作用仍然稳定，装备制造业增长基础良好。但另一方面，价格和内需持续增长动力不足，供需矛盾仍然较为严重，民间投资活力激发不够，企业融资难度加剧，下半年继续实现稳中有进的态势难度较大。综合判断，预计 2017 年全年规模以上工业增加值增速可能处于 6.5%～6.8%区间。

第三章　加快促进中国工业转型发展

一、坚持创新驱动发展，全面实施《中国制造 2025》

（一）深入推进国家制造业创新中心等五大工程建设

一是实施国家制造业创新中心建设工程。继续推进动力电池、增材制造等国家级创新中心能力提升项目的实施，鼓励重点产业集聚的省市选择优势领域，创建省级制造业创新中心，形成以国家级、省级制造业创新中心为节点的多层次、网络化制造业创新体系。二是深入推进工业强基工程。在新一代信息技术、轨道交通装备、高档数控机床等领域，选择若干项基础零部件、先进基础材料、基础工艺，实施"一揽子"突破行动。在工程机械高压油泵、控制器等领域，开展"一条龙"应用计划。修订产业关键共性技术发展指南，建成一批产业技术基础公共服务平台。三是大力推进智能制造。深化产学研用协同攻关，加快在数控机床与机器人、增材制造、智能传感与控制、智能检测与装配、智能物流与仓储等领域，突破一批关键技术和核心装备；强化产业基础支撑，加快研发核心支撑软件，推进工业互联网建设，健全智能制造标准体系；围绕智能化生产、网络化协同、个性化定制、制造型服务等重点，加快培育智能制造新模式，重塑制造业产业链、供应链和价值链。四是全面推进实施绿色制造工程。继续推进传统制造业绿色化改造示范推广、资源循环利用绿色发展示范应用、绿色制造技术创新及产业化示范应用以及绿色制造体系构建试点等工作。五是实施高端装备创新工程。积极推进高档数控机床与基础制造装备、大飞机、航空发动机及燃气轮机等国家科技重大专项建设。推动智能制造和机器人、深海空间站、天地一体化信息网络、大数据等重大工程实施方案出台。培育一批新技术、新产品推广应用中心，不断提高高端技术装备和高端制造工艺水平。

（二）出台分省市指导意见，引导地方差异化发展

根据东部高端装备制造、中部产业升级以及西部和老工业区淘汰落后产能

等为主的发展思路，推动各地差异化发展和重点领域合理布局。扩大试点示范城市（群）覆盖面，推进若干个基础条件好、示范带动强的城市先行先试。启动国家新型工业化产业示范基地提升计划，确定《中国制造2025》卓越提升试点示范基地，形成中央、省、试点城市、产业基地协同推进的网络化发展格局。

（三）推进军民融合深度发展

推进军民融合深度发展需更加强调突出问题导向，强化顶层设计，加强需求统合，统筹增量存量，同步推进体制和机制改革、体系和要素融合、制度和标准建设，加快形成全要素、多领域、高效益的军民融合深度发展格局。推进军民融合深度发展改革，完善军民融合领域相关政策，重点突破资质、标准、财税等瓶颈问题。完善国家军民融合公共服务平台功能，促进军民技术双向转移转化。在重点领域实施一批军民融合重大项目。推进军民融合创新示范区和产业基地建设。同时充分发挥法律法规的规范、引导、保障作用，加紧推进军民融合发展的综合性法律立法工作，提高军民融合发展的法治化水平。

二、深化制造业与互联网融合发展，培育壮大新业态、新模式

（一）聚焦重点任务，推动智能制造深入发展

一是聚焦智能制造重点任务，深入实施智能制造工程。在深化实施数字化制造普及、智能化制造试点示范的基础上，集中攻克高档数控机床与工业机器人、增材制造装备、智能传感与控制装备等5类关键技术装备，夯实智能制造标准、核心支撑软件、工业互联网三大基础，培育推广离散型智能制造、流程型智能制造、网络协同制造、大规模个性化定制、远程运维服务5种新模式，推进十大重点领域智能制造成套装备集成应用，持续推动传统制造业智能转型。二是积极培育智能制造生态，打造具有行业特色的系统解决方案供应商。

（二）突出企业主体地位，着力打造"双创"平台

充分发挥市场机制的作用，支持引导大型制造企业建设基于互联网的开放式"双创"平台，深化工业云、大数据等技术的集成应用，加快构建新型研发、

生产、管理和服务模式，促进技术产品创新和经营管理优化，提升企业的整体创新能力和水平。支持引导大型互联网企业、基础电信企业建设面向制造企业特别是中小企业的"双创"服务平台，营造大中小企业合作、共赢的"双创"新环境。支持制造企业与互联网企业跨界融合，培育新的经营主体，建立适应融合发展的技术体系、标准规范、商业模式和竞争规则，形成优势互补、合作共赢的融合发展格局。

（三）全面推进两化融合管理体系建设，加快完善顶层设计

推动组建全国性两化融合管理体系标准委员会，适时组织成立重点领域与行业分技术委员会，形成产学研用协同创新的标准化组织体系。明确两化融合管理体系总体架构，构建两化融合管理体系的标准体系。全面推动两化融合管理体系贯标，深化国家和地方两化融合管理体系贯标试点，实现重点区域和优势产业贯标全覆盖。针对小微企业的需求和特征，探索制定模块化、平台化、便捷化的两化融合管理体系贯标实施细则，开展小微企业贯标试点和普及推广等。组织完善国家和地方两化融合评估服务平台，持续推进企业两化融合自评估、自诊断、自对标。建立标准应用效果评价和改进完善机制，不断完善两化融合管理体系。

（四）强化基础能力建设和安全保障，为融合发展提供有效支撑

推动实施国家重点研发计划，强化制造业自动化、数字化、智能化基础技术和产业支撑能力，加快构筑自动控制与感知、工业云与智能服务平台、工业互联网等制造新基础。组织实施"芯火"计划和传感器产业提升工程，鼓励和支持产业集聚区建设完善产业化平台。实施融合发展系统解决方案能力提升工程，推动工业产品互联互通的标识解析、数据交换、通信协议等技术攻关和标准研制，面向重点行业培育一批智能制造系统解决方案供应商，组织开展行业系统解决方案应用试点示范，为中小企业提供标准化、专业化的系统解决方案。同时，着力提高工业信息系统的安全水平，实施工业控制系统安全保障能力提升工程，制订完善工业信息安全管理等政策法规，健全工业信息安全标准体系，大力提升工业信息安全监测、评估、验证和应急处置等能力，为制造业与互联网融合发展提供安全支撑。

三、加快结构调整优化，提升供给质量和水平

（一）深入推进"去产能"，加快"僵尸企业"出清

根据环保、能耗、质量、安全等相关法律法规和标准，更多地运用市场化、法治化手段，推进钢铁、煤炭等行业加快处置"僵尸企业"。继续开展淘汰落后、违法违规项目清理和联合执法专项行动，落实产能置换方案，推动企业兼并重组、破产清算，坚决淘汰不达标的落后产能，严控过剩行业新增产能。

（二）以重点突破促进整体提升，全面推进质量品牌建设

一是引导企业牢固树立质量品牌意识。通过开展形式多样的活动，弘扬工匠精神，促进提升企业的质量品牌意识。完善质量品牌专业人才培养机制，扶持一批质量品牌培育和运营专业服务机构，开展质量品牌管理咨询、市场推广等服务。二是大力推广先进的质量管理方法。引导企业学习实践先进的质量管理方法，提高质量管理水平。开展质量标杆和领先企业示范活动，普及卓越绩效、六西格玛、精益生产等先进的生产管理模式和方法；支持企业提高质量在线监测、在线控制和产品全生命周期质量追溯能力；引导企业加强全流程质量管理，建立完善的质量标准管理体系。三是促进提升产品实物质量。针对重点行业实施工业产品质量提升行动计划，组织攻克一批长期困扰产品质量提升的关键共性质量技术，加强重点实物产品性能稳定性、质量可靠性、环境适应性等技术研究，力争达到国际同类产品的先进水平。在重点消费品领域实施质量管理、质量自我声明和质量追溯制度，保障产品质量安全。四是深化企业品牌培育与区域品牌建设。引导制定企业品牌培育管理体系行业标准，促进开展行业贯标活动。以工业企业品牌培育试点示范活动为载体，探索品牌培育模式，推广品牌培育经验。推进建立中国制造品牌培育联盟，增强专业机构的公共服务能力。推进产业集群区域品牌建设试点示范，引导产业集群运用创意设计等多种方式，提升产业竞争力和区域品牌影响力。

（三）以新技术、新业态、新模式大力改造提升传统产业

加快大数据、云计算、物联网在传统产业的应用，以新技术、新业态、新

模式，推动传统产业生产、管理和营销模式变革。以智能制造为主攻方向，推进"中国制造 2025"示范区、制造业创新中心建设，深入实施工业强基、重大装备专项工程，大力发展先进制造业，推动中国传统制造向中高端迈进。完善相关政策体系，以多种方式支持技术改造，促进传统产业焕发新的生机。

（四）加快培育发展新兴产业集群，促进形成新兴产业良性成长机制

在综合考虑各地产业基础支撑、区域功能定位和集群覆盖半径等因素的基础上，统筹新兴产业集群发展，加快培育建成一批带动能力突出、配套体系完善、竞争优势明显的新兴产业集群。鼓励以骨干企业为主体，联合高等院校、科研院所，共建一批产业技术创新战略联盟和产业创新中心等新型研发机构，加强集聚区重大共性技术研发，不断提升集聚区的自主创新能力；突出项目带动，着眼带动能力强、市场前景好的新兴产业方向，聚焦产业链核心环节，建设一批优质项目；强化政策支持，在资金安排、用地、财税支持等方面出台相关政策措施，对新兴产业集聚发展适当倾斜。

四、持续深化改革，营造良好的发展环境

（一）持续深化"放管服"改革

紧扣形势、突出重点，继续把"放管服"改革推向深入。**一是进一步降低创业门槛、削减不合理审批和许可。**以减证和推进"证照分离"为重点进一步放宽市场准入，在全国范围内实行企业"多证合一"和"一照一码"，在更大范围内推进"证照分离"改革；全面推行清单管理制度，规范和完善各级政府部门的权力和责任清单，进一步扩大市场准入负面清单试点，压缩负面清单事项，提高透明度和市场准入的可预期性，为全面实施市场准入负面清单创造条件；打破各种互为前置的审批怪圈，进一步完善产品生产许可与认证制度，优化质量管理流程，提高市场效率。**二是加大力度为各类市场主体减负。**落实结构性减税政策，坚持依法治税，减少征税的自由裁量权。减少涉企收费，继续加大"清费""治费"力度，进一步清理规范政府性基金和行政事业性收费。推行涉企收费公示制，建立收费目录清单，多措并举切实降低企业税费、融资、

用能用地物流等各方面的成本。**三是创新监管方式，创造公平竞争的营商环境。**除了放宽市场准入和加强事中、事后监管外，还需进一步创新监管理念与监管方式，全面推行"双随机、一公开"的监管模式和综合执法改革，更大力度推动跨部门联合检查和公正文明执法，确保监管公平、公正。

（二）继续加强工业法制建设

一是加强重点领域立法。围绕制造强国战略、网络强国战略配套立法研究，制定中长期工业立法方案。重点做好稀有金属管理、工业节能、技术改造、兼并重组、质量安全、中小企业发展、信息安全、两化融合、军民融合深度发展等方面的立法工作，加快《电信法》《稀有金属管理条例》《道路机动车辆生产管理条例》等法规的立法进程。**二是建立科学、高效的立法机制。**根据部门职责分工和法定权限厘清立法边界。积极探索社会各方有序参与立法的途径和方式，完善公民参与立法的体制机制。对重大立法问题，充分借鉴专家学者和研究机构的意见，建立立法咨询制度。构建立法后评估制度，为法律规定的立改废工作奠定基础，确保法律制度适应工业和信息化发展需要。**三是不断提高依法行政的能力和水平。**严格规范公正文明执法，不断强化行政程序意识，完善执法程序，健全行政执法调查规则，合理细化、严格规范行政裁量权，切实保障行政管理相对人的合法权益。建立长效执法培训机制，持续提高执法人员的依法行政能力，建设高素质的法治队伍。完善行政复议制度，畅通复议申请渠道，健全行政复议案件审理机制，充分发挥行政诉讼对行政行为的监督作用。

（三）进一步加大知识产权保护

一是完善知识产权法律法规体系。加快推动《专利法》《著作权法》《反不正当竞争法》及配套法规条例等的制修订工作，研究"互联网+"、电子商务、大数据等新业态、新领域的知识产权保护规则。制定关于滥用知识产权的反垄断指南，完善商业秘密保护法律制度，明确商业秘密和侵权行为界定，探索建立诉前保护制度。**二是加强知识产权行政执法。**完善知识产权联合执法和跨区域知识产权执法协作机制，调动各方的积极性，形成工作合力。加大对制假源头、重复侵权、恶意侵权、群体侵权的查处力度，强化在线监测，深入开展打击网络侵权假冒行为专项行动。加大对宽带移动互联网、云计算、物联网、大数据、高性能计算、移动智能终端等新领域、新业态的知识产权保护力度。健全知识产权纠纷的争议仲裁和快速调解制度，严格保护知识产权权利人的合法权益。**三是强化进出口贸易知识产权保护**。落实对外贸易法中知识产权保护的相关规定，适时出台与进出口贸易相关的知识产权保护政策。改进知识产权海关保护执法体系，加大对优势领域和新业态、新领域创新成果的知识产权海关保护力度。完善自由贸易试验区、海关特殊监管区内货物及过境、转运、通运货物的知识产权海关保护执法程序。加强国内、国际执法合作，完善从生产源头到流通渠道、消费终端的全链条式管理。**四是加强知识产权公共服务体系建设**。发挥政府资金的引导作用，建设知识产权运营公共服务平台，开展版权交易。创新知识产权金融服务，拓展知识产权质押融资试点范围，完善风险管理以及补偿机制，探索开展知识产权证券化和信托业务，支持以知识产权出资入股开展互联网知识产权金融服务。建立健全知识产权公共服务网络，增加知识产权信息公共服务产品供给。实施产业知识产权服务能力提升行动，创新对中小微企业和初创型企业的服务方式。发展"互联网＋"知识产权服务等新模式，培育规模化、专业化、市场化、国际化的知识产权服务品牌机构。**五是加强知识产权人才培养**。加强知识产权高层次人才队伍建设，加大知识产权管理、运营和专利信息分析等人才培养力度。鼓励构建政府、高校、研究机构、中介服务机构、企业等相结合的多元知识产权教育培训平台，加大对政府、企业及各类创新人才的知识产权培训力度。加强知识产权领军人才、国际化专业人才的培养与引进。构建多层次、高水平的知识产权智库体系。

（四）进一步健全社会信用体系

一是搭建全面覆盖的社会信用信息平台。推进统一社会信用代码制度，完善公民、法人和组织的信用信息。完善信息信用基础数据库，逐步实现信息采集全覆盖。完善相关职能部门的信息信用系统建设，建立信息共享机制，建设完善覆盖全部信用主体、所有信用信息类别的信用信息共享平台。建立社会信用可查询网站，帮助企业、个人防范信用风险。**二是完善多维度、网络化的信用治理系统**。充分发挥政府、企业、社会组织的治理功能，围绕社会信用制定相关的法律法规，为社会规范提供原则和合法性依据。通过新一代信息技术、大数据、云计算等先进手段，整合相关职能部门的数据资源，推进互联互通和数据共享的信息信用体系。针对不同主体，设计具有适用性、相容性的信用评估指标，健全社会信用评估体系。**三是健全联合奖惩的信用制度**。实施信用联合奖惩，共同营造守约践诺的信用环境。对诚实守信者实行支持激励政策，对违法失信者，实施跨领域、跨部门联合惩戒，依托信息平台公布失信者信息，并对其行为进行一定程度的限制。**四是营造社会信用文化环境**。加强诚信宣传和诚信教育，倡导诚信道德规范，弘扬诚实守信的传统文化和现代市场经济的契约精神。树立诚信典型，使诚实守信成为全社会的自觉追求。深入开展诚信主题活动，突出诚信主题，营造诚信、和谐的社会氛围。

行　业　篇

第一章　石油和化工行业 2016 年发展回顾与形势展望

一、2016 年石油和化工行业发展回顾

（一）行业发展概况和主要特点

国家统计局的数据显示，2016 年，全国石油和化工行业规模以上企业 29 624 家，全行业实现主营业务收入 13.29 万亿元，同比增长 1.7%，占全国规模工业主营收入的 11.5%；利润总额 6444.4 亿元，与上年基本持平，占全国规模工业利润总额的 9.4%；完成固定资产投资 2.15 万亿元，同比下降 5.9%，占全国工业投资总额的 9.4%；资产总计 12.54 万亿元，增幅 3.9%，占全国规模工业总资产的 11.7%；进出口贸易总额 4778.2 亿美元，下降 9.2%，占全国进出口贸易总额的 13.0%，其中出口 1708.7 亿美元，下降 6.1%，占全国出口贸易总额的 8.1%。2016 年石油和化工行业主要经济指标完成情况见表 1。

表 1　　　　　　　　　　2016 年石油和化工行业主要经济指标完成情况

指标名称	石油和化工全行业		油气开采业		炼油业		化学工业	
	金额	同比	金额	同比	金额	同比	金额	同比
主营业务收入（亿元）	132 853.1	1.7%	7854.9	−17.3%	28 764.1	−2.0%	92 124.5	5.3%
利润总额（亿元）	6444.4	0.0%	−543.6	--	1703.6	120.4%	5073.2	11.7%
固定资产投资（亿元）	21 522.2	−5.9%	2331.0	−31.9%	2125.3	7.3%	16 148.5	−0.7%
进出口总额（亿美元）	4778.2	−9.2%	1340.1	−14.0%	410.3	−15.9%	2929.3	−6.2%
进口额（亿美元）	3069.5	−10.8%	1318.7	−13.7%	199.1	−27.6%	1516.4	−5.3%
出口额（亿美元）	1708.7	−6.1%	21.4	−29.1%	211.2	−0.8%	1412.9	−7.1%

数据来源：国家统计局、海关总署，由中国石油和化学工业联合会整理。

综观 2016 年石油和化工全行业经济运行情况和发展态势，主要呈现出以下几方面的特点。

经济增长明显分化。2016 年，受油价低位波动、产能结构性过剩等影响，加之企业管理方面的差距，石油和化工行业不同行业、不同企业的效益分化明显。从主营业务收入来看，2016 年，油气开采业的主营业务收入降幅较大，达

17.3%，炼油业则小幅下降 2.0%，而化学工业增长了 5.3%。在化学工业中，专用化学品和合成材料收入增幅较快，均为 7.6%；基础化学原料制造增幅次之，为 6.7%；而化肥行业下降了 4.5%，橡胶制品业的增速也只有 2.6%。

从主要产品来看，2016 年，全国石油天然气总产量达 3.31 亿吨（油当量），比上年下降 3.0%。其中，原油产量降幅达 6.9%，为 2010 年以来首次下降。全年完成原油加工量 5.41 亿吨，同比增长 2.8%；成品油中，汽油、煤油产量增幅分别为 6.4% 和 8.9%，而柴油则下降了 1.3%。全年进口原油 3.81 亿吨，同比增长 13.6%，进口依存度达到 65.4%；出口成品油大幅增长 50.2%。2016 年，主要化工产品的总产量同比增长约 2.0%。其中，无机化学原料产量的增幅仅为 2.2%，但有机化学原料和合成材料产量的增幅分别为 5.7% 和 8.0%。全年化肥总产量下降 4.8%，出口量下降 21.5%。2016 年石油和化工行业主要产品产销平衡情况见表 2。

表 2　　　　　　　　　　2016 年石油和化工行业主要产品产销平衡情况

产品名称	时间	产量	进口量	出口量	表观消费量	进口依存度
原油	2016 年累计（万吨）	19 968.5	38 103.8	294.1	57 778.2	65.4%
	同比	−6.9%	13.6%	2.6%	5.6%	4.7%
天然气	2016 年累计（亿立方米）	1464.9	752.4	34.1	2183.2	32.9%
	同比	3.6%	22.0%	4.1%	9.3%	3.7%
成品油（汽油、煤油、柴油合计）	2016 年累计（万吨）	34 833.5	464.6	3820.2	31 477.8	−10.7%
	同比	2.5%	13.8%	50.2%	−1.1%	−4.0%
汽油	2016 年累计（万吨）	12 932.0	20.8	969.7	11 983.1	−7.9%
	同比	6.4%	22.1%	64.4%	3.4%	−3.0%
煤油	2016 年累计（万吨）	3983.8	352.2	1310.1	3025.9	−31.7%
	同比	8.9%	1.1%	5.9%	9.3%	0.4%
柴油	2016 年累计（万吨）	17 917.7	91.6	1540.4	16 468.8	−8.8%
	同比	−1.3%	114.1%	115.0%	−5.8%	−4.9%
硫酸（折 100%）	2016 年累计（万吨）	8889.1	143.3	6.4	9026.1	1.5%
	同比	−0.8%	22.4%	−68.7%	−0.3%	0.4%
烧碱（折 100%）	2016 年累计（万吨）	3283.9	0.9	71.2	3213.7	−2.2%
	同比	8.8%	1523.3%	−36.9%	10.6%	1.7%
纯碱	2016 年累计（万吨）	2588.3	13.5	197.9	2403.8	−7.7%
	同比	2.6%	15 646.8%	−9.9%	4.4%	1.9%

产品名称	时间	产量	进口量	出口量	表观消费量	进口依存度
乙烯	2016 年累计（万吨）	1781.1	165.7	0.8	1946.0	8.5%
	同比	3.9%	9.3%	67 168.9	4.3%	0.3%
甲醇	2016 年累计（万吨）	4313.6	880.3	3.4	5190.5	16.9%
	同比	7.8%	58.9%	−79.4%	14.3%	5.1%
合成树脂	2016 年累计（万吨）	8226.7	3182.5	574.2	10 835.0	24.1%
	同比	6.6%	−0.1%	15.3%	4.1%	−1.8%
合成橡胶	2016 年累计（万吨）	545.8	335.6	21.1	860.3	36.6%
	同比	8.9%	64.1%	10.6%	25.3%	9.6%
合成纤维单体	2016 年累计（万吨）	3770.3	862.3	71.7	4560.8	17.3%
	同比	5.5%	−15.2%	11.2%	0.8%	−3.7%
化肥合计（折纯）	2016 年累计（万吨）	7004.9	449.6	1191.0	6263.5	−11.8%
	同比	−4.8%	−26.5%	−23.7%	−2.3%	3.0%
氮肥（折含 N 100%）	2016 年累计（万吨）	4458.8	21.8	731.3	3749.3	−18.9%
	同比	−7.9%	−13.1%	−26.6%	−3.1%	6.2%
磷肥（折含 P_2O_5 100%）	2016 年累计（万吨）	1828.6	19.6	441.1	1407.1	−30.0%
	同比	−0.2%	−24.9%	−18.8%	7.1%	9.4%
钾肥（折含 K_2O 100%）	2016 年累计（万吨）	663.3	408.2	18.6	1052.9	37.0%
	同比	8.4%	−27.2%	−9.6%	−8.6%	−9.9%

数据来源：国家统计局、海关总署、中国石油和化学工业联合会。

结构调整加快推进。 一是在政府引导下，行业和企业加大去产能力度。如化工大省山东省持续开展化工行业综合整治，加快企业搬迁改造和集聚发展；浙江省大力处置"僵尸企业"，淘汰化工落后装置和工艺；江苏省对全省的石化产业布局重新进行界定，大调整、大优化，转型升级取得积极成效。2016 年，重点石油化工产品的产能利用率企稳回升，监测的 25 种主要产品的平均产能利用率为 69.1%，比上年提升 1.1 个百分点。二是产品结构加快调整。成品油质量升级，国Ⅳ汽柴油标准在全国施行；水煤浆等先进煤气化技术在煤化工领域中的应用更加普遍，降低了企业的耗能和排放；缓控释肥、水溶肥、生物肥料等在化肥中的占比进一步提高；磷化工更多利用国内低品位磷矿资源，加强综合利用和循环经济；水性涂料在涂料行业企业生产中越来越成为趋势；一些大型炼化企业从原来单纯提供通用原料，通过更加重视研发、改进配方、增加牌号多样性等，向市场提供差异化、专用性、功能性的合成材料；轮胎行业的质量水平继续提升，低滚阻力防滑绿色轮胎的比重进一步提高等。产品结构的改善，对满足和带动下游升级需求、促进行业提质增效、推动可持续发展具有重要意义。三是化工搬迁入园工作加快实施。随着 2015 年年底工业和信息化部印发的《促进化工园区规范发展的指导意见》，化工企业向化工园区搬迁和发展成为重点，在政府、社会和企业的共同作用下，2016 年化工企业搬迁入园步伐明显加快。目前全国重点化工园区 502 家，进入化工园区的规模以上石化企业约 1.5 万家，企业入园率达到 51% 左右。

产业提质增效取得进展。2016 年炼油业产品结构调整继续加快，国 V 汽柴油升级改造工作全面完成，自 2017 年 1 月 1 日起，全国实行国 V 标准。由于成本下降和优质优价，2016 年炼油业效益持续高速增长，利润总额逾 1700 亿元，创历史新高，增幅超过 120%。化学工业效益持续改善，利润也创历史纪录，增幅近 12%。特别是基础化学原料提质增效最为显著，利润增速达 38.1%，对化工行业利润的贡献率达 70%；合成材料利润也呈现高速增长势头，增幅达 41.8%，位居化工各行业之首，贡献率超过 38%。石油和化工传统产业的提质增效取得明显进展。

价格触底回升。2016 年，尽管全行业价格总水平连续第 5 年下降，但石油和主要化学品市场呈现触底回升走势，价格降幅不断收窄，特别是进入第三季度后，回升明显加快。价格指数显示，石油和天然气开采业全年价格总水平下降 16.4%，比 2015 年收窄约 21 个百分点。化学原料和化学品制造业下降 2.8%，为 5 年来最低降幅，同比收窄 3.9 个百分点。

出口贸易结构改善。2016 年，尽管出口额连续第二年下降，但出口贸易结构有所改善。传统优势出口产品橡胶制品和化肥的出口额占比下降，成品油、有机化学原料、合成树脂等的占比上升。数据显示，2016 年橡胶制品和化肥在出口额中的占比分别下降 0.5 个和 2.1 个百分点；但成品油出口占比则上升了 1.6 个百分点，有机化学原料和合成树脂出口占比分别上升 1.1 个和 0.5 个百分点。

能源效率继续提高。2016 年，行业总能耗增速继续放缓，能源效率继续提升。数据显示，全年石油和化工行业总能耗比上年增长 1.3%，增速创历史新低，同比回落 1.6 个百分点。其中，化学工业总能耗增长 1.0%，同比回落 2.2 个百分点。石油和化工行业万元收入耗标煤同比下降 0.4%，近年来首次下降。其中，化学工业万元收入耗标煤同比下降 4.0%，创历史最好水平。重点产品的单位能耗多数继续下降。2016 年，我国吨油气产量综合能耗同比下降 5.9%，吨原油加工量综合能耗微幅增长 0.3%，吨乙烯产量综合能耗下降 1.4%，吨烧碱产量综合能耗下降 2.1%，吨纯碱产量综合能耗增长 0.9%，单位电石、黄磷和合成氨综合能耗分别下降 2.6%、4.2%和1.1%。

（二）存在的主要问题

虽然 2016 年石油和化工行业发展实现了稳中有进的目标，但行业经济运行的基础仍不很稳固，下行压力依然较大，困扰发展的矛盾和问题还比较突出。

一是产业结构水平相对低下。2016 年全行业主营业务收入 13.29 万亿元，按现在行业统计 11 大类分析，石油天然气开采、炼油和化学矿开采业占我国石油和化工行业结构的 28.0%，基础化学原料制造业占 19.3%，一般化工产品加工业占 49.4%，而高端制造业和战略性新兴产业两个技术层次的产品只占 3.2%。从总体上看，我国石油和化工行业的产业结构还是低端的、落后的和同质化的。供给结构远远满足不了需求结构的需求。

二是产能过剩矛盾依然突出。在我国现有的产品结构中，除原油、天然气、乙烯和高端精细化学品短缺外，其余石油和化工产品基本上都处于过剩或严重过剩状态。尽管 2016 年在"去产能"工作中取得了不小的进展，但要从根本上化解产能过剩矛盾仍是一项艰巨的任务。值得警惕的是，在努力推进"去产能"的同时，有些产品加剧过剩产能的行为还在重复，部分产品盲目扩张的局面令人担忧。此外，一些产能严重过剩行业的落后产能和"僵尸企业"仍没有完全退出，在价格低位和环保核查严格环境下，有些仅是暂时性的歇产或减产，一旦价格回升或环保核查放松，有可能死灰复燃，重新给市场运行带来压力和困扰。

三是战略性新兴产业培育缓慢。"十三五"期间，为了加快战略性新兴产业的发展，提出了要加快培育新能源技术、化工新材料、高端精细化学品、现代煤化工和节能环保五大战略性新兴产业。近年来，在石油和化工行业战略性新兴产业发展上取得了一些突破，如煤制烯烃、煤制芳烃、聚氨酯新材料、异戊合成橡胶、特低渗透油田、页岩气和可燃冰勘探开发领域都创造了一些全世界领先的技术，但从技术创新的总体能力来看，我国与世界发达国家相比还有相当大的差距。

四是经济效益差距明显。行业的产业结构优势、产业的创新能力、产业的管理水平，最终都要体现在行业的经济效益和经济效率上。石油和化工行业的经济效益与经济效率同发达国家、跨国公司相比还是有较大差距的。2016 年，石油和化工行业的主营业务收入利润率为 4.85%，流动资金周转次数为 2.74 次，百元销售成本高达 84.3%，行业人均利润只有 9.6 万元。2016 年，合成氨、甲醇、乙烯等重点产品的平均能耗水平与国际先进水平相比，普遍存在 10%~20% 的差距。落后的能耗水平与行业能效"领跑者"的差距超过 50%，个别产品甚至超过 100%。

二、2017 年上半年石油和化工行业运行态势分析

（一）行业运行状况和主要特点

2017 年上半年，我国石油和化工行业经济运行总体良好，经济增长速度超出预期。数据显示，2017 年上半年，石油和化工行业规模以上企业 28 998 家，累计实现主营业务收入 7.23 万亿元，同比增长 17.7%；利润总额 4323.9 亿元，增幅 50.3%，分别占全国规模工业主营业务收入和利润总额的 12.1% 和 11.9%；完成固定资产投资 9451.3 亿元，下降 0.2%，占全国工业投资总额的 9.1%；资产总计 12.53 万亿元，增幅 4.6%，占全国规模工业总资产的 11.7%。全行业进出口贸易总额 2818.1 亿美元，增长 25.0%，占全国进出口贸易总额的 14.8%，其中出口 906.3 亿美元，增幅 10.4%，占全国出口贸易总额的 8.7%。

分行业来看，2017 年上半年，油气开采业主营业务收入 4460.1 亿元，增速 24.7%；利润总额 240 亿元，上年同期亏损 410 亿元。炼油业主营业务收入 1.65 万亿元，增幅 21.4%；利润总额 930.3 亿元，同比增长 5.3%。化学工业主营业务收入 4.93 万亿元，同比增长 16.2%；利润总额 3048.5 亿元，增幅 32.1%。

2017 年上半年全行业经济运行的主要特点可以归纳为"三个快速、两个平稳"。

一是收入快速增长。2017 年 1~6 月，全行业主营业务收入同比增长 17.7%，为 5 年来最高增速，2016 年同期增速为下降 1.5%。其中，油气开采和炼油增速

分别达到 24.7% 和 21.4%，而 2016 年同期分别下降 24.4% 和 8.1%；化工行业主营业务收入同比增长 16.2%，比 2016 年同期提高 12.6 个百分点。

二是利润快速增长。2017 年 1~6 月，全行业利润总额同比增长 50.3%，创下 6 年来最高增幅，2016 年同期为下降 6.5%。其中，油气开采业利润总额 240 亿元，2016 年同期亏损 410 亿元；炼油业利润总额 930.3 亿元，同比增长 5.3%；化工行业利润同比增长 32.1%，比 2016 年同期提高 19.6 个百分点，大幅高于全国规模工业 22.7% 的平均增长水平。

三是进出口快速增长。2017 年 1~6 月，全行业累计进出口总额同比增长 25.0%，为 2012 年以来最大增幅，2016 年同期下降 15.0%。其中，出口贸易在连续两年下降后重拾增长势头，出口额同比增长 10.4%，2016 年同期降幅为 8.5%；进口额同比增长 33.3%，2016 年同期为下降 15.0%。

四是生产平稳增长。2017 年 1~6 月，全国原油天然气总产量 1.63 亿吨（油当量），同比略降 0.1%。其中，原油产量同比下降 5.1%，天然气产量同比增长 8.0%。炼油生产平稳。2017 年 1~6 月，国内原油加工量 2.75 亿吨，同比增长 3.0%；成品油产量 1.76 亿吨，同比增长 2.8%，其中汽、煤、柴油产量同比分别增长 2.1%、5.9% 和 2.6%。主要化工品生产平稳。2017 年 1~6 月，国内主要化学品的生产总量增长约 2.3%，除化肥、农药生产同比分别下降 4.5% 和 3.7% 外，其他主要化工原料和合成材料等均保持平稳增长，硫酸、盐酸分别增长 3.7% 和 5.3%，纯碱、烧碱分别增长 5.1% 和 4.2%，甲醇同比增长 8.5%，涂料同比增长 10.5%，合成树脂、合成橡胶和合成纤维单体同比分别增长 4.3%、6.8% 和 7.9%。

五是消费平稳增长。据测算，2017 年上半年我国石油天然气表观消费量 4.02 亿吨（油当量），同比增长 7.2%，增速比上年加快 1.2 个百分点；主要化学品表观消费总量增幅约 4.8%，比上年加快 1.1 个百分点。2017 年 1~6 月，国内原油表观消费量 3.06 亿吨，同比增长 6.7%；天然气消费同比增长 11.0%。国内成品油表观消费量 1.59 亿吨，同比增长 1.6%。其中，柴油消费止降转增，同比增长 1.0%，一年半来首次增长；汽油消费增速回落，同比增长 1.3%，创历史同期最低；煤油消费保持较快增长，增幅为 5.9%。主要化学品消费中，无机化学原料和合成材料增长相对较快。2017 年上半年，无机化学原料表观消费总量增长约 4.8%，比上年同期提高 2.5 个百分点；合成材料表观消费总量增幅约 7.1%，比上年同期提高 3.9 个百分点，其中合成树脂、合成橡胶和合成纤维单体的消费增速分别为 4.9%、32.3%和 9.4%。但化肥消费同比下降 2.6%，特别是氮肥降幅达 6.7%。

（二）需要关注的重点问题

一是市场价格波动明显，行业效益增速收窄。从总体上来看，2017 年上半年主要石化产品同比价格涨幅较大，个别产品环比波动较大。与 2016 年同期相比，2017 年 1～6 月国内石油和天然气价格总水平上涨 45.9%，炼油业上涨 24.7%，化工产品上涨 9.5%。从 3 月开始，国内化工产品的出厂价格持续回落，3～6 月价格同比增幅分别为 11.5%、9.2%、7.7%和 7.6%。其中，合成橡胶、合成纤维单体、有机化学原料等市场价格波动相对比较剧烈。

从 2017 年上半年运行情况来看，主要经济指标的增速逐月收窄。1～6 月全行业主营业务收入同比增长 17.7%，比第一季度回落 2.6 个百分点，其中化工行业同比增长 16.2%，比第一季度回落 1.8 个百分点。上半年全行业利润总额同比增长 50.3%，比第一季度回落 48.0 个百分点，其中化工行业同比增长 32.1%，比第一季度回落 17.2 个百分点。

二是行业投资疲软，影响发展后劲。2016 年，石油和化工行业投资持续负增长，2017 年在经历年初短暂回升后再次陷入下降状态。2017 年 1～7 月，全行业实际完成投资同比下降 1.4%。其中，石油和天然气开采业受近期油价低迷影响，投资大幅波动，增速急剧减缓，由年初的增长 95%下滑至目前的 6.8%，且一度出现下降。化学工业投资持续疲软（-2.0%），短期内尚无明显改善迹象，不利于化工新兴产业的培育和壮大。

三是化工市场进出口压力依然很大。2017 年以来，我国合成材料和有机化学原料进口持续较快增长，特别是合成材料增长强劲。海关数据显示，2017 年 1～6 月，我国合成材料进口总量 2418.6 万吨，同比增长 13.6%；进口有机化学原料 3076 万吨，同比增长 6.3%。其中，合成树脂进口量增长 7.9%，合成橡胶增幅达到 76.7%；乙二醇和丙烯进口量分别增长 19.8%和 13.5%。大宗石化产品进口大增，对国内市场构成了巨大的压力，加剧了市场波动和风险。从出口情况来看，2017 年 1～6 月，化工行业出口总额增幅只有 5.9%，相比 16.2%的进口增速，出口回升依然乏力，石油和化工行业出口向好基础还不稳固。

三、2017 年下半年及 2018 年石油和化工行业发展态势研判

2017 年上半年石油和化工行业经济运行总体表现良好，一方面与国内外宏观经济环境总体向好有关；另一方面，经过这几年的持续调整，行业供需结构有所改善，整体发展能力和水平有所增强，为恢复性增长奠定了基础。此外，2016 年同期的低基数也是增速较快的一个原因。展望 2017 年下半年及 2018 年，宏观经济环境和产业发展形势的变化将继续影响行业经济运行，可以说，积极因素与不利因素交织，挑战与机遇并存。

（一）影响因素分析

从宏观经济环境来看，2017 年以来，世界经济发展势头向好，增长动力增强。由于全球制造业和贸易回暖，市场信心改善，世界银行最新报告预计 2017 年全球经济增速将回升至 2.7%，较 2016 年提高 0.3 个百分点；全球贸易增幅将达到 4%，为近年来新高。与此同时，我国经济发展呈现稳中向好态势。2017 年上半年，我国经济增长 6.8%，较 2016 年同期加快 0.1 个百分点。我国经济增长的稳定性和协调性在增强，经济发展质量和效益在提升，预计全年经济增幅在 6.8% 左右，与 2016 年基本持平。

从石油和化工行业自身来看，结构在优化、增长动力在增强、盈利能力在提升。2017 年上半年，合成材料、基础化学原料和专用化学品主营业务收入分别增长 25.1%、18.9% 和 16.0%，增幅居化工行业前三，这三个行业对化工行业收入增长的贡献率近 80%。盈利能力增强，主要表现在主营业务收入利润率达 5.98%，为近 3 年来同期最高。

国际原油价格变化影响石油和化工行业经济运行。自 2016 年年底欧佩克达成减产协议以来，国际原油价格走入了上升通道，可是进入 6 月以来原油价格急速下跌，最低点与年初的最高点相比下跌幅度超过 20%。2017 年 1~6 月，WTI 原油均价为 50.44 美元/桶，同比上涨 29.1%；布伦特原油均价 52.14 美元/桶，涨幅 32.5%。从中长期来看，随着新能源的发展和节能技术的进步，以及页岩油气新技术的开发应用，油价进一步上升的动力不足，而下行的压力则不断加大。

综合各因素判断，短期国际原油价格可能延续低位震荡走势，下半年均价可能在 50 美元/桶左右波动。

同时也要看到，贸易保护主义抬头、发达经济体经济政策特别是货币政策不确定等风险对世界经济复苏的威胁程度加大，以及地缘政治冲突等，都将成为全球经济脆弱性增强的重要因素。再加上石油和化工行业自身存在问题，传统产能过剩严重，高端产品依然短缺，无论是传统产业的"去产能""调结构"，还是战略性新兴产业的加快培育，都还任重而道远。

（二）主要指标研判

根据当前的宏观经济发展态势，以及行业生产、价格走势和结构调整变化等综合因素分析判断，预计 2017 年下半年石油和化工行业的收入和效益指标都将继续有所收窄，但总体仍将保持较快增速水平。预计 2017 年行业经济运行将好于 2016 年，经济总量将创历史新高，主营业务收入将达 14.75 万亿元，同比增长 12%；其中，化学工业主营业务收入将达 10.13 万亿元，增长 11%。全年石油和化工行业利润总额约为 7500 亿元，同比增长 17%；其中，化学工业利润总额 5500 亿元左右，增幅 9%。预计 2017 年全年石油和化工行业出口总额约 1860 亿美元，同比增长 9%。

展望 2018 年，世界经济或将保持向好势头，增速与 2017 年持平或略有加快。预期我国宏观经济运行将延续平稳态势，2018 年经济增速或在 6.7%以上。初步判断，2018 年国际油价或保持大体平稳，均价在 50 元美元/桶左右。预期石油和化工行业经济运行以平稳为主线，稳中向好。由于基数原因，预计 2018 年上半年增速较缓，下半年有所加快，全年主营业务收入增长 8%左右。

四、促进石油和化工行业发展和转型升级的对策建议

（一）毫不松懈抓好去产能和传统产业转型升级

目前，石油和化工行业一些大宗产品的产能同表观消费量还有很大的差距，过剩的矛盾和潜在矛盾依然突出。有些产品还有着强烈的投资冲动，产能有增

无减，如炼油业近年来产能过剩趋势逐步显现，但投资冲动仍然很大，一些价格好转、效益改善的行业（如氯碱等）投资冲动又开始显露苗头，行业"去产能"的工作任务依然艰巨，须坚决推进行业"去产能"工作，对于不能达到产品质量标准、能耗标准、排放标准的生产装置，都要立即依法淘汰。对于不能达到行业平均能耗、平均成本水平的生产装置，都要在市场竞争中逐步淘汰。充分发挥环保硬约束的作用，通过提升环保标准倒逼落后产能退出市场。以"去产能"和"补短板"的措施，延长和提升传统产业的竞争优势。同时，加快建设适合石油和化工行业产能及利用率的监测预警体系，完善产能调查和数据采集统计体系，构建石油和化工行业产能预警平台。

（二）全力加快战略性新兴产业的培育

在战略性新兴产业的培育中，新能源技术、化工新材料、高端精细化学品、现代煤化工和节能环保五大战略性新兴产业需要有重点、有区别、有不同目标要求地精准组织。首先，要大力发展具有我国独特优势的现代煤化工技术。力争在"十二五"创新突破的基础上，在先进煤气化技术、合成工艺技术、终端产品高端化差异化技术、节水环保技术、装备制造技术等方面取得新的突破，创造新的优势，力争取得同低油价竞争的相对或绝对优势。其次，要努力发展具有我国相对优势的产业创新技术。集中有限目标和有限力量，在几个特定领域内取得领先优势，集中在新能源（页岩气、可燃冰、生物质能源）、化工新材料（聚氨酯、合成橡胶、膜材料、超高分子量聚乙烯、生物基化工新材料等）、专用化学品（新农药、新染料、新涂料、催化剂新技术）等领域取得市场竞争的新优势。再者，要加快发展我国具有后发优势的产业创新技术。尽管我国的环保产业和生产性服务业水平不高，但市场潜力极大，充分发挥后发优势，完全可以实现弯道超车，后来者居上。最后，积极推进行业创新平台建设。充分发挥好协会在创新发展中的组织优势。通过国家级、行业级创新平台建设，把大专院校、研究院所、重点企业的创新力量，在专业分工的基础上，在基础研究、应用研究能力，以及创新成果的转化上尽快取得一批新成效、新成果、新提升。

（三）全力提升全行业的绿色发展水平

全面贯彻落实"创新、协调、绿色、开放、共享"的发展新理念，全面推进行业绿色发展"六大行动计划"（包括废水、废气、固废治理以及节能低碳、安全管理、化工园区建设），提高行业的能耗、水耗、排放等多项指标，结合行业结构调整、转型升级，努力改变行业发展的社会形象。

（四）积极推进"一带一路"国际产能合作

根据行业"一带一路"倡议研究报告，可以组织资源合作类、产能合作类、贸易流通类和生产性服务类四大产业集群，建设一批国际石油和化工园区及产业基地。在这一国际战略布局中，规划了中东石化产业基地、东南亚皎漂港工业园区、中亚化工循环经济合作园区和中欧化工产业园区及一批重点项目。推动石油和化工行业开创新一轮对外开放高潮，推动新一批精英企业"走出去"。

（中国石油和化学工业联合会　　傅向升　祝昉　贺静　范德君　范敏）

第二章　钢铁行业 2016 年发展回顾与形势展望

一、2016 年钢铁行业发展回顾

（一）行业发展概况和主要特点

2016 年，国民经济运行缓中趋稳、稳中向好，主要用钢行业呈现需求好转态势。钢铁行业去产能任务提前超额完成，淘汰落后产能、查处违法违规产能力度不断加大，成效显著，为钢铁行业提供了较好的外部环境。钢铁企业积极适应市场变化，采取有效措施，多措并举降成本，扭转了全行业亏损的局面，全年实现盈利。但是，随着原燃料价格大幅上涨，钢铁企业的生产成本迅速上升，企业的盈利水平仍然很低，钢材涨价带来的收益大部分被原燃料涨价吞噬，钢铁行业转型升级、脱困发展的任务仍然很重。

1. 行业发展概况

粗钢产量略有增长。2016 年，全国生铁、粗钢和钢材（含重复材）累计产量分别为 70 073.6 万吨、80 836.57 万吨和 113 801.24 万吨，同比分别增长 0.74%、1.24% 和 2.3%；2016 年平均粗钢日产量为 220.86 万吨，比上年同期增长 0.96%（见表 3）。

表 3　　　　　　　　　2016 年 1～12 月全国主要钢铁产品产量

品　　种	2016 年 1～12 月累计（万吨）	2015 年同期累计（万吨）	累计同比增幅	累计日产水平（万吨）
粗钢	80 836.57	79 845.79	1.24%	220.86
生铁	70 073.60	69 557.39	0.74%	191.46
钢材	113 801.24	111 244.01	2.30%	310.93

数据来源：国家统计局。

2016 年，全球 66 个主要产钢国家和地区共生产粗钢 160 398.9 万吨，同比增长 0.7%；扣除中国内地后的全球粗钢产量为 79 562.3 万吨，同比增长 0.2%。中国内地钢产量占全世界的 50.4%，同比提高 0.26 个百分点。

钢材出口略有下降。2016 年，全国出口钢材 10 849 万吨，同比减少 391 万吨，下降 3.5%；进口钢材 1321 万吨，同比增加 43 万吨，增长 3.4%；净出口钢材 9528 万吨，净进口钢坯 24 万吨，折合粗钢净出口约 9858 万吨，同比下降 455 万吨（如图 1 所示）。下半年以来，钢材各月出口量同比明显下降，这一方面是受国际市场反倾销、反补贴案件增多的影响，另一方面是由于国内钢材价格上涨幅度大于国际市场，企业出口积极性下降。2016 年钢材进口均价 995 美元/吨，同比下跌 126 美元/吨；出口均价 502 美元/吨，同比下跌 57 美元/吨。

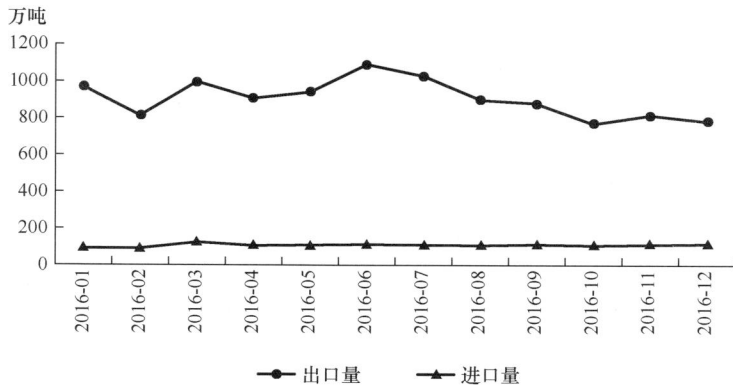

图 1 2016 年 1～12 月各月钢材进出口量（数据来源：海关总署）

2016 年，我国钢材出口的前三位国家（地区）分别为东盟、中东地区和韩国，合计出口钢材 6909 万吨，其中向东盟出口钢材 3893 万吨，向中东地区出口钢材 1582 万吨，向韩国出口钢材 1434 万吨。钢材出口量下降的国家（地区）主要为美国、南美洲、北美自由贸易区（除美国外）和欧盟 28 国，2016 年全年向上述国家（地区）出口钢材 1370 万吨，同比减少 511 万吨。

钢材库存持续低位，低库存运行常态化。2016 年年末，20 个城市五大品种钢材社会库存 753 万吨，环比下降 34 万吨，低于前几年同期水平。12 月，五大品种均有所下降，其中冷轧板卷、热轧板卷库存下降较大。重点钢铁企业钢材库存 1276 万吨，与 2014 年、2015 年相比，钢厂尽量降低库存，企业库存一直保持在较低水平。

进口矿价格波动上涨。2016 年，国内铁矿石原矿产量 12.81 亿吨，同比减产 3971 万吨，下降 3%；进口铁矿石 10.24 亿吨，同比增加 7128 万吨，增长 7.5%；累计进口均价 56.30 美元/吨，同比下跌 4.24 美元/吨。

2016 年，我国进口铁矿石主要来自澳大利亚和巴西，分别进口 6.4 亿吨和

2.15 亿吨，同比增长 5.4%和 12.0%，占总进口量的 62.5%和 21.0%。从印度进口 1556 万吨，增幅高达 6 倍，从南非和乌克兰进口量下滑。

自 2016 年 9 月以来，铁矿石港口库存波动上升，12 月港口库存达到 1.1 亿吨，达到历史相对高位，铁矿石价格整体呈现震荡上行态势，至 12 月铁矿石价格已突破 80 美元/吨，较年初上涨幅度超过 85%。

钢铁工业投资有所下降。2016 年，钢铁工业完成投资 4130.85 亿元，同比下降 8.69%。其中，矿山投资 978.32 亿元，同比下降 28.37%；炼铁投资 158.24 亿元，同比下降 26.93%；炼钢投资 726.09 亿元，同比下降 13.36%；钢加工投资 2268.20 亿元，同比增长 7.82%。钢加工投资占钢铁工业投资的 54.91%，同比提高 8.41 个百分点。2016 年炼铁、炼钢等冶炼工序投资大幅下降，钢加工投资恢复增长，反映了钢铁投资结构明显优化。

2016 年，黑色金属冶炼和压延加工业完成投资 4161 亿元，同比下降 2.2%。其中，民间投资 3416 亿元，增长 1.8%，民间投资率先恢复增长；民间投资占总投资的 82.10%，比 2015 年提高 3.27 个百分点。黑色金属矿采选业完成投资 978 亿元，比 2015 年下降 28.4%，降幅同比扩大 10.6 个百分点。其中民间投资 763 亿元，比 2015 年下降 35.4%，降幅较 2015 年扩大 14 个百分点；民间投资占总投资的 78.02%，同比下降 8.44 个百分点。民间投资投向矿山的意愿仍然较低。

钢材价格同比回升。2016 年全年，中国钢材综合价格指数（CSPI）累计平均为 75.11 点，比 2015 年上升 12.39%（见图 2）。其中，长材指数累计平均为 74.57 点，上升 10.59%；板材指数累计平均为 77.66 点，上升 16.09%。

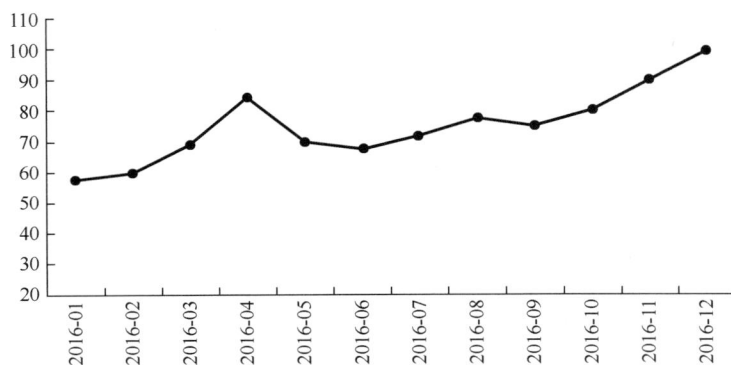

图 2 2016 年 1～12 月中国钢材综合价格（CSPI）指数情况

（数据来源：中国钢铁工业协会）

12 月末，主要监测的八大钢材品种价格较 2015 年同期均有较大幅度的增长，其中高线、螺纹钢、角钢每吨同比上涨超过 1300 元，涨幅超过 60%；中厚板、热轧卷板、热轧无缝管每吨同比上涨超过 1500 元，涨幅超过 50%；冷轧薄板、镀锌板每吨同比上涨超过 2000 元，涨幅超过 60%。

钢铁行业扭亏为盈。2016 年，大中型钢铁企业累计实现销售收入 2.8 万亿元，同比下降 1.81%；盈亏相抵实现利润总额 303.78 亿元，2015 年为亏损 779.38 亿元，同比扭亏为盈；亏损面 20.2%，同比下降 30.3 个百分点；销售利润率为 1.08%，钢铁行业的盈利水平仍然很低。

2. 行业发展主要特点

2016 年，钢铁行业发展主要呈现以下几方面的特点。

一是积极推进供给侧结构性改革，去产能和兼并重组取得重要进展。2016 年是去产能工作的开局之年，按照党中央、国务院的部署，钢铁行业积极关停过剩产能，有力地保证了全年目标任务提前完成。其中，宝钢、鞍钢、武钢、河钢、山钢、马钢、包钢、天钢、永钢等企业按照要求，积极主动关停过剩产能，提前完成去产能任务，为有效化解过剩产能做出积极贡献。宝钢和武钢合并组建中国宝武钢铁集团，是推动钢铁产业结构优化、转型升级的重大战略举措，为推动钢铁行业兼并重组起到积极的示范作用。五矿、中冶重组后进行大规模总部职能优化调整，在整合融合方面又迈出重要一步。

二是市场需求缓慢回升，粗钢表观消费量恢复增长。2016 年，钢铁市场需求呈现缓慢回升态势。全国粗钢表观消费量 7.1 亿吨，同比增加 1445 万吨，增长 2.08%。

三是粗钢产量前低后高，生产总量小幅增长。全国生铁、粗钢和钢材（含重复材）产量分别为 7.01 亿吨、8.08 亿吨和 11.38 亿吨，同比分别增长 0.74%、1.24% 和 2.30%；平均粗钢日产量为 220.86 万吨，比上年同期增长 0.96%。粗钢产量呈现前低后高态势，1～2 月粗钢产量大幅下降 5.7%，3 月后当月产量连续 10 个月一直保持同比正增长态势，12 月增幅略有回落。

四是钢材出口前高后低，出口量同比下降。全国出口钢材 1.1 亿吨，同比下降 3.5%；进口钢材 1321 万吨，同比增长 3.4%；净出口钢材折合粗钢 9858 万吨，同比减少 455 万吨。钢材出口前高后低主要是受国内钢材价格回升和国际贸易保护主义的影响。

　　五是受多重因素影响，钢材价格波动回升。2016 年以来，受市场需求有所好转、钢材库存处于历史低位等多重因素影响，国内市场钢材价格波动回升。钢材综合价格指数从 2015 年 12 月的历史最低点 54.48 点开始回升，4 月末最高涨至 84.66 点；到 11 月末涨至 90.38 点，同比上升 60.85%；12 月中旬达到 103.4 点，12 月下旬虽然价格指数回落至 99.51 点，但与 2015 年年末相比，涨幅仍然超过 80%。2016 年全年钢材综合价格指数平均为 75.11 点，比 2015 年增长了 12.39%。

　　六是扭转深度亏损局面，全行业实现盈利。2016 年，钢铁行业主动作为，采取各种措施提质增效，一举扭转了 2015 年全行业深度亏损的不利局面。自 2016 年 3 月当月实现盈利以后持续盈利，5 月当月实现盈利 85.2 亿元，达到全年盈利单月最高。2016 年前 11 个月实现利润总额 331.5 亿元，上年同期为亏损 529 亿元，一增一减 800 多亿元，成绩斐然。

（二）存在的主要问题

　　钢铁行业虽然在 2016 年实现了扭亏为盈，但仅仅是走出了低谷，还没有完全走出困境。钢铁行业仍然面临着诸多困难和问题，需要重点关注以下五个方面的问题：第一，化解过剩产能工作取得初步成效，但接下来的任务更加艰巨，特别是淘汰落后产能、打击"地条钢"需要持续开展，防止"地条钢"死灰复燃；第二，大中型钢铁企业平均资产负债率较高，迫切需要去杠杆促发展，目前去杠杆工作虽已取得一定进展，但是效果并不突出，需要进一步加快步伐；第三，企业融资难、融资贵问题仍没得到根本解决，"一刀切"断贷、抽贷加剧了生产经营困难；第四，原燃料价格大幅上涨仍严重挤压行业的利润空间，全行业仍处于微利运行；第五，日益严格的环保监管对企业的经营管理提出了更高的要求。

二、2017 年上半年钢铁行业运行态势分析

（一）行业运行状况和主要特点

1. 2017 年上半年行业运行状况

粗钢产量增长 4.6%。2017 年 1～6 月，全国生铁、粗钢和钢材（含重复材）

产量分别为 36 255.6 万吨、41 974.48 万吨和 55 154.71 万吨，同比分别增长 3.36%、4.62%和 1.09%（见表 4）。1～6 月平均日产粗钢 231.9 万吨，相当于年产 8.46 亿吨的水平。需要特别强调的是，2017 年粗钢产量增长 4.6%，是在取缔"地条钢"之后的增长，其实际意义与以前的增长大有不同。

表 4　　　　　　　　　2017 年 1～6 月全国主要钢铁产品产量

品　　种	2017 年 1～6 月累计（万吨）	2016 年同期累计（万吨）	累计同比增幅	累计日产水平（万吨）
粗钢	41 974.48	40 118.98	4.62%	231.90
生铁	36 255.60	35 076.81	3.36%	200.31
钢材	55 154.71	54 559.69	1.09%	304.72

数据来源：国家统计局。

钢材出口下降。1～6 月，全国出口钢材 4099 万吨，同比减少 1613 万吨，下降 28%；全国进口钢材 680 万吨，同比增加 34 万吨，增长 5.3%。全国钢材净出口 3419 万吨，折合粗钢净出口 3561 万吨，同比减少 1690 万吨（如图 3 所示）。

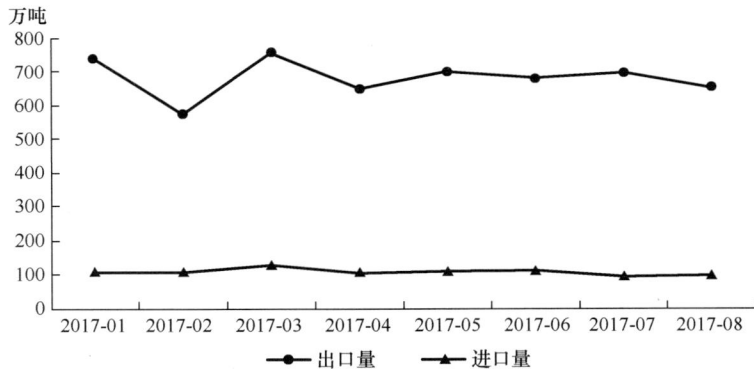

图 3　2017 年 1～6 月中国钢材进出口量（数据来源：海关总署）

1～6 月进口均价 1078 美元/吨，同比上涨 83 美元/吨；出口均价 680 美元/吨，同比上涨 218 美元/吨。

钢材社会库存环比下降。6 月，20 个城市五大品种钢材社会库存继续下降，降至 884 万吨，比 5 月下降 48 万吨，但比 2016 年同期仍增加了 71 万吨。6 月五大品种库存均比 5 月有所下降，其中螺纹钢库存降幅最大。6 月螺纹钢库存已经低于 2016 年同期库存量，其他品种仍然高于 2016 年同期库存量。截至 7 月上旬，钢厂库存为 1294 万吨，环比增加 87 万吨。

铁矿石价格上升。1～6 月，国产矿产量 6.37 亿吨，同比增产 5384 万吨，增长 9.2%；进口铁矿石 5.39 亿吨，同比增长 9.3%；进口均价 76.01 美元/吨，同比上涨 24.08 美元/吨。1～6 月，我国铁矿石对外依存度降至 85.2%，较 2016 年下降 1.5 个百分点。自 2016 年 9 月以来，铁矿石港口库存持续攀升，截至 2017 年 6 月底，铁矿石港口库存突破 1.44 亿吨。

钢铁工业投资持续下降。1～6 月，钢铁工业完成投资 1660.5 亿元，同比减少 277.17 亿元，下降 14.3%。其中，矿山投资 344.15 亿元，同比下降 23.7%；炼铁投资 44.26 亿元，同比下降 44.04%；炼钢投资 315.7 亿元，同比下降 4.64%；钢加工投资 956.4 亿元，同比下降 11.16%。

1～6 月，黑色金属冶炼和压延加工业完成投资 1714 亿元，同比下降 11.9%，降幅比 1～5 月扩大 0.9 个百分点；其中民间投资 1388 亿元，同比下降 7.9%；民间投资占总投资的 80.98%，同比提高 3.52 个百分点。1～6 月，黑色金属矿采选业完成投资 344 亿元，同比下降 23%，降幅比 1～5 月收窄 0.8 个百分点；其中民间投资 233 亿元，同比下降 33.6%，降幅比 1～5 月收窄 3.1 个百分点；民间投资占总投资的 67.8%，同比下降 10.21 个百分点。民间投资占比仍在下降。

钢材价格波动回升。6 月末，中国钢材综合价格指数（CSPI）为 101.03 点，环比上涨 1.77%；同比上涨 48.95%（如图 4 所示）。1～6 月，CSPI 平均为 99.76 点，同比上涨 46.81%；6 月均值为 98.7 点，同比上涨 44.53%。

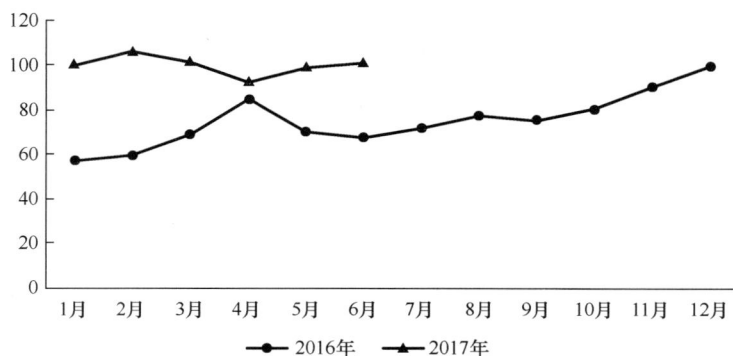

图 4　2016 年 1 月至 2017 年 6 月各月中国钢材综合价格指数（CSPI）情况

（数据来源：中国钢铁工业协会）

6 月末，在主要监测的八大钢材品种中，高线和钢筋价格分别较上月下降 113 元/吨和 108 元/吨；角钢、中厚板、热轧卷板、冷轧薄板、镀锌板和无缝钢管价格分别比上月上升 91 元/吨、66 元/吨、246 元/吨、149 元/吨、114 元/吨和 82 元/吨。

6 月，钢材综合平均结算价格为 3241 元/吨，环比上涨 1.15%；同比上涨 38.56%。1～6 月，累计平均结算价格为 3325 元/吨，同比上涨 49.1%。

全行业保持盈利。1～6 月，大中型钢铁企业累计实现销售收入 1.75 万亿元，同比增长 35.5%；盈亏相抵实现利润总额 532.42 亿元，同比增加 406.55 亿元；大中型钢铁企业销售利润率为 3.04%，仍然远低于上半年全国规模以上工业企业主营业务利润率 6.11%的水平。上半年，大中型钢铁企业平均吨钢利润只有 160 元左右，一部分企业处于盈亏边缘，另一部分企业仍然处于亏损状态。

2. 2017 年上半年行业运行主要特点

2017 年上半年，在国家推进供给侧结构性改革、着力化解钢铁过剩产能、彻底取缔"地条钢"等政策措施强有力的推动下，钢铁行业运行迎来了稳中向好局面。

提前完成化解过剩产能阶段性任务。2017 年 5 月底，全国共化解过剩产能 4239 万吨，完成全年任务的 84.8%。根据"地条钢"专项督查情况，目前全国各地督查范围内的"地条钢"企业已经基本处于停产状态，大部分"地条钢"企业已经按照"四个彻底"的要求进行了拆除。有去产能任务的主要钢铁企业在超额完成 2016 年压减任务的基础上继续压减产能，并积极推进职工分流安置工作，为全国去产能企业做出表率。如宝武集团 2017 年计划再压减 545 万吨产能，其中 300 万吨已封存。河钢集团 2017 年再压减炼铁产能 104 万吨、炼钢产能 336 万吨的工作正在稳步推进。酒钢集团在 2016 年压减 100 万吨炼铁、140 万吨炼钢产能的基础上，2017 年继续压减 170 万吨炼钢产能。天钢集团在 2016 年压减 220 万吨产能，安置 3580 人的基础上 2017 年再安置职工 1840 人。攀成钢压减 50 万吨电炉钢产能，积极分流安置职工 3200 人。

提高资金效率，先行先试去杠杆。2017 年上半年，主要钢铁企业积极盘活现有资产，处置不良资产，压缩资金占用，加快资金周转，提升资产质量，保证资金链安全。如鞍钢加强资金运营管理，加大对资金周转效率的监督考核力度，5 月流动资产周转率比 2016 年提高 0.49 次，存货周转率提高 0.58 次。首钢对内大力压缩原燃料、半成品、产成品和备件资金占用，对外加强与金融企业的协调沟通，争取金融机构的支持，缓解资金周转压力，确保资金链安全。新钢积极管控资金风险，全力压缩和控制存货资金占用，5月末原燃料库存比2016年年末下降33万吨，前4个月存货周转次数比行业平均水平快4.46次。本钢建立以财务公司、融资租赁公司为依托的金融桥梁，强化资金集中管控，多方位拓宽融资渠道，优化融资结构，降低综合融资成本。同时，共有10家企业参与去杠杆先行先试，与金融机构沟通协商，签署了一批债转股协议。

粗钢产量增长的内涵发生变化。 2017年上半年，全国生铁、粗钢和钢材（含重复材）产量分别为3.63亿吨、4.20亿吨和5.52亿吨，同比分别增长3.4%、4.6%和1.1%。第一，上半年粗钢产量增长4.6%，是在取缔"地条钢"之后的增长，其实际意义与以前的增长大有不同；第二，上半年粗钢产量的小幅增长是市场需求的反映，2017年上半年除中国外的世界钢产量增长了4.4%；第三，上半年大中型钢铁企业生产粗钢3.24亿吨，同比增长6.8%，而其他企业的粗钢产量同比下降2.11%。这是多年来从未有过的，也充分说明去产能促进了先进产能的进一步发挥。

钢材价格理性回升。 2011—2015年，国内市场钢材价格经历了长达50个月的连续下跌，钢材综合价格指数最低点仅为54.48点，仅相当于1994年4月钢材价格的一半左右。从2016年1月起，钢材价格开始回升，到2017年6月末，钢材综合价格指数达到101.03点，比2016年年底上涨1.53%，该钢材价格的上涨属于理性回升。同时，自2016年以来大宗原燃料产品价格均呈现上升态势。

行业利润率水平较低。 2017年上半年，大中型钢铁企业的销售利润率仅为3.04%，远低于全国规模以上工业企业主营业务利润率6.11%的水平。上半年大中型钢铁企业平均吨钢利润只有160元左右，一部分企业处于盈亏边缘，一部分企业仍然处于亏损状态。这说明，钢铁行业实现效益持续好转任务依然艰巨。

钢材出口大幅下降。 2017年上半年，全国出口钢材4099万吨，同比减少1593万吨，下降28%；全国进口钢材680万吨，同比增加34万吨，增长5.3%。全国钢材净出口3419万吨，折合粗钢净出口3561万吨，同比减少1695万吨。钢材出口延续了2016年以来下降的态势，主要是因为国内价格高于国际价格，企业出口意愿下降。但中国钢铁产品积极满足国际市场需求，保持在国际市场上的合理份额，是需要长期坚持的战略，不能因一时的市场变化而轻易放弃。

（二）需要关注的重点问题

钢铁行业运行还存在一些不确定因素，在行业发展中面临一些突出的矛盾和问题，受到全行业的普遍关注。一是受市场的影响，粗钢日产量仍然保持较高水平，钢材价格波动的风险在增加；二是钢铁企业反映强烈的融资难、融资贵问题依然十分突出，全行业资产负债率仍然较高，企业财务负担仍然较重，去杠杆难度仍然很大；三是部分企业仍然存在着不同程度的亏损，全行业平均销售利润率在主要工业行业中仍处于较低水平，实现全行业脱困的基础仍不牢固；四是防止"地条钢"死灰复燃、电炉违规建设和盲目发展任务艰巨；五是钢材出口持续下降，将增加国内市场的压力。

三、2017 年下半年钢铁行业发展态势研判及重点任务

（一）行业发展态势研判

从国际上看，国际货币基金组织（IMF）7 月预测，世界经济增长率将从2016 年的 3.2%上升到 2017 年的 3.5%和 2018 年的 3.6%。与 4 月预测相比，IMF对美国经济增长的预测有所下降。由于日本和欧元区 2016 年年末和 2017 年年初的增长表现好于预期，表明经济增长势头坚实，因而 IMF 上调了上述国家和地区的增长预测。由于中国 2017 年第一季度以来经济保持了中高速增长，IMF对中国 2017 年全年的增长预测上调了 0.1 个百分点至 6.7%。

从国内来看，上半年我国 GDP 同比增长 6.9%，保持了稳中向好的发展态势。经济运行在合理区间，主要指标好于预期，质量效益回升。经济结构调整不断深化，产业结构调整加快，过剩产能继续化解，适应消费升级的行业和战略性新兴产业快速发展。工业增加值方面，上半年全国规模以上工业增加值同比实际增长 6.9%，增速比 2016 年同期加快 0.9 个百分点。主要用钢制造行业增加值增速均有所提高，其中汽车制造业增长 13.1%，增速同比提高 2.6 个百分点；专用设备制造业增长 12.0%，增速同比提高 7.1 个百分点；通用设备制造业增长11.2%，增速同比提高 6.7 个百分点。家电、集装箱等产品产量大幅增长，汽车产销仍然保持了一定的增速。全国固定资产投资方面，上半年，全国固定资产

投资（不含农户）同比增长 8.6%，虽然增速比 2016 年同期回落 0.4 个百分点，但仍然高于 2016 年全年增速。我国经济的平稳增长为钢铁行业提供了广阔的发展空间。

（二）行业重点工作

2017 年下半年，我国经济仍要坚持以供给侧结构性改革为主线，适度扩大总需求，深化创新驱动，确保经济平稳健康发展，提高经济运行质量和效益；确保供给侧结构性改革得到深化，推动经济结构调整取得实质性进展。钢铁行业 2017 年下半年的工作重点将主要围绕以下五个方面开展。

1. 按照党中央、国务院的部署，继续深入推进化解钢铁过剩产能工作

2017 年是推进供给侧结构性改革的深化年，也是钢铁行业"去产能"工作的攻坚年。上半年化解过剩产能特别是清除"地条钢"工作取得了阶段性胜利，下半年将进入完成全年化解任务的决胜阶段和清除"地条钢"的核查验收阶段。钢铁行业要按照中央"紧紧抓住处置'僵尸企业'这个牛鼻子"的要求，积极做好相关工作，促进钢铁行业"僵尸企业"加快退出。按照习近平总书记提出的"决不允许化解的过剩产能死灰复燃，决不允许对落后产能搞等量置换，决不允许违法违规建设新项目"的要求，密切关注本地区的情况，坚决防止"地条钢"以各种名义死灰复燃。

2. 着力推动去杠杆工作取得成效，降低企业财务成本

习近平总书记在全国金融工作会议上强调，金融要把为实体经济服务作为出发点和落脚点，把更多的金融资源配置到经济社会发展的重点领域和薄弱环节，更好地满足人民群众和实体经济多样化的金融需求。去杠杆是供给侧结构性改革"三去一降一补"五大任务之一。虽然 2017 年上半年去杠杆工作取得了一定进展，但是钢铁行业的去杠杆效果并不突出，需要进一步加快步伐。因此，钢铁行业要继续加强与金融管理部门和金融机构的交流与沟通，及时反映企业去杠杆进展情况，争取进一步支持，促进相关政策尽早落地。要加大行业去杠杆工作经验总结和宣传推广，为企业去杠杆营造良好的舆论环境。钢铁企业也要积极、主动地与地方政府和金融机构进行沟通、协商，切实降低企业杠杆率的同时减轻企业财务负担，促进去杠杆工作取得实效。

3. 加强行业自律，积极促进行业平稳运行

促进行业平稳运行仍然是下半年工作的重中之重。鉴于当前的运行态势，钢铁行业要切实落实"控产量"的要求。特别是要重点做好板材生产企业的市场自律，切实采取措施，有效防止销售环节的恶性竞争。要密切关注汽车、家电、集装箱和船舶等行业对板材需求的变化。长材生产企业要关注下半年需求变化，特别是关注相关政策、环保及季节性变化对生产的影响。长流程企业要更加注重废钢铁资源的综合利用，提高废钢铁资源的综合利用水平。钢材生产出口企业要坚持满足国际市场需求，积极参与国际竞争，从长计议，保持合理的钢材出口数量。认真分析全球铁矿石的供需形势，适时推进铁矿石定价使用混合指数。

4. 以不断提高产品质量为抓手，推动行业转型升级

习近平总书记明确指出，供给侧结构性改革，说到底最终目的是满足需求，主攻方向是提高供给质量，根本途径是深化改革。钢铁行业也要把提高产品质量作为促进行业转型升级的重要抓手。要树立质量第一的强烈意识，下最大气力全面提升钢铁产品质量的稳定性、可靠性和耐久性。重点推进先进轨道交通、航空航天、核电、机械、船舶与海洋工程所需高端钢材品种的研发和推广应用。全面确立以用户为中心的产品理念和服务意识，积极推动服务型制造，努力满足未来制造业发展的新要求，加快实现由钢铁制造商向钢铁服务商转变。用质量、服务优势对冲成本上升劣势，形成未来企业竞争的新优势。开展树立行业质量标杆，升级产品标准工作，继续推进品牌建设，努力形成一批具有较大国际影响力的企业品牌和产品品牌。

5. 坚持绿色发展理念，严格依法依规排放

钢铁行业要坚持绿色发展理念，加快推进先进适用以及成熟可靠的节能环保工程技术改造，确保能耗全面符合国家限额标准、主要污染源全面达标排放；继续组织开展节能环保关键共性技术攻关，提升节能减排技术改造工程水平的支撑能力，提高企业绿色制造的创新能力和水平。引导企业实施产品全生命周期绿色管理，开发绿色产品，建设绿色工厂，打造全供应链的绿色制造体系。大力发展循环经济，构建钢铁与建材、石化等行业的跨界固废综合利用产业链，突破含重金属冶金渣和脱硫渣等的无害化利用技术的瓶颈及障碍。为应对碳排放指标对钢铁行业的制约和影响，要继续挖掘钢铁节能潜力，提高能效水平，

推进钢铁行业低碳发展。

四、促进钢铁行业发展和转型升级的对策及建议

（一）持续推进钢铁供给侧结构性改革

钢铁行业供给侧结构性改革的重点要在继续做好化解过剩产能的同时，逐步转移到结构调整上来，着力从以下三方面推进。第一，配合政府抓紧调整区域布局、工艺布局和企业布局。统筹钢铁区域规划，特别是钢铁企业聚集区域，考虑到区域环境容量、消费需求等因素，不仅不宜再建设钢铁项目，而且应有序转移产能。目前我国电炉钢产量只占全国粗钢产量的 6%左右，这个比例在国际上比较低。随着我国社会钢材积蓄量的增加，电炉钢的比例逐步增加不可避免，电炉钢发展要作为长期规划从长计议，起点要高。第二，加快推进企业联合重组，要打破央企与地方企业重组的障碍、打破国企与民企重组的障碍、打破跨区域联合的障碍，促进大企业、骨干企业带头提高行业集中度。第三，抓住"一带一路"建设机遇，打造国际化企业。要推动钢铁企业积极融入"一带一路"倡议，在这一倡议的实施过程中充分发挥作用。要加快国际产能合作，推动企业在产品、技术等方面实施国际化战略，并借鉴振华港机、河钢集团等先进企业的经验，注意规避国际化带来的各种风险。

（二）推进实质性"去杠杆"

去杠杆是供给侧结构性改革的重要方面，是钢铁行业转型升级的重要支撑，要抓住目前企业生产经营状况好转的有利时机，在调整工艺、产品结构的同时着力改善财务结构，为迎接市场变化与挑战打好基础。2017 年 6 月末，大中型钢铁企业的资产负债率平均为 70%，个别企业资产负债率仍然较高，一旦市场出现波动，财务结构不合理的企业将难以经受考验。此外，钢铁行业还存在平均折旧率不高、企业更新资金少、长短贷比失调、短贷长用等问题。钢铁企业要紧紧抓住经营环境改善的机会着力改善企业的财务结构，降低财务负担，做好准备迎接市场变化的挑战。

（三）加快废钢铁资源综合利用，优化资源供应配置

"地条钢"企业被取缔之后，近期轻薄料废钢出口大量增长，说明"地条钢"企业原来消纳了大量的轻薄料废钢资源，现在轻薄料废钢资源难以一时消纳，表明现有废钢铁加工配送体系不能完全满足炼钢的需要。当前正处在化解钢铁过剩产能的攻坚阶段，新增大量电炉钢产能显然不妥，要统筹考虑妥善处理好电炉发展与化解过剩产能之间的关系。应在不新增加粗钢产能的前提下，逐步用电炉置换高炉—转炉流程，同步减少焦化、烧结系统，增加电炉钢比，减少铁矿石的使用。同时要加快轻薄废钢的加工配送，疏通轻薄废钢的出路，大幅度减少轻薄废钢的出口。向绿色制造转型，做环境保护的加分项。积极推动企业站在国家、社会的角度看待环保问题，发展经济的目的是改善民生，如果因为发展经济使环境遭到破坏，就与发展经济的初衷背道而驰。促进企业承担起应有的社会责任，把绿色发展作为企业实现绿色制造转型工作的重中之重。

（中国钢铁工业协会　　谢聪敏　王贺彬　王德春　李拥军）

第三章　有色金属行业 2016 年发展回顾与形势展望

2016 年以来，随着世界经济的复苏，我国有色金属行业也开始走出周期性低谷。特别是通过积极推进供给侧改革，去库存、去杠杆、降成本取得成效，行业运行态势明显好转，发展开始进入了一个新的上升通道。

一、2016 年有色金属行业运行情况及主要特点

（一）行业发展概况和主要特点

1. 行业发展概况

生产平稳增长。据国家统计局初步统计，2016 年规模以上有色金属企业工业增加值增长 6.0%，比上年增幅回落 3.5 个百分点；10 种有色金属产量为 5283.2 万吨，同比增长 2.5%，如图 5 所示。其中，精炼铜产量 844 万吨，同比增长 6.0%；原铝产量 3187 万吨，同比增长 1.3%；6 种精矿金属产量 900 万吨，同比增长 3.3%；氧化铝产量 6091 万吨，同比增长 3.4%。

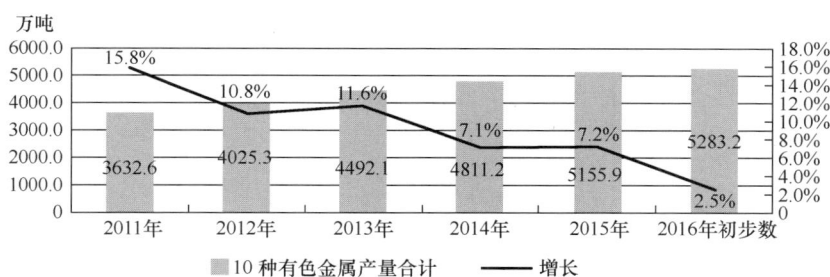

图 5　2011 年以来我国 10 种有色金属产量变化情况

（数据来源：中国有色金属工业协会）

价格明显回升。2016 年，国内外市场的有色金属价格出现明显回升。其中，国内市场铜现货平均价为 38 126 元/吨，同比下降 6.9%，但降幅比上年收窄 9.9 个百分点；铝现货平均价为 12 529 元/吨，同比增长 3.0%；铅现货平均价为 14 571

元/吨，同比上升 11.3%；锌现货平均价为 16 866 元/吨，同比增长 9.0%。

效益全面改善。据初步统计，2016 年，8381 家规模以上有色金属工业企业实现主营业务收入 55 138.4 亿元，同比增长 5.0%（如图 5 所示）；实现利润总额 2128.3 亿元，同比增长 40.7%，由连年下降转为大幅度增长（如图 6 所示）。2016 年年末，规模以上有色金属工业企业资产总额达到 41 958 亿元，同比增长 7.1%；负债合计 26 475 亿元，同比增长 6.6%；资产负债率为 63.1%，比上年收窄了 0.34 个百分点。2016 年，规模以上有色金属工业企业主营业务收入利润率为 3.86%，比上年回升 0.98 个百分点，仍比全国平均水平低 2.11 个百分点；资产利润率为 5.07%，比上年回升 1.21 个百分点，而银行公布的一般平均贷款利率为 5.44%。2016 年，8381 家规模以上有色金属工业企业中亏损企业为 1397 家，亏损面为 16.7%，比上年收窄 4.6 个百分点；亏损企业亏损额 268.8 亿元，同比减亏 50.2%。

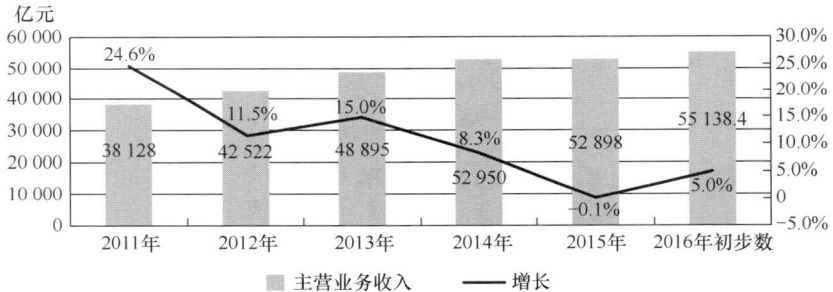

图 6　2011 年以来有色金属行业规模以上企业主营业务收入变化情况

（数据来源：中国有色金属工业协会）

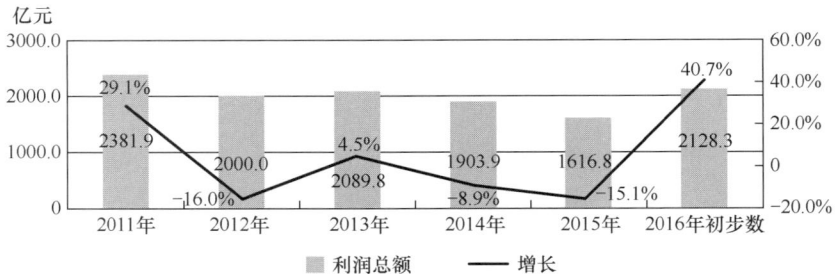

图 7　2011 年以来有色金属行业规模以上企业利润总额变化情况

（数据来源：中国有色金属工业协会）

2016 年，1380 家规模以上有色金属独立矿山企业实现利润 248 亿元，由上年下降 26.3%，转为增长 9.4%，占规模以上有色金属企业实现利润的 11.6%。规模以上有色金属独立矿山企业主营业务收入利润率为 6.87%，比上年回升 0.49 个百分点；资产利润率为 6.38%，比上年回升 0.49 个百分点。

1797 家规模以上有色金属冶炼企业实现利润 606 亿元，同比增长 186.2%，比上年增加 394 亿元，其中，铝冶炼企业利润增加 211 亿元。冶炼企业拉动行业规模以上企业实现利润增长 26.1 个百分点，其中铝冶炼企业拉动行业规模以上企业实现利润增长 13.9 个百分点。规模以上有色金属冶炼企业主营业务收入利润率为 2.65%，比上年回升 1.7 个百分点；资产利润率为 3.01%，比上年回升 1.89 个百分点。

5204 家规模以上有色金属加工企业实现利润 1275 亿元，同比增长 18.7%，增幅比上年扩大 16.2 个百分点，占规模以上有色金属工业企业实现利润的 59.9%。2016 年，规模以上有色金属加工企业主营业务收入利润率为 4.45%，比上年回升 0.43 个百分点；资产利润率为 7.09%，比上年回升 0.59 个百分点。

有效投资不足。据初步统计，2016 年，我国有色金属行业完成固定资产投资额 6228 亿元，同比下降 7.3%，降幅比上年扩大了 4 个百分点。其中，有色金属矿采选完成固定资产投资 1042 亿元，下降 11.8%；有色金属冶炼完成固定资产投资 1744 亿元，下降 3.3%；有色金属压延加工完成固定资产投资 3442 亿元，下降 7.8%。其中，国有企业投资 927 亿元，同比增长 0.3%，所占比重为 14.9%；私人项目投资 417 亿元，同比下降 11.4%，降幅比行业投资降幅高 4.1 个百分点。

进出口额下降。2016 年，我国有色金属产品进出口贸易总额 1045 亿美元，同比下降 7.4%。其中，进口额为 766 亿美元，同比下降 10.5%；出口额为 279 亿美元，同比增长 2.1%。贸易逆差为 487.1 亿美元，同比下降 16.4%。

铜是我国最主要的有色金属进口产品。2016 年进口额 531 亿美元，同比下降 7.0%，占有色金属产品进口额的 69.3%；出口额 51.8 亿美元，同比增长 6.7%；贸易逆差 479 亿美元，同比下降 8.2%。2016 年我国进口未锻轧铜 368 万吨，同比下降 1.1%；进口铜精矿实物量 1705 万吨，同比增长 28.0%；进口粗铜（阳极铜）71 万吨，同比增长 33.4%；进口铜材 56 万吨，同比下降 0.3%；进口铜废碎料实物量 334.8 万吨，同比下降 8.5%。出口未锻轧铜 43 万吨，同比增长 101.2%；

出口铜材 46 万吨，同比下降 2.1%。

铝是我国最主要的有色金属出口产品。2016 年出口额 126 亿美元，同比下降 13.1%，占有色金属产品出口额的 45.2%；进口额 86 亿美元，同比下降 20.3%，贸易顺差 41 亿美元。2016 年我国出口未锻轧铝 51 万吨，同比下降 9.5%；出口铝材 408 万吨，同比下降 3.4%，净出口量 369 万吨，同比下降 1.7%。进口未锻轧铝 26 万吨，同比增长 14.6%；进口铝材 39 万吨，同比下降 17.5%；进口铝土矿 5205 万吨，同比下降 7.2%；进口铝废料实物量 192 万吨，同比下降 8.1%；进口氧化铝 303 万吨，同比下降 35.0%。

2016 年，我国稀土产品进口额为 2.9 亿美元，同比下降 10.4%；出口额为 16.1 亿美元，同比下降 3.9%；进出口贸易顺差为 13.2 亿美元，同比下降 2.3%。出口稀土金属 3329 吨，同比增长 8.3%；出口稀土合金 1839 吨，同比下降 22.7%；出口稀土氧化物 32 699 吨，同比增长 19.8%；出口稀土永磁体 26 944 吨，同比增长 15.6%。

2. 行业发展主要特点

2016 年，有色金属行业发展主要呈现以下几方面的特点。

一是有色金属行业积极推进供给侧改革，去库存、去杠杆、降成本取得积极成效。截至 2016 年年底，规模以上有色金属工业企业产成品库存货款为 1736 亿元，同比下降 1.0%。产成品库存周转天数为 12.5 天，比上年加快 0.2 天，比全国平均水平快 1.3 天。2016 年，规模以上有色金属工业企业应收账款周转天数 19.4 天，比上年加快 0.3 天。2016 年年末，规模以上有色金属工业企业资产负债率为 63.1%，比上年收窄 0.34 个百分点。2016 年，规模以上有色金属工业企业每百元主营业务收入中的成本为 92.04 元，比上年减少 0.91 元；营业总成本为 52 954 亿元，同比增长 3.9%，增幅比主营业务收入增幅低 1.1 个百分点。其中，主营业务成本 50 751 亿元，同比增长 4.0%，增幅比主营业务收入增幅低 1 个百分点；三项费用小计 2203 亿元，同比增长 0.9%，增幅比主营业务收入增幅低 4.1 个百分点。其中，财务费用为 704 亿元，同比下降 8.1%。

二是资源保障力有所提升。2016 年进口铝土矿生产氧化铝和进口的氧化铝，两项合计约占国内氧化铝供应量的 39%，所占比重比上年下降 6 个百分点。国产铝土矿生产氧化铝约占国内氧化铝供应量的 61%，所占比重比上年上升了 6 个百分点。2016 年我国再生铝供应量 630 万吨，占 16.5%，比上年提高了 1 个百分点。其中国内再生铝资源为 477 万吨，占再生铝供应量的 75.7% 左右，所占比重比 2010 年提高了 29.1 个百分点。

2016 年进口的铜精矿金属量占国内铜精矿供应量的 72.1%，其中中国企业在海外投资获得的铜精矿金属量已占国内铜精矿供应量的 7.5%；国产铜精矿金属量占国产供应量的 27.9%。2016 年我国再生铜供应量为 300 万吨（其中再生精炼铜 221 万吨，直接使用的再生铜 79 万吨），所占比重为 24%。其中国内回收再生铜约 183 万吨，占再生铜供应量的 61%，所占比重比 2010 年上升了 24.7 个百分点。若考虑中国企业在境外投资获得的铜精矿金属量在内，铜矿产资源保障力提升明显。

三是市场需求良好，增长超出预期。通过推进交通工具结构的"以铝代钢"、建筑模板的"以铝节木"等举措，以及国家农网改造步伐加快，2016 年国内市场的有色金属需求情况良好，增长超出预期。其中，精炼铜消费量达到 1050 万吨，比上年增长 6.1%；原铝消费量达到 3210 万吨，比上年增长 8.8%。

2016 年，我国全铜人均年消费量 8.64 千克/人，比上年增长 6.0%，自 2011 年以来年均增长 6.2%，如图 8 所示；全铝人均年消费量达到 25.1 千克/人，比上年增长 8.7%，自 2011 年以来年均增长 9.1%，如图 9 所示。这表明，我国主要有色金属需求仍处于增长期。

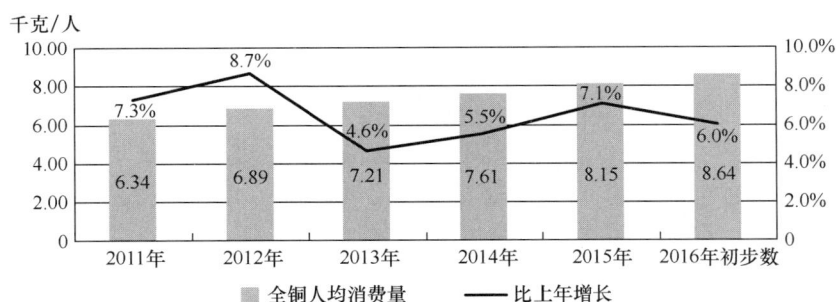

图 8　2011 年以来我国全铜人均消费变化情况（数据来源：中国有色金属工业协会）

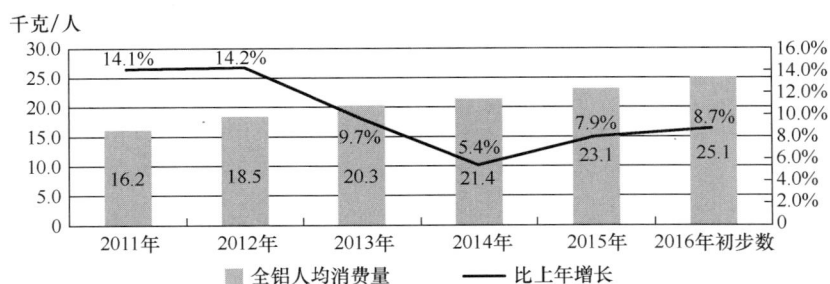

图 9　2011 年以来我国全铝人均消费变化情况（数据来源：中国有色金属工业协会）

（二）存在的主要问题

2016 年，有色金属行业运行情况出现明显好转，但仍面临严峻挑战，深入推进供给侧结构性改革的任务依然艰巨。

第一，产能过剩问题依然突出。2016 年前 10 个月，我国电解铝产量比上年同期减少 29 万吨，同比下降 1.1%。但是从 10 月下旬开始，铝价出现非理性上涨并屡创新高，刺激了实施弹性生产的电解铝产能加速复产、新建待投产能快速释放、新开工项目投资增长，产能过剩压力持续加大。2016 年，铝冶炼完成固定资产投资额 572.7 亿元，同比增长 2.8%，占有色金属冶炼固定资产投资额的 32.8%。2016 年年底我国电解铝产能达到 4100 万吨/年，当年净增电解铝产能超过 250 万吨/年，比上年增长 6.6%。

第二，新旧动能转换进展缓慢。2016 年，有色金属行业为推动新材料研发，满足个性化、多样化、智能化需求，在航空铝材、建筑工程用铝材、汽车车身薄板、船舶铝合金板等高端产品方面取得新突破，但这些高端产品与行业的整体规模相比，所占比重很小。由于原有的支撑有色金属产业发展的因素削弱或消失，新的支撑因素尚在形成之中，有色金属产业补短板的任务依然非常艰巨。这些年行业在扩大铝的应用方面成效显著，但进一步发掘新的量大面广的应用领域，难度比过去有所增加。铜、稀有金属等产品寻求扩大应用的切入点尚不清晰。加之经济增速放缓、其他替代材料不断涌现等，总体上看，扩大有色金属应用的难度不断加大。

第三，国际贸易摩擦加剧，有色金属出口增长乏力。从国际上看，有色金属产品出口形势更加复杂。2016 年，我国出口铝材 408 万吨，同比下降 3.4%。当年我国净出口铝材 368.8 万吨，同比下降 1.7%。目前发达国家贸易保护主义抬头的趋势还在加剧，针对中国的经济问题政治化、双边问题多边化倾向更为明显。

第四，有效投资不足，影响行业发展后劲。近年来，行业科技创新取得明显进展，涌现出了一些新亮点，但新亮点体量小、投资少，大部分产能仍然是传统技术，化解产能的任务还很艰巨。从总体上来看，产业转型升级、新动能转换研发及新的有效投资明显不足。2016 年，有色金属行业完成固定资产投资额 6228 亿元，同比下降 7.3%。其中，矿山采选投资下降 11.8%，降幅比有色金属投资平均水平高 4.5 个百分点；深加工项目投资下降 7.8%，降幅比有色金属投资平均水平高 0.5 个百分点。这种状况近期内还难以根本改变，将直接影响到未来一个时期有色金属产业的发展后劲。

二、2017 年上半年有色金属行业运行态势分析及全年研判

（一）行业运行状况和主要特点

2017 年以来，随着供给侧结构性改革的不断推进，我国有色金属行业的积极因素增多，有色金属产业景气指数在 2017 年 1～2 月回暖信号明显增强，3 月后，指数信号虽有回落趋势，但到 6 月，总体仍维持在正常区间。产业运行保持了平稳向好势头。运行特点主要表现为以下几个方面。

一是生产平稳。2017 年 1～6 月，我国 10 种有色金属产量 2760 万吨，同比增长 7.2%。其中，精炼铜产量 436 万吨，同比增长 8.1%；原铝产量 1684 万吨，同比增长 8.8%；6 种精矿金属产量 421 万吨，同比增长 0.6%；铜材产量 1014 万吨，同比增长 7.7%；铝材产量 3025 万吨，同比增长 9.0%，基本都保持平稳增长势头。预计 2017 年全年 10 种有色金属产量 5600 万吨，增速 6% 左右。

二是价格上行。2017 年上半年，国内外市场的有色金属平均价格比 2016 年同期大幅度上涨。其中，铜、铝、铅、锌的现货平均价同比分别上涨了 28.5%、16.8%、31.6% 和 56.6%。钴等战略性新兴产业需要的材料，价格上涨势头更猛，钨、钼、锡、锑、稀土等优势品种的价格上涨趋势也非常明显。预计未来一个时期，主要有色金属的价格增幅会有所回落，但依然在较高价位震荡。

三是贸易稳定。2017 年 1～6 月，有色金属进出口贸易额 566 亿美元，同比增长 13.1%。其中，进口额 433 亿美元，同比增长 14.9%；出口额 133 亿美元，同比增长 7.7%。尽管贸易摩擦加剧，但是我国铝材出口仍保持增长态势，上半年出口 213 万吨，同比增长 5.7%。

四是效益上升。2017 年上半年，有色金属行业规模以上企业实现主营业务收入 2.9 万亿元，同比增长 17%；实现利润 1100 亿元，同比增长 50%。1～6 月，8147 家规模以上有色金属工业企业中亏损企业为 1472 家，比 2016 年同期减少 297 家，比 1～5 月减少 58 家，亏损面为 18.1%；亏损企业亏损额 107 亿元，同

比减亏 36.6%。

对有色金属行业上半年运行的情况要有清醒的认识。特别是上半年利润同比增幅达到 50%，是超出常规的，这一超常规的增长，是有其历史原因的。

一是，利润增长超常规，是建立在较低基数的基础之上的。从 2012 年开始，受经济周期影响，有色金属行业经历了连续几年的利润同比两位数下滑，铝冶炼、镍钴冶炼、锡冶炼等细分行业甚至连续几年全面亏损，到 2016 年，利润虽然有较大幅度的增加，但总体基数仍偏低。

二是，利润增长超常规，是建立在总量不断扩大的基础之上的。与 2010 年相比，2017 年的有色金属产量预期增长 79%，但即使按上半年的利润水平测算，2017 年全年的利润，至多也只能恢复到历史最好水平的 2011 年，也仅比 2010 年增长 30%。

三是，利润增长超常规，是建立在 PPM 由负转正的基础之上的。PPM 在经历了连续 52 个月的下降后，直到 2016 年 9 月，才由负转正并持续上升。是由于价格的大幅回升，提升了利润水平，这种情况是不可能持续下去的。

四是，利润增长超常规，是建立在加重中下游成本的基础之上的。从整个工业行业来分析，利润超常规增长，主要集中在上游原材料行业，而中下游工业行业（如机械、轻工、纺织等），产品出厂价格并没有明显提高。在上游超常盈利时，加重了中下游行业的成本，削弱了中下游的盈利能力。

五是，利润增长超常规，主营业务收入利润率增长并不明显。行业的盈利水平不能看短时期的利润同比增长，主要看主营业务收入利润率。2017 年上半年，有色金属行业主营业务收入利润率只有 3.9%，不仅低于银行基准贷款利率，也仅比 2016 年全年提高了 0.8 个百分点，远低于 2011 年 6.2% 的历史最好水平。

因此，不能只看行业利润增速这个表象，利润增长超常规，是有其特殊历史背景的，是恢复性的，不能代表行业运行已走出了困境。只有坚持不懈地抓"三去一降一补"，才能不断筑牢稳健发展的基础。

当前我国有色金属行业发展出现的新情况层出不穷，需要深入分析，审慎应对。

第一，投资继续回落。进入新世纪以来，直至 2014 年，我国有色金属行业的固定资产投资增幅长期远高于全国平均水平，保持两位数的增长速度。但 2014 年以后，出现了连续的负增长，凸显出发展的后劲不足。2017 年 1～6 月，我国有色金属行业完成固定资产投资额 2727 亿元，同比下降 8.0%，降幅比 2016 年同期又扩大了 3.7 个百分点。民间投资乏力，占有色金属行业投资比重 80% 的民间投资，2017 年上半年同比，更是下降了 9.5%，凸显民营企业对经济预期的信心不足。

第二，"去产能"任务艰巨。针对电解铝产能过剩问题，国家发改委、工业和信息化部等四部委于 2017 年 4 月正式出台了 656 号文《清理整顿电解铝行业违法违规项目专项工作方案》，已经取得明显成效。但在清理整顿预期下，铝价走势相对坚挺，这又成了产能扩张、回潮的动力。在 2016 年 4100 万吨产能的基础上，2017 年还有 400 万吨新增产能可能投放市场。

第三，贸易摩擦加剧升级。根据世界贸易组织的统计，我国已经连续 21 年成为遭遇反倾销调查最多的国家，连续 10 年成为遭遇反补贴调查最多的国家。针对有色金属行业，首当其冲的是铝产品。美国继 2016 年对我国铝工业进行"332"听证调查之后，又以中国铝产业发展危及美国国家安全为由，展开对中国铝产品的"232"调查，同时启动对我国铝箔的"双反"调查。印度也于 2017 年 3 月对我国铝箔反倾销作出肯定性终裁。这些逆全球化的思潮与措施，必然波及我国整个铝产业的发展和铝材的出口，进而对铝的供需平衡产生重大影响。

第四，环保政策深度加码。2017 年出台的《京津冀及周边地区 2017 年大气污染防治工作方案》中，"26+2"区域的重化工业企业，冬季采暖季电解铝企业限产 30% 以上，氧化铝企业限产 30% 左右，碳素企业达不到特别排放限值的，全部停产，达到特别排放限值的，限产 50% 以上，这对有色金属行业的影响将是全面的、深刻的。为深入实施《大气污染防治行动计划》，在京津冀大气污染物传输通道城市，拟发布执行大气污染物特别排放限值，征求意见稿涵盖了全部有色金属，影响最大的包括铜、铅、锌冶炼和氧化铝、电解铝、铝用碳素生产。其中铜冶炼企业颗粒物特别排放限值，由现行国标每立方米 50～80 毫克，大幅提升到每立方米 10 毫克；二氧化硫特别排放限值，由现行国标每立方米 400 毫克，大幅提升至每立方米 100 毫克。即使行业环保最好的铜冶炼企业也难以达到要求，国际上也还没有现成技术能够达到这样的标准。氧化铝的氮氧化物特别排放限值，即使投入大量资金进行改造，从理论上来说都难以实现，产业发展的环保压力倍增。

第五，再生铅行业重新洗牌。随着铅酸蓄电池生产企业生产者责任延伸，废旧蓄电池明确由生产企业回收。由于没有明确回收的废蓄电池再生利用的途径与方式，也就是没有与再生铅产业发展的现实情况有机结合起来，导致铅酸蓄电池生产企业利用回收的废蓄电池，开始大举进军再生铅生产领域。这种倾向势必导致现有规范的再生铅企业原料更加紧张，平均开工率不足 40% 的再生铅企业，产能将被迫进一步闲置，进而波及原生铅行业，加剧铅冶炼产能过剩，造成新的投资浪费。

（二）2017 年全年行业发展研判

2017 年上半年我国有色金属行业呈现出稳中向好态势，积极因素增多，回暖信号增强。与此同时，不确定因素依然存在。从国际上看，上半年全球经济复苏，主要经济体经贸活动回暖，经济政策的不确定性下降，全球金融、经济稳定性有所增强，但经济政策的不确定性依然存在，下行风险犹存。从国内来看，上半年外部环境改善、大宗商品价格上涨，中国经济景气上升，新动能和传统动能均有所增强，供给和需求、投资和消费、工业生产和企业效益均呈现出向好态势。

展望下半年，世界经济仍将平稳运行，总体来看，2017 年全球经济增幅将呈现前高后低的走势。从国际经济来看，尽管不确定性依然存在，但全球经济复苏仍在进行之中。美国经济保持温和增长，欧元区、英国和日本等主要经济体经济复苏也有望持续。从国内经济来看，政策红利效应持续凸显。"三去一降一补"深入推进，实体经济趋好，企业利润增长；创新驱动发展战略深入实施，新动能快速发展，促进经济升级，经济增长动力释放。但当前经济企稳向好的基础尚不巩固，各种不确定因素仍然较多，发生"黑天鹅事件"的概率仍然较大。海外市场贸易保护主义抬头，中国出口的外部环境仍然不容乐观。从国内来看，经济结构性矛盾依然突出。

综合国内外宏观因素及有色金属行业产能过剩、创新不足、融资困难、成本上升等结构性矛盾尚未取得全面突破，产业发展持续向好的基础仍不牢固。初步预计，2017 年有色金属行业生产、经营指标增幅将呈前高后稳的态势，下半年有色金属行业景气指数出现大起大落的可能性不大。2017 年全年 10 种有色金属产量增幅在 6% 左右，主要有色金属市场年均价格涨幅保持在两位数以上，规模以上有色金属企业全年实现利润增幅在 15% 左右，但有色金属行业固定资产投资下滑及国内供大于求，产品出口难有明显起色，产业效益回升的基础有待进一步稳固。

三、促进有色金属行业发展和转型升级的对策建议

（一）采取有效措施，支持创新转型发展

目前，包括有色金属工业在内的重化工业，都面临转型发展的巨大压力，转型靠创新，但不能一蹴而就，还有可能失败。因此，企业作为创新的主体，要在政策环境上对企业予以实实在在的支持，创造创新转型发展的良好政策氛围。以铝为例，如果能在汽车车身板、全铝家具、航空中厚板等领域加大政策扶持力度，不仅能够增加有效投资，促进转型步伐，还能激励基础研究，扩大应用延伸，同时，能在很大程度上化解产能过剩。因此，要充分发挥相关专项基金的作用，切实支持行业创新转型发展。

（二）重视贸易摩擦，强化政治外交应对

西方一些国家出于自身利益，把经济问题政治化，双边问题多边化，个案问题全局化。美国启动的进口铝产品"332"调查、"232"调查就是最典型的案例，把贸易问题、产业发展问题上升到美国国家安全的高度来"搅局"。因此，对于贸易摩擦问题，我国也应提高应对级别，把类似于美国"332"调查、"232"调查的问题，提升到国家政治外交层面来解决。在面临重大贸易摩擦案件时，若能上升到国家战略层面，以实力为后盾，以外交为长袖，引导行业合理利益的表达，才能扭转目前的被动地位。

（三）环保治理既要趋严，也要尊重产业规律

节能环保与绿色发展，是一项复杂的系统工程，是融政策性、法律性、技术性为一体的共性课题，既不能一蹴而就，也不会一劳永逸。做好行业的环保治理，要的是循序渐进，要的是持之以恒。鞭打快牛，易致劣币驱逐良币，如果环境治理最好的企业都无法生存，对实体经济的发展显然是不利的。此外，对于连理论值都无法达到的排放指标，建议要重新评估调整，这样既符合产业

发展的客观规律，也有利于提高政策的科学性和合理性。

（四）充分考虑政策的相互衔接，促进政策合力的形成

"铅酸蓄电池生产者责任延伸制度"本身是一项很好的政策，出发点是为了规范废旧铅酸蓄电池的回收体系，避免危险废物的分散回收乱象。但这一政策没有明确回收之后的再生利用途径与方式，也就是没有与再生铅产业发展的现实情况有机结合起来，这才导致了铅酸蓄电池生产企业盲目新上再生铅项目的冲动。这一现象如不引起足够重视，三五年之后，很可能出现当下国家出重拳清理整顿的"电解铝现象"。因此，国家政策的出台一定要考虑上下游的融合，形成政策合力。

（五）促进产融深度对接，切实解决融资难问题

实体经济融资难是个共性问题，关于有色金属行业融资困难的问题，有关部门和金融机构非常重视，给予了很大支持。建议以工业和信息化部公布的行业规范条件为基础，根据企业发展实际与成长空间，进一步落实好"黑白名单"制度，强化有色实体企业与金融企业的深度对接，实施好差别化金融政策，避免对有色金属行业融资"一刀切"，更好地缓解实体企业融资难问题。

（中国有色金属工业协会）

第四章　建材行业 2016 年发展回顾与形势展望

一、2016 年建材行业发展回顾

（一）行业发展概况和主要特点

2016 年建材行业呈现筑底回升、稳中向好的势头，主要产品生产增速平稳，价格理性回升，经济效益持续好转，发展质量有所改善。但产能过剩矛盾没有得到根本缓解，供给结构仍待优化，国际市场需求疲软，行业回升势头仍不稳固。

1. 行业发展概况

生产总体平稳。2016 年建材行业增加值同比增长 6.7%，增速与 2015 年持平，比整个工业高 0.7 个百分点。主要建材产品产量与 2015 年相比均实现增长。其中，水泥产量 24 亿吨，同比增长 2.5%；平板玻璃产量 7.7 亿重量箱，同比增长 5.8%。商品混凝土、玻璃纤维、钢化玻璃、建筑陶瓷、砖瓦等产品均增长 7%以上。

产品价格回升。建材行业主要产品价格自 2016 年第一季度触底后，呈持续回升势头，扭转了连续两年下滑的局面，但全年平均价格仍低于 2015 年水平。2016 年 12 月，水泥出厂价格较年初上涨 46.5 元，涨幅达 20%，升至 302.7 元，重回 300 元以上区间，年末价格指数同比上涨 23.18 点；平板玻璃出厂价格也回到每重量箱 70 元以上，达到 70.7 元，同比上涨 6.6 元，年末价格指数同比上涨 208 点。

行业效益好转。2016 年，建材行业主营业务收入 7.6 万亿元，同比增长 5.3%，增速较 2015 年同期提高 2 个百分点，实现利润 4906.9 亿元，同比增长 9.1%。其中，水泥行业完成主营业务收入 8764 亿元，同比增长 1.2%，实现利润 517.5 亿元，同比增长 56%，均扭转了近两年连续下滑的局面；平板玻璃行业完成主营业务收入 682 亿元，同比增长 16%；实现利润 57.9 亿元，同比增长 283%。行业效益改善主要得益于大力推进去产能调结构增效益工作，业内联合重组加快，无序竞争有所遏制，区域市场供求关系得到阶段性改善。

固定资产投资降中趋稳。2016 年建材行业完成固定资产投资 1.6 万亿元，同比增长 1.0%，与前三季度同比下降 3.9% 相比，增速由负转正。其中，水泥全年完成投资 990 亿元，同比下降 8.4%，平板玻璃全年完成投资 270 亿元，同比下降 9.3%。这一方面说明抑制水泥、平板玻璃过剩产能投资效果显现，另一方面说明建材新兴产业发展逐步提速，在一定程度上弥补了产能过剩行业投资的下降。

出口量价齐跌。2016 年建材行业出口 310 亿美元，同比下降 19%。除建筑与技术玻璃外，占建材出口半数的建筑卫生陶瓷、建筑用石出口数量和金额均继续呈现下降势头，其中建筑卫生陶瓷出口 1898 万吨，金额 91.7 亿美元，同比分别下降 6.6% 和 33.4%；建筑用石出口 1153.4 万吨，金额 62.8 亿美元，同比分别下降 10.6% 和 17.5%。主要原因是国际市场低迷，建材产品出口离岸价格同比下降 26.8%，导致建材出口量价齐跌。

发展质量有所改善。2016 年，建材行业平均销售利润率 6.4%，同比提高 0.2 个百分点，比全国工业企业平均销售利润率高 0.4 个百分点。其中，水泥行业销售利润率 5.9%，同比提高 2.1 个百分点；平板玻璃行业销售利润率 8.5%，同比提高 5.9 个百分点。截至 2016 年 12 月，建材行业亏损面缩小至 11%，同比下降 1.1 个百分点；全年人均创造利润 7.53 万元，同比提高 11%；资产负债率 51.3%，同比下降 0.9 个百分点。

产业结构进一步优化。2016 年中国建材集团有限公司和中国中材集团有限公司两家央企实现合并，金隅与冀东、拉法基与华新水泥、昆钢嘉华与华润分别完成战略重组，吉林省和河北省沙河市分别启动压减水泥和平板玻璃过剩产能试点，河南、内蒙古、辽宁等省区开始组建水泥集团。据初步统计，2016 年全国前 10 家水泥及熟料产业集中度分别为 44% 和 58%，比 2015 年分别提高 5.0 和 7.0 个百分点。同时，建材行业正由传统产业单项支撑向传统产业和新兴产业双支撑转变，2016 年建材加工制品业主营业务收入同比增长 7.1%，增速比整个行业高 1.8 个百分点，主营业务收入占整个建材行业的比重同比提高 1.0 个百分点，为全行业稳增长提供了重要支撑。

2. 行业发展主要特点

2016 年，建材行业发展主要呈现以下几方面的特点。

一是全行业已进入筑底企稳回升波动阶段。2016 年建材主要产品产量保持一定的增长速度，平均出厂价格出现回升，行业销售利润率有所增长，同时规模以上企业产成品库存增长与 2015 年比小于 2%，应收账款净额增长 5.8%，均低于 2014 年和 2015 年的增速水平，表明当前市场环境呈现良性变化，企业生产经营更加理性，全行业运行态势呈现平稳波动、缓慢回升特征。

二是产业结构调整和动力转换有续推进。建材行业基本实现了由传统产业单项支撑向传统产业和加工制品业"双引擎"驱动转变，且动力转换仍在持续进行。2016 年，规模以上建材加工制品业主营业务收入同比增长 7.1%，为规模以上行业 5.5% 的增长速度贡献了 3.2 个百分点，主营业务收入占规模以上建材行业主营业务收入的比重为 45.1%，比 2015 年同期提高了 1 个百分点，成为稳定 2016 年行业运行的重要支撑。

三是"去产能"工作取得标志性成效。化解产能过剩已经成为政府、行业、企业的共同责任和核心任务，在全行业的共同努力下，在管理环境、市场环境和竞争环境的综合作用下，2016 年全国水泥产能在市场回升的情况下，继 2015 年减少 3000 万吨生产能力后，继续缩减产能 2000 万吨。

四是兼并重组推进有力，市场格局加速重构。2016 年建材行业兼并重组有所加快，通过兼并重组，全国水泥产业集中度提高 5 个百分点，水泥熟料集中度提高 7 个百分点，水泥市场特别是区域市场格局重构，企业的市场应变能力有所增强。

五是水泥产品结构有所优化，标准引领作用显现。2015 年 12 月 P.C32.5 水泥产品停止生产，同时，受房地产市场变化影响，基本建设投资对水泥需求的拉动作用进一步放大，从而使 32.5 强度等级水泥占 2016 年水泥产量的比重下降到 60%，产品结构有所优化，水泥平均强度等级有所提高，熟料产能利用率也随之略有提高。

（二）存在的主要问题

1. 市场需求低位波动，行业外部压力仍处高位

2016 年全国固定资产投资（不含农户）增长速度进一步放缓至 8.1%，全国房地产开发投资增长 6.9%，建材产品市场需求保持低位。建材行业产成品库存、应收账款、流动资产周转率仍低于 2015 年，市场宏观环境仍然

偏紧。从目前来看，市场需求低位波动特征将长期存在，市场下滑风险仍然较大。

2. 企业协调自律性在市场回暖时有所弱化

2016 年 11 月起全面实施水泥错峰生产，各省市根据本区域情况陆续开始实施停产，对抑制产能释放和保持水泥价格平稳起到了积极作用。但受水泥价格上涨等因素影响，10 月、11 月水泥熟料当月产量同比增长 10.9%、6.1%，远高于同期水泥产量的增长速度，11 月河南、山西等省错峰生产推迟半个月，水泥熟料库存有所加大，企业错峰生产执行力度有所弱化。

3. 价格传导机制尚未有效形成

2016 年年末水泥出厂价格比年初上涨 20%，但大幅上涨的价格并未全部转化为利润。虽然在市场需求稳定和企业"竞合"意识增强的双重作用下，价格保持上涨趋势。但生产资料价格上涨，尤其是煤炭价格突涨导致的生产成本增加占据了水泥价格上涨的 80%空间，也大量挤占了利润空间，行业销售利润率仅为 5.9%。

4. 环境约束不断收紧

建材传统产业一直被认为是能源消耗和大气污染物排放的主要产业，近年来为减少大气污染，同时缓解供需矛盾，水泥行业"限产""停产"呈现常态化。仅以北京为例，2016 年北京空气质量达标天数仅为 198 天，发生重污染 39 天，也就是说，2016 年水泥等制造业企业受限生产天数高达 168 天。而随着国家环境保护治理工作的不断深入和雾霾等极端天气频现，水泥等传统产业在环保治理中首当其冲，其发展面临的约束日趋紧张。

二、2017 年上半年建材行业运行态势分析

（一）行业运行状况和主要特点

1. 2017 年上半年建材行业运行状况

2017 年上半年建材行业生产总体平稳，价格持续回升，经济效益好转，化解过剩产能初见成效。但是，行业平稳运行的基础尚不稳固，水泥产能过剩矛盾尚未根本解决，供给侧结构性改革仍有待深入推进。

建材主要产品生产保持平稳。2017 年以来，建材主要产品生产基本保持稳定，1～6 月全国水泥产量 11.1 亿吨，同比增长 0.4%；平板玻璃产量 4.1 亿重量箱，同比增长 5.8%，增速均有所放缓，商品混凝土、预应力混凝土制品、石膏板、陶质与瓷质砖、隔热隔音材料、卫生陶瓷、技术玻璃等产品产量保持平稳增长。

就水泥来看，2017 年上半年有 14 个省（市、区）同比正增长，17 个省（市、区）同比负增长。其中，宁夏和西藏分别以 24.72% 和 23.08% 的增速位居第一位和第二位。下滑最大的集中在华北地区，北京、内蒙古、天津、河北、甘肃下滑均超过了两位数，具体见表 5。

表 5 　　　　　　　　　　　　2017 年上半年水泥产量情况

排名	产量排名（前 10 名）			增速排名（前 10 名）			增速排名（后 10 名）		
	地区	产量（万吨）	增速	地区	产量（万吨）	增速	地区	产量（万吨）	增速
1	江苏	8974	3.12%	宁夏	939	24.72%	北京	166	−32.65%
2	河南	7855	−2.46%	西藏	348	23.08%	内蒙古	2187	−14.52%
3	山东	7686	1.81%	安徽	6715	9.42%	天津	341	−14.14%
4	广东	7383	7.51%	广东	7383	7.51%	河北	4234	−13.31%
5	四川	7248	−0.67%	云南	5600	6.66%	甘肃	1735	−13.03%
6	安徽	6715	9.42%	贵州	5163	4.78%	黑龙江	1065	−8.38%
7	广西	5619	1.20%	福建	3827	3.34%	辽宁	1448	−5.74%
8	云南	5600	6.66%	江苏	8974	3.12%	湖南	5147	−3.64%
9	湖北	5266	0.30%	新疆	1699	2.90%	山西	1484	−3.47%
10	贵州	5163	4.78%	海南	1011	2.82%	河南	7855	−2.46%

数据来源：中国水泥协会·数字水泥网。

建材产品平均出厂价格持续上涨。建材产品平均出厂价格环比继续保持上涨，1～6 月水泥平均出厂价格 312 元/吨，同比增长 23.7%；平板玻璃平均出厂价格 70.8 元/重量箱，同比增长 12.7%，如图 10 所示。2017 年上半年，主要由以下原因推动了我国水泥价格同比大幅上涨：一是行业通过自律行为减少了恶性的价格竞争；二是包括错峰生产、环保督查等措施导致了供给的减少，改善了供需关系；三是上游煤炭价格的快速上涨造成成本上升；四是结构调整中一些成本控制差的生产线生产速度放缓，再次改善了供求关系。

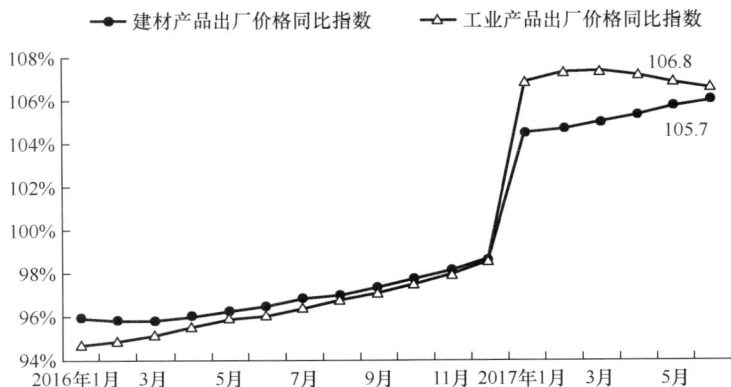

图 10　2016 年以来建材产品及工业品出厂价格同比指数（数据来源：国家统计局）

建材行业经济效益增长显著。 2017 年上半年，规模以上建材行业主营业务收入 2.6 万亿元，同比增长 13.6%，增幅比上年同期高 9.4 个百分点；利润总额 1762 亿元，同比增长 28.3%，增幅比上年同期高 22.1 个百分点，如图 11 所示。其中，水泥行业实现主营业务收入 4598 亿元，同比增长 21.0%，利润总额 334 亿元，同比增长 247.9%；平板玻璃行业主营业务收入 371 亿元，同比增长 22.6%，利润总额 53 亿元，同比增长 85.1%；混凝土与水泥制品、新型墙体材料、建筑用石加工、技术玻璃、玻璃纤维及制品、非金属矿加工等建材主要产业经济效益水平均表现良好。

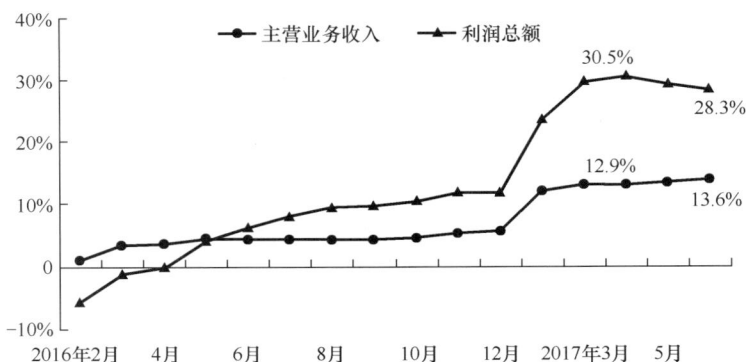

图 11　2016 年以来规模以上建材行业主营业务收入和利润总额累计同比增长速度

（数据来源：国家统计局）

基础设施投资继续保持高位运行。 2017 年上半年，基础设施投资 59 422 亿元，同比增长 21.1%，增速比 2016 年同期提高 0.2 个百分点；占全部投资的比重为 21.2%，比 2016 年同期提高 2.2 个百分点；对全部投资增长的贡献率为 46.5%，拉动投资增长 4 个百分点。分地区来看，中、西部地区基础设施投资合计增长 22.9%，增速比全部基础设施投资高 1.8 个百分点；占全部基础设施投资的比重为 58.8%，比 2016 年同期提高 0.8 个百分点。

与建材需求紧密相关的房地产的投资增速虽有回落，但回落幅度不大。 2017 年上半年，全国房地产开发投资 50 610 亿元，同比名义增长 8.5%，增速比 1～5 月回落 0.3 个百分点，已经连续 2 个月回落。分区域来看，东部地区房地产开发投资 27 252 亿元，同比增长 8.4%，增速与 1～5 月持平；中部地区投资 10 631 亿元，增长 16.0%，增速回落 0.9 个百分点；西部地区投资 10 991 亿元，增长 6.8%，增速回落 0.2 个百分点，如图 12 所示。自 2016 年以来，中国开始了新一轮的房地产调控，一是抓一线和二线热点城市的控房价、防风险工作，二是抓三、四线城市的房地产去库存工作。这一轮调控因采取了分类指导、因城施策的方针，与以往有很大不同，在这种情况下，房地产投资增速有所回落，但回落幅度并不大。

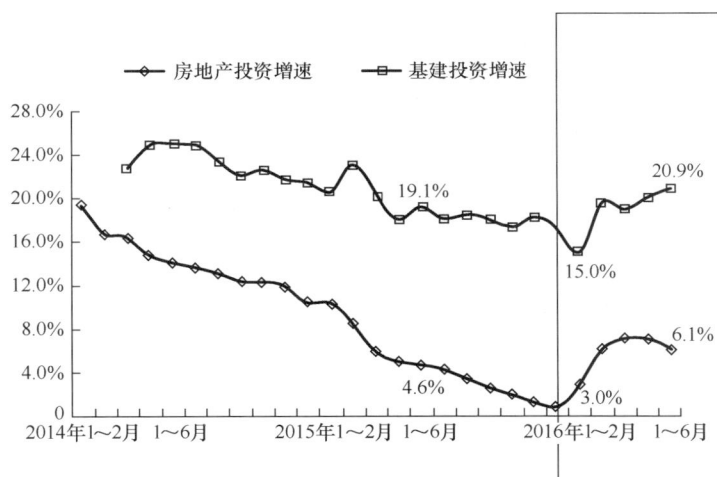

图 12　2014 年以来全国房地产开发投资和基础建设投资增长速度

（数据来源：国家统计局、数字水泥网）

建材出口金额降幅收窄，进口保持稳定。 2017 年上半年建材及非金属矿商品出口金额 153.4 亿美元，同比下降 4.6%，降幅继续收窄，如图 13 所示。其中，陶瓷砖、建筑用石出口金额仍分别大幅下降 29.7%、22.9%，但降幅较之前均有明显收窄；其他主要进口商品中平板玻璃出口金额同比增长 10.2%，玻璃纤维及制品、水泥混凝土制品出口金额同比增速有所加快，石棉制品出口恢复增长。2017 年以来建材及非金属矿商品进口保持稳定增长，上半年进口金额 95.2 亿美元，同比增长 10.7%，平板玻璃、大理石和花岗石荒料、玻璃纤维及制品、石英玻璃、导电玻璃等商品进口数量均保持增长。

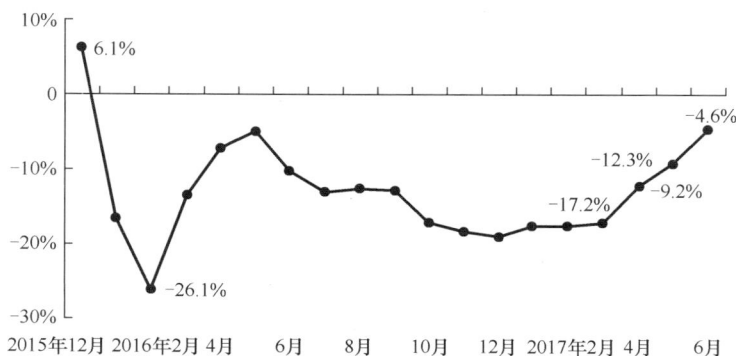

图 13 2016 年以来建材及非金属矿商品出口金额累计同比增长速度

(数据来源：国家统计局)

2. 2017 年上半年建材行业运行主要特点

水泥行业落后产能淘汰步伐加快，产业结构进一步优化。国务院办公厅《关于促进建材工业稳增长调结构增效益的指导意见》(国办发〔2016〕34 号) 文件明确指出"停止生产 32.5 等级复合硅酸盐水泥，重点生产 42.5 及以上等级产品"。据统计，全国已有 31 个省级人民政府完成了 34 号文在本地的文件转化和实施细则，大部门水泥企业对此积极响应，主动停止或减量生产 32.5 等级复合硅酸盐水泥。新疆维吾尔自治区在淘汰落后产能方面走在了行业前头，根据自治区政府规定和要求，区内的水泥企业已经全面停止生产全部 32.5 等级水泥，现最低为 42.5 等级。

建材行业"走出去"步伐明显加快。2017 年上半年，中国建材集团积极稳妥开展"一带一路"国际化经营，海外投资、工程、贸易等领域多点开花，水泥、玻璃工程服务继续领跑全球，"走出去"新模式效益不断提升；北方国际签署了 30.28 亿元伊拉克水泥厂项目合同；凯盛科技与哈萨克斯坦奥尔达玻璃公司签署了全面战略合作协议，凯盛节能与土耳其 DEG 公司签订了乌兹别克斯坦水泥余热发电合同；中国建材工程与突尼斯签署了日熔化 500 吨浮法玻璃工程总包合同，与哈萨克斯坦和孟加拉分别签署了浮法玻璃生产线总包合同；中材节能成功签署了 CEMEX 集团菲律宾 APO 水泥余热发电投资项目，与泰国 SCG 水泥集团签署了长期备件供应及服务合同；海螺水泥集团积极推进海外项目建设，印度尼西亚孔雀港粉磨站二期工程顺利建成投产，印度尼西亚北苏海螺、柬埔寨马德望海螺进入施工高峰期，老挝琅勃拉邦海螺等项目工程建设稳步推进，俄罗斯伏尔加、老挝万象、缅甸曼德勒等项目前期工作正在有序推进。

北方水泥企业冬季错峰生产成效显著。从 2016 年 11 月 1 日起至 2017 年 4 月 15 日止，北方 15 省（区、市）共有 475 家水泥企业参与错峰生产，占企业总数的 92.4%；有 701 条熟料生产线按各省计划实施停窑，占熟料生产线总数的 92.6%；北方 15 省（区、市）共减少熟料产量 23 792.71 万吨。除了化解产能过剩、有效控制熟料总量之外，这次错峰生产的成效远不止于此。首先，节能减排与减轻雾霾污染效果明显，按减少水泥熟料产量换算，共减少燃煤消耗 2880 万吨，减少二氧化碳排放 20 576 万吨，减少二氧化硫排放 0.727 万吨，减少氮氧化物排放 26.1 万吨，减少粉尘排放 2.96 万吨。其次，企业经营成本大幅降低，减少熟料库存 15 870 万吨，减少企业流动资金占用约 305.9 亿元。最后，市场供需得到保证，错峰期间水泥市场供应稳定，错峰结束后随着生产旺季来临，各地市场均出现回暖。

（二）需要关注的重点问题

一是建材行业需求增长依然偏弱。2017 年以来，全国固定资产投资同比增速呈现回落态势。上半年全国固定资产投资（不含农户）同比名义增长 8.6%，剔除同期投资价格指数因素，实际仅增长 3.8%。与钢铁、水泥密切相关的建筑安装工程投资上半年同比名义增长 9.2%，实际工程量仅增长 2.6%，是金融危机以后的最低增长速度。

二是建材行业经济效益增长更多依靠价格上涨。2017 年以来，受宏观市场温和增长影响，建材产品生产增长保持稳定，但效益增长相对明显，价格上涨是其主要因素。在建材主要产品中，水泥出厂价格上涨明显，是推动水泥行业乃至建材行业利润快速增长的主要原因。但在产能过剩背景下，水泥价格回升更多依赖行业自律，但当前行业自律基础仍不甚牢固，一旦市场出现较为明显的变动，自律效果将会有所弱化，影响效益的平稳增长。

　　三是新增产能释放有所加快。2015 年全国水泥产能比 2014 年减少 3000 万吨。2016 年，在市场平稳、效益回升的情况下，新增产能有所抬头。经核查，2016 年新增熟料生产线 35 条，新增熟料产能 4400 多万吨，全年净增水泥熟料产能 2000 万吨；水泥粉磨能力增长重新抬头，2016 年新增水泥产能 2.7 亿吨，净增 1.7 亿吨。截止到 2016 年年底，全国实际水泥熟料产能 18.9 亿吨，水泥产能 35.9 亿吨。受产能增加影响，2017 年上半年水泥行业产能利用率仅为 61.8%，比上年同期低 1.4 个百分点。

　　四是建材行业盈利能力仍有待提高。"十二五"以来建材行业虽总体上保持平稳增长，但总资产报酬率呈下降趋势。2015 年，因宏观市场影响，需求下降至近年来最低点，2016 年以来有所恢复，2017 年上半年为 9.6%，但总体仍处于低位。2017 年以来，水泥行业的经济效益恢复明显，上半年规模以上水泥行业销售利润率达到 7.3%，比上年同期上升 4.7 个百分点，但仍低于 2006—2014 年的平均水平（7.7%），从水泥产业链结构来看，更是长期低于房地产行业利润水平。此外，近年来随着水泥装备技术水平提升以及环保需求加大，吨水泥投资成本大幅提升，大型、高技术水平生产线吨水泥投资已经超过 600 元，2013 年以后水泥行业投资已经呈现出明显的高端化、高投资特征，但水泥产业升级和转型仍远未完成，其需要的资金投入仍然巨大，行业盈利能力仍需继续提升。

三、2017 年下半年和 2018 年上半年建材行业发展态势研判

（一）2017 年下半年建材行业发展态势研判

　　根据宏观运行情况及相关政策性因素变化可以确定，2017 年全年全国固定资产投资不会出现"大水漫灌"式的强刺激政策，但总体应持续保持稳定增长，建材行业面临的宏观市场环境将在需求相对偏弱的情况下保持基本平稳。同时，建材行业在进一步强化行业自律并加快去产能的预期下，市场供需平稳将得到较好的维护。但是，由于目前建材产品价格和经济效益回升基础仍然脆弱，产能严重过剩问题并没有真正实质性地缓解，建材行业新的增长点仍未充分形成等问题仍较为突出，2017 年建材行业经济效益能否持续稳定增长还存在一定的

风险。

综合判断，建材行业面临的宏观市场环境有望继续保持平稳，增速略超过2016年。受固定资产投资增速回落及2016年下半年增速走高等因素影响，预计建材行业2017年下半年增速将有所回落，规模以上建材工业全年增长速度高于2016年。

（二）2018年上半年建材行业发展态势展望

2018年我国经济将继续处于新常态，供给侧结构性改革继续向纵深推进，"三去一降一补"继续深入实施。从目前全国房地产投资和基建投资发展趋势来看，基建投资增速将继续保持高位，房地产投资增速缓中趋稳，预计2018年上半年建材行业将继续保持稳中向好势头，主要产品生产增速平稳，价格和企业效益持续提升，产能过剩矛盾有所化解，发展质量进一步改善。

四、促进建材行业发展和转型升级的对策建议

（一）全力确保主要行业平稳运行

当前建材行业主要产业经济运行基本平稳，但自2016年以来建材行业固定资产投资的下降或增速回落对建材相关产业的影响已经有所显露，因此应通过加强行业自律、稳定和提升行业效益以提振行业信心，尤其是加大对砖瓦及建筑砌块、混凝土与水泥制品等仍处于产业化发展阶段以及新型墙材、复合材料等新兴产业中小企业的发展，加强建材行业的发展动力，激发内生活力。

（二）加大违规项目的惩治力度，坚决遏制新增产能释放

在政府、行业、企业的共同努力下，水泥新建项目已经得到有效遏制，遏制新增产能的工作重点应及时转向清理水泥违规项目。特别是对水泥在建及部分已建成项目中存在的"批小建大""重复使用置换指标""无证生产"等问题，应按照项目所在地区原有熟料产能不增加或减量的原则，督促地方政府严格按照项目批复内容，严格按照产能置换及生产许可证管理有关规定，对项目进行重新核准或责令停产，要建立行政问责制，严肃查处违规项目，警示企

业避免重蹈覆辙，切实管住新增产能入口，为行业实现供给侧改革总体目标提供缓冲期。

（三）建立错峰生产长效运行机制，全面推行错峰生产

近年来水泥行业错峰生产的实施对缓解大气压力、调节市场供需关系起到了积极有效的作用，同时错峰生产已经在行业内达成共识，成为行业自律的标志性行动。因此，从充分发挥错峰生产效果出发，应建立"错峰生产"的长效运行机制，加强统筹管理，统一制定全国范围内错峰生产实施方案及计划安排，并严格执行，充分发挥"错峰生产"对社会、环境、行业的积极作用。同时加强监管，防止影响市场秩序稳定的现象发生。

（四）大力促进建材行业"补短板"

加大对建材加工制品业，尤其是新兴产业发展的引导和支持。如建议政府有关部门通过升级政府采购目录和有关技术规程或强制性技术标准，引导和促进消费市场升级，扩大高端产品市场需求；同时积极争取有关金融、税收或专项补贴等方面的优惠政策支持，引导和鼓励企业加大在新兴产业中的技术开发、市场开拓等方面的投入，进一步推动产业发展，培育行业新的经济增长点。

（中国建筑材料联合会　陈国庆　朱吉乔）

第五章　机械行业 2016 年发展回顾与形势展望

2016 年是实施"十三五"规划的开局之年，国内外经济环境依然复杂多变，机械行业在《中国制造 2025》及相关政策的引领下，增长速度出现回升，发展态势总体平稳。

一、2016 年机械行业运行情况及主要特点

（一）行业发展概况和主要特点

1. 行业发展概况

2016 年以来，机械行业主要经济指标增速在上年较低水平的基础上普遍回升，增长速度超年初预期。

增加值增速高于工业平均水平。2016 年，机械工业增加值增速呈现逐月攀升的态势，1～12 月同比增长 9.6%，比上年提高 4.1 个百分点，高于同期全国工业增速 3.6 个百分点。

主营业务收入增速提升。2016 年，机械工业累计实现主营业务收入 24.55 万亿元，同比增长 7.44%，比上年同期提高 4.12 个百分点，高于同期全国工业 2.53 个百分点，如图 14 所示。从全年走势来看，增速逐月提升且始终高于同期全国工业平均水平。

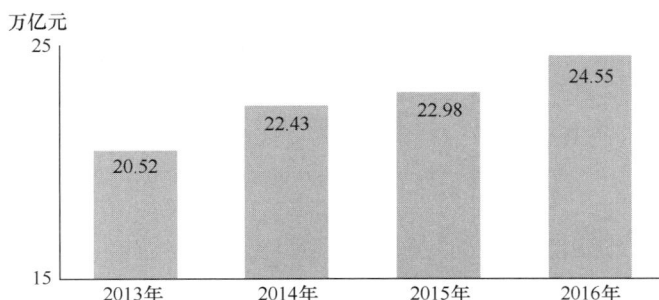

图 14　2013—2016 年机械工业主营业务收入

数据来源：根据国家统计局的数据整理得到。

101

利润总额继续增长。2016 年，机械工业实现利润总额 1.68 万亿元，同比增长 5.54%，高于上年同期 3.08 个百分点，但低于同期主营业务收入增速，也低于全国工业利润平均增速，如图 15 所示。主营业务收入利润率为 6.87%，较上年下降 0.12 个百分点，已连续两年下滑。企业亏损面 11.91%，比上年提高 0.41 个百分点；亏损额增长 6.25%。

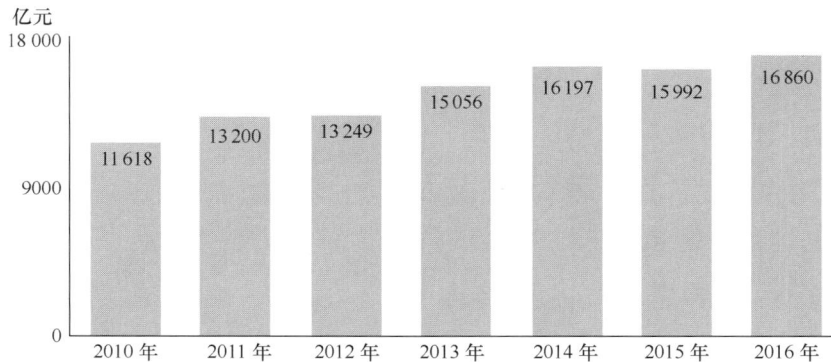

图 15　2010—2016 年机械工业利润总额

（数据来源：根据国家统计局的数据整理得到）

多数产品产量保持增长。在国家统计局公布的 64 种主要机械产品中，产量实现增长的有 41 种，占比为 64.1%；产量下降的有 23 种，占比为 35.9%，具体见表 6。实现产量增长的产品比重较上年提高了 36 个百分点。

表 6　　　　　　　　2016 年机械工业 119 种主要产品产量月度变化情况

	同比增长品种数（种）	占　比	其中：以两位数增长品种数（种）	占　比	同比下降品种数（种）	占　比
1～2 月	48	40.34%	26	21.85%	71	59.66%
1～3 月	57	47.9%	18	15.13%	62	52.1%
1～4 月	58	48.74%	16	13.46%	61	51.26%
1～5 月	61	51.26%	16	13.46%	58	48.74%
1～6 月	60	50.42%	20	16.81%	59	49.58%
1～7 月	62	52.1%	19	15.97%	57	47.9%
1～8 月	60	50.42%	18	15.13%	59	49.58%
1～9 月	65	54.62%	25	21.0%	54	45.38%
1～10 月	71	59.66%	27	22.69%	48	40.34%
1～11 月	73	61.34%	31	26.05%	46	38.66%
1～12 月	76	63.87%	30	25.21%	43	36.13%

数据来源：根据国家统计局的数据整理得到。

产品价格指数略有回升。2016 年，机械工业产品价格总体延续了近年来的疲软下行趋势，机械工业生产者出厂价格指数全年均低于 100。从趋势来看，机械产品价格指数的降幅在收窄，12 月价格指数为 99.8，较年初提高了 1.5 个百分点。但与同期工业生产者购进价格指数上升幅度（上升 12.1 个百分点）相比，机械产品价格回升艰难。

2016 年机械工业基本情况见表 7。

表 7　　　　　　　　　　　　2016 年机械工业基本情况

指　　标	计算单位	绝　对　值		累　计　增　长		占工业比重
		工业	机械工业	工业	机械工业	
企业数	个	379 142	86 046	—	—	22.69%
其中：亏损数	个	45 008	10 250	0.18%	3.59%	22.77%
亏损额	亿元	8174	1331	−9.21%	6.25%	16.28%
主营业务收入	亿元	1 151 618	245 518	4.91%	7.44%	21.32%
利润总额	亿元	68 803	16 860	8.48%	5.54%	24.51%
资产总额	亿元	1 068 297	211 009	7.14%	9.55%	19.75%

数据来源：根据国家统计局的数据整理得到。

2. 行业发展主要特点

2016 年，机械行业发展主要呈现以下几方面的特点。

一是顺应市场变化，产品产销增减分化。工程机械产品销售触底回升，据统计，10 种主要产品中有 8 种实现正增长。而农业机械产品在经历了多年的快速增长后高位下滑，10 种主要产品中有 8 种产品产量下降。汽车产销快速增长，据中国汽车工业协会统计，2016 年汽车产销分别为 2812 万辆和 2802 万辆，同比分别增长 14.5%和 13.7%，产销双双突破 2800 万辆，再创历史新高，连续 8 年蝉联全球第一。发电设备产量稳居世界首位，据机械工业发电设备中心统计，2016 年发电设备产量 1.15 亿千瓦时，同比增长 8.4%。

二是符合国家政策导向的产品稳定增长。在严峻的市场竞争中，顺应国家产业结构调整方向，机械工业企业努力发展适销对路产品，发展势头良好。首先，与消费、环境保护关系密切的产品产量保持增长。乘用车全年产销分别完成 2442 万辆和 2438 万辆，同比分别增长 15.5%和 14.9%。环保产品增长突出，2016 年 1～12月环境污染防治专用设备同比增长 30.3%，其中大气污染防治设备同比增长 29.65%，水质污染防治设备同比增长 37.04%；与物流仓储消费相关的内燃叉车同比增长 7.68%，电动叉车同比增长 4.28%，收获后处理机械同比增长 16.69%。其次，与新能源、智能制造相关的产品销售快速增长。全年新能源汽车产销量分别为 51.7 万辆和 50.7 万辆，同比分别增长 51.7% 和 53%；电工仪器仪表同比增长 18.54%。

三是自主研发亮点频现。在《中国制造 2025》强国战略等相关产业政策的引导下，机械工业转型升级、创新发展持续推进。大型核电、水电、火电和风电设备，特高压交直流及柔性直流输变电设备，油气长输管线关键装备，大型煤化工关键设备，高档数控机床等高端设备的自主研发取得突破。如世界首台大断面马蹄形盾构掘进机在陕西正式开机掘进；北京和利时系统工程有限公司参与联合研制的核电站数字化仪控系统平台项目通过验收；上海电气核电设备有限公司自主研制的全球首座第四代核电站反应堆压力容器在华能石岛湾核电厂吊装成功；哈电集团 C4 项目反应堆冷却剂泵组设备通过验收；中国一拖研制成功具有国内领先水平的拖拉机性能试验用的 200kN 负荷车；特高压输变电装备关键零部件技术取得新突破。

四是创新能力建设受到重视。"创新驱动、创新引领"已成为越来越多企业的自主选择，机械工业企业对创新能力建设的实际投入持续提升。大型压缩机试验台、水轮模型试验台、电站安全阀试验台等新产品研发的基础试验检测平台相继建成。同时还有一批具备世界先进水平的试验检测平台陆续开始建设，如全球最高电压等级 ±1100kV 变压器类产品的试验条件已在建设。

五是智能制造开始起步。在相关产业政策的引导下，我国传统制造领域的数字化改造持续进行，涵盖企业生产、运营、管理全过程的信息化建设步伐加快。同时融合了互联网、云计算等信息技术，现代传感技术，高精度控制技术和数字化制造技术的智能制造已在部分领域开始起步。以工业机器人为例，据中国机器人产业联盟统计数据显示，我国已连续 3 年成为全球第一大工业机器人消费市场。其中，搬运是机器人的首要应用领域，特别是在铸造等工况条件较为恶劣的领域，工业机器人的使用量迅速攀升。

六是积极探索转型发展新路径。机械工业积极探索发展的新路径，新业态、新模式不断涌现。为推动传统行业向制造服务业发展，中国机械工业联合会发布了《关于机械工业发展服务型制造的指导意见》，鼓励企业积极探索发展的新路径。目前机械工业服务型制造已全面延伸到所有大行业，实现从研发设计到产品回收处理和再制造等各个环节完备的服务链条，并涌现出了陕西鼓风机集团、潍柴动力集团、杭州制氧机集团、浙江中控技术股份有限公司等一批典型与示范企业。发展服务型制造已成为机械工业企业转型升级的重要途径。

（二）存在的主要问题

1. 投资增速回落过快

2016 年，机械工业固定资产投资延续了近年来增速持续回落的态势，1～12 月累计完成投资 5.01 万亿元，同比仅增长 1.7%，分别低于全社会及制造业投资增速 6.4 和 2.5 个百分点，与上年机械工业投资增幅相比大幅回落 8 个百分点，增速已连续五年回落。

2. 订货形势仍不稳定

2016 年，机械工业市场需求疲软的态势没有得到明显改善，1～12 月机械工业重点联系企业累计订货额同比增长 10.37%，数据虽比上年有所回升，但订货形势仍不稳定，工程、重型、矿山机械、石油机械等相关行业的企业订单明显不足，同时订单质量有所下降。

3. 外贸进出口总额持续下降

2016 年，机械工业对外贸易延续了上年的疲软态势，外贸总额持续负增长。全年累计实现进出口总额 6474.55 亿美元，同比下降 2.86%；其中进口额 2726.86 亿美元，同比下降 1.82%，降幅较上年收窄；出口额 3747.69 亿美元，同比下降 3.6%，已连续两年负增长。全年实现贸易顺差 1020.84 亿美元，具体见表 8。

表 8　　　　　　　　　　2016 年机械工业进出口完成情况

	全 国 外 贸		机 械 工 业		机械工业占比
	总额（亿美元）	同比增减	总额（亿美元）	同比增减	
进出口总额	36 849.25	−6.8%	6474.55	−2.86%	17.57%
其中：进口额	15 874.81	−5.5%	2726.86	−1.82%	17.18%
出口额	20 974.44	−7.7%	3747.69	−3.60%	17.87%
贸易差额	5099.63	—	1020.84	—	20.02%

数据来源：根据海关总署的数据整理得到。

二、2017 年上半年机械行业运行态势分析

2017 年上半年机械行业经济运行稳中向好的态势更加明显，主要经济指标

增速超过预期，市场信心逐步提升，效益改善、出口回升、结构优化、转型发展动力增强。与此同时，随着结构调整的深入推进，行业发展面对的市场环境依然严峻，行业内部深层次的矛盾愈加突出，产业转型升级的任务更加繁重。

（一）行业运行状况和主要特点

1. 2017 年上半年机械行业运行状况

增加值增速持续高位。2017 年以来，机械工业增加值增速延续了上年持续高于全国工业和制造业增速的态势，增速始终保持在 10% 以上。1~6 月机械工业增加值同比增长 10.9%，分别高于同期全国工业和制造业 4 和 3.5 个百分点，高于机械工业上年同期 3.1 个百分点。

经济效益实现增长较快。2017 年 1~6 月机械工业实现主营业务收入 12.51 万亿元，同比增长 11.6%，高于上年同期 4.92 个百分点。实现利润总额 8576 亿元，同比增长 14.69%，高于上年同期 8.16 个百分点。机械工业主要效益指标呈现趋好的态势。与全国工业相比，机械工业主营业务收入及利润增速分别低于同期全国工业 1.99 和 7.32 个百分点。

主要产品产量同比增长。2017 年上半年，机械工业重点监测的 119 种主要产品中，实现同比增长的产品有 94 种，占比 79%，其中有 45 种产品由上年同比下降转为同比增长；产量同比下降的产品仅 25 种，占比 21%。主要产品产量增长有如下特征：一是与消费市场关系密切的产品如汽车、摩托车、数码相机，以及与消费产品加工相关的塑料加工专用设备、棉花加工机械、农产品加工机械、停车设备等产品产量均实现较快增长。二是与环境保护、绿色制造相关的环境监测专用仪表、水质污染防治设备、固体废弃物处理设备等产品产量高速增长。三是与智能制造产业转型升级相关的如工业自动仪表、控制系统、试验机等增长势头良好。四是与基础设施建设相关的工程机械类产品明显增长，上半年 10 种主要产品产量均实现同比正增长，其中挖掘机同比增幅超过 70%。五是国家重点工程拉动相关产品产量保持增长，如输变电通道建设项目以及新一轮农村电网改造升级工程带动输变电相关产品产量实现较快增长。

价格指数回升缓慢。2017 年上年半，机械工业生产者出厂价格指数均高于 100，表明机械工业产品价格已摆脱了前些年持续下行的态势，但与原材料、燃料价格增势相比，机械工业价格回升缓慢。6 月，机械工业生产者出厂价格指数同比增长 0.6%，为年内高点，但低于同期工业生产者出厂价格指数 4.9 个百分点，低于同期工业生产者购进价格指数 6.7 个百分点。

2. 2017 年上半年机械行业运行主要特点

分行业发展全面向好。 与上年仅汽车、电工电器两大行业拉动机械工业增长不同，2017 年以来机械工业各分行业均表现出向好的发展态势。1～6 月，除汽车行业外，农业机械、内燃机、工程机械、仪器仪表、石化通用、重型矿山、机床工具、通用基础件和食品包装机械行业主营业务收入均实现两位数的增长。在全行业新增主营业务收入中，汽车行业占比 35.29%，电工电器行业占比 20.16%，均较上年回落；其他行业共计占 44.55%，比重较上年提高了 22.34 个百分点。1～6 月，汽车行业实现利润同比增长 11.53%，电工电器行业同比增长 9.24%，均低于机械工业总体水平；而扣除汽车和电工电器行业外的其他机械行业同比增长 21.46%，积极拉动全行业利润的增长。在全行业新增利润中，汽车行业占 33.4%，电工电器行业占 13.08%，其他行业共计占 53.52%，比上年大幅提升 39.16 个百分点。

固定资产投资小幅增长。 2017 年上半年，机械工业累计实现固定资产投资 2.35 万亿元，同比增长 4.61%，虽然仍低于上年同期 1.54 个百分点，也低于同期全社会和制造业投资增速 4 和 0.9 个百分点，但从趋势来看，近 3 个月以来机械工业投资增速出现了企稳的态势，1～5 月较 1～4 月增速加快 1.1 个百分点，1～6 月比 1～5 月加快 1.2 个百分点。投资到位资金的降幅也在收窄，其中占比最大的企业自筹资金同比下降 4.79%，比第一季度降幅收窄 7.47 个百分点，反映出到位资金不足的问题正在逐步改善。

对外贸易增速明显回升。 2017 年以来，机械工业对外贸易增速在上年低基数的基础上明显回升。1～6 月，机械工业累计实现进出口总额 3362 亿美元，同比增长 8.78%；其中，进口额 1427 亿美元，同比增长 11.77%；出口额 1935 亿美元，同比增长 6.68%；实现贸易顺差 508 亿美元。上半年，机械工业外贸进口、出口增速均从上年同比下降转为同比增长。13 个主要分行业中已有 12 个对外贸易出口实现同比增长，其中工程机械和汽车行业出口实现了两位数增长。

积极探索创新发展模式。 在传统市场需求疲软、竞争加剧的背景下，越来越多的机械企业积极探索创新发展模式。沈鼓集团持续扩展"沈鼓云"服务范围，将大型机组远程监测及服务扩展到通用机械，推出基于物联网和微机电系统的机泵群无线云监测系统，并牵头行业十余家企业制定了《远程故障诊断服务 旋转机械 数据规范》系列标准，助力行业远程运维服务夯实数据基础。陕鼓集团提出了能源互联岛的概念，将自身定位为区域能源互联系统解决方案提供商，把绿色发展理念转化成企业对外提供的实际产品与服务。正泰集团作为传统的低压电器产品制造商，将服务领域延伸至洁净能源系统集成运营领域，现已在杭州东站成功运行了屋顶光伏电站，积极探索新的发展模式。

智能制造逐步起步。在相关产业政策的引领和科技进步的带动下，机械工业制造过程的智能化升级已经起步。在近三年国家安排的智能制造新模式试点示范项目中，机械工业承担了约 46% 的项目。智能车间改造正在推进，如重庆前卫科技集团有限公司的燃气计量表智能制造数字化车间项目建设中突破了基于 RFID 的成表组件铆接参数自适应控制技术、视觉引导机械手智能抓取技术、数字化柔性工装系统设计技术、基于物联网的车间制造过程数据采集与监控系统设计技术等多项核心技术，车间投产后自动化生产检测设备应用比例达到 90.9%、产品的一次性合格率达到 99.7% 以上。此外，机械工业智能制造产品的供给能力也在逐步提高，近期对工业机器人主要自主品牌制造企业的问卷调查结果显示，近 90% 的企业 2017 年上半年新增订单实现同比增长，其中 70% 的企业订单增幅超过 20%。

（二）需要关注的重点问题

一是市场需求有所分化，行业产能利用处于低位。 由于传统能源、原材料行业仍处于去产能状态，相关的石油天然气装备、冶炼设备、发电设备、重型矿山机械等行业的订货明显分化。产品研发、转型升级超前的企业经营状况普遍较好，相反则较差。

根据对机械工业 70 多家重点企业的问卷调查结果显示，51% 的被调查企业产能利用率不足 80%，其中有近 20% 的企业产能利用率不足 60%，主要集中在电工电器和石化通用设备制造行业。对于影响产能正常发挥的原因，62% 的企业提到源于国内订单不足，25.4% 的企业提到源于缺少岗位工人或技师，23.9% 的企业提到由于多种原因导致的排产调整。

二是市场竞争激烈，产品价格提升艰难。 过度竞争影响了正常的市场秩序，低价竞争频现，迫使一些好的企业和产品也被动降价。据调查，2017 年有些企业的代表性产品出厂价格在原材料价格上涨的同时，不升反降 6.28%。据有些发电设备企业反映，目前部分产品的价格较前几年持续下滑，基本跌回 10 年前的价格水平。还有企业反映，产品价格虽有小幅提高，但仍处在低位。而近期原材料、配套件价格上升幅度更大，利润空间基本被挤掉，机械产品价格上涨难度较大。长时期低价竞争的市场环境严重影响了企业产品创新的积极性。

三是成本压力依然较大。2017 年 1~6 月机械工业主营业务成本同比增长 11.77%，比上年同期提高了 5.07 个百分点，低于同期全国工业 3.73 个百分点。根据中国机械工业联合会对部分重点企业税负成本、行政性收费、融资成本、能源成本和人工成本等方面的问卷调查结果显示，政府减税降费已初见成效，近 30% 的被调查企业感受到了行政性收费下降；但人工贵、融资贵、用能贵依然是企业生产经营过程中普遍存在的问题；被调查企业中，76% 的企业反映人工成本上升、60% 的企业反映融资成本上升、44% 的企业反映用能成本上升。此外，物流成本上涨、原材料价格快速增长也是机械企业近期成本上升的重要因素。

三、2017 年全年机械行业发展态势研判

总体而言，2017 年以来机械行业相关数据回暖，一方面源于国家宏观政策的引导和行业的主动作为；另一方面也存在基数因素，2017 年是在上年较低基数基础上的恢复性增长。机械工业传统钢铁、电力、煤炭、化工、石油等领域处于去产能阶段的行业发展环境没有发生根本性的改变，但是上述行业在供给侧结构性改革的引领下，优化存量、改造升级，为机械行业发展提供了新的机遇。此外，民生消费领域需求的增长也为机械行业提供了新的发展空间。基于此背景，对机械工业主要分行业的发展有如下判断。

第一，汽车行业作为机械工业的第一大分行业，虽然 2017 年 1.6L 及以下乘用车购置税减半政策优惠力度退坡对乘用车的产销增长形成了一定的压力，但是商用车产销量的较快增长成为新的支撑。上半年，汽车产销增速已达到 4% 左右，为全年实现 5% 的增长预期奠定了良好的基础。

第二，电工电器行业作为机械工业的第二大分行业，"十三五"以来进入调整期。2017 年，发电设备行业在相关规划的引领下，加大调整力度，火电设备

产量低速增长，对前期高速增长阶段积累的过剩产能形成了压力；风电、核电等清洁能源发电设备的生产形势较好；输变电行业在国家重大工程的带动下保持增长。预计 2017 年将实现平稳发展。

第三，石化通用设备行业作为机械工业的第三大分行业，其中石油钻采类产品受到国际原油价格大幅波动的影响，产销总体低迷，但进入 2017 年后有所回升；通用设备制造行业增速回升。预计 2017 年将明显好于上年。

第四，机械基础件作为量大面广的零部件制造行业，进入 2017 年以来，运行形势明显好于主机行业，液气密、轴承、紧固件等行业快速回升。预计这种良好的态势将持续一段时期。

此外，工程机械行业在基础设施建设和城镇化建设的带动下预计 2017 年下半年仍将保持一定的增长速度；内燃机和机床行业在汽车和工程机械行业的带动下预计下半年也将平稳运行。

综上所述，虽然 2016 年对机械工业较快增长形成主要支撑的汽车行业和电工电器行业 2017 年的增速都将有所放缓，但工程机械、内燃机、通用设备、机械基础等其他分行业的运行都将好于上年。综合来看，2017 年机械工业将延续向好的态势，行业运行保持平稳。考虑到 2016 年下半年基数较高的因素，预计 2017 年全年机械工业增加值将增长 8% 左右，主营业务收入和利润总额增长 8% 左右，对外贸易出口有望结束连续两年的颓势，同比增速由负转正。

四、促进机械行业发展和转型升级的对策建议

（一）抓紧已出台政策的落实

目前国家出台的各项政策措施已经不少，如《中国制造 2025》《机械工业稳增长、调结构、促转型、增效益的指导意见》等。未来应在强基、提质、创新能力建设、短板工程等诸多主攻方向上适当增加国家预算内投资，并切实加大政策落实的力度。

（二）引导资金投向实体经济

目前，整个制造业包括机械工业在内投资持续不足的问题应引起高度重视。

建议国家有关部门合理安排预算内资金（包括专项建设基金），引导银行和社会资本将资金投向制造业。

（三）在招投标活动中提高技术谈判和质量评估的权重

在招投标活动中采取最低价中标的做法，不利于同行业间的公平竞争，建议增加招投标活动中技术谈判和质量评估的权重，突出对国内自主创新产品的支持。

（中国机械工业联合会）

第六章　汽车行业 2016 年发展回顾与形势展望

一、2016 年汽车行业发展回顾

（一）行业发展概况和主要特点

2016 年是"十三五"开局之年，在改革创新深入推进和宏观政策效应不断释放的共同作用下，国民经济保持了总体平稳、稳中有进、稳中向好的发展态势。汽车行业在 1.6 升及以下乘用车购置税减半等一系列促进汽车消费政策，以及货币、信贷、投资等经济稳增长政策的作用下，产销增速呈逐月增高态势，尤其是 6 月以后更是呈现快速增长。全年汽车产销量均超 2800 万辆，连续 8 年蝉联全球第一。汽车行业加大供给侧改革力度，产品结构调整和更新步伐持续加快。行业经济效益指标呈明显增长。汽车行业的平稳增长对确保 2016 年宏观经济平稳运行起到了重要作用。

1. 2016 年汽车产销情况

2016 年 12 月、2016 年全年汽车产销情况见表 9 和表 10，2016 年 12 月新能源汽车生产情况见表 11。

表 9　　　　　　　　　　2016 年 12 月汽车产销情况

	产量（万辆）	环比	同比	销量（万辆）	环比	同比
汽车总计	306.3	1.73%	15.0%	305.7	4.0%	9.5%
总计中：乘用车	264.4	0.23%	13.6%	267.2	3.2%	9.1%
其中：轿车	124.6	−11.0%	3.5%	125.5	−2.3%	−2.3%
总计中：商用车	41.9	12.4%	25.1%	38.5	10.5%	12.1%

数据来源：《中国汽车工业产销快讯》，中国汽车工业协会网站。

表 10　　　　　　　　　　2016 年 1～12 月汽车产销情况

	产量（万辆）	同比	销量（万辆）	同比
汽车总计	2811.9	14.5%	2802.8	13.7%
总计中：乘用车	2442.1	15.5%	2437.7	14.9%
其中：轿车	1211.1	3.9%	1215.0	3.4%
总计中：商用车	369.8	8.0%	365.1	5.8%

数据来源：《中国汽车工业产销快讯》，中国汽车工业协会网站。

表 11	2016 年 12 月新能源汽车生产情况				
	12 月产量 （万辆）	1～12 月产量 累计（万辆）	环比增长	同比增长	同比累计 增长
新能源汽车	8.9	51.7	23.3%	16.8%	51.7%
其中：新能源乘用车	4.2	34.5	−16%	3.9%	60.5%
纯电动	3.4	26.3	−22.3%	9.7%	73.1%
插电式混合动力	0.8	8.1	30%	−15.8%	29.9%
新能源商用车	4.7	17.2	108.4%	31%	36.8%
纯电动	4.3	15.4	109.2%	43.7%	50.2%
插电式混合动力	0.4	1.8	99.6%	−33.5%	−22.5%

数据来源：《中国汽车工业产销快讯》，中国汽车工业协会网站。

2. 2016 年汽车行业运行特点

2016 年，汽车行业发展主要呈现以下几方面的特点。

产销量再创历史新高。2016 年我国汽车产销量较快增长，总量再创历史新高。受购置税优惠政策等促进因素影响，月度销量除 2 月以外，其余月份均明显高于上年同期，12 月月度产销量双双超过 300 万辆，也创历史新高；销量累计增长率呈"直线上升"走势，总体呈现产销两旺发展态势。2016 年汽车产销量分别完成 2811.9 万辆和 2802.8 万辆，比上年同期分别增长 14.5%和 13.7%，高于上年同期 11.2 和 9.0 个百分点，如图 16 所示。

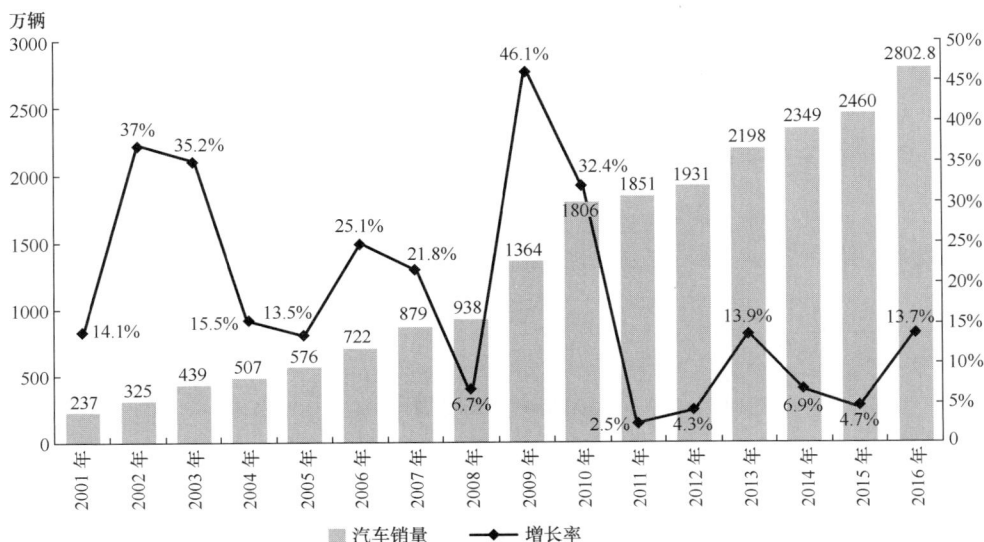

图 16　2001—2016 年中国汽车销量及增长率

（数据来源：历年《中国汽车工业产销快讯》，中国汽车工业协会网站）

万辆

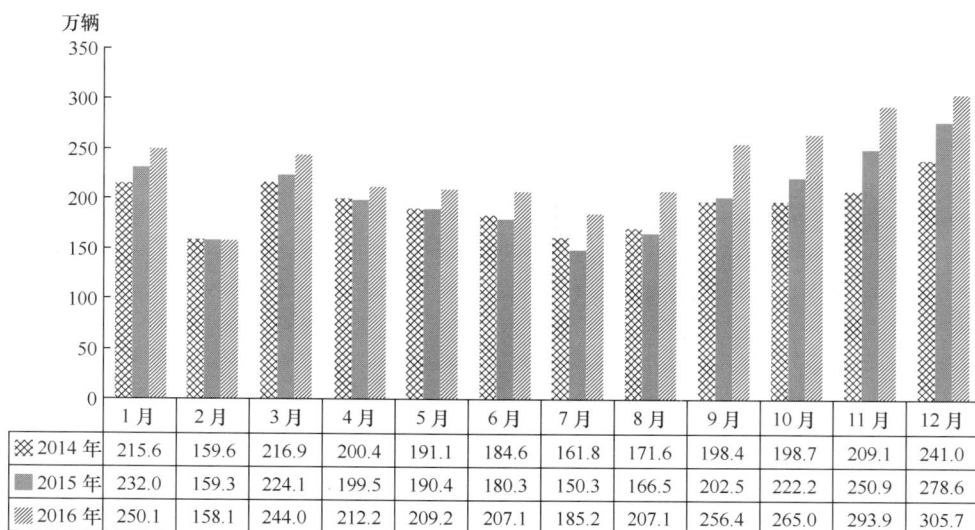

	1 月	2 月	3 月	4 月	5 月	6 月	7 月	8 月	9 月	10 月	11 月	12 月
2014 年	215.6	159.6	216.9	200.4	191.1	184.6	161.8	171.6	198.4	198.7	209.1	241.0
2015 年	232.0	159.3	224.1	199.5	190.4	180.3	150.3	166.5	202.5	222.2	250.9	278.6
2016 年	250.1	158.1	244.0	212.2	209.2	207.1	185.2	207.1	256.4	265.0	293.9	305.7

图 17　2014—2016 年汽车月度销量

（数据来源：历年《中国汽车工业产销快讯》，中国汽车工业协会网站）

2016 年，除 2 月外，其余月份销量均明显高于上年同期，累计增长率直线上升，如图 17 和图 18 所示。

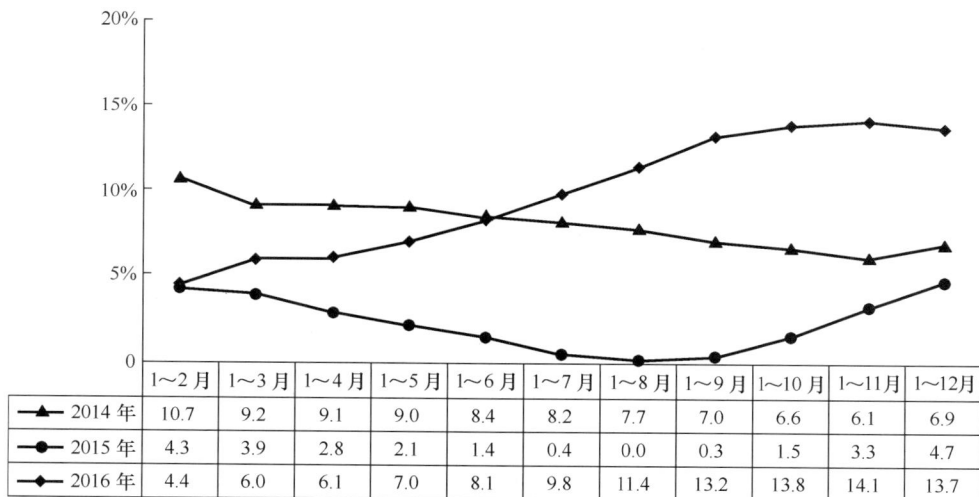

	1~2 月	1~3 月	1~4 月	1~5 月	1~6 月	1~7 月	1~8 月	1~9 月	1~10 月	1~11 月	1~12 月
2014 年	10.7	9.2	9.1	9.0	8.4	8.2	7.7	7.0	6.6	6.1	6.9
2015 年	4.3	3.9	2.8	2.1	1.4	0.4	0.0	0.3	1.5	3.3	4.7
2016 年	4.4	6.0	6.1	7.0	8.1	9.8	11.4	13.2	13.8	14.1	13.7

图 18　2014—2016 年汽车月度销量累计增长率

（数据来源：历年《中国汽车工业产销快讯》，中国汽车工业协会网站）

乘用车产销量快速增长，货车拉动商用车增长。

（1）乘用车产销量快速增长，SUV 拉动乘用车增长

受购置税优惠政策影响，乘用车产销量再创历史新高，总体呈现平稳增长

势态。2016 年，乘用车产销量分别完成 2442.1 辆和 2437.7 万辆，比上年同期分别增长 15.5%和 14.9%，增速高于汽车总体 1.0 和 1.3 个百分点，其快速增长对于汽车产销量增长的贡献度分别达到 92.3%和 94.1%，如图 19 所示。

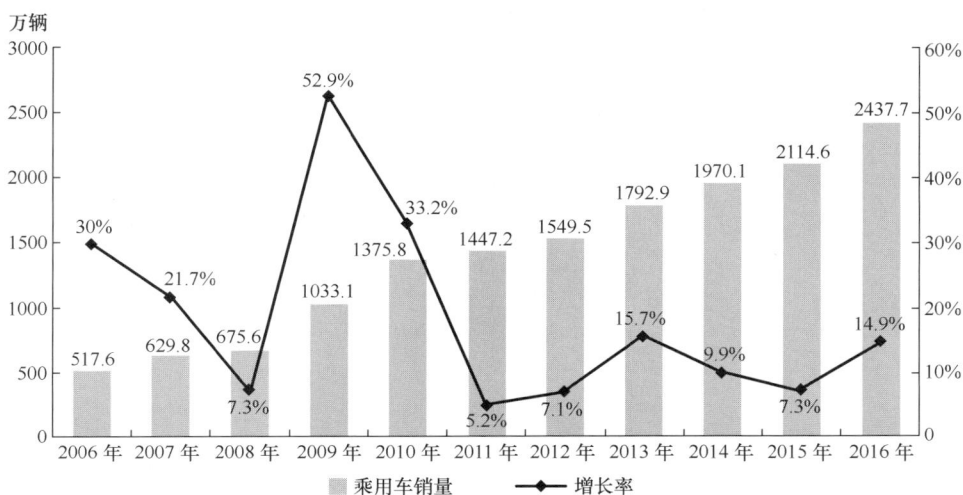

图 19　2006—2016 年乘用车销量及增长率

（数据来源：历年《中国汽车工业产销快讯》，中国汽车工业协会网站）

从乘用车 4 类车型产销情况来看，2016 年，基本型乘用车（轿车）产销分别为 1211.13 万辆和 1214.99 万辆，同比增长 3.91%和 3.44%；运动型多用途乘用车（SUV）产销分别为 915.29 万辆和 904.70 万辆，同比增长 45.72%和 44.59%；多功能乘用车（MPV）产销分别为 249.06 万辆和 249.65 万辆，同比增长 17.11%和 18.38%；交叉型乘用车产销分别为 66.59 万辆和 68.35 万辆，同比下降 38.32%和 37.81%。

2016 年，SUV 销量增长了 279.0 万辆，SUV 对乘用车增长的贡献度达 88.1%，是拉动乘用车以及整体车市增长的主要车型。

（2）货车拉动商用车增长

2016 年，商用车产销分别完成 369.8 万辆和 365.1 万辆，与上年同期相比，产销分别增长了 8%和 5.8%，增幅进一步提高，如图 20 所示。2016 年，货车产销分别为 315.11 万辆和 310.79 万辆，同比增长 11.23%和 8.82%。其中：重型货车产销分别为 74.14 万辆和 73.29 万辆，同比增长 38.29%和 33.08%；中型货车产销分别为 23.14 万辆和 22.91 万辆，同比增长 13.43%和 14.29%；轻型货车产销分别为 155.02 万辆和 153.98 万辆，同比下降 0.23%和 1.20%；微型货车产销分别为 62.82 万辆和 60.61 万辆，同比增长 16.51%和 10.96%。货车 3 月起产销持续上升，拉动作用明显，增长贡献度分别达到 116%和 126%。自 2016 年以来，特别是年末重卡市场快速增长，主要原因是新国标 GB 1589 的实施以及国家加大对超载超限的治理力度、年末大宗商品运输需求增加、车辆进入例行置换期、国 V 排放标准即将实施、国家鼓励提前淘汰"黄标车"和老旧车。2016 年，客车产销分别为 54.69 万辆和 54.34 万辆，同比下降 7.44%和 8.73%。

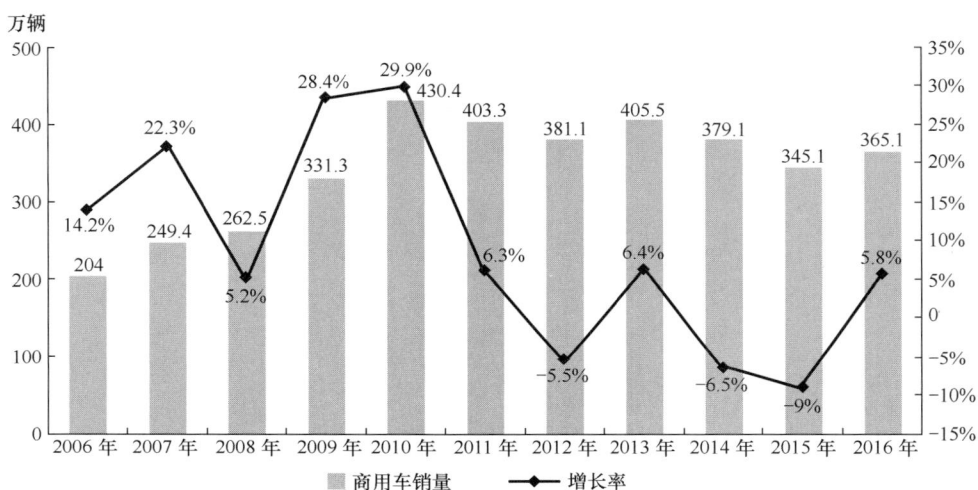

图 20　2006—2016 年商用车销量及增长率

（数据来源：历年《中国汽车工业产销快讯》，中国汽车工业协会网站）

1.6 升及以下乘用车保持增长。2016 年，受购置税优惠政策影响，1.6 升及以下乘用车销售 1760.7 万辆，比同期增长 21.4%，占乘用车销量比重为 72.2%，比上年同期提高 3.6 个百分点，如图 21 所示，对乘用车销量的贡献度为 97.9%。1.6 升及以下乘用车购置税减半政策促进汽车增长，对于节能减排、促进小排量车型消费起到了很大的引导作用。

中国品牌乘用车市场份额继续提高。在小型 SUV 需求快速增长和 1.6 升及以下小排量乘用车购置税减半政策的双重作用下，中国品牌乘用车的整体增速高于行业水平，市场份额稳步提升。2016 年，中国品牌乘用车共销售 1052.9 万辆，同比增长 20.5%，占乘用车销售总量的 43.2%，占有率同比提升 2 个百分点；其中轿车销量 234.0 万辆，同比下降 3.7%，市场份额为 19.3%，同比下降 1.4 个

百分点；SUV 销量 526.8 万辆，同比增长 57.6%，市场份额为 58.2%，同比增长 4.8
个百分点；MPV 销量 223.8 万辆，同比增长 19.9%，市场份额为 89.6%，同比增长
1.2 个百分点，如图 22 所示。中国品牌乘用车占有率连续两年呈增长态势。

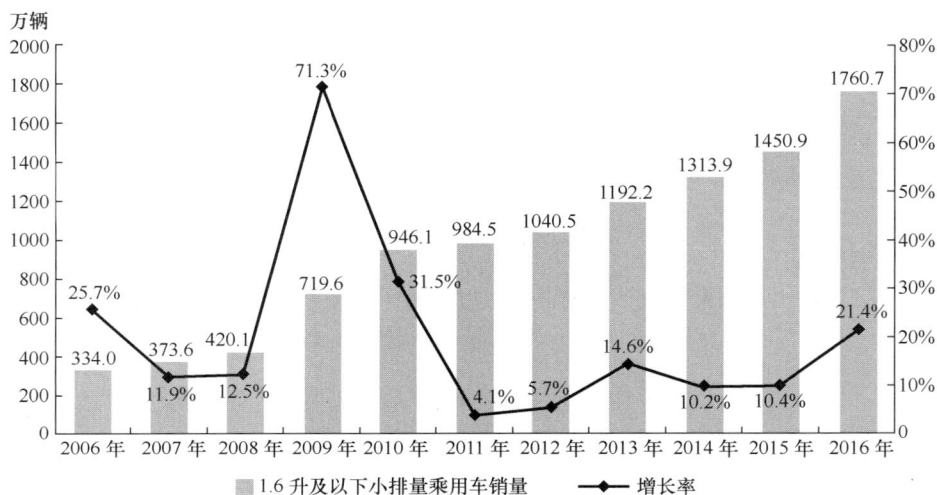

图 21　2006—2016 年 1.6 升及以下小排量乘用车销量及增长率

（数据来源：历年《中国汽车工业产销快讯》，中国汽车工业协会网站）

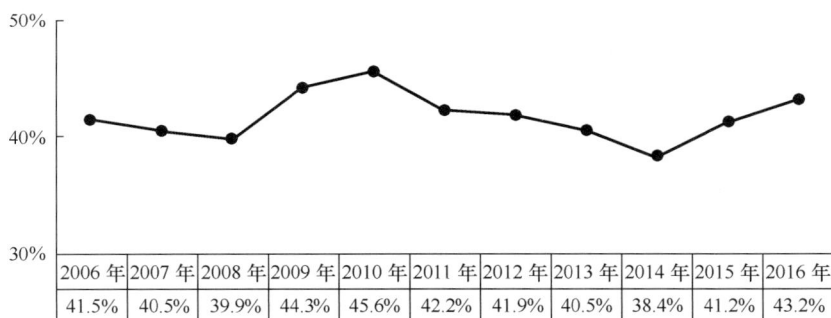

	2006 年	2007 年	2008 年	2009 年	2010 年	2011 年	2012 年	2013 年	2014 年	2015 年	2016 年
	41.5%	40.5%	39.9%	44.3%	45.6%	42.2%	41.9%	40.5%	38.4%	41.2%	43.2%

图 22　2006—2016 年中国品牌乘用车市场份额变化趋势

（数据来源：历年《中国汽车工业产销快讯》，中国汽车工业协会网站）

中国品牌 SUV 市场份额大幅提高，轿车市场份额继续下降，如图 23 所示。

新能源汽车增速超 50%。据中国汽车工业协会统计，2016 年新能源汽车生产
51.7 万辆，销售 50.7 万辆，比上年同期分别增长 51.7%和 53%。其中纯电动汽车产
销分别完成 41.7 万辆和 40.9 万辆，比上年同期分别增长 63.9%和 65.1%；插电式混
合动力汽车产销分别完成 9.9 万辆和 9.8 万辆，比上年同期分别增长 15.7%和 17.1%。

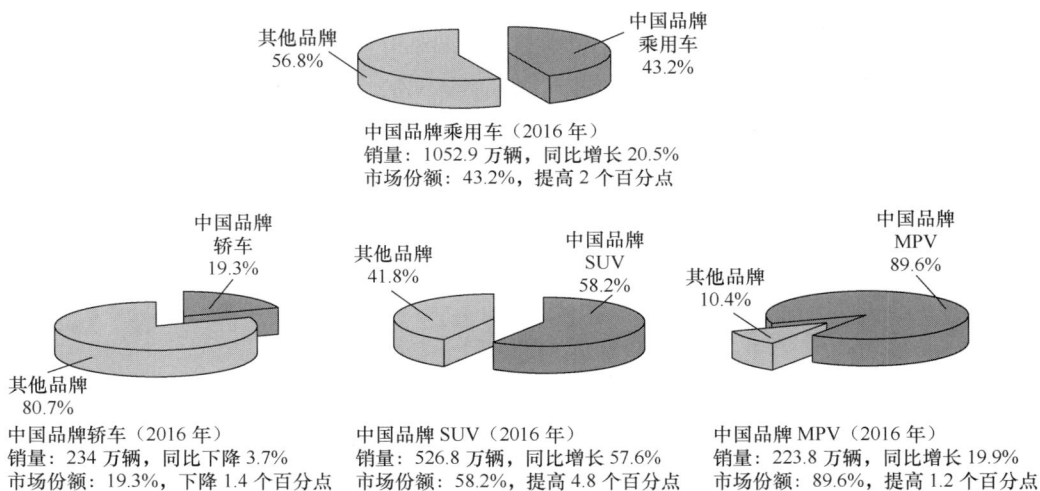

其他品牌
56.8%

中国品牌
乘用车
43.2%

中国品牌乘用车（2016 年）
销量：1052.9 万辆，同比增长 20.5%
市场份额：43.2%，提高 2 个百分点

中国品牌
轿车
19.3%

其他品牌
80.7%

中国品牌轿车（2016 年）
销量：234 万辆，同比下降 3.7%
市场份额：19.3%，下降 1.4 个百分点

其他品牌
41.8%

中国品牌
SUV
58.2%

中国品牌 SUV（2016 年）
销量：526.8 万辆，同比增长 57.6%
市场份额：58.2%，提高 4.8 个百分点

其他品牌
10.4%

中国品牌
MPV
89.6%

中国品牌 MPV（2016 年）
销量：223.8 万辆，同比增长 19.9%
市场份额：89.6%，提高 1.2 个百分点

图 23　2016 年中国品牌乘用车、轿车市场份额

（数据来源：《中国汽车工业产销快讯》，中国汽车工业协会网站）

新能源乘用车中，纯电动乘用车产销分别完成 26.3 万辆和 25.7 万辆，比上年同期分别增长 73.1%和 75.1%；插电式混合动力乘用车产销分别完成 8.1 万辆和 7.9 万辆，比上年同期分别增长 29.9%和 30.9%。

新能源商用车中，纯电动商用车产销分别完成 15.4 万辆和 15.2 万辆，比上年同期分别增长 50.2%和 50.7%；插电式混合动力商用车产销分别完成 1.8 和 1.9 万辆，比上年同期分别下降 22.5%和 19.3%。

新能源汽车月度产销量逐月上升，如图 24 所示。

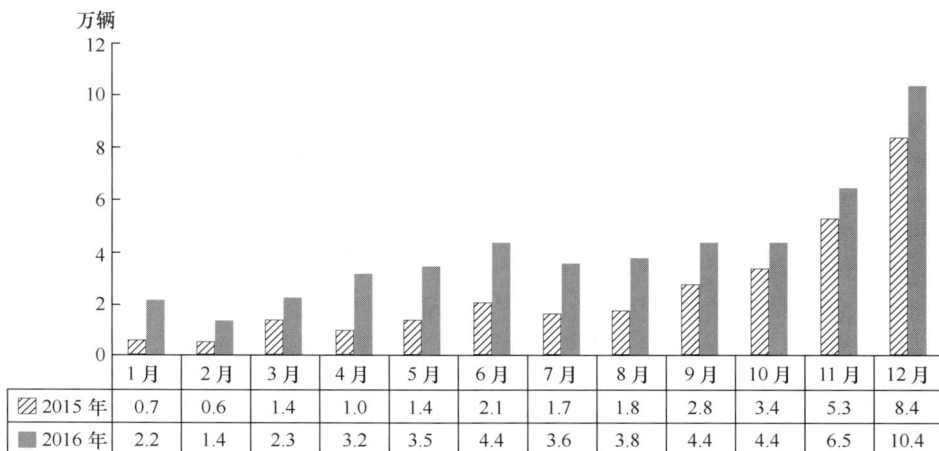

万辆

	1 月	2 月	3 月	4 月	5 月	6 月	7 月	8 月	9 月	10 月	11 月	12 月
2015 年	0.7	0.6	1.4	1.0	1.4	2.1	1.7	1.8	2.8	3.4	5.3	8.4
2016 年	2.2	1.4	2.3	3.2	3.5	4.4	3.6	3.8	4.4	4.4	6.5	10.4

图 24　2015—2016 年新能源汽车月度销量

（数据来源：历年《中国汽车工业产销快讯》，中国汽车工业协会网站）

前十企业增速略低于全行业平均增进。2016 年，汽车销量排名前十位的企业集团销量合计为 2476 万辆，同比增长 12.9%，低于全行业平均增速 0.8 个百分点，占汽车销售总量的 88.3%，与上年同期相比下降 0.6 个百分点，如图 25 所示。

	销售量		集中度	
	万辆	同比	占比	同比
前十企业	2476	12.9%	88.3%	−0.6%
前五企业	1976.4	10.8%	70.5%	−2.5%
前三企业	1385.4	10.1%	49.4%	−3.1%

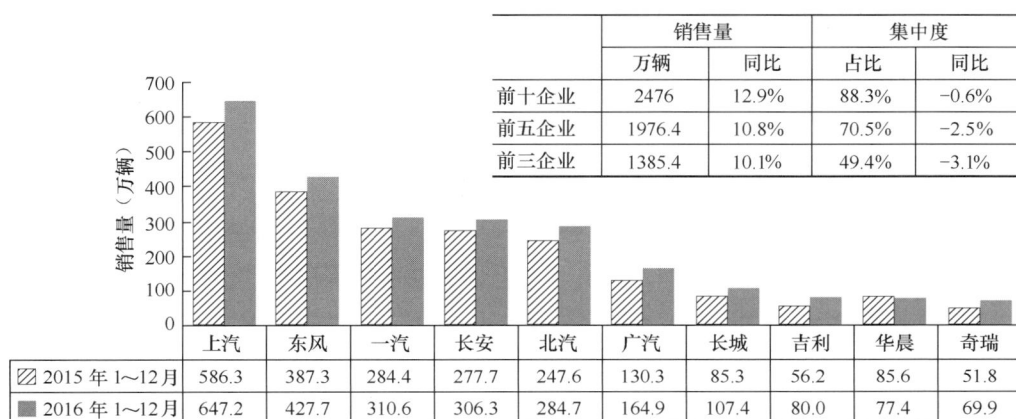

	上汽	东风	一汽	长安	北汽	广汽	长城	吉利	华晨	奇瑞
2015 年 1～12 月	586.3	387.3	284.4	277.7	247.6	130.3	85.3	56.2	85.6	51.8
2016 年 1～12 月	647.2	427.7	310.6	306.3	284.7	164.9	107.4	80.0	77.4	69.9

图 25　2015—2016 年主要汽车制造企业销量情况

（数据来源：历年《中国汽车工业产销快讯》，中国汽车工业协会网站）

汽车出口同比降幅收窄。2016 年，汽车出口 70.8 万辆，比上年同期下降 2.7%，降幅继续缩小，如图 26 所示。其中乘用车出口 47.7 万辆，比上年同期增长 11.5%；商用车出口 23.1 万辆，比上年同期下降 23.1%。从 8 月起，汽车月度出口量连续 5 个月高于上年同期，如图 27 所示。

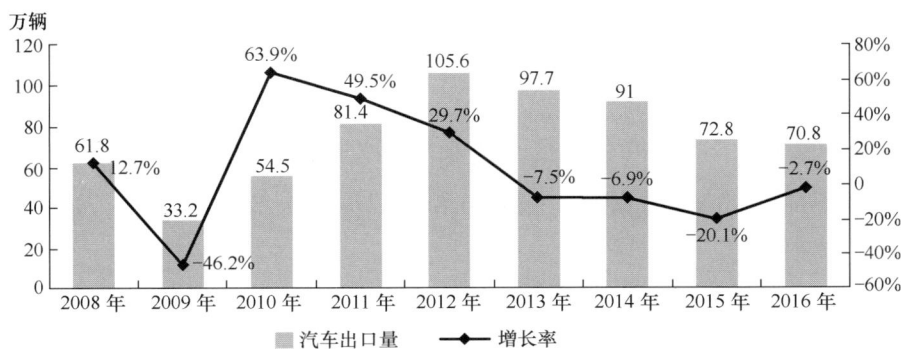

图 26　2008—2016 年汽车出口量及增长率

（数据来源：历年《中国汽车工业产销快讯》，中国汽车工业协会网站）

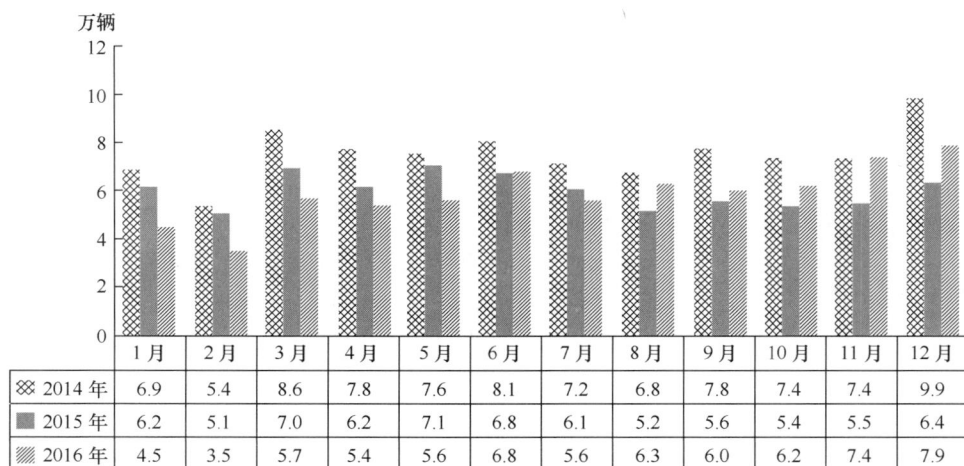

万辆	1 月	2 月	3 月	4 月	5 月	6 月	7 月	8 月	9 月	10 月	11 月	12 月
2014 年	6.9	5.4	8.6	7.8	7.6	8.1	7.2	6.8	7.8	7.4	7.4	9.9
2015 年	6.2	5.1	7.0	6.2	7.1	6.8	6.1	5.2	5.6	5.4	5.5	6.4
2016 年	4.5	3.5	5.7	5.4	5.6	6.8	5.6	6.3	6.0	6.2	7.4	7.9

图 27　2014—2016 年汽车月度出口量情况

（数据来源：历年《中国汽车工业产销快讯》，中国汽车工业协会网站）

根据海关数据整理，2016 年 1～11 月，汽车整车进口 95.8 万辆，比上年同期下降 3.4%；出口 73.2 万辆，比上年同期增长 4.7%，如图 28 所示。

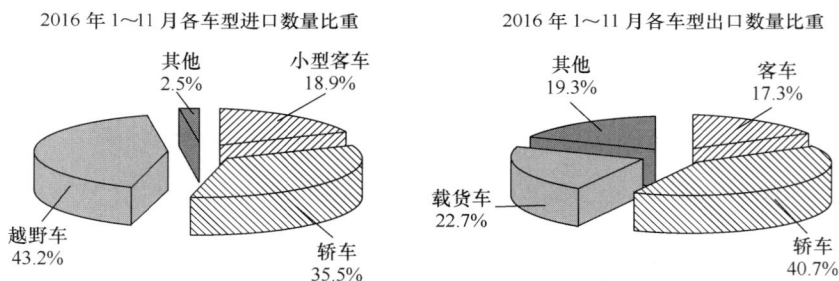

图 28　2016 年 1～11 月各车型进出口数量比重

（数据来源：《中国汽车工业产销快讯》，中国汽车工业协会网站）

企业库存情况。2016 年年末汽车企业库存为 120.3 万辆，比年初增长 13.7%。其中，乘用车库存为 93.7 万辆，比年初增长 10.0%；商用车库存为 26.6 万辆，比年初增长 29.1%。

行业运行经济指标情况。2016 年，全国汽车行业 15 445 家规模以上企业主营业务收入 83 345.25 亿元，同比增长 13.79%。利润总额 6886.24 亿元，同比增长 10.66%。

行业景气指标情况。中国汽车工业协会每季度发布的汽车产业景气指数

（ACI）分析报告显示，2016 年 4 个季度，中国汽车产业景气指数（ACI）分别为 39、47、47 和 42，除第一季度略微低于正常区间，处于趋冷区间外，第二、三、四季度均处于正常运行区间，汽车产业运行平稳。

（二）存在的主要问题

1. 轿车市场份额继续下滑

2016 年轿车市场虽然恢复增长，但主流车企的轿车销量基本继续下滑，轿车市场依然面临 SUV 产品市场的替代挤压，从 2017 年主要企业（尤其是中国品牌企业）的排产计划来看，轿车产品排产量正在弱化。从成熟汽车市场国家的汽车产品结构来看，轿车产品市场基本在 50%的比重水平，轿车的主要市场地位毋庸置疑。

近年来，中国市场 SUV 火爆的确带来了市场机遇，尤其是中国品牌车企通过抢先占领该市场获得较快发展，甚至依靠 SUV 产品获得重生发展机会，但从我国汽车千人保有量来看，这一数值仍然相对较低，中国的汽车市场仍有较大的发展空间，轿车市场未来仍将有较大的发展机遇。车企，尤其是中国品牌车企在企业战略规划中要有远谋，不应为了抓住当前机遇而忽略甚至放弃轿车市场。

2. 自主品牌产品结构和布局有待优化

一个国家的汽车产业实力是否强大，其自主品牌的市场份额是重要的评价指标之一。汽车发达国家的本国品牌在本国汽车市场的占有率普遍较高，如 2015 年日本高达 91.1%，韩国为 75.6%，德国占 66.1%，法国占 51.7%。2016 年我国自主品牌在汽车市场的占有率约为 48.8%，与上述国家相比仍有较大的差距，其中，汽车产品结构、出口表现是影响我国自主品牌市场占有率的关键因素。

产品结构不平衡是影响自主品牌市场表现最重要的因素。在乘用车市场中，自主品牌市场占有率只有 43.2%，主要依靠在 SUV 市场的优势。虽然自主 SVU 发展势头正旺，但自主品牌轿车市场份额正在下滑，我国自主品牌轿车占自主品牌市场的比例已从 2005 年的 80%下降到 2016 年的 30%左右，成为影响自主品牌整体市场份额的关键。出口市场的低迷同样是影响自主品牌汽车市场份额扩张的重要因素。因此，中国品牌在抓住机遇发展的同时，必须全面考虑布局产品，未来发展仍要靠技术进步和产品的均衡布局来支撑。

3. 新能源汽车面临诸多挑战

第一，对补贴的依赖比较严重，需要进行合理化调整。乘用车相对来说正常，但商用车方面，尤其是 6～8 米客车的补贴合理性有待完善。

第二，我国动力电池及电池材料生产企业众多，但多数企业产量小、技术落后、产品质量管控能力差，难以满足车用电池一致性、安全性等要求。

第三，国际竞争激烈。许多外资电池企业（如松下等）表示看好中国市场，国务院允许外资在我国独资制造新能源汽车及动力电池等产品。在新能源汽车的重要零部件——动力电池领域，国外一线大厂终于摆脱了合资电池厂的固定模式，三星 SDI、松下、LG 化学等电池大头将获益。各大巨头纷纷开始布局中国动力电池市场，国内企业将面临巨大的生存压力。因此，目前国外的新能源产品、技术等都在进入中国，国内必须加大研发力度。

4. 汽车企业“走出去”受相关配套产业制约

从汽车产品和企业本身来看，主要存在企业投资动力不足、产品品质达不到国外标准要求、缺乏完善的售后服务、没有定期的市场推广投入、没有品牌支撑等问题。

与此同时，我国汽车企业的“走出去”战略受到相关配套产业的制约。汽车企业“走出去”意味着整个汽车产业链上相关度比较高的配套产业企业都应“走出去”，原材料、资金、销售渠道以及配套的基础设施需要及时调整以满足国外市场需求变化的形势，否则汽车企业“走出去”会面临更大的国际化经营风险。

5. 中资车企核心竞争力仍需提升

近年来，自主品牌汽车在产销表现、盈利能力、产品质量和技术水平等方面均有明显提升，但在中高端产品领域、整车平台正向研发、关键核心零部件系统集成匹配等方面，与外国品牌仍有不小差距。要建设汽车强国，需继续做深、做专、做精自主品牌，提升自主车企的核心竞争力。

（三）汽车行业政策调整和新政策出台情况

1. 新能源汽车补贴政策进一步完善

在国家为鼓励新能源汽车发展给予较大幅度补贴的前提下，随着产业规模的不断扩大和推广数量的快速增加，个别企业受利益驱动，违反相关法律法规骗取和违规谋取财政补贴，严重扰乱了市场秩序，侵犯了守法企业研发生产新能源汽车的合法权益，对我国新能源汽车的推广应用造成了恶劣影响，引起了全社会的广泛关注。

为此，国家有关部门及时研究调整了新能源汽车的补贴政策。2016 年 12 月财政部、科技部、工业和信息化部、发展改革委四部委联合发布了《关于调整新能源汽车推广应用财政补贴政策的通知》，主要包括：调整完善推广应用补贴政策、落实推广应用主体责任、建立惩罚机制等相关内容。

2. 小排量乘用车购置税优惠政策调整

2016 年 12 月，财政部公布了自 2017 年 1 月 1 日起至 12 月 31 日止，对购置 1.6 升及以下排量的乘用车按 7.5% 的税率征收车辆购置税。此后，自 2018 年 1 月 1 日起，将恢复按 10% 的法定税率征收车辆购置税。购置税优惠政策并未退出，而是优惠幅度有所缩窄，对 2017 年车市的影响将会持续。

在今后乃至更长一段时间，1.6 升及以下小排量乘用车仍将占据市场主导地位。

3. 实施第五阶段机动车排放标准，国Ⅵ排放标准正式出台

2016 年 1 月 14 日，环境保护部、工业和信息化部公布分区域实施机动车国Ⅴ标准。东部 11 个省市（北京市、天津市、河北省、辽宁省、上海市、江苏省、浙江省、福建省、山东省、广东省和海南省）自 2016 年 4 月 1 日起，所有进口、销售和注册登记的轻型汽油车、轻型柴油客车、重型柴油车（仅公交、环卫、邮政用途），须符合国Ⅴ标准要求。全国自 2018 年 1 月 1 日起，所有制造、进口、销售和注册登记的轻型柴油车，须符合国Ⅴ标准要求。

2016 年 12 月 23 日，环境保护部正式颁布《轻型汽车污染物排放限值及测量方法》（即国Ⅵ排放标准），计划于 2020 年 7 月 1 日起实施。

4. 国务院出台二手车交易意见

2016 年 3 月 14 日，国务院发布《关于促进二手车便利交易的若干意见》，明确提出，除京津冀、长三角、珠三角的 9 个城市外，在 2016 年 5 月底前，"符合国家在用机动车排放和安全标准，在环保定期检验有效期和年检有效期内的二手车均可办理迁入手续"。截至 2016 年 11 月底，全国已有近 200 个城市取消迁令，还有一批城市将于 2016 年年底前予以取消。

二、2017 年上半年汽车行业运行态势分析

（一）行业运行状况和主要特点

1. 2017 年上半年汽车行业运行状况

一是主营业务收入较快增长，增幅回落。

2017 年上半年，全国汽车行业规模以上企业累计实现主营业务收入 42 896.62 亿元，同比增长 11.95%，增长额为 4578.90 亿元，增幅同比提高 2.05 个百分点。

从 2017 年上半年汽车行业规模以上企业主营业务收入增长率变动来看，第一季度，增长率为 14.65%；上半年，增长率为 11.95%，增幅比第一季度回落 2.70 个百分点；从上半年各月主营业务收入累计增长率变动来看，各月累计增长率基本呈逐月回落走势，但增幅同比均高于上年同期。

从 2017 年全国汽车行业规模以上企业各小行业实现主营业务收入的具体情况来看，5 个小行业主营业务收入均高于上年同期，其中：改装车制造业在 5 个小行业中增长率最高，超过 15%；汽车制造业、汽车零部件制造业、摩托车整车制造业和摩托车零部件制造业增长率超过或接近 10%，分别为 11.07%、12.37%、9.78% 和 11.88%；增幅同第一季度相比，改装车制造业提高了 0.84 个百分点；汽车制造业、汽车零部件制造业、摩托车整车制造业和摩托车零部件制造业分别回落了 2.66、3.29、1.18 和 0.35 个百分点。

二是利润总额较快增长，增幅回落。

2017 年上半年，全国汽车行业规模以上企业累计实现利润总额 3544.75 亿元，同比增长 11.50%，增长额为 365.61 亿元，增幅同比提高 5.14 个百分点。

从 2017 年上半年全国汽车行业规模以上企业利润总额增长率变动来看，第一季度，利润总额增长率为 18.71%；上半年，利润总额增长率为 11.50%，增幅比第一季度回落了 7.21 个百分点；从上半年各月利润总额累计增长率来看，增速有所减缓，基本呈回落走势，但增幅同比均高于上年同期水平。

从全国汽车行业规模以上企业各小行业实现利润总额的具体情况来看，2017 年上半年，5 个小行业利润总额均高于上年同期，其中：改装车制造业和

汽车零部件制造业增长率最高，分别为28.92%和18.41%；汽车制造业、摩托车整车制造业和摩托车零部件制造业增长率分别为6.47%、2.11%和9.85%。增幅同第一季度相比，汽车制造业、改装车制造业、汽车零部件制造业和摩托车零部件制造业分别回落了9.03、12.85、4.54和3.99个百分点；摩托车整车制造业提高了1.10个百分点。

三是固定资产投资较快增长。

2017年上半年，全国汽车行业规模以上企业累计完成固定资产投资6250.11亿元，同比增长12.89%，增幅同比提高6.79个百分点。

从2017年上半年固定资产投资增长率来看，第一季度为8.11%；上半年为12.89%，增幅比第一季度提高4.78个百分点。从各月固定资产投资累计增长率来看，呈中间低、两头高走势。

2017年上半年，全国汽车行业规模以上企业固定资产投资资金来源合计为6142.78亿元，同比增长3.47%，其中：上年年末结余资金为252.14亿元，本年资金来源为5890.64亿元。从汽车行业资金来源构成情况来看，自筹资金为5259.92亿元，占行业资金来源的比重为89.29%。

从2017年上半年全国汽车行业规模以上企业各小行业完成固定资产投资情况来看，在4个小行业中，有3个小行业高于上年同期，1个小行业低于上年同期。

四是应收账款增幅下降，产成品库存资金增幅上升。

2017年6月末，全国汽车行业规模以上企业应收账款为11 498.84亿元，同比增长13.35%，增幅比5月末下降1.47个百分点，增加资金占用1354.41亿元。6月末，全国汽车行业规模以上企业产成品库存资金为3176.20亿元，同比增长21.60%，增幅比5月末上升0.83个百分点，增加资金占用564.10亿元。

2017年6月末，全国汽车行业规模以上企业应收账款、产成品库存资金占流动资产的比重为35.46%，比5月末下降0.31百分点，比上年同期下降0.06个百分点。

2．2017年上半年汽车行业运行主要特点

一是汽车产销量同比保持增长。

2017年6月，我国汽车产销量与上月和上年同期相比均保持增长。当月汽车产销量比上月分别增长3.9%和3.6%，比上年同期分别增长5.4%和4.5%，如

图 29 所示。

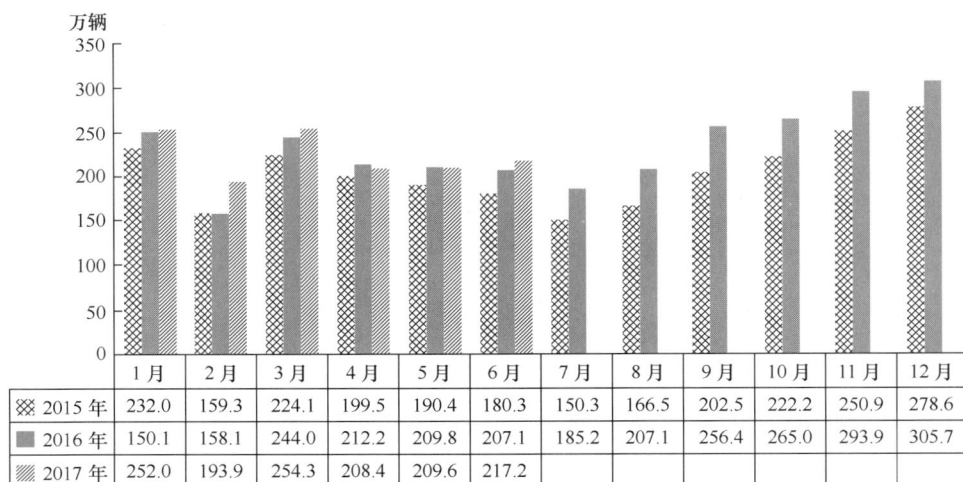

万辆	1 月	2 月	3 月	4 月	5 月	6 月	7 月	8 月	9 月	10 月	11 月	12 月
2015 年	232.0	159.3	224.1	199.5	190.4	180.3	150.3	166.5	202.5	222.2	250.9	278.6
2016 年	150.1	158.1	244.0	212.2	209.8	207.1	185.2	207.1	256.4	265.0	293.9	305.7
2017 年	252.0	193.9	254.3	208.4	209.6	217.2						

图 29　2015 年至 2017 年上半年汽车月度销量

（数据来源：历年《中国汽车工业产销快讯》，中国汽车工业协会网站）

1～6 月，汽车产销量比上年同期分别增长 4.6% 和 3.8%，增速低于上年同期 1.9 和 4.3 个百分点，产销量累计增速与 1～5 月相比均提高了 0.1 个百分点，如图 30 所示。

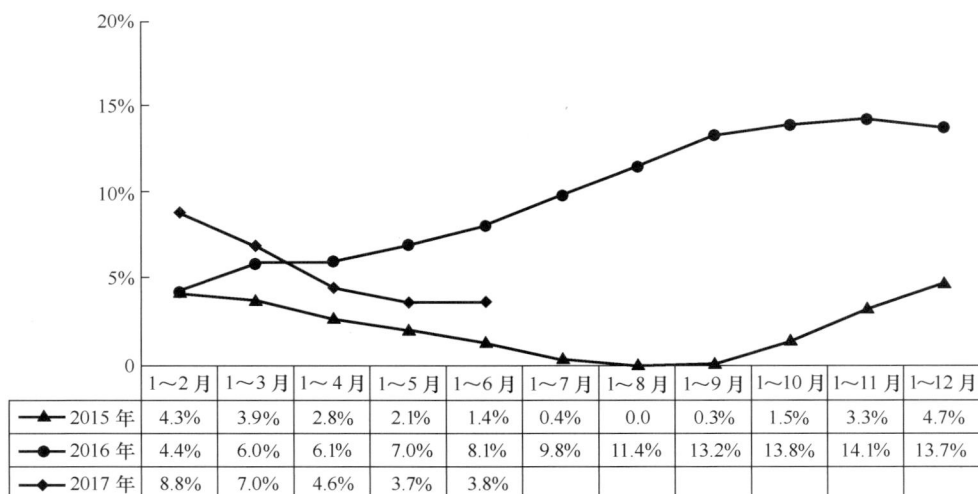

	1～2 月	1～3 月	1～4 月	1～5 月	1～6 月	1～7 月	1～8 月	1～9 月	1～10 月	1～11 月	1～12 月
2015 年	4.3%	3.9%	2.8%	2.1%	1.4%	0.4%	0.0	0.3%	1.5%	3.3%	4.7%
2016 年	4.4%	6.0%	6.1%	7.0%	8.1%	9.8%	11.4%	13.2%	13.8%	14.1%	13.7%
2017 年	8.8%	7.0%	4.6%	3.7%	3.8%						

图 30　2015 年至 2017 年上半年汽车销量累计增长率

（数据来源：历年《中国汽车工业产销快讯》，中国汽车工业协会网站）

二是乘用车产销量同比增长，增速低于汽车总体。

2017 年 6 月，乘用车产销量比上月分别增长 5.6%和 4.6%，比上年同期分别增长 3.7%和 2.3%，分别低于汽车总体 1.7 和 2.2 个百分点。乘用车产销量同比结束了连续两个月的下降态势，形势略有好转。

1~6 月，乘用车产销量比上年同期分别增长 3.2%和 1.6%，低于汽车总体 1.4 和 2.2 个百分点。从乘用车 4 类车型产销量情况来看，与上年同期相比，除 SUV 产销量保持增长外，轿车、MPV、交叉型乘用车产销量继续呈现下降趋势。

1~6 月，基本型乘用车（轿车）产销分别为 549.51 万辆和 539.91 万辆，同比下降 1.82%和 3.17%；运动型多用途乘用车（SUV）产销分别为 467 万辆和 452.67 万辆，同比增长 18.90%和 16.83%，增幅比上年同期减缓 23.80 个百分点和 27.43 个百分点；多功能乘用车（MPV）产销分别为 103.50 万辆和 101.05 万辆，同比下降 12.80%和 15.78%；交叉型乘用车产销分别为 28.27 万辆和 31.67 万辆，同比下降 32.66%和 25.28%。

（1）1.6 升及以下乘用车同比下降，降幅较上月收窄

2017 年 6 月，1.6 升及以下乘用车销售 121.4 万辆，比上年同期下降 4.4%，占乘用车销量比重为 66.3%，比上年同期下降 4.7 个百分点。1~6 月，1.6 升及以下乘用车销售 769.7 万辆，比同期下降 2.6%，占乘用车销量比重为 68.4%，比上年同期下降 3.0 个百分点，如图 31 所示。

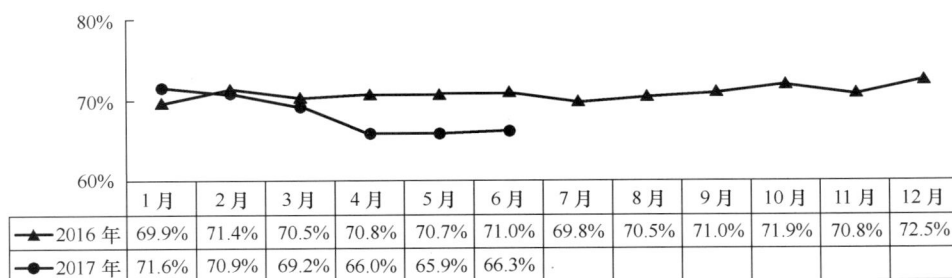

	1 月	2 月	3 月	4 月	5 月	6 月	7 月	8 月	9 月	10 月	11 月	12 月
2016 年	69.9%	71.4%	70.5%	70.8%	70.7%	71.0%	69.8%	70.5%	71.0%	71.9%	70.8%	72.5%
2017 年	71.6%	70.9%	69.2%	66.0%	65.9%	66.3%						

图 31　1.6 升及以下乘用车占乘用车销量比重

（数据来源：历年《中国汽车工业产销快讯》，中国汽车工业协会网站）

当前，1.6 升乘用车购置税退坡带来的消费透支影响已逐渐减弱，下半年市场需求将逐步恢复，预计全年增长曲线呈 V 字走势，加之年底购置税政策退出可能还会导致新一轮的消费透支，因此预计全年将保持增长。但由于 2016 年基

数高，增幅会有明显回落。

（2）中国品牌乘用车市场份额提高

2017 年 1～6 月，中国品牌乘用车共销售 494 万辆，同比增长 4.3%，占乘用车销售总量的 43.9%，占有率同比增长 1.1 个百分点；其中轿车销量 106.4 万辆，同比增长 0.8%，市场份额为 19.7%，同比增长 0.8 个百分点；SUV 销量 270 万辆，同比增长 24.4%，市场份额为 59.6%，同比增长 3.6 个百分点；MPV 销量 85.9 万辆，同比下降 20.8%，市场份额为 85%，同比下降 5.4 个百分点。

（3）小型 MPV 带动 MPV 市场整体下滑

2017 年以来 MPV 出现同比两位数的下降，从产品结构上分析，小型 MPV 大幅下滑，而小型 MPV 占 MPV 总体销量的 80% 左右，因此小型 MPV 市场的急剧下滑带动了 MPV 市场的整体下滑。同时，中、大型 MPV 稳中有升，尤其是 GL8 所处的大型 MPV 市场大幅增长。

（4）韩系车下滑严重

2017 年以来，在乘用车增速下滑的背景下，受萨德事件和中国品牌销量快速提升的影响，韩系车销量大幅下滑，库存也处于历史高位。由于韩系车销量下滑较严重，一度导致其他品牌不能完全弥补，因此也在一定程度上影响了乘用车总体市场的增长。

（5）乘用车全年小幅增长，利润增速下滑

为了保证市场份额，乘用车市场已出现了新一轮的价格战，受此影响，2017 年全年行业利润增速将出现下降。未来，随着供需关系的相互影响不断加深，预计乘用车产销量增速会持续回落，但国内市场购买力依然旺盛，小型 SUV 产品需求增长的动力依然存在，同时 1.6 升乘用车购置税优惠政策年底退出仍将导致新一轮的消费透支，因此 2017 年全年乘用车市场会保持小幅增长，不同企业间由于产品竞争力的差异将出现市场份额和经济指标的进一步分化。

三是商用车产销量环比下降，同比保持较快增长。

2017 年 6 月，商用车产销量比上月分别下降 4.9% 和 1.4%，与上年同期相比分别增长 16.4% 和 18.4%。1～6 月，商用车产销量比上年同期分别增长 13.8% 和 17.4%，高于汽车总体 9.2 和 13.6 个百分点。

分车型产销量情况来看：

1～6 月客车产销分别为 21.87 万辆和 22.04 万辆，同比下降 15.34% 和

13.98%，降幅比上年同期扩大 5.90 个百分点和 4.50 个百分点；

1～6 月货车产销分别为 182.43 万辆和 188.06 万辆，同比增长 18.70%和 22.63%，增幅比上年同期提升 15.12 个百分点和 18.60 个百分点，如图 32 所示。

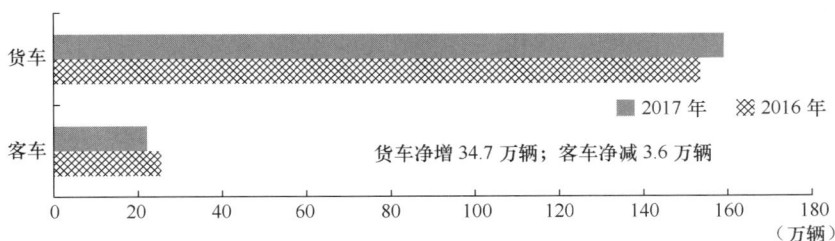

货车分车型销售		单位：万辆	
	2017年1～6月	2016年1～6月	增减
货车总计	188.1	153.4	34.7
中、重卡	70.1	44.8	25.3
轻卡	85.3	77.8	7.5
微卡	32.7	30.8	1.9

客车分车型销售		单位：万辆	
	2017年1～6月	2016年1～6月	增减
客车总计	22.0	25.6	-3.6
大型	2.8	3.4	-0.6
中型	2.6	4.1	-1.5
轻型	16.6	18.2	-1.5

图 32　2016、2017 年 1～6 月商用车分车型销量对比

（数据来源：《中国汽车工业产销快讯》，中国汽车工业协会网站）

在货车主要品种中，重型货车产销分别为 57.14 万辆和 58.37 万辆，同比增长 68.11%和 71.51%，增幅比上年同期提升 53.85 个百分点和 56.35 个百分点；其中，半挂牵引车产销分别为 30.10 万辆和 31.99 万辆，同比增长 76.56%和 91.92%，增幅比上年同期提升 44.29 个百分点和 60.66 个百分点。中型货车产销分别为 11.63 万辆和 11.73 万辆，同比增长 7.35%和 8.68%，增幅比上年同期减缓 8.98 个百分点和 7.29 个百分点；轻型货车产销分别为 84.50 万辆和 85.26 万辆，同比增长 9.36%和 9.66%，结束了上年的下降趋势；微型货车产销分别为 29.16 万辆和 32.70 万辆，产量同比下降 7.73%，销量同比增长 6.25%，增幅比上年同期有所减缓。

四是汽车出口环比、同比均保持较快增长。

2017 年 6 月汽车企业出口 8.1 万辆，比上月增长 14.6%，比上年同期增长 18.8%，同比呈现持续较快增长。

1～6 月，汽车企业出口 39.6 万辆，比上年同期增长 26.2%，增速比 1～5 月略有下降。分车型来看，乘用车出口 27.3 万辆，比上年同期增长 36.5%；商用车出口 12.3 万辆，比上年同期增长 8.1%，如图 33 所示。

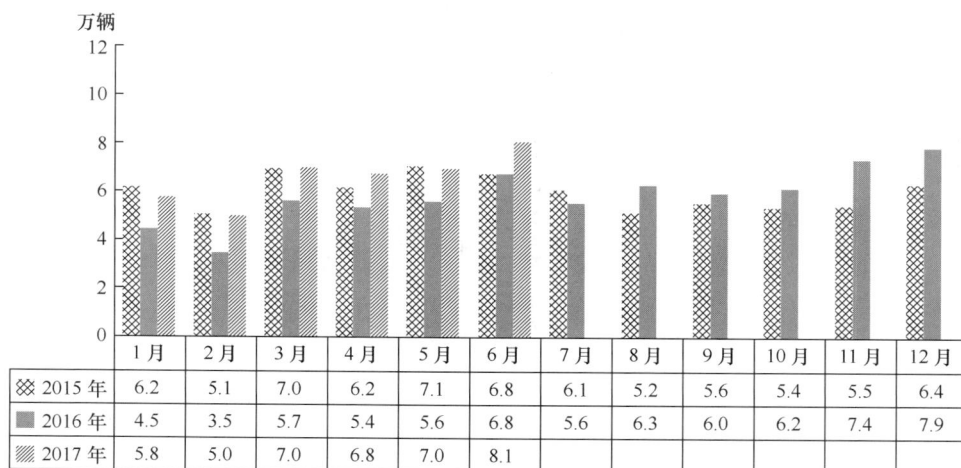

万辆	1 月	2 月	3 月	4 月	5 月	6 月	7 月	8 月	9 月	10 月	11 月	12 月
2015 年	6.2	5.1	7.0	6.2	7.1	6.8	6.1	5.2	5.6	5.4	5.5	6.4
2016 年	4.5	3.5	5.7	5.4	5.6	6.8	5.6	6.3	6.0	6.2	7.4	7.9
2017 年	5.8	5.0	7.0	6.8	7.0	8.1						

图 33　2015 年至 2017 年上半年汽车月度出口量情况

（数据来源：历年《中国汽车工业产销快讯》，中国汽车工业协会网站）

未来出口压力依然较大。2017 年 1～6 月，乘用车出口高速增长，拉动了整体汽车出口增长。乘用车出口中增长贡献度较大的企业既有合资企业（主要为返销美国的产品），也包括部分中国品牌企业，如江淮、东风乘用车、奇瑞、长城。未来，如果美国特朗普政府的贸易壁垒政策落地，或将对合资产品出口造成负面影响。同时，由于国际形势仍然不够稳定，国际经济复苏情况仍不明朗，虽然伴随着国内市场的蓬勃发展，我国汽车产业的综合实力大大提高，但是国际化程度仍然偏低、国际化能力不高，目前还处于从出口贸易向投资建厂转型的时期，因此我国汽车企业"走出去"的压力依然较大。总体出口情况仍需进一步观察。

五是库存有所下降。

2017 年 6 月末汽车企业库存为 132.6 万辆，比月初下降 0.7%。其中，乘用车库存为 111.8 万辆，比月初增长 0.5%；商用车库存为 20.8 万辆，比月初下降 7.2%。

六是行业运行经济指标情况。

2017 年 1～5 月，全国汽车行业 15 783 家规模以上企业主营业务收入和利润总额均保持较快增长。

（1）盈利能力情况

——主营业务收入 35 169.22 亿元，同比增长 12.07%；

——利润总额 2886.62 亿元，同比增长 9.97%；

——销售利润率 8.21%，同比下降 0.15 个百分点；

——净资产收益率 9.69%，同比下降 0.17 个百分点。

（2）运营效率有所下降，应收账款、负债有所增加

——流动资产周转率 2.04 次，同比下降 0.04 个百分点；

——应收账款 11 631.69 亿元，同比增长 14.82%；

——存货周转率 4.17 次，同比下降 0.17 个百分点；

——负债总额 40 764.71 亿元，同比增长 12.80%。

（3）亏损企业数量减少，亏损增加

——亏损企业 2242 家，同比下降 3.36%；

——亏损额 191.43 亿元，同比增长 26.13%。

（二）需要关注的重点问题

自 2010 年以来，汽车行业的资产负债率一直保持相对稳定向下的走势，但行业中确实存在一些问题，这些问题会导致企业占用资金相对较多，生产成本上升，从而增加了企业的经营风险，也加大了企业融资的潜在需求。

一是客车企业的应收账款占比过高。 目前，客车企业应收账款明显增加，加剧了客车行业企业的经营风险，潜在地增加了客车企业的融资需求。主要原因：一方面，受国家对新能源汽车给予补贴政策的影响，新能源客车发展较快，市场占比快速提升。但是，新能源补贴资金获取周期长，严重影响企业正常资金的周转。2016 年年底，新能源补贴政策进行了调整，取消了国家补贴资金预拨，对于 2016 年已经销售的新能源客车，要求运营里程到达 30 000 公里后方可申领补贴，导致企业应收账款周期长达一年以上。同时，部分地方政府由于开展新能源车骗补核查周期较长、实施地方保护或资金短缺等原因对两三年内的新能源车地方补贴迟迟未予清算，也造成了一部分应收账款的积压；据粗略统计，部分新能源客车应收账款（国家补贴和地方补贴）占企业全部应收账款的近 70%。另一方面，多数传统客车购车客户采取分期付款的方式进行车辆采购，这种方式存在着一定的违约风险，也一定程度上增加了企业的资金流动负担。

二是原材料价格不断走高。 2016 年铁矿石全年涨幅达 97.8%，铜、铝涨幅也在 20% 以上，在此情况下，第四季度零部件价格上涨需求加剧，在 2017 年第

一季度集中体现，导致整车材料采购成本上升。此外，新能源专用部件的成本呈下降趋势，但下降幅度达不到国家补贴资金退坡的幅度。

三是融资贵，融资难。从整车企业提供的每百元主营业务收入承担的融资成本情况来看，企业承担的融资成本逐年增加。此外，除外资零部件及国有汽车集团附属（合资）零部件集团外，我国本土零部件企业规模小，利润率低，因此银行信贷、订单质押等对其门槛过高；而民间融资高利息远超制造利润，如果采用民间融资方式易形成恶性循环，会进一步制约汽车零部件企业做大、做强。

四是整车生产企业认证成本依然高。我国重复认证、重复检测问题突出，如公告与 3C、排放检测、交通部道路运输车辆燃油消耗量检测等，企业的产品认证费用没有得到合理控制，15 年间普遍增长 3～5 倍。

五是物流成本高。由于铁路、海运运输效率低导致这部分运输比例偏低，我国商品车 80%以上依靠公路运输，但吨公里成本及单车运输成本均高于日、德，并有超过美国之势，物流成本居高不下。其中，商用车的商品车运输至今仍没有合法、有效的低成本方式，乘用车的商品车运输需求在公路治超、GB 1589—2016 法规限制下也快速上升，进一步加快了运价的提高。

六是人工成本上升。当前，社会平均工资在上涨，同时物价也正上涨，为稳定员工队伍，企业需要不断提高员工的工资水平。同时，伴随着人才市场激烈的竞争，有的企业近 3 年内人工成本增速超过 30%。

三、2017 年全年和 2018 年汽车行业发展态势研判

随着供给侧结构性改革的成效不断显现，经济结构在调整中不断优化，供给质量不断提升，中国经济呈现出总体平稳、稳中有进、稳中向好的发展态势。我国城镇居民可支配收入和农村人均纯收入增速都保持了略高于 GDP 的增长速度，促进了汽车消费。

值得注意的是，2017 年的汽车市场发展环境依旧不稳定，前期购置税优惠政策调整对市场的影响将持续；排放、油耗等标准的频繁升级都对商用车市场产生了较大影响；国外市场恢复的不确定性将影响汽车出口的恢复速度，这些

因素也将导致汽车市场出现不同程度的波动。

综合分析，预计 2017 年全年汽车市场产销量同比增长 5%左右，出口同比增长 5%左右，汽车制造业工业增加值增速为 7%～8%。虽然增速有所下滑，但我国新车市场已从高速增长阶段发展到了中低速增长阶段，预计 2018 年我国汽车工业将继续保持稳中有进的发展态势。

四、促进汽车行业发展和转型升级的对策建议

（一）市场方面的政策建议

1. 长期实施 1.6 升及以下乘用车购置税 7.5%政策

发展节能环保的低排量小型车能有效地缓解资源、环保压力，支持低排量小型节能汽车发展应该上升到国家战略层面。持久、稳定的鼓励政策才能促进汽车行业健康和可持续发展，理由包括：一是可以减少因政策调整带来的市场波动；二是可以引导消费，培养消费者节能环保的消费习惯和理念；三是可以增强政策的导向性，减少企业的投机行为，有效引导企业进行长期规划和布局，研发生产高效能的品类丰富的节能减排产品。

从长远发展考虑，应当对节能、减排的小型车产品在消费环节的税收采取长期的差异性征收。

2. 不再增加新的限购城市

对现有限购城市考虑适当放开上牌数量，以此来提高汽车行业的整体销量。建议对现行的限购城市实施阶段性放松限购，增加 50 万～100 万辆车牌额度。

3. 对全国主要城市国 II 以下排放车辆提供更换补贴

通过财税优惠等手段激发用户提前报废车辆的积极性。同时，应当考虑现阶段国内二手车残值等实际情况，制定合理的补贴标准，保证政策的有效落实。

4. 鼓励皮卡发展相关政策

从寻找新增长点的角度出发，扩大放开皮卡进城试点范围，并探索按乘用车管理皮卡产品。

5. 促进二手车市场发展

应当切实落实《国务院办公厅关于促进二手车便利交易的若干意见》的要

求，取消地方对二手车的限迁政策，真正激活二手车市场，进一步释放新车需求。同时，简化二手车交易程序，优化二手车市场环境。

6. 实施小微企业购车补贴政策

实施小微企业购车补贴政策，支持"万众创新 大众创业"和小微企业发展。

（二）降低企业成本的政策建议

1. 降低制度性交易成本

合并重复征收、重复认证的项目，降低法定税收之外的包括中介服务在内的中间费用，如公告、检测、认证等购买中介机构服务费等。

2. 加快消费环节税收改革

建议消费税的征收环节由生产环节调整为消费环节，由价内税改为价外税，并与购置税合并。同时，通过国家和地方共享税收的方式，改变地方政府只关注投资建厂而不注重汽车市场的现状，调动地方政府在治理交通拥堵问题上的积极性。

3. 降低企业税负

自 2016 年推行营改增等税收改革政策以来，企业税负有所降低，但仍然较重。建议加快财税改革步伐，精简税种，根据企业所在行业的特点，降低税率，减轻企业负担，增强企业活力，增加社会就业率。

4. 降低企业融资成本

政府通过对货币政策和财政政策的调整，促进了实体经济的发展，但企业的资金成本仍处于较高位置。建议有效降低企业融资成本。考虑每年继续给予土地使用税差额返还，降低企业用地成本。

5. 降低物流成本

改善物流业发展环境，大力发展运输新业态，如扩大铁路、海运比例，开放铁、海运民营市场，改革国有运输、仓储机构效率，推广多式联运，加快构建国家交通运输物流公共信息平台，推进跨部门、跨区域、跨国界、跨运输方式物流相关信息互联共享，鼓励企业间运力资源共享，提高运输车辆实载率；健全现代物流标准体系，强化物流标准实施，推动物流业与制造业等产业联动发展，成立商用车运输标准组织，推进合规、合理、高效的运输体制建立。

（三）新能源汽车发展相关政策建议

1. 保持政策的稳定性，建立长效机制

一是汽车是一个大产业，牵一发而动全身，政策调整对整个产业链和产品开发上市的影响比较大，因此，建议保持既有政策的稳定性；二是新能源汽车免征购置税政策和城市公交车运营补贴政策延续到 2025 年；三是对非个人用户 3 万公里的补贴要求和清算机制进行合理调整；四是研究 2020 年以后的政策走向，如购买补贴政策调整为抵扣购买者个税等；五是 2020 年之前大气环境治理重点城市的公交车、出租车全部更换为新能源汽车；六是鉴于燃料电池汽车还处于技术创新、关键零部件开发和产业培育、氢源及供应体系建立阶段，不适宜大面积推广应用，建议限定在 3～5 个有条件、部分治霾重灾区城市进行燃料电池汽车示范应用，并与补贴政策直接挂钩；七是研究分时租赁等共享新能源汽车推广政策，给予运营额度、用地、建桩等政策支持。

2. 继续支持技术创新

一是给予锂电升级工程专项资金的支持；二是支持在国家动力电池创新中心设立燃料电池协同创新分中心，打通燃料电池技术链和产业链；三是支持利用国家动力电池创新中心的平台，与铁塔公司等设立动力电池回收再利用联合中心。

3. 出台鼓励用户购买和使用的政策

一是全面推行新能源汽车使用专用牌照，可使用公交车专用车道，高速公路免费通行；二是研究提高传统燃油汽车使用成本的政策，在油价中增加燃油税比例，增加的燃油税资金专项用于支持新能源汽车创新和充电设施发展；三是制定切实可行的办法，如充电免停车费、禁止燃油车占充电车位等，提升用户的使用体验。

4. 简化准入程序

车型公告目录、免征车购税目录、补贴目录合并审理一并发布，以缩短产品上市周期。

5. 完善新能源汽车管理制度

尽快发布《企业平均燃料消耗量与新能源汽车积分并行管理办法》，以使企业尽早确定产品开发和市场投放计划。

6. 坚决取消地方目录

地方目录制约新能源汽车推广应用的问题一直未能有效解决，应利用行政手段坚决制止。工业和信息化部新能源目录发布后，地方要无条件采用，并且地方补贴与中央补贴要同时兑现，否则，积分管理办法的实施将导致更加严峻的不公平竞争，从而影响积分制度的实施效果。

7. 促进充电设施政策措施落地

加强部门间合作，促进《关于加快居民区电动汽车充电基础设施建设的通知》《关于加快单位内部电动汽车充电基础设施建设的通知》《关于统筹加快推进停车场与充电基础设施一体化建设的通知》等一系列政策措施实施，拟定问题清单，有效解决充电桩进小区、单位内部停车场建桩和有效利用、公共停车场建桩、充电站规划用地、电力接入、核减表等问题；支持研究利用中石油、中石化的加油站建设充电桩的可行性；地方政府要完善促进充电设施发展的体制，出台城市充电设施发展规划并有效实施，贯彻执行充电设施奖补等政策，加大对充电设施运营的补贴，加快建设充电设施城市信息平台，加强对充电设施的监管，促进充电设施建设和提高充电设施的运维服务水平。

（四）完善"走出去"相关政策建议

完善汽车产业"走出去"政策。全面贯彻落实国家"一带一路"倡议，加大金融支持企业"走出去"的力度，引导和推动国际间产能合作。

1. 产业园区建设

以政府引导为基础，在海外重点国家建立中国品牌汽车工业园区，实现中国品牌汽车的多家企业共同入驻，带动中国汽车行业内上下游企业共同"走出去"。

2. 金融支持

联合国内主要银行及金融机构与汽车企业合作，在主要出口国共同设立机构；设立海外出口及生产的专项基金；提高出口信用保险补贴比例。推动国内股权基金和风投资金参与到海外项目投资中来。采取措施减少人民币汇率突发性波动，帮助企业合理规避汇率波动风险；推动人民币的完全可自由兑换进程，增加跨境结算中心，拓宽人民币跨境清算渠道，规避部分市场因美元短缺而采取的外汇管制政策的影响。

3. 改进投资管理

推进境外投资项目逐步由"备案制"向"登记制"过渡；适度放宽"海外工业园区"的门槛要求。

4. 建立信息沟通机制

帮助企业及时获取外贸、出口的相关政策。

（五）发展中国品牌汽车相关政策建议

中国品牌的影响力远落后于国际品牌，这也是中国自主品牌的软肋。建议国家成立专项品牌资金，帮助和支持中国自主品牌的品牌建设，提升中国品牌汽车的竞争力，同时集中重要新闻媒体资源聚焦自主品牌发展，正面宣传，营造适合中国品牌发展的舆论环境。

（中国汽车工业协会　　叶盛基　倪全　王霞）

第七章　纺织行业 2016 年发展回顾与形势展望

2016 年，国际形势复杂多变，国内改革任务繁重，纺织行业积极推进供给侧结构性改革，落实"三品战略"，努力适应国际、国内市场变化，行业运行态势基本平稳，行业发展质量稳步提高，转型升级显现成效。但是，逆全球化风潮渐起、国际需求不足、国内消费升级、综合成本上升等外部挑战仍然存在，行业规模增长指标趋于放缓。2017 年以来，随着全球经济和内外需求的逐步改善，行业运行呈现稳中向好的态势。

一、2016 年纺织行业发展回顾

（一）行业发展概况

2016 年纺织行业运行概况如下。

生产增速有所放缓。2016 年，纺织行业的生产增速呈现逐渐趋缓态势。根据国家统计局的数据，全国 38 480 家规模以上企业工业增加值同比增长 4.9%，低于上年同期增速 1.4 个百分点。主要大类产品产量增速均有所放缓，化纤产量达 4943.7 万吨，同比增长 2.3%；布产量达 714.5 亿米，同比增长 2.7%；服装产量达 314.5 亿件，同比降低 1.6%。具体数据见表 12。

表 12　　　　　　　　　　纺织行业主要大类产品产量情况

产品名称	单位	产量	同比	产品名称	单位	产量	同比
化学纤维	万吨	4943.7	2.3%	蚕丝	万吨	15.8	0.5%
布	亿米	714.5	2.7%	无纺布	万吨	578.4	6.8%
印染布	亿米	533.7	3.3%	服装	亿件	314.5	−1.6%

数据来源：国家统计局。

投资缓慢增长。2016 年全行业 500 万元以上项目投资完成额为 12 838.7 亿元，同比增长 7.8%，增速较上年同期降低 7.2 个百分点。

地区投资结构继续调整。2016 年，中西部地区投资额占全国的 40.8%，所占比重较 2015 年提高 0.9 个百分点。中部 6 省中，江西、河南承接转移后续发展较好，投资增长较快，合计对行业增长贡献率为 25.8%；西部 12 省中，新疆在产业政策利好的带动下，投资同比增长 50%，对行业增长贡献率为 17.3%；东部 10 省投资比重仍保持在 57.3%，山东、广东、河北投资增长较快，合计对行业投资增长贡献率为 44.7%。

出口市场存在压力。 根据中国海关的数据，2016 年行业累计出口纺织品服装 2701.2 亿美元，同比下降 7.2%，降幅较 2015 年加大 2.4 个百分点。其中，出口纺织品 1106.7 亿美元，同比下降 4%，排除价格因素后，出口纺织品数量同比增长 4.5%；出口服装及衣着附件 1594.5 亿美元，同比下降 9.4%，针织服装和化纤制服装降幅较大。出口美元计价格下降明显，若以人民币计价，我国纺织品服装出口同比下降 1.7%。纺织行业参与国际市场竞争的压力仍然突出，2016 年我国出口的纺织品服装在美国、欧盟和日本市场所占比重分别下滑 1.8、2.1 和 2.6 个百分点。

内销增速缓中趋稳。 与投资和出口不振相比，纺织行业内销增长相对稳定，对行业平稳运行发挥了重要的支撑作用。根据国家统计局的数据，2016 年全国限额以上服装鞋帽、针/纺织品零售额达到 14 433 亿元，占限额以上单位商品零售额的 10%。但是受宏观经济放缓、内需升级等因素影响，我国纺织服装商品限额以上零售额同比仅增长 7%，较上年同期放缓 2.8 个百分点。网上零售交易额实现较快增长，但增速也有所放缓，2016 年全国网上穿着类商品零售额同比增长 18.1%，较 2015 年下降 3.3 个百分点，如图 34 所示。

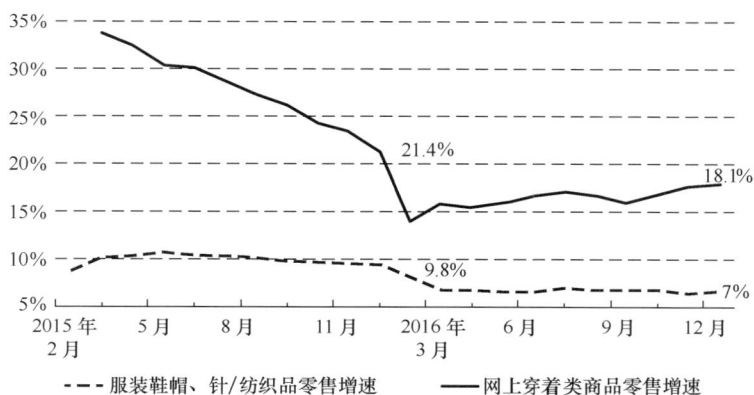

图 34　2015—2016 年纺织行业内销情况（数据来源：国家统计局）

纺织服装商品价格增幅放缓。2016 年，服装鞋帽类商品零售价格同比增长 1.3%，纺织品类商品零售价格同比增长 0.5%，较 2015 年增幅略有下降，而金银珠宝类、中西药品保健类、燃料类、建筑材料及五金电料类商品零售价格增幅较 2015 年均有不同程度的提高，如图 35 所示，从侧面反映出居民的消费结构正在升级，娱乐型、享受型消费需求增长较为显著，纺织品服装类商品需求增长速度有所放缓。

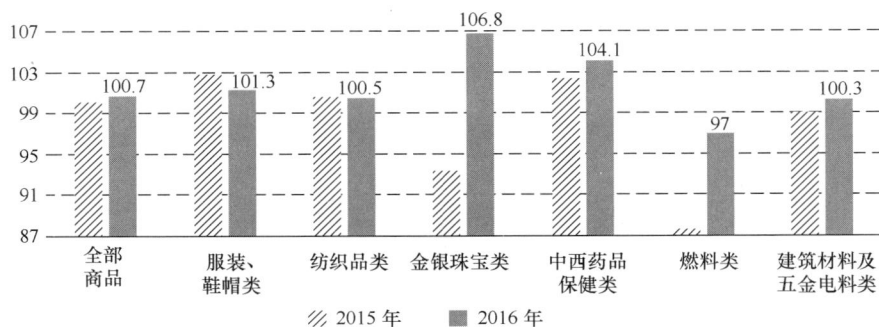

图 35　纺织服装等产品商品零售价格指数（上年同期=100）

（数据来源：国家统计局）

运行质量有所提升。纺织企业效益增长情况相对平稳。2016 年，规模以上纺织企业实现主营业务收入 73 302.3 亿元，同比增长 4.1%，由于市场需求及价格增长缺乏支撑，增速较 2015 年同期放缓 0.9 个百分点。实现利润总额 4003.6 亿元，同比增长 4.5%，增速较 2015 年同期放缓 0.9 个百分点。其中，化纤、家纺和纺机行业利润同比分别增长 19.9%、5.5%和 8.7%，分别较 2015 年提高 4.7、1.7 和 7.4 个百分点，其余行业利润增速较 2015 年都有所下降。

2016 年，规模以上纺织企业销售利润率为 5.5%，较 2015 年同期略有提升；总资产周转率为 1.6 次/年，基本与 2015 年同期持平；产成品周转率为 21.98 次/年，较 2015 年同期加快 4.4%；三费比例为 6.1%，较 2015 年同期下降近 0.1 个百分点；行业企业结构积极调整，虽然亏损企业数同比增加 6.7%，但亏损企业亏损额同比下降 6.7%；资产负债率为 51.3%，较 2015 年下降 0.8 个百分点，反映出行业企业经营风险有所降低。

产业链终端转型升级效果更加显著。2016 年，产业用纺织品行业工业增加值、利润总额同比分别增长 9.1%和 8.3%，销售利润率为 6.2%，均显著高于行业平均水平，继续发挥产业链新增长点作用。服装、家纺行业品质提升与品牌建设工作取得成效，2016 年销售利润率分别达 5.8%和 6.2%，好于全行业水平。

（二）行业发展主要特点

2016 年是行业落实《纺织工业"十三五"规划》的第一年，全行业持续贯彻科技、品牌、人才和可持续战略，推进"三品"的实施，纺织行业发展规模持续扩大，结构不断优化，质量效益逐步提高，数字化等新型制造业业态逐步成形，逐步打造科技、绿色、时尚的纺织产业蓝图。

科技创新水平不断提升。纺织行业围绕科技进步和创新开展丰富的活动。纺机行业共组织科技成果鉴定 15 次，其中 7 项产品的成果被评为国际领先，15 项产品为国际先进；化纤行业继续推进化纤产业战略创新联盟工作，正式启动国家"重点基础材料技术提升与产业化"项目，推动国家生物基材料重大创新发展工程的实施；产业用纺织品行业有 10 多家企业和院校参加了科技部重点研发计划中的"重点基础材料技术提升与产业化"课题，为"十三五"期间实现行业关键共性技术突破打下了坚实的基础。2016 年，纺织行业一项成果获得国家技术发明奖二等奖，3 项成果获得国家科学技术进步奖二等奖。

智能制造深入推广。纺织行业数字化、智能化设备的应用比例不断提高。行业推出了世界首台圆网印花和数码喷墨印花两种工艺无缝连接的全新印花机型；半自动转杯纺纱机最高转速达到 105 000 转/分钟，突破了我国该类高端设备的制造瓶颈；数码喷墨印花机最高喷印精度达到 1800dpi（每英寸喷印点数），图案更加精细；宽幅高速针刺非织造土工布生产线，针刺频率达到 1500 次/分钟，可满足土建工程对宽幅材料的大量需求。环锭纺纱、数字化棉纺成套设备、涤纶和锦纶数字化示范工厂、智能化针织车间、服装智能制造等工程积极推进。服装行业大规模个性化定制迅速发展，红领、报喜鸟、慈星等企业入选工业和信息化部"互联网与工业融合创新试点企业"。

品牌质量建设逐步加快。纺织行业开展全产业链品牌建设工作。化纤行业继续开展纤维流行趋势发布系列活动，发布"中国纤维流行趋势 2016/2017 报告"；棉纺行业继续扩大行业自主品牌的培育力度，截至 2016 年年底共培育了62 个棉纺最具影响力品牌；产业用纺织品行业针对医疗和卫生用纺织品，积极落实"三品"战略，提升品质，打造民族品牌；服装行业，巴拉巴拉、太平鸟等一批企业走在新一轮品牌发展的前沿，晨风、汉帛等制造品牌积极适应柔性化生产要求，成为世界知名服装供应商，一批具有较大规模、较强影响力的服装设计创意示范平台、品牌运营推广机构、品牌咨询培训机构正在成长，一批服装产业集群区域品牌正在发展，2016CHIC、2016 中国服装大奖等品牌活动有效提高了我国服装品牌的影响力。此外，渠道终端调整优化也助力纺织行业品牌建设，2016 年服装家纺网络零售总额为 9850 亿元，同比增长 18.5%，占全国实物商品网络零售总额的 23.5%。线下店铺不断优化调整，线上销售保持高速增长，双双助力品牌建设。

质量是品牌的基石，截至 2016 年，纺织行业开展质量管理工作和信得过班组工作已经有 38 个年头，2016 年企业在质量控制（Quality Control）小组和班组项目方面总投入约 1200 万元，产出则达到近 1.61 亿元，投入产出比达到近13.5 倍。2012 年开始设立全国纺织行业质量奖和实施卓越绩效模式先进企业奖，5 年来共有 50 家企业获得全国纺织行业质量奖。

全面推行责任发展。中国纺织工业联合会提供的数据表明，2012—2016年，纺织工业万元工业增加值用水量下降约 20%，印染行业单位产品水耗下降 28%，由 2.5 吨/百米下降到 1.8 吨/百米以下；水的重复利用率由 15%提高到 30%以上，印染行业淘汰落后产能 116 亿米，累计节水 2.3 亿吨，减少废水排放 3.6 亿吨。

纺织行业在节能减排、污染防治方面下大力气。首先是严格的行业准入制度，自《纺织染整工业水污染物排放标准》（GB 4287—2012）发布实施以来，一大批不达标企业被限产停产整顿，印染产业集聚提升趋势明显。截至2016 年年底，达到行业准入要求的共有 440 家纺织印染企业、20 家粘胶企业、28 家再生化学纤维（涤纶）企业。其次是大力推广节能减排先进适用技术，印染行业从 2006 年开始已经发布了 10 批共计 272 项节能减排先进技术，包括在线检测、短流程前处理、小浴比染色、信息化管理和水回用等技术，数码喷墨印花在设备速度、分辨率和墨水等方面得到快速发展，少污泥生物处理、超滤/反渗透等废水处理技术得到推广应用，三级计量管理、化学品管控、ERP 系统等智能精细化管理进一步落实，大大提升了产品质量和生产效率。

二、2017 年上半年纺织行业运行态势分析

（一）行业运行状况和主要特点

1. 生产维持低速增长

2017 年以来，纺织行业工业增加值增速与其他工业门类相比较低，但呈现稳中有升态势。根据国家统计局的数据，1～6 月纺织工业规模以上企业工业增加值同比增长 5.3%，低于上年同期增速 1.2 个百分点。其中，纺织业中的化纤织造及印染精加工和非家用纺织制成品制造业增速放缓较大，分别放缓 15.1 和 6.9 个百分点，主要是由于上游化纤价格涨幅较大，涤纶 FDY 和锦纶 FDY 价格较上年同期分别增长 40% 和 30%，且呈上行趋势，而纺织终端产品价格涨幅较小挤压行业利润所致。

主要大类产品产量中，化纤、纱和布产量有所放缓，1～6 月规模以上企业产量分别同比增长 4.8%、5.1% 和 4.5%，增速分别较上年同期放缓 3.6、1.5 和 2.5 个百分点。服装产量增长有所加快，1～6 月规模以上企业服装产量同比增长 1.9%，增速较上年同期加快 1.2 个百分点。

2. 投资增速有所加快

2017 年 1～6 月，纺织行业 500 万元以上项目投资完成额为 6130.1 亿元，同比增长 9.1%，增速较上年同期提高 2 个百分点，自 2017 年以来呈逐步回升态势。

从产业链角度来看，非家用制造、服装服饰和化纤行业投资信心较强，1～6 月投资额分别增长 18.1%、9.8% 和 20.3%，较上年同期分别加快 15.1、7.6 和 21 个百分点。但是，占行业投资 50% 的纺织业投资增速仅为 7.2%，较上年同期下降 5.7 个百分点，其中家纺行业投资连续 12 个月负增长。

区域布局调整继续推进，东、中、西部地区 2017 年 1～6 月固定资产投资完成额分别同比增长 7.9%、11% 和 9.8%，除中部地区投资增速较上年同期扩大 8.8 个百分点，回升至 2 位数的增长水平外，东部和西部地区投资额增速分别较上年同期放缓 1.2 和 21.6 个百分点。新疆地区随着基数的扩大，1～6 月实现投资额同比增长 49.3%，增速较上年同期大幅下降 81.1 个百分点，但仍是西部地

区投资增量的 1.5 倍。

3. 市场压力有所缓解

2017 年以来，纺织行业出口呈现企稳回升态势。据中国海关快报数据，1～6 月我国累计出口纺织品服装 1240.5 亿美元，同比增长 2.1%。其中，纺织纱线、织物及制品出口同比增长 3.1%，服装及衣着附件出口同比增长 1.4%。出口价格下降显著，若以人民币计价，1～6 月我国出口纺织品服装同比增长 8.3%。国际需求初现回暖迹象，1～6 月，美国和日本进口纺织品服装降幅分别较上年同期收窄 4.4 和 11.9 个百分点；欧盟进口纺织品服装欧元计同比增长 1.7%，较上年同期加快 1.7 个百分点。从市场结构来看，"一带一路"沿线国家占我国纺织品服装出口的 34.6%，同比提高 0.9 个百分点；对非洲出口纺织品服装增速达 4.1%，规模与日本大致相当。

纺织品服装内销增速有所加快。根据国家统计局的数据，2017 年 1～6 月，全国限额以上服装鞋帽、针/纺织品零售额同比增长 7.3%，较上年同期加快 0.3 个百分点。网上零售增速有所加快，2017 年 1～6 月，全国网上穿着类商品零售额同比增长 20.8%，较上年同期加快 3.9 个百分点。

4. 运行质效明显改善

纺织企业效益稳中趋好。2017 年 1～6 月，规模以上纺织企业实现主营业务收入 36 609.2 亿元，同比增长 9.6%，增速较上年同期提高 5 个百分点。实现利润总额 1880.3 亿元，同比增长 11.6%，增速较上年同期提高 5.3 个百分点。

纺织行业经济运行质量稳步提高。2017 年 1～6 月，规模以上纺织企业销售利润率为 5.1%，与上年同期持平；产成品周转率为 21.82 次/年，较上年同期加快 5.4%；总资产周转率为 1.61 次/年，较上年同期加快 2.7%；三费比例为 6%，较上年同期下降 0.1 个百分点。

（二）需要关注的重点问题

1. 企业综合成本负担较重

国家出台了很多减税降费的政策，但是我国纺织企业的综合成本负担仍然很重。

生产要素成本方面，我国电价是越南、美国等国家的近 2 倍；实施"煤改气"之后，部分印染企业的燃料动力总成本提高到原来的 2 倍左右；国内棉价长期高于国际市场，内外价差为 1000～2000 元/吨；成本压力加大造成纺织企业在国内投资的积极性下降，部分企业将新增投资转向海外。融资成本方面，融资难、融资贵问题始终未能有效解决。银行惜贷、利息上浮、收取贷款服务费、要求定期转贷等问题仍然存在。2017 年 1～6 月，纺织行业除贷款利息以外的财务费用同比增加 17.5%。税负负担依然较重，行业企业普遍反映"营改增"后受益有限，部分零售和研发设计企业税负甚至有所增加。物流成本增加较快，纺织行业物流成本持续增加，高于工业平均水平。

2. 环保监管措施有待完善

有些地方的环保部门为完成减排任务，不允许印染项目进行环评，或者设置过于烦琐的环评手续，致使企业无法进行技术、装备升级投资。我国印染废水排放标准对苯胺、锑、可吸附有机卤素等非特征性污染物设置严格的限制标准，而美、欧、日等发达国家对此均不做强制要求，行业企业需要进一步消化由此带来的资金和技术成本。环保督察工作使得东南地区沿海五省的印染企业关停限产，对稳定生产产生不利影响。

3. 纺织品服装零售价格增幅较小

内需市场消费结构升级特点显著，金银珠宝类、中西药品类等商品零售价格增长较快，而纺织品服装内销商品零售价格增长较慢，较低的价格增幅反映出供求关系有待改善，也不利于支撑纺织行业利润和内销金额的较快增长。2017 年上半年，衣着类居民消费价格同比增长 1.3%，低于同期社会平均水平 0.1 个百分点，低于医疗保健类商品消费价格增速 4.1 个百分点。由于纺织品服装尚未进入消费改善领域，上半年人均衣着消费支出占居民消费支出的 7.6%，低于上年同期 0.3 个百分点，同期教育文化娱乐、医疗保健等领域占比增加。

三、2017 年和 2018 年上半年纺织行业发展态势研判

（一）2017 年发展态势研判

从国际市场需求来看，全球经济复苏势头有所加快，世界贸易增速也有所

提高，能够为行业出口增速继续提高提供积极的支撑。从市场结构来看，美、日、欧三大传统市场增长空间有限；"一带一路"沿线国家随着经济面改善，消费需求将会持续向好；非洲市场随着经济增速提高，行业对非洲市场出口增速将继续提高。

从国内来看，GDP 增速已经连续 8 个季度保持在合理区间，制造业 PMI 处于扩张区间，居民可支配收入加快增长，均将支撑内需稳步增长。如果纺织品服装能够进入消费改善领域，进一步提高产品附加值，则限额以上单位服装针/纺织品的零售增速应与限额以上商品零售增速保持一致，网上穿着类商品仍将加快增长。

整体来看，2017 年纺织行业有望保持稳中向好的运行态势，但是环保与成本压力依然突出，国际市场逆全球化风险依然存在，纺织行业仍需加快推进供给侧结构性改革，缓解发展压力，实现行业有质量的增长。

（二）2018 年上半年发展态势展望

作为消费品行业，纺织行业的发展与全球经济和世界贸易的增长息息相关。从国内外两个市场来看，行业具备持续健康发展的前提。

根据国际货币基金组织和世界银行的预测，2018 年世界经济将实现 3.6% 和 2.9% 的增长，较 2017 年经济增速分别提高 0.1 和 0.2 个百分点，持续复苏的宏观经济和随之改善的消费需求将为纺织行业市场销售提供积极的支撑。发达国家终端产品消费突出，将拉动服装产品出口增长，东南亚等国家随着纺织服装产能提高，将拉动面料等中间产品出口增长。出口市场中，"一带一路"沿线国家随着经贸关系的日益紧密和基础设施的日渐完善，对我国纺织品服装出口的支撑作用会日益突出。我国纺织行业产能的跨国布局在非洲逐渐增多，投资关系的紧密将带动经贸关系更加畅通，对非洲的纺织品服装出口将较快增长。我国宏观经济的稳中向好及居民收入的稳步增加将为纺织品服装内需提供良好的条件，随着消费观念的提升，衣着类商品的消费数量仍将稳定增长，网络渠道的行业内销仍将较快增长。

在市场动力的支撑下，2018 年上半年，纺织行业有望保持稳定增长，随着供给侧结构性改革的推进，行业质效指标将保持稳中向好的态势。

四、促进纺织行业发展和转型升级的对策建议

（一）科技进步引领创新发展

科技是引领行业未来发展的第一动力，是行业转型升级必须打造的战略制高点。行业将加快实施《纺织工业"十三五"科技进步纲要》，加强新型纤维材料设计与制备、绿色纺织染加工、智能制造与两化深度融合等重点领域的基础理论与前沿技术研究；大力推进高性能、功能性、多元化、生态纤维材料，高效、低碳、安全、环保绿色制造技术，高性能产业用纺织品加工技术，智能化纺织装备、生产及管理等重大关键共性技术研发；加快国家级工程研究中心、重点实验室、企业技术中心等主体及各种创新联盟建设，优化完善协同创新体系；强化强制性标准，制定通用性终端消费品标准，加强国际标准化工作，加强标准支撑体系建设。

（二）智能制造实现精益发展

智能制造是中国制造业转型升级的重点方向，纺织行业将与大数据、控制系统、传感系统、物联网深度融合，形成较为成熟的智能制造体系。推广已经实现的纺纱、印染、化纤和服装智能制造应用技术；加强自动化、数字化、智能化纺织装备开发，推进智慧决策、自动执行系统的开发和应用，推进智能化生产线的研发；推进智能工厂建设，推动信息化技术在纺织生产、研发、管理、仓储、物流等各环节的广泛运用；培育发展大规模个性化定制，实现远程测量、消费者与生产端直接交互的产业链协同供应平台。

（三）"三品"战略实现优质发展

"三品"战略是积极适应内需消费升级和巩固国际竞争优势的有效途径。品种、品质和品牌分别是供给侧改革的基石、支柱和利刃，纺织行业将优化产品供给结构，充分挖掘消费热点和需求盲点，扩大中高端纺织服装产品供给；开发适应养老、运动休闲需求的功能性纺织品；加快开发推广医疗、环保、应急防护等产业用纺织品。提升质量保障能力，树立质量为先的经营理念，加强从

原料采购到生产销售全流程的质量管控，推进质量追溯体系和测量管理体系建设，提高企业的质量保证能力和产品消费安全；提高第三方检测实验室的技术水平，广泛普及 ISO 9001 质量管理体系认证及其他先进质量管理体系和管理经验。大力推进品牌建设，引导企业加强品牌战略管理，明确品牌定位，促进品牌与文化创意产业、高新技术产业融合，提高品牌的产品附加值和性价比。

（四）绿色循环实现责任发展

绿色循环是实现可持续发展的有效途径。纺织行业将加强纺织绿色制造基础管理，推进纺织行业绿色制造、绿色产品标准体系建设，适时制修订重点产品能耗、水耗及重点行业污染物排放标准，进一步完善纺织清洁生产评价体系；建设废旧纺织品回收和再利用体系。开发推广先进的绿色制造技术，推广先进的无水少水加工技术和装备，推动水效对标达标，大幅降低单位产品取水量；支持重点用能企业建立能源管控中心，加快变频电机、节能空调、锦纶熔体直纺、再生丙纶直纺等短流程技术的推广应用；推广废水、废气中的热能、水资源、染料、化学品、原材料的回收循环利用技术；加强有毒有害化学品替代技术开发，建立纺织化学品风险管控机制。

（五）文化融合实现时尚发展

时尚发展是美化人民生活、提高生活质量的重要方面。研究消费者的审美和潜在需求，将非物质文化遗产等元素融入产品设计中，体现纺织服装产业的文化底蕴和文化自信，做好生产性保护。研究发布从色彩、纤维、面料到终端产品的流行趋势，打造全产业链的"大时尚"，引领新潮流。积极探索将传统纺织与文化创意相结合，拓展开发出文化产品、高端装饰品及艺术品等创新领域，以创意设计、时尚推广、品牌建设为重心系统打造行业竞争新优势。

（中国纺织工业联合会　　张倩）

第八章　轻工行业 2016 年发展回顾与形势展望

一、2016 年轻工行业发展回顾

（一）行业发展概况和主要特点

2016 年，轻工行业积极贯彻党中央、国务院关于"促进消费品工业升级，发挥消费对经济发展和产业转型的关键作用""围绕消费者多样化需求，推动消费品工业增品种、提品质、创品牌"等一系列战略部署，坚持以消费升级为导向，以创新发展为驱动，积极落实供给侧结构性改革举措，主动适应共享经济等新业态、新模式，通过发展"互联网+"传统产业及智能制造等举措，着力推动轻工业提质增效。轻工业经济运行总体平稳、稳中有进，实现了"十三五"发展的良好开局，为国民经济稳定增长和全面建成小康社会做出了重要贡献。

1. 轻工行业发展概况

2016 年轻工行业全部工业企业 75 万个，其中规模以上轻工企业 112 042 个。轻工行业全部工业企业累计实现主营业务收入 30.2 万亿元，其中规模以上工业企业累计实现主营业务收入 24.7 万亿元，比上年增长 6.35%。

轻工行业全部工业企业累计实现利润 2.1 万亿元，其中规模以上工业企业累计实现利润 1.6 万亿元，比上年增长 7.64%。

轻工行业进出口贸易总额为 6792 亿美元，比上年下降 6.59%。其中，出口总额 5512.65 亿美元，比上年下降 7.85%；进口总额 1279.35 亿美元，比上年下降 0.75%；轻工行业贸易顺差 4233.3 亿美元。

2. 轻工业占全国工业比重

2016 年轻工行业规模以上工业企业数占全国工业的 29.6%，所占比重比 2015 年上升了 0.6 个百分点。

主营业务收入占全国工业的 21.4%，居全国主要工业行业首位，比重较 2015 年提高了 0.4 个百分点。

利润总额占全国工业的 23.5%，仅低于机械行业，居全国主要工业行业第二位，比重与 2015 年基本持平。

资产总额占全国工业的 15.1%，比 2015 年提高了 0.1 个百分点。

轻工业在全国工业中的占比和效益进一步提升，结构调整初见成效，地位更加突出。

全国轻工行业出口总额占全国出口总额的 26.3%，在国民经济各行业中位居首位，所占比重与 2015 年基本持平，轻工业实现贸易顺差占全国贸易顺差的 83%。

2016 年轻工行业各项主要指标占全国工业比重情况如图 36 所示。

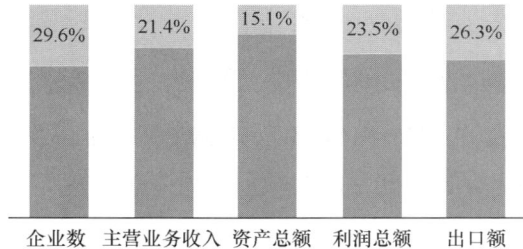

注：图中出口比重为轻工商品出口额占全国商品出口总额的比重

图 36 2016 年轻工行业主要指标占全国的比重情况

（数据来源：根据国家统计局、海关总署统计数据计算）

3. 轻工六大行业类别运行走势

轻工行业门类广，产业关联度低。中国轻工业联合会根据轻工产品的属性，将轻工 20 个大类、67 个中类、193 个小类行业分为"**快速消费品、日用消费品、耐用消费品、文体休闲用品、原料产品、轻工机械装备**"六大类别。

2016 年，快速消费品、日用消费品、耐用消费品三大类的主营业务收入合计占轻工行业总计的 81.3%。文体休闲用品、原料产品和轻工机械装备占比相对较小，分别为 11.7%、5.7%、1.3%，如图 37 所示。

2016 年，原料产品和日用消费品主营业务收入增速与上年基本持平，其他四大类别主营业务收入增速比上年均有不同程度的回升，其中，耐用消费品主营业务收入增速提高 3.24 个百分点、轻工机械装备制造增速提高 3.02 个百分点、快速消费品增速提高 2.03 个百分点、文体休闲用品增速提高 1.88 个百分点。

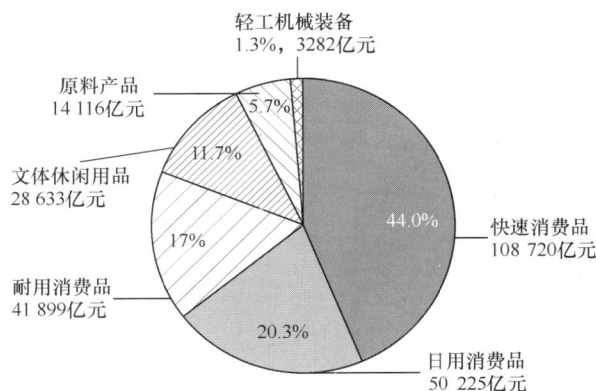

图 37　2016 年轻工六大行业主营业务收入占比情况

（数据来源：国家统计局）

　　2016 年，快速消费品、日用消费品、耐用消费品三大类的利润合计占轻工行业总计的 82.3%，见表 13。

表 13　　　　　　　　2016 年轻工六大行业主营业务收入及利润完成情况

行 业 名 称	主营业务收入（亿元）	比重	同比增长	利润（亿元）	比重	同比增长
轻工业合计	**246 876.3**	**100.0%**	**6.35%**	**16 140.4**	**100.00%**	**7.64%**
其中：快速消费品	108 720.2	44.0%	6.57%	7105.2	44.0%	6.07%
日用消费品	50 225.1	20.3%	6.21%	3252.5	20.2%	3.88%
耐用消费品	41 899.3	17.0%	7.20%	2929.0	18.1%	15.77%
文体休闲用品	28 633.4	11.7%	5.49%	1681.7	10.4%	12.46%
原料产品	14 116.0	5.7%	3.93%	933.1	5.8%	1.47%
轻工机械装备	3282.2	1.3%	8.59%	238.9	1.5%	8.24%

数据来源：国家统计局。

4. 行业发展对比

　　2016 年，农副食品加工、食品制造、塑料制品、文体及工美、皮革羽绒及制鞋、造纸、家电、酿酒、金属制品、家具等行业规模以上工业企业主营业务收入位居前列。其中，农副食品加工业主营业务收入 6.9 万亿元，占轻工行业总计的 27.9%；食品制造业主营业务收入 2.4 万亿元，占轻工行业总计的 9.6%；塑料制品业主营业务收入 2.3 万亿元，占轻工行业总计的 9.3%，主要轻工行业主营业务收入比重情况如图 38 所示。

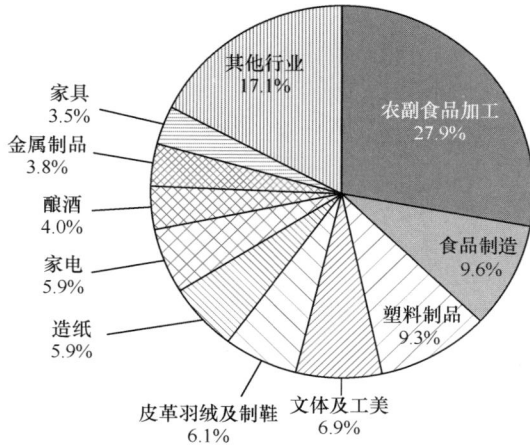

图 38　2016 年主要轻工行业主营业务收入比重情况

（数据来源：国家统计局）

2016 年，农副食品加工、食品制造、塑料制品、家电、酿酒、文体及工美、皮革羽绒及制鞋、造纸、金属制品、饮料等行业规模以上工业企业利润总额位居前列。其中，农副食品加工业利润总额 3422.8 亿元，占轻工行业总计的 21.2%；食品制造业利润总额 2000.7 亿元，占轻工行业总计的 12.4%；塑料制品业利润总额 1398.6 亿元，占轻工行业总计的 8.7%。主要轻工行业利润总额比重情况如图 39 所示。

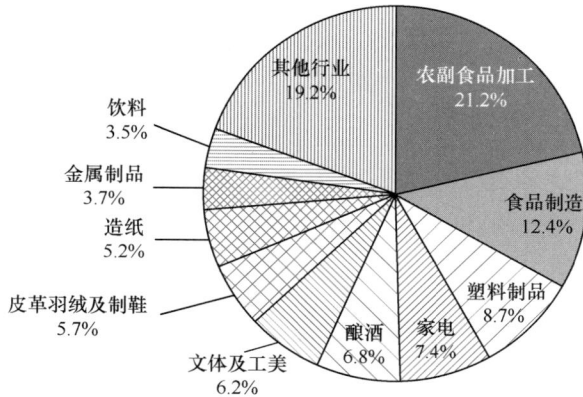

图 39　2016 年主要轻工行业利润总额比重情况（数据来源：国家统计局）

5. 主营业务收入利润率

2016 年轻工行业主营业务收入利润率为 6.54%，较上年增长 0.09 个百分点。轻工主要行业主营业务收入利润率情况如图 40 所示。

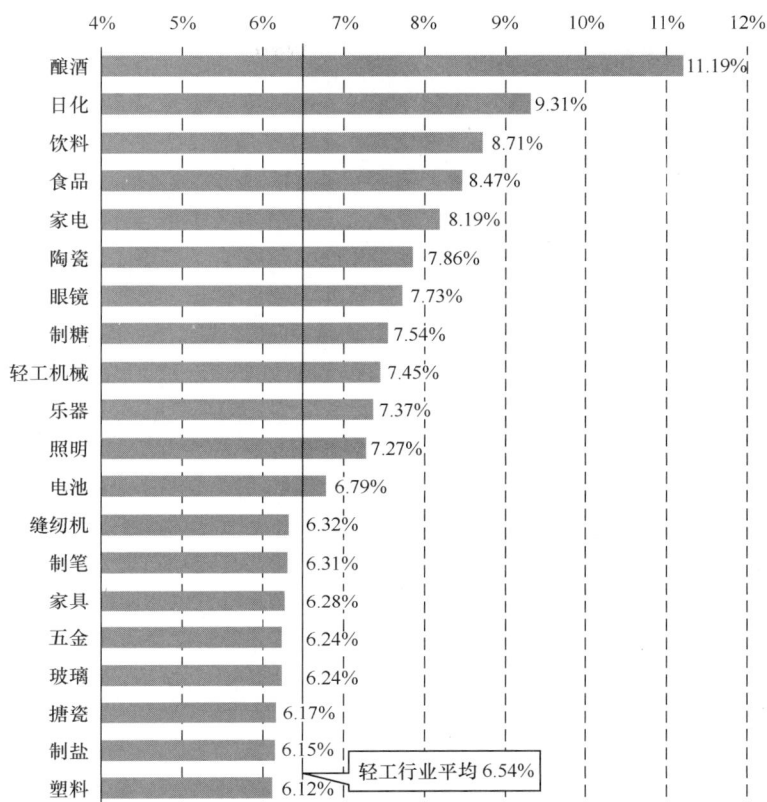

图 40　2016 年轻工主要行业主营业务收入利润率对比情况（数据来源：国家统计局）

主要轻工行业中，酿酒、日化、饮料、食品、家电、陶瓷、眼镜等行业主营业务收入利润率较高，其中：酿酒行业利润率达到 11.19%，为主要轻工行业最高值。

塑料、制盐、玻璃、五金、家具等行业主营业务收入利润率低于轻工行业均值。

6. 内外市场变化

2016 年，外部市场需求复苏乏力，外需市场份额继续下降。轻工行业规模以上企业完成出口交货值 2.8 万亿元，仅增长 2.7%。在国家一系列鼓励消费的政策推动下，轻工企业积极拓展国内市场，内销市场比重为 88.7%，比上年扩大 0.4 个百分点。内需消费市场对行业的拉动作用成效显著，如图 41 所示。

7. 对外贸易

据海关统计数据，2016 年我国轻工商品出口 5512.65 亿美元，同比下降

7.85%，轻工业出口已连续 17 个月出现负增长，外需市场低迷、出口持续负增长成为轻工业面临的巨大困难。

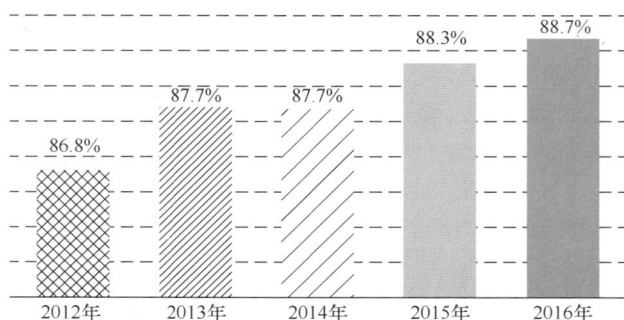

图 41　2012—2016 年轻工产品国内销售市场份额变化情况（数据来源：国家统计局）

　　轻工商品出口额占全国外贸出口总额的 26.28%，与 2015 年持平。轻工行业在我国对外贸易中依然占有重要的地位。
　　我国轻工商品出口主要集中在美国、中国香港地区、日本、英国、德国、韩国、荷兰、澳大利亚、俄罗斯、越南等国家和地区。其中，2016 年对美国出口额 1289.67 亿美元，同比下降 7.81%；对香港地区出口额 413.26 亿美元，同比下降 12.46%；对日本出口额 355.92 亿美元，同比下降 2.34%；对这 3 个国家（地区）的出口额占出口总额的 37.35%，如图 42 所示。

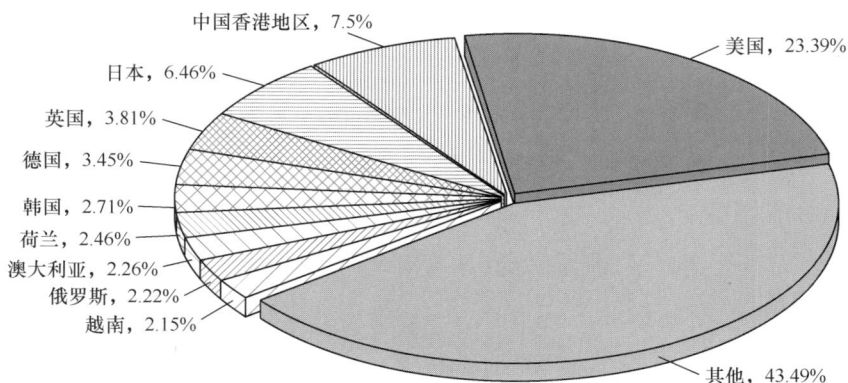

图 42　2016 年轻工行业对主要贸易国出口额占比（数据来源：海关总署）

　　美国、欧盟仍是我国轻工商品的主要出口市场，2016 年对美、欧出口占出口总额的 42.3%，与 2015 年相比，对美国出口比重增加了 0.1 个百分点，对欧盟出口比重增加了 0.6 个百分点。对东盟出口比重平稳增加，而对港澳自贸区出口比重继续减少，如图 43 地区。但对部分"一带一路"沿线国家出口增长，表明"一带一路"沿线国家是具有重要发展前景的市场。

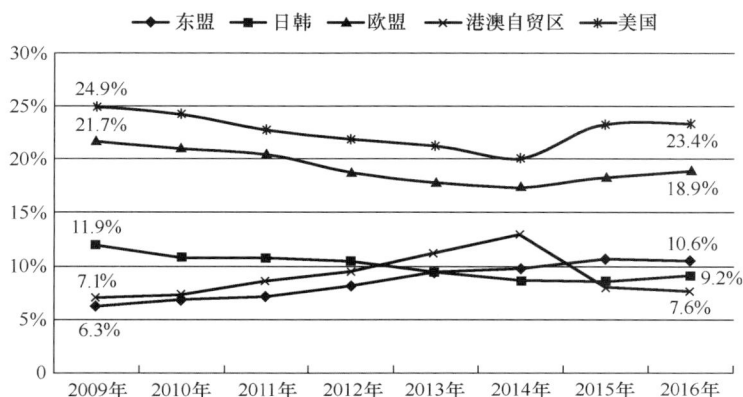

图 43 2009—2016 年轻工行业对主要贸易组织（国、地区）出口额比重变化情况

（数据来源：海关总署）

按出口额排序前十位的行业分别为：皮革毛皮制品及鞋类制品、塑料制品、家用电器、文教体育用品、家具、照明器具、金属制轻工行业相关产品、农副食品加工品、工艺美术品和日化用品。上述 10 个行业的出口额合计占轻工行业出口总额的 82.6%。

其中，皮革、毛皮制品及鞋类制品出口 787.42 亿美元，同比下降 11.09%；塑料制品出口 577.25 亿美元，同比下降 5.46%；家用电器出口 552.15 亿美元，与上年持平；文教体育用品出口 505.75 亿美元，同比增长 2.57%；家具出口 491.89 美元，同比下降 9.38%。

8. 固定资产投资

良好的盈利能力吸引资本持续投入轻工行业，2016 年主要轻工行业投资均保持正增长。除造纸、农副食品加工和食品制造业外，其他轻工行业固定资产投资增速较上年均有所放缓。

除酒、饮料和精制茶制造业外，其他九大轻工行业固定资产投资增速均超过制造业平均水平，见表 14。这 9 个行业投资总额超过 5 万亿元，为行业稳定增长提供了有效保障。

155

表 14   2016 年主要轻工行业固定资产投资完成情况

行 业 名 称	2016 年		2015 年	
	投资额（亿元）	增速	投资额（亿元）	增速
全国总计	**596 501**	**8.1%**	**551 590**	**10.0%**
其中：制造业合计	**187 836**	**4.2%**	**180 365**	**8.1%**
农副食品加工业	11 786	9.5%	10 761	7.7%
食品制造业	5825	14.5%	5089	14.4%
酒、饮料和精制茶制造业	4106	0.4%	4090	4.4%
金属制品业*	10 111	6.5%	6531	10.1%
橡胶和塑料制品业*	7015	7.4%	6531	10.1%
木材加工及木、竹、藤、棕、草制品业	4308	4.6%	4117	19.3%
造纸和纸制品业	3091	9.9%	2813	0.4%
家具制造业	3068	6.4%	2882	17.7%
皮革、毛皮、羽毛及其制品和制鞋业	2306	6.6%	2164	10.0%
文教、工美、体育和娱乐用品制造业	2642	13.5%	2328	29.7%

注：数据来源为国家统计局网站，标注"*"号的行业包括部分轻工行业数据。

（二）存在的主要问题

1. 原材料成本持续上涨，挤压利润空间

近年来，原材料成本不断上涨，给轻工行业发展形成了较大的阻力。2017 年 1～6 月，工业生产者出厂价格中原材料价格同比上涨 12.9%，而轻工产品的出厂价格保持不变或涨幅有限和滞后，具体数据见表 15。如 6 月耐用消费品价格同比涨幅仅为 0.1%，环比下降 0.2%，1～6 月，耐用消费品出厂价格同比下降 0.2%。上游原材料成本大幅上涨，轻工产品出厂价格不升反降，挤压了企业的利润空间，给企业发展带来了较大的挑战。

表 15   2017 年 6 月工业生产者价格主要数据

	2017 年 6 月		2017 年上半年同比涨跌幅
	环比涨跌幅	同比涨跌幅	
一、工业生产者出厂价格	−0.2%	5.5%	6.6%
生产资料	−0.2%	7.3%	8.8%
原材料	−0.7%	10%	12.9%
生活资料	−0.1%	0.5%	0.7%

续表

	2017 年 6 月		2017 年上半年同比涨跌幅
	环比涨跌幅	同比涨跌幅	
食品	−0.2%	0.1%	0.7%
一般日用品	0	1%	1.3%
耐用消费品	−0.2%	0.1%	−0.2%
二、工业生产者购进价格	−0.4%	7.3%	8.7%
木材及纸浆类	0.3%	5.3%	4.4%
农副产品类	−0.4%	0.6%	2%
三、工业生产者主要行业出厂价格			
农副食品加工业	−0.5%	−0.4%	1.2%
食品制造业	−0.1%	1.3%	1.1%
酒、饮料和精制茶制造业	−0.1%	0.1%	−0.3%
木材加工和木、竹、藤、棕、草制品业	−0.1%	0.4%	0.4%
造纸和纸制品业	0.9%	7.5%	6.5%
橡胶和塑料制品业	−0.3%	2.6%	2.3%

数据来源：国家统计局。

2. 行业招工难，缺乏中高端人才

轻工行业普遍面临招工难困境，特别是难以吸引青年技工；员工流动率较大，导致企业的生产稳定性和产品品质控制等易受影响；企业普遍缺乏中高端的科研人员、项目经营骨干，致使行业很多骨干企业有很好的发展战略和发展规划，但苦于没有合适的人才来支撑，只能延缓发展步伐。此外，由于专业技术人才结构不合理，一线"高级技工"短缺。

3. 中小企业创新难、融资难

轻工行业中小企业所占比重较大，推动中小企业走上创新和差异化发展之路，有利于减少同质化竞争，激发行业发展新动能。目前轻工行业中小企业普遍具有较强的创新意愿，但缺乏创新资金和相关研发装备，创新活动受到各种因素的制约。且中小企业普遍存在融资难、融资贵的现象。有的银行对中小企业贷款只收不贷，企业维持正常经营面临巨大困难。

4. 知识产权保护不力，假冒伪劣产品扰乱市场

由于我国的知识产权保护存在维权时间长、成本高等现象，导致行业侵权现象频繁发生。行业知名品牌备受假冒、仿冒产品困扰，需要投入大量精力用

于市场打假，维权成本高，见效慢，严重影响品牌企业市场和声誉。假冒伪劣产品束缚了企业的创新动力，阻碍了行业转型升级的进程。

二、2017 年上半年轻工行业运行态势分析及全年研判

（一）行业运行状况和主要特点

2017 年上半年，轻工行业继续保持稳中向好的发展态势，运行质量效益进一步提升，表现为工业增加值平稳较快增长、生产经营延续良好态势、中轻景气指数重返稳定区间并创年内新高、内需市场对行业发展形成稳固支撑，轻工行业出口快速回升，拉动行业保持较快增长。但受上游原材料涨价及轻工行业投资表现分化等因素影响，全年发展压力依然较大。

1. 工业增加值保持平稳较快增长

2017 年以来轻工行业工业增加值呈现较快增长态势，轻工行业增加值增速高于同期制造业及规模以上工业增速。1～6 月，轻工行业工业增加值累计增速8.8%，高于全国工业 1.9 个百分点，增速比 1～5 月提高 0.2 个百分点，比 2016年同期提高 2.2 个百分点，如图 44 所示。

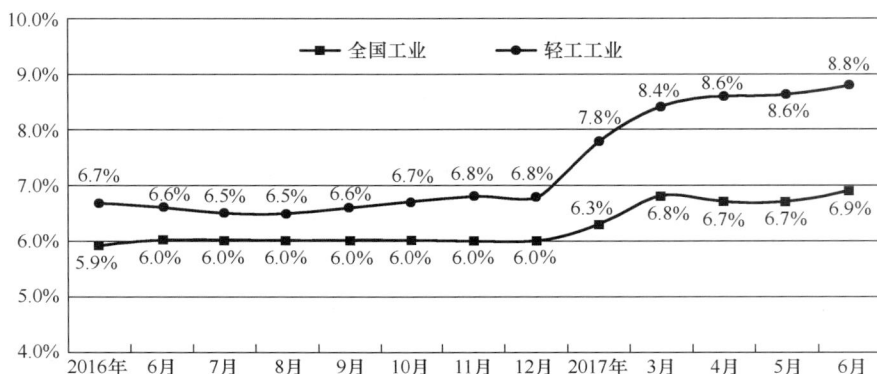

图 44　2016—2017 年轻工行业工业增加值累计增速与全国工业对比情况

（数据来源：国家统计局）

2017 年 6 月，轻工行业增加值增速 9.5%，比 5 月提高 0.9 个百分点。

2017 年 1～6 月，轻工机械、电池制造、自行车、玻璃/陶瓷制品、家用电

器、家具行业累计增速较高,分别增长 32.5%、24.5%、15.9%、13.5%、11.7%、10.5%,见表16。

表16　　　　　　　　　2017 年部分行业工业增加值增速情况

行 业 名 称	2017 年 6 月增速	2017 年 1～6 月增速	2017 年 1～5 月增速
规模以上工业增加值	7.6%	6.9%	6.7%
制造业	8.0%	7.4%	7.2%
轻工行业总计	9.5%	8.8%	8.6%
轻工通用设备及专用设备制造业	32.3%	32.5%	32.3%
电池制造	35.4%	24.5%	21.5%
自行车制造及非公路休闲车制造	16.4%	15.9%	15.7%
玻璃、陶瓷制品制造	13.9%	13.5%	13.5%
家用电力器具制造	12.8%	11.7%	11.4%
家具制造业	12.5%	10.5%	9.9%
木、竹、藤、棕、草制品业	9.6%	10.4%	10.6%
金属工具及金属制轻工制品制造	10.5%	9.8%	9.6%
酒、饮料和精制茶制造业	10.6%	9.6%	9.3%

数据来源:国家统计局。

2. 生产经营延续良好态势

2017 年 1～6 月,轻工行业规模以上企业 11.3 万个,累计完成主营业务收入 12.46 万亿元,同比增长 11.03%,比 1～5 月提高 0.35 个百分点;实现利润 7757.32 亿元,同比增长 11.52%,增速较 1～5 月回升 0.86 个百分点。主营业务收入利润率 6.23%,比 2016 年同期提高 0.03 个百分点。

轻工主要行业中,采盐(42.97%)、造纸(41.24%)两大行业利润保持大幅增长;饮料、酒、日化及食品行业的利润率继续领先其他轻工行业。主要行业主营业务收入与利润增长情况见表17。

表17　　　　　　2017 年主要轻工行业主营业务收入与利润情况

行　　业	主营业务收入		利润		利润率
	2017 年 1～6 月(亿元)	同比	2017 年 1～6 月(亿元)	同比	
轻工行业总计	**124 599.8**	**11.03%**	**7757.3**	**11.52%**	**6.23%**
采盐	206.2	16.99%	12.4	42.97%	6.03%
农副食品加工业	33 396.9	9.38%	1539.1	6.62%	4.61%
食品制造业	12 012.0	9.49%	1004.9	9.73%	8.37%

续表

行　　业	主营业务收入		利润		利润率
	2017 年 1～6月（亿元）	同比	2017 年 1～6月（亿元）	同比	
酒、饮料和精制茶制造业	9612.7	10.37%	1017.2	14.23%	10.58%
皮革、毛皮、羽毛（绒）及其制品业	7458.8	6.98%	436.8	9.18%	5.86%
木、竹、藤、棕、草制品业	849.7	13.19%	45.4	15.14%	5.35%
家具制造业	4413.9	13.94%	283.4	17.48%	6.42%
造纸及纸制品业	7733.0	13.79%	471.1	41.24%	6.09%
文教、工美、体育、娱乐用品制造业	8737.6	11.40%	468.4	12.61%	5.36%
油墨、动物胶及日用化学产品制造业	2660.7	7.53%	219.2	1.08%	8.24%
塑料制品业	11 486.7	10.36%	669.1	8.79%	5.82%
玻璃、陶瓷制品制造业	3423.8	12.64%	236.6	10.04%	6.91%
金属工具及金属制轻工制品制造业	4747.7	11.07%	261.2	1.68%	5.50%
轻工通用设备及生产专用设备制造业	1788.0	15.68%	127.6	19.13%	7.14%
自行车制造及非公路休闲车制造业	971.3	17.03%	50.8	10.21%	5.23%
电池制造业	2977.4	24.70%	164.7	21.26%	5.53%
家用电力器具制造业	8046.6	16.02%	504.9	12.44%	6.27%
照明器具制造业	2350.9	10.96%	149.4	10.80%	6.36%
钟表、眼镜及日用杂品制造业	1150.6	10.26%	61.0	2.88%	5.31%

数据来源：国家统计局。

3. 内需市场平稳，出口保持较快增长

受刚性需求因素影响，轻工产品国内市场销售情况良好，2017 年 1～6 月，快速消费品中粮油食品零售额增长 11.5%、饮料增长 12.7%；耐用消费品零售额快速增长，家电零售额增速由年初的 5.6%提高到 10.4%、家具零售额增速由年初的 11.8%提高到 13.4%。文化办公用品零售额增长 11.8%，其他轻工主要消费品零售总额增速也基本保持稳定（见表 18），成为行业稳健发展的重要支撑。

表 18　　　　　　　　　　2017 年社会消费品零售总额

指　　标	2017 年 1～6 月		2017 年 1～5 月	
	绝对量（亿元）	同比增长	绝对量（亿元）	同比增长
社会消费品零售总额	172 369	10.4%	142 561	10.3%
其中：粮油食品类	7695	11.5%	6367	11.6%
饮料类	1104	12.7%	895	13.3%
烟酒类	2202	9.8%	1837	9.9%

续表

指　　标	2017 年 1～6 月		2017 年 1～5 月	
	绝对量（亿元）	同比增长	绝对量（亿元）	同比增长
服装鞋帽、针纺织品	7172	7.3%	5945	7.2%
化妆品	1203	11.3%	980	10.1%
金银珠宝	1528	7.9%	1280	8.2%
日用品	2689	9.0%	2180	8.5%
家用电器和音像器材	4482	10.4%	3529	9.6%
文化办公用品	1615	11.8%	1258	10.5%
家具	1375	13.4%	1095	13.0%

注：数据来源为国家统计局网站。

　　2017 年年初，轻工行业出口结束了连续 17 个月负增长的局面，上半年轻工出口保持较快增长。1～6 月，轻工行业出口额 2825.16 亿美元，同比增长 12.34%，增速比 1～5 月加快 0.48 个百分点，高于全国出口总额增速 3.84 个百分点，如图 45 所示。

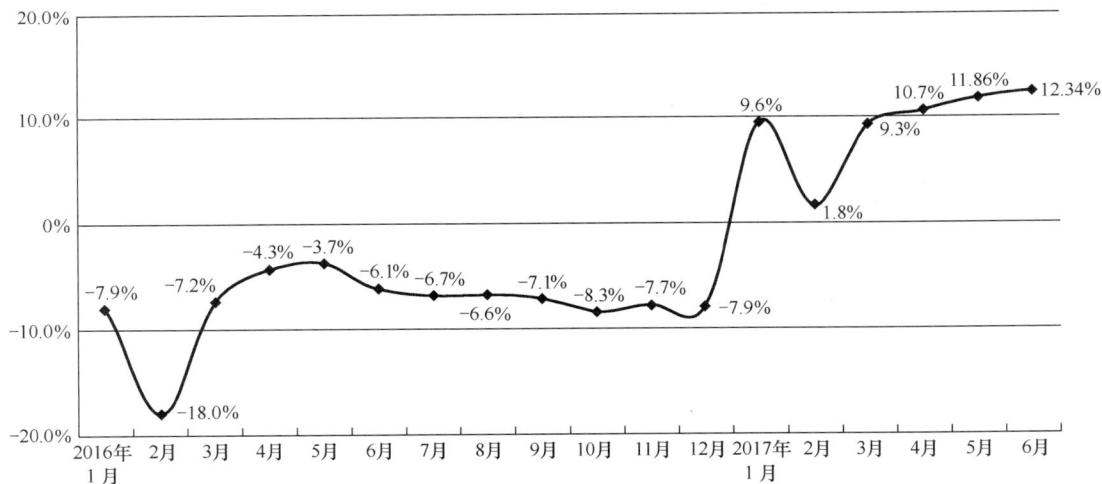

图 45　2016—2017 年轻工行业出口累计增速情况（数据来源：海关总署）

　　海关统计数据显示，2017 年 1～6 月，轻工 21 个大类商品中，除日用机械（-7.61%）和饮料、酒制品（-4.9%）出口同比下降外，其他各大行业出口均实现正增长。在出口占比较大的行业中：文体（出口增幅 27.7%）、五金（17.82%）、家电（16.02%）、照明（15.06%）、工美（13.7%）行业出口额增幅均超过行业平均水平，对行业出口保持较快增长贡献较大，见表 19。

表 19　　　　　　　　　2017 年轻工主要行业出口额及增速情况

商品名称	2017 年 1～6 月出口额（万美元）	增速	2017 年 1～5 月出口额（万美元）	增速
全国轻工行业主要商品出口额总计	28 251 569	12.34%	23 001 650	11.86%
一、农副食品加工品	1 813 079	4.91%	1 487 659	3.43%
二、食品	433 131	2.50%	356 800	1.19%
三、饮料及酒类制品	179 636	−4.90%	145 949	−9.33%
四、制盐	3527	33.01%	2854	28.44%
五、皮革、毛皮制品及鞋类制品	3 967 369	8.51%	3 221 514	9.79%
六、木制品及其他天然植物制品	209 662	96.37%	172 187	96.80%
七、家具	2 536 936	6.90%	2 090 225	5.90%
八、纸浆、纸张及纸制品	794 439	12.79%	664 022	15.61%
九、文教体育用品	2 558 433	27.70%	2 003 278	24.00%
十、日用化学产品	987 542	11.31%	804 134	11.13%
十一、塑料制品	3 017 902	11.03%	2 491 108	11.74%
十二、日用硅酸盐	962 200	21.92%	783 102	24.07%
十三、金属制轻工行业相关产品	2 051 497	17.82%	1 701 793	18.79%
十四、日用机械	614 169	−7.61%	507 148	−7.60%
十五、衡器及其零配件	59 098	4.24%	48 058	3.12%
十六、家用电器	3 234 210	16.02%	2 648 322	14.32%
十七、照明器具	1 899 054	15.06%	1 539 549	14.95%
十八、工艺美术品	1 344 098	13.70%	1 052 444	11.09%
十九、日用杂品	984 593	7.05%	810 574	6.80%
二十、轻工机械	253 692	6.09%	206 681	5.30%
二十一、其他轻工行业相关产品	347 303	6.27%	264 250	4.64%

数据来源：海关总署。

4. 轻工行业固定资产投资增速表现分化

2017 年上半年，全国投资累计增速较上月持平，制造业投资增速出现小幅回升。轻工 10 个行业投资增速涨跌互现，表现出差异化走势。其中：农副食品加工、食品、饮料、金属制品、塑料、皮革 6 个行业投资增速较上月提高；造纸、家具、木材加工、文体 4 个行业投资增速较上月有所回落，见表 20。

家具制造业投资增速达到 18.1%，为行业投资增速最高值。低值为酒、饮料和精制茶制造业，投资同比下降 3.2%，造纸行业投资增速连续 3 个月走低，上半年造纸行业投资同比下降 2.0%。

表 20　　　　　　　　2017 年上半年轻工部分行业固定资产投资情况

行 业 名 称	2017 年 1～6 月		2017 年 1～5 月	
	投资额（亿元）	增速	投资额（亿元）	增速
全国总计	**280 605**	**8.6%**	**203 718**	**8.6%**
其中：制造业合计	**86 809**	**5.5%**	**64 183**	**5.1%**
农副食品加工业	5125	6.3%	64 183	5.1%
食品制造业	2595	3.7%	1890	3.5%
酒、饮料和精制茶制造业	1716	−3.2%	1199	−4.5%
金属制品业*	4631	5.7%	3409	5.6%
橡胶和塑料制品业*	3075	1.5%	2262	−0.2%
木材加工及木、竹、藤、棕、草制品业	1867	8.8%	1343	9.5%
造纸及纸制品业	1388	−2.0%	1004	0.0%
家具制造业	1534	18.1%	1126	19.7%
皮革、毛皮、羽毛及其制品和制鞋业	999	2.1%	733	1.5%
文教、工美、体育和娱乐用品制造业	1218	7.0%	915	7.8%

注：数据来源为国家统计局网站，标注"*"号的行业包括部分轻工行业数据。

5. 中轻景气指数重返稳定区间并创年内新高

据中国轻工业经济运行及预测预警系统监测显示，2017 年 2 月，中轻景气指数重返稳定区间，结束了长达两年的趋冷走势。上半年，中轻景气指数已连续 5 个月在稳定区域内运行并保持震荡上行走势。2017 年 6 月中轻景气指数为 91.3，为上半年指数最高值，比 5 月提高了 0.3 个点，比 2016 年年末回升 3.3 个点，如图 46 所示。

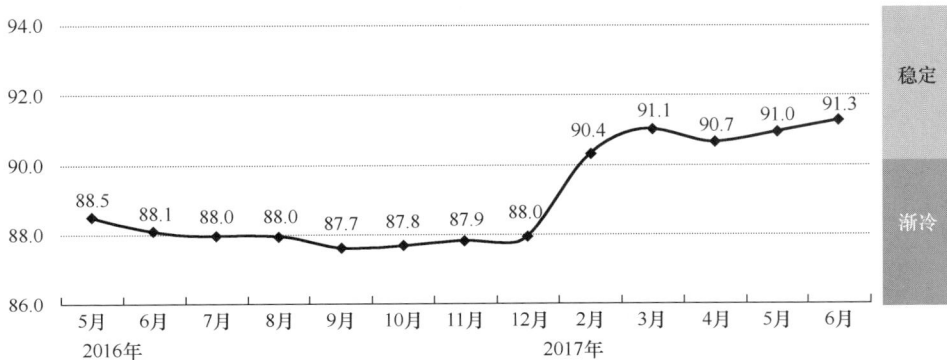

图 46　2016—2017 年中轻景气指数走势（数据来源：中国轻工业信息中心）

从中轻景气指数走势可以反映出当前轻工行业经济运行稳中有进、稳中向好的总体特征。

（二）2017 年全年行业发展态势研判

基于 2017 年上半年轻工行业经济发展表现出的良好走势，通过对行业发展中存在的有利因素进行分析，预计 2017 年下半年及 2018 年轻工业将继续保持稳中向好的发展态势。

1. 产业政策助力行业发展

党中央、国务院高度重视实体经济发展，近年来国家出台了一系列支持消费品工业发展的政策措施，对轻工业发展起到重大的推动作用。

国务院常务会议围绕进一步减轻企业负担、缓解小微企业融资难融资贵、促进民间投资回稳向好、加快推进新型城镇化、加快科技成果转移转化、实施创新驱动发展战略等推进供给侧结构性改革措施做出多项重要决议。

国家出台的这些政策，对深化体制改革、发展实体经济、营造良好市场环境、加快包括轻工业在内的消费品工业转型升级，对提振行业发展信心、明确行业发展方向起到了重大的导向性和支撑性作用。

2. 刚性消费需求支撑行业平稳发展

快速消费品行业（含农副产品加工、食品制造、酒及饮料）比重占轻工业总份额的 45%，食品消费的刚性需求成为稳定轻工发展的重要力量。其他日用消费品等也是刚性需求，这是保证行业平稳发展的有利因素。

3. 创新引领行业向高端发展

轻工业大力实施供给侧结构性改革，从优化产品结构、优化企业结构、优化区域结构、优化产业链结构出发，引导企业增品种、提品质、创品牌，促进行业发展。同时主动适应共享经济等新业态、新模式，通过"互联网+传统产业"及推动智能制造等举措，引领消费升级，实现提质增效。

4. 共享经济与轻工业发展形成良性互动

轻工业投资少、见效快，是大众创业、万众创新的重要领域。特别是当前迅猛发展的共享单车，在方便人们绿色出行的同时，也带动了自行车行业的发展，并提供了一大批劳动就业岗位。

5. 企业发展信心较足

根据中国轻工业联合会到上海、广东、安徽等地调研的情况，大部分轻工企业对 2017 年的发展大多持乐观态度，发展信心较足。

预计 2017 年全年轻工业主营业务收入同比增长约 9%，利润同比增长约 9%。在外部环境不发生重大变化的情况下，全年出口增速有望保持在 10% 左右。

三、促进轻工行业发展和转型升级的对策建议

（一）营造良好的市场环境

轻工业是高度市场化、市场充分竞争的行业，这些年来在市场导向下，行业资源配置较为合理，行业发展状况良好。要坚持以市场化作为轻工行业发展的重要指向，政府工作重点放在营造公平市场环境上，建立统一透明、有序规范、责权明确的市场监管机制，并进一步减轻企业负担，支持行业发展。

（二）加大对轻工业消费升级专项的扶持力度

现有管理体系对行业的扶持资金是切块到地方经济管理部门。由于轻工企业规模小、国有成分少，国家专项支持很少能落实到轻工企业。实际上，轻工业主营业务收入占全国工业的 21.4%，轻工业应该得到与其国民经济地位相适应的资金支持，要建立、加大轻工专项扶持资金，对轻工行业"国家队"予以重点扶持。

轻工行业已从传统制造业发展成为与人民生活水平密切相关的现代制造业，一批高科技先进技术已应用到轻工生产中来。建议相关部门针对行业实际情况，给予轻工行业更多的高新技术企业认证机会，以引领其采用新技术、新材料、新工艺，提高产品科技含量，提升企业的创新发展能力。对于企业研发投入资金，建议能够以适当比例予以抵税，进而鼓励企业加大创新力度。

（三）重视轻工劳动就业

轻工业是劳动就业的重要载体。轻工就业人数约占全国的四分之一以上。随着国际产业转移及机器人等先进制造技术的应用，部分中小企业失业人数增

多。建议国家高度重视，做好应对措施，保持社会稳定。

（四）加强对共享经济等新业态的监管与服务

以共享单车为例，近期其井喷式发展对于自行车制造行业来说有喜有忧，安全、维护等后续问题亟待解决，自行车品牌逐步边缘化问题也会出现，极有可能引发行业新洗牌。相关部门应及时出台共享单车的产品标准和售后服务标准，以规范其生产、投入和运营。

（五）支持轻工业与其他行业均衡发展

目前国家在科技、环保、技改等多项政策扶持方面，均以地方上报项目为主，缺乏对行业的统筹安排。由于轻工企业相对弱小，各地对轻工行业的支持力度普遍偏弱，因此轻工全行业得到的国家扶持相对较少，影响了行业竞争力的提升。建议国家部委能在技术改造、智能制造、绿色生产体系建设等专项支持项目中，对轻工行业项目单独划出一块，委托行业协会来组织实施，进而保障轻工业与其他行业能够均衡发展，为国民经济稳增长提供有力支撑。

（中国轻工业联合会）

第九章　医药行业 2016 年发展回顾与形势展望

一、2016 年医药行业发展回顾

（一）行业发展概况和主要特点

2016 年是"十三五"开局之年，医药行业坚持"稳中求进"的总基调，加强供给侧结构性改革，加快培育新的发展动能，继续保持了较快的增长速度，在主要工业大类中稳居前列。主要经济指标增长态势有所回升，提质增效和创新发展的表现突出。

1. 增加值增速保持工业行业前列

2016 年规模以上医药工业增加值同比增长 10.6%，增速较上年提高 0.8 个百分点，高于工业整体增速 4.6 个百分点。医药工业增加值在整体工业所占比重达到 3.3%左右，较上年增长约 0.3 个百分点，医药工业对工业经济增长的贡献进一步扩大，如图 47 所示。

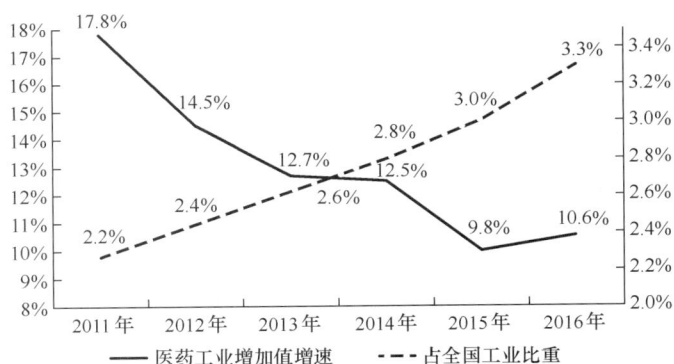

图 47　2011—2016 年医药工业增加值增速与占比情况（数据来源：工业和信息化部）

2. 收入增速有所回升

根据统计快报，2016 年医药行业规模以上企业实现主营业务收入 29 635.9 亿元，同比增长 9.9%，高于全国工业增速 5.4 个百分点，较上年提高 0.9 个百分点，但依然为个位数增长。各子行业增速不均，药品中除化学药品原料药和生物药品制造出现下降外，其他均有增长；医疗仪器设备及器械制造增长最多，制药专用设备制造降幅最大。2016 年医药行业主营业务收入完成情况见表 21。

表 21　　　　　　　　　　2016 年医药行业主营业务收入完成情况

行　　业	主营业务收入（亿元）	同比	比重	2015 年增速
化学药品原料药制造	5034.9	8.4%	17.0%	9.8%
化学药品制剂制造	7534.7	10.8%	25.4%	9.3%
中药饮片加工	1956.4	12.7%	6.6%	12.5%
中成药制造	6697.1	7.9%	22.6%	5.7%
生物药品制造	3350.2	9.5%	11.3%	10.3%
卫生材料及医药用品制造	2124.6	11.5%	7.2%	10.7%
制药专用设备制造	172.6	3.5%	0.6%	8.9%
医疗仪器设备及器械制造	2765.5	13.3%	9.3%	10.3%
医药行业	29 635.9	9.9%	100.0%	9.0%

数据来源：工业和信息化部。

3. 主营业务收入利润率提高

2016 年医药行业规模以上企业实现利润总额 3216.4 亿元，同比增长 15.6%，高于全国工业增速 7.1 个百分点，较上年增长 3.4 个百分点。利润总额增速较主营业务收入增速高出 5.7 个百分点。主营业务收入利润率增长 0.6 个百分点。各子行业中，化学药品原料药和医疗仪器设备及器械制造的利润率增幅较大。2016 年医药行业利润总额和利润率完成情况见表 22。

表 22　　　　　　　　　2016 年医药行业利润总额和利润率完成情况

行　　业	利润总额（亿元）	同比	利润率	2015 年利润率
化学药品原料药制造	445.3	25.9%	8.8%	7.6%
化学药品制剂制造	950.5	16.8%	12.6%	11.9%
中药饮片加工	138.3	8.6%	7.1%	7.3%
中成药制造	736.3	9.0%	11.0%	10.8%
生物药品制造	420.1	11.4%	12.5%	12.2%
卫生材料及医药用品制造	191.8	8.5%	9.0%	9.1%
制药专用设备制造	15.8	−13.3%	9.2%	10.4%
医疗仪器设备及器械制造	318.5	32.3%	11.5%	9.8%
医药行业	3216.4	15.6%	10.9%	10.3%

数据来源：工业和信息化部。

4. 医药出口平稳

2016 年医药行业规模以上企业实现出口交货值 1948.8 亿元，同比增长 7.3%，增速较上年提高 3.7 个百分点。根据海关进出口数据，2016 年医药产品出口额为 554.0 亿美元，同比下降 1.8%；若排除汇率影响，换算成人民币统计，2016 年医药出口增长 4.4%，增速较上年提高 1.7 个百分点。面向高端市场的制剂出口较快增长，其中对美市场制剂出口增长超过 40%。

5. 固定资产投资趋缓

2016 年医药制造业完成固定资产投资 6299.0 亿元，同比增长 8.4%，增速较上年下降 3.5 个百分点，高出全国制造业增速 0.3 个百分点。新产品产业化和医药国际化成为企业投资的重点，其中，生物制药领域建设和提升质量体系水平的新投资增加较多。

（二）行业重点进展表现

1. 医药创新态势良好

新药研发动力强劲。创新药研究成为企业发展的重点，注册数量不断增长，其中 I 类新药（含化药和生物制品）达 276 个，128 个 I 类新药获批临床，产品以抗肿瘤药物为主，很多由研发型小企业申请。药品审评审批效率提升，一些具有明显临床价值的创新药、专利到期药、国内首仿药等纳入优先审评，CFDA 全年发布 12 批共计 193 个品种的优先审评目录。全年新批准上市 4 个 I 类新药，分别是浙江医药的奈诺沙星、厦门万泰的聚乙二醇化干扰素 α-2b、复旦张江的海姆泊芬和上海仁会的贝那鲁肽。首个治疗流行性感冒的创新中药金花清感颗粒、首仿抗病毒药物富马酸替诺福韦二吡呋酯片等优先通过了审评审批。近年新上市的几个创新药市场销售快速增长，贝达药业埃克替尼年销售额约 10 亿元，恒瑞医药的阿帕替尼和康弘药业的康柏西普上市仅两年时间，年销售额就分别达到 7 亿元和 3 亿元，大大激励了其他制药企业开展创新药研发。

2. 国际化发展亮点突出

医药行业国际化开启新征程。2016 年全年西药出口额达到 314.8 亿美元，占国内医药产品出口比重的 56.8%；其中，特色原料药出口达到 35.3 亿美元，占原料药比重的 13.8%，较 2010 年提高 4.1 个百分点，近 3 年 CMO 定制特色原料药出口以接近 30%的增速发展。药品生产加快与国际接轨，年内新增 10 家左右制剂企业通过了欧美 GMP 检查，以恒瑞公司环磷酰胺为代表，制剂产品在发达国家市场销售较快攀升。国际医药投资大幅跃升，年内境外医药资本性投资 55 亿美元，同比增长 139%；重点项目包括复星医药拟以 12.6 亿美元收购印度 Gland 公司，人福医药以 5.5 亿美元收购美国 EPIC 公司，绿叶制药以 2.45 亿欧元收购欧洲先进透皮释药系统（TDS）瑞士 Acino 公司，三诺生物以 2.7 亿美元收购尼普洛诊断业务，三胞集团以 8.19 亿美元收购美国细胞治疗公司。国际注册加快步伐，年内获得美国 ANDA 数量达 20 多个，其中，华海药业最多，有 7 个，南通联亚、齐鲁制药、海正杭州处于前列。新药在国外注册增多，一些新化合物、新生物制品、改良型新药等首先启动国际注册，提高了制剂国际化的创新水平。

3. 企业兼并重组活跃

并购规模创新高。2016 年全年医药行业并购达 400 多起，涉及金额超过千亿元。并购金额超过 15 亿元的并购案有 21 例，最高的是新华都集团增资 254 亿元战略入股白药控股。大型企业加强并购重组扩大规模，如国药集团以上市公司现代制药为平台整合集团内的工业类资产，沈阳三生先后投资 53 亿元并购中信国健，成为国内规模最大的基因重组药物生产企业。中小企业借力资本市场加快发展，年内又有 128 家中小制药企业在"新三板"挂牌，医药成为挂牌企业最多的行业之一，到年底医药制造业挂牌企业已达 283 家。一批研发型企业，如苏州信达、君实生物等，借助股权投资基金的支持，在创新药研发上快速推进，多家创新型企业年内股权融资额在 5 亿元人民币以上。

4. 国内品牌药表现突出

国产药品医院销售已具规模优势。国产药和进口药在高端医院市场销售比例约为 3:1，国内医药行业企业样本医院销售金额全年过百亿元的已有 3 家，分别为扬子江药业、齐鲁制药和恒瑞医药，都是品牌药创新企业。根据 IMS 的数据，2016 年位列城市医院销售额前 10 位的企业中，国内企业已占到 7 家，分别是扬子江、齐鲁、四环、复星、恒瑞、科伦、正大天晴；在排名前 20 位的畅销药中，16 个是本土企业产品，其中齐鲁制药的申捷排名第一，增长最快的也是国内品牌，为扬子江药业的地佐辛。在零售药店市场，销售额排名前 20 位的产品中，15 个来自国内企业，销售额排名第一的是东阿阿胶。

（三）行业发展主要影响因素

1. 促进行业增长的主要因素

一是市场需求持续增加。医药刚性需求不断增长。"二孩政策"使新增人口效应显现，2016 年年末，全国大陆地区总人口 138 271 万人，比上年年末增加 809 万人，较 2015 年增加人数多出 129 万人。老龄化社会现象进一步加剧，60 岁及以上老年人数量比重达 16.7%，较 2015 年上升 0.6 个百分点。全国医疗卫生与计划生育的财政总支出达 13 154 亿元，增长 10.4%，政府医疗卫生支出占财政支出的比重提高到 7.0%，拉动医药终端需求稳步增长。样本医院统计显示，2016 年全年医院购药金额同比增长 8.0%，较 2015 年高出约 2 个百分点。据有关研究机构统计，药品终端市场总体规模约为 15 290 亿元，同比增长 8.0% 左右，较 2015 年高出约 0.4 个百分点。受 70% 的地区推进分级诊疗制度等医药供给侧改革政策因素的影响，基层医疗机构药品销售保持较快增长，增幅达 15.5%，远高于等级医院和零售终端的增速。

二是医保体系巩固完善。医保覆盖范围进一步扩大。全国基本医疗保险参保率稳定在 95% 以上，基本医疗保险参保人数新增 8257 万人。城乡居民大病保险实现全覆盖，大病保险支付比例达到 55% 以上。特大疾病医疗救助全面开展，中央财政安排城乡医疗救助补助资金达 160 亿元。健康保险发展势头迅猛。全年健康保险收入近 5000 亿元，同比增速达 80% 以上，较上年增长约 28 个百分点，在健全多层次医疗保障体系、满足人民群众日益增长的健康需求方面发挥了越来越重要的作用。"两保合一"加快。国务院发布《关于整合城乡居民基本医疗保险制度的意见》，明确提出实现统一"覆盖范围、筹资政策、保障待遇、医保目录、定点管理、基金管理"的"六统一"，全国三分之二的省份已部署整合建立统一城乡居民医保体系。医保覆盖和筹资水平稳步增加。全国新农合和城镇居民医保财政补助标准提高到年人均 420 元，同比增长 10.5%，较 2010 年增长 2.5 倍。新农合参合农民的医疗保障力度得到提升，报销范围和比例增加，促进了医保服务完善与需求扩容。

三是政策支持力度加大。医药行业顶层设计政策密集出台。《国务院办公厅关于促进医药产业健康发展的指导意见》《健康中国 2030 规划纲要》《医药工业发展规划指南（"十三五"）》等发布，有利促进了生物医药及高性能医疗器械等重点领域的加快发展。国家政策不断支持中医药发展，《中医药发展战略规划纲要（2016—2030 年）》《中医药发展"十三五"规划》《中医药法》先后发布，中医药大健康产业迎来新机遇。国务院办公厅发布《关于开展仿制药质量和疗效一致性评价的意见》，标志着仿制药一致性评价进入全面实施阶段；食药监总局先后出台了 20 余份文件，指导行业开展相关评价工作，成为提升医药行业整体水平、推动其供给侧改革的一个重要举措。

2. 导致增长放缓的主要因素

一是医保控费和降低药价范围扩大。控制公立医院药占比 30%左右和年度医疗费用增幅 10%以下等政策造成药品在医疗机构的使用量增速下降明显。据统计，2016 年全国化学药品的片剂、胶囊等口服制剂产量同比均出现下降，粉针剂和注射剂降幅达 10%以上。按病种、按人头、按服务单元、按疾病诊断相关组等复合型医保控费支付方式改革的试点加快。医保支付标准成为药品控费的主要手段，可促进医疗机构主动降低采购价格，在缓解医保基金的支付压力的同时，对多数药品价格构成巨大影响。随着医改试点城市二次议价、GPO 集中采购、跨区域联合采购、药品价格谈判、全国最低价动态调整等采购新模式的逐步实施，专利药品、独家生产药品和"双信封"招标药品的价格继续降低，部分地区甚至提出降价 15%～40%不等的中标规则。

二是环保和质量监管加强使停限产现象增多。各地环保监管力度加大。随着大气污染防治日益趋严，部分地区因冬季雾霾严重，出台了紧急性的大气污染防治调度令，要求制药企业停限产，京津冀及周边的化学原料药制药企业影响最大。据国家统计局数据显示，2016 年，化学原料和化学制品制造业工业增加值增长 7.7%，低于整个医药制造业 10.8%的增速。药品生产和经营质量监管强化。通过严厉整治医药市场流通领域违规经营的突出问题，部署试行"两票制"，开展药品价格和生产质量的专项检查，2016 年，全国共有 162 家药企 170 张 GMP 证书被收回，依法严控风险的医药监管工作成效显著。

二、2017 年上半年医药行业运行态势分析

（一）行业运行状况和主要特点

1. 2017 年上半年医药行业运行状况

工业增加值稳步增长。2017 年上半年规模以上医药工业增加值同比增长 11.3%，增速较上年同期提高 1 个百分点，高于全国工业整体增速 4.4 个百分点，位居工业全行业前列，医药工业增加值在整体工业增加值中所占比重为 3.3%。

收入实现两位数增长。2017 年上半年医药工业规模以上企业实现主营业务收入 15 314.4 亿元，同比增长 12.4%，增速较上年同期提高 2.3 个百分点。各子行业中，增长最快的是中药饮片加工，化学药品制剂、中成药、制药设备的增速低于行业平均水平。2017 年上半年医药行业主营业务收入情况见表 23。

表 23 　　　　　　　　2017 年上半年医药行业主营业务收入

行 业	主营业务收入（亿元）	同比	比重	2016 年同期增速
化学药品原料药制造	2602.1	13.7%	17.0%	9.6%
化学药品制剂制造	4080.5	9.5%	26.6%	11.1%
中药饮片加工	1047.9	21.3%	6.8%	13.0%
中成药制造	3339.7	11.0%	21.8%	8.2%
生物药品制造	1620.0	14.5%	10.6%	9.3%
卫生材料及医药用品制造	1124.9	14.4%	7.4%	10.6%
制药专用设备制造	82.7	6.1%	0.5%	6.5%
医疗仪器设备及器械制造	1416.7	12.4%	9.3%	12.6%
医药行业合计	15 314.4	12.4%	100%	10.1%

数据来源：工业和信息化部。

利润增长快于收入。2017 年上半年医药行业规模以上企业实现利润总额 1686.52 亿元，同比增长 15.8%，增速较上年同期提高 1.2 个百分点，见表 24。各子行业中，增长最快的是生物制品制造和中药饮片加工，制药设备出现负增长。2017 年上半年规模以上医药工业主营业务收入利润率为 11.0%，高于全国工业整体水平 3.9 个百分点。

表 24   2017 年上半年医药行业利润总额

行　　业	利润总额（亿元）	同比	比重	2016 年同期增速
化学药品原料药制造	210.1	4.6%	12.5%	33.3%
化学药品制剂制造	549.6	17.4%	32.6%	16.2%
中药饮片加工	73.6	22.8%	4.4%	13.3%
中成药制造	363.6	12.6%	21.6%	6.1%
生物药品制造	229.0	28.5%	13.6%	5.1%
卫生材料及医药用品制造	109.1	16.7%	6.5%	9.3%
制药专用设备制造	6.1	−6.6%	0.4%	−4.3%
医疗仪器设备及器械制造	145.3	15.6%	8.6%	29.3%
医药行业合计	1686.52	15.8%	100%	14.6%

数据来源：工业和信息化部。

出口态势总体平稳。2017 年上半年医药行业规模以上企业实现出口交货值 994.1 亿元，同比增长 5.5%，较 2016 年下降了 2.8 个百分点。根据海关进出口数据，2017 年上半年医药产品出口额为 288.2 亿美元，同比增长 5.5%，较 2016 年上升了 1.1 个百分点。

固定资产投资增速继续下降。2017 年上半年医药制造业完成固定资产投资 2846 亿元，同比增长 2.7%，低于制造业整体增速 2.8 个百分点。

2. 2017 年上半年医药行业运行主要特点

一是终端增长继续减速。根据南方所的估算，2017 上半年医药终端市场销售总额 8037 亿元，同比增长 7.8%，增速略低于 2016 年全年 8.3%的增速，城市公立医院增速仅为 6%，县域及社区的基层市场还是保持两位数增长。影响市场增速的主要原因有两方面：一是药品继续降价，随着执行新标省份的增多，降价效应对行业增长的影响逐步显现；二是医疗机构控费，2017 年要求公立医院药品费用要降到 10%以下，因而抑制了医院购药增长。

二是优势企业增长平稳。随着两票制逐步进入实施阶段，一些企业部分药品销售正由"底价"模式转为"高开"，助推了销售收入增长。原料药受环保监管影响，涨价趋势明显。2017 年年初京津冀周边地区原料药限产致使部分品种产量减少，由于限产和"控销"，部分产品价格大幅上涨。医药行业上市公司（含商业及服务）2017 年第一季度收入增速为 18.2%、归属于母公司的净利润增速为 7.8%，其中化药制剂板块收入增速为 17.7%、利润增速为 14.3%；中药板块收入增速为 16.5%、利润增速为 18.3%。

三是**药品注册质量提升**。根据第三方数据，2017 年上半年 CDE 共承办药品注册申请 2119 个，较上年同期减少 139 个，和 2016 年大幅下降相比，2017 年上半年较为平稳。注册结构得到优化，包括 322 个新药申请、215 个进口申请、213 个仿制申请，其余为补充申请、再注册申请等，新药申请占新申报数量较大比重；新申报化学 I 类新药注册申请 221 个，涉及 80 个品种，是上年同期（37个）的 2 倍，涉及 50 余家企业（含外企）；新申报新药申请 84 个，进口申请 48个，以抗体药物为主；新申报中药 16 个注册申请，数量继续保持在极低水平。优先审评进展加快，CDE 陆续公布了第 13 批至第 21 批拟纳入优先审评程序药品注册申请的公示名单，共包含 108 个品规，纳入优先审评的理由主要包括罕见病、儿童用药、首仿品种、临床急需、市场短缺、与现有治疗手段相比具有明显治疗优势等。

四是**医药行业并购活跃**。鼓励社会资本参与医疗体制改革，"健康中国"概念等政策驱动国内并购持续活跃。同时，国内药企海外并购的速度也在加快，海外并购已被更多药企纳入发展战略。2017 年中国的医药行业并购态势延续了自 2015 年以来的火热，上半年国内并购案例超过 30 起，总价值超 70 亿元人民币。其中收购金额较大的有：浙江仙琚制药以 8.37 亿元收购两家意大利原料药生产和销售企业，浙江贝达药业以约 5 亿元收购卡南吉医药研发公司。

（二）需要关注的重点问题

一是**药品市场增长趋缓**。终端用药约束性政策不断强化，公立医疗机构购药金额面临增长放缓。影响大的政策包括医保付费总额控制、降低药占比、提高基本药物使用比率、限制抗菌药物和辅助用药使用等用药政策，以及各种形式的限价、竞价和二次议价。

二是**生产经营成本增加**。质量监管加强，企业规范整改任务重、成本高。在食品药品监管总局的推动下，药品医疗器械审评审批制度改革深入实施，研发、生产和销售各个环节的质量监管加强，这有利于行业健康发展和人民群众用药安全，但短期内生产企业面临时间紧、任务重、投入大、资源不足的困难。影响较大的是药品临床试验数据自查核查和仿制药一致性评价。一致性评价预计今后几年将导致全行业增加上百亿元的投入。

三是**医药出口增长乏力**。受汇率波动、新兴市场动力不足、价格竞争日趋激烈的影响，医药外贸出口一直处于低位徘徊。医药出口增速徘徊难进，反映出国内医药出口结构亟待升级，一些中低端产品产能过剩的问题亟待化解。

三、2017 年下半年和 2018 年医药行业发展态势研判

（一）2017 年下半年医药行业发展态势研判和重点任务解析

1. 医药行业可持续增长前景可期

一是较长期存在、不断增加的社会需求，即人口增长和老龄化、二孩政策实施、群众消费结构升级带来的稳定的刚性需求。二是"健康中国"建设和财政医疗卫生投入增长，有利于释放潜在的健康需求。三是医保水平提高和医保目录扩容，有利于新纳入目录的新药扩大市场销售。四是在"两票制"政策下，企业部分产品出厂价格提高，会造成医药行业销售收入的政策性增长。

2. 抑制市场增速的因素依旧较多

一是一些规范性监管政策制约市场需求的效应逐步显现。医保控费和医疗机构控费、降低药占比和限制辅助用药使用等，会继续影响公立医疗机构购药金额增长。二是药品价格下降。新一轮招标在 2016 年进展滞后，药品中标价下降的影响将主要从 2017 年起开始体现，医保支付制度改革、二次议价和医联体及 GPO 集采等对药品价格的抑制影响愈来愈大。三是企业成本上升。包括一致性评价、注册申请撤回等新增的研发成本，"两票制"规范流通秩序带来的财务成本、销售成本上升，以及各地应对雾霾、防止大气污染的环保监管强化，促使环保成本急剧上升。四是出口环境低迷。全球贸易保护主义现象"抬头"，医药国际化步伐阻力变大。

3. 重点任务解析

2017 年是医药行业加快转型升级的攻坚年，高端生物医药、智能医疗器械、精准医疗技术、中医药现代化等创新领域迎来重大的发展机遇，鼓励创新驱动、提升质量水平、提高经济效益、加速国际化进程、推进资源整合与兼并重组等，将是助推医药行业跨越式发展的重要任务。综合分析，预计医药行业的发展速度有望恢复到 10% 以上。

（二）2018 年医药行业发展态势展望

2018 年预计我国医药行业将保持较好的发展态势。一是国家产业政策支持。生物医药是战略新兴产业之一，国家出台了一系列支持产业发展的规划、政策和措施，不断优化发展环境、增强发展动力。《中国制造 2025》全面推进制造强国战略，也将生物医药列入了重点发展领域，引导社会各类资源集聚。二是形成规模大且最具成长性的药品市场。我国目前是全球第二大药品市场，也是增速最快的新兴医药市场。13 亿多人口巨大且不断提高的健康需求是发展医药工业的重要条件。《"健康中国 2030"规划纲要》全面实施，医药工业发展任务艰巨，但也面临难得的历史机遇。三是医疗资源日益丰富。全国医院年诊疗人次高达 30 亿人次，且逐年增长。临床资源丰富，三甲医院多达 800 家，疾病种类多、病例多，具备从事创新药研究的重要条件。健康需求多元化，既有来自低收入人群的基本医疗需求，也有高收入家庭的升级用药需求，随着健康保险体系的健全，对创新药的需求将不断释放。四是产业配套能力不断完善。经过多年的发展，原料药、辅料、包材、各类制剂、制药装备等产业链上的各个门类均具备良好的产业基础和较高的发展水平。医药创新方面，在各产品领域建设形成了一批医药创新平台，CRO/CMO 机构可提供临床前评价、临床研究、样品制备、委托生产等各个环节的服务。五是监管体系不断健全。以 2015 年国务院下发《关于改革药品医疗器械审评审批制度的意见》为起点，国家食品药品监管总局实施了一系列监管制度改革，各项制度加快与国际接轨，药品研发、生产、销售秩序日益规范，有利于医药工业创新发展和企业优胜劣汰。

四、促进医药行业发展和转型升级的对策建议

（一）优化完善政策体系

一是持续加大对医药行业企业自主创新、新产品开发、绿色发展、智能制造等方面的政策与资金扶持力度，支持建设高端药品、医疗器械与绿色制造业创新中心，激发企业的创新活力。

二是加强对仿制药质量和疗效一致性评价工作的科学监管，建议将仿制药

质量和疗效一致性评价列入国家及地方相关专项资金的扶持范畴，对于重大疾病用药、儿童药、罕见病用药、短缺药和税率明显过高、进口需求弹性较大的重要原料药等给予进一步税收优惠。

三是完善药品集中采购机制，规范推进各地 GPO、"二次议价"和"两票制"等医改试点政策，加快医保支付制度改革，杜绝各种形式的不公平的市场保护行为，促进国产优质药品和医疗器械的广泛应用。

四是优化产业结构组织，推动制药工业资源整合与兼并重组，推动医药行业加速国际化发展步伐。

五是认真落实国家有关高新技术企业、中小微企业、新购设备增值税抵扣、固定资产加速折旧、阶段性降低社会保险费率以及其他降低实体经济负担的相关政策，取消一切不合理的收费与规费，切实减轻医药企业的负担。

（二）切实保障药品供应

一是围绕近两年社会反映强烈的低价药、临床儿童用药短缺和部分罕见病用药进口依赖问题，继续以定点生产或委托生产等形式组织重点骨干企业生产，切实保障市场供给，确保产品质量。

二是充分发挥国家医药储备体系的作用，加强国家储备与地方储备的联动机制，实现中央与地方医药储备信息系统互联互通，提升应急响应能力。增加市场短缺程度高、需求量较大、价格波动明显的药物储备，优化实物储备结构，丰富储备方式，增加技术、产能和信息储备。根据市场需求形势，发挥进口应急调节的作用，适度增加市场供给不足药物的临时进口。

三是有序引导药品价格。在"两票制"推行过程中，规范各种招标形式，形成合理有效的招标体系，充分监管药品价格走势，有序引导合理的药品价格形成与药品价格的降低，保障医疗用药价格合理、质量安全、供应充足。

（三）加强行业监测引导

一是加快建立医药工业发展运行监测平台，加强对仿制药、行业领军企业和儿童药、罕见病用药等重点产品的生产运行和市场供应情况的监管，及时发现苗头性、倾向性、潜在性问题，切实防范因仿制药质量和疗效一致性评价工作开展可能带来的药品供应波动和市场短缺问题。

二是依托相关行业中介组织，积极推进《中国制造 2025》《"健康中国 2030"规划纲要》《医药工业发展规划指南》以及其他相关国家级规划的落实，加强对企业的宣传和引导，推进医药行业转型升级。

三是充分发挥智库的"外脑"作用，积极开展国际医药技术创新、产品创新、产业政策、供给侧结构性改革的跟踪研究，完善决策支撑体系。

（中国医药企业管理协会）

第十章　电子信息行业 2016 年发展回顾与形势展望

一、2016 年电子信息行业发展回顾

（一）行业发展概况与主要特点

2016 年，是"十三五"开局之年，也是供给侧结构性改革元年，面对错综复杂的国内外经济环境，我国的电子信息行业认真贯彻落实党中央、国务院决策部署，迎难而上，奋发作为，行业整体运行呈现稳中有进的态势。行业增速保持领先，结构调整持续加快，创新能力显著提升，辐射带动作用不断增强，行业新基础、新引擎、新动能等特性凸显，在国民经济和社会发展中发挥了积极的支撑引领作用。

1. 规模稳步扩大，结构调整深化

2016 年，规模以上电子信息制造业增加值增长 10%，高于全国工业平均水平 4 个百分点以上。电子制造业与软件业收入规模合计超过 17 万亿元，同比增长 10.8%；其中，电子制造业实现收入 12.2 万亿元，增长 9.3%；软件业收入 4.9 万亿元，增长 14.9%，如图 48 所示。从行业结构来看，软件业收入比重持续提高，软硬比例更趋协调。在电子制造业中，内销市场与内资企业贡献度提升，内生动力进一步增强。在软件业中，服务化趋势日趋深化，信息技术服务收入比重达到 51.8%，比上年提高 0.5 个百分点。从产品结构来看，智能化、高端化、融合化趋势凸显，智能手机、智能电视市场渗透率超过 80%；国产品牌的高端彩电、手机和路由器加快涌现；智能手表、智能眼镜、虚拟现实设备、智能家居以及无人机等新兴产品成长加快。

2. 创新能力提升，体系不断完善

2016 年，围绕产业关键环节和核心技术，政府部门、研究机构与重点企业等协同攻关，有效增强了产业体系化创新能力。在国家知识产权局公布的 2016 年国内企业发明专利授权量排名前十强中，华为、中兴、京东方、腾讯、联想、华虹宏力 6 家电子信息类企业入围。在基础电子领域，短板和空白不断被克服。

如：全部采用国产 CPU 的"神威·太湖之光"成为全世界首台运算速度超过十亿次的超级计算机；采用国产芯片的 IGBT 模块实现量产；功率型硅衬底 LED 器件荣获 2016 年国家技术发明一等奖。在下游应用领域，创新步伐不断加快。如：量子点电视、OLED 电视、激光电视等新技术产品加速涌现；国产智能电视 SoC 芯片装机达到 800 万颗；采用国产芯片的北斗导航智能手机出货量突破 1800 万部；国产 YunOS 系统开始从手机操作系统向万物互联操作系统转变，完成了大到汽车、家居，小到手机、手表的产品覆盖。在标准制定方面，影响力不断提升。2016 年，我国主导制定的 12 项电子信息领域国际标准正式颁布，其中，超高清标准 AVS2 编码效率超越国际标准，极化码（Polar 码）被国际标准组织采纳为 5G 新的控制信道标准方案，有望成为 5G 时代的"领军者"。

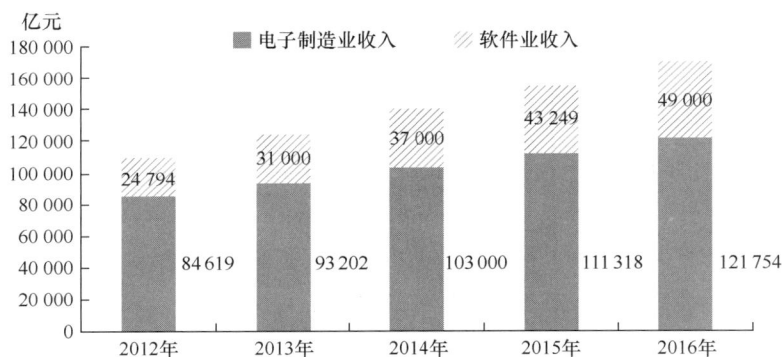

图 48 2012—2016 年电子信息行业收入情况

（数据来源：国家统计局、工业和信息化部）

3. 投资快速增长，资源有序整合

2016 年，电子信息行业 500 万元以上项目完成固定资产投资额 10 464 亿元，同比增长 15.8%，高于全国制造业投资增速 11.6 个百分点，如图 49 所示。尤其是在政策取向和技术趋势的引导下，财政资金、产业投资基金的撬动作用不断凸显，保障了武汉存储器、华虹"909"二期、成都中电熊猫、成都京东方、深圳华星光电等一批重大项目的顺利开工建设。除增量投资外，电子信息领域内的存量资源整合也在有序推进。如：由紫光集团、长江存储、中芯国际等 27 家重点企业、院校和研究院所共同发起成立中国高端芯片联盟，致力于打造涵盖"架构—芯片—软件—整机—系统—信息服务"的产业生态体系。此外，中国虚

拟现实产业联盟、工业互联网产业联盟等相继成立，有效地整合了资源，加强了战略、技术、标准、市场等方面的沟通与协作，对于促进新兴领域健康发展发挥了积极作用。

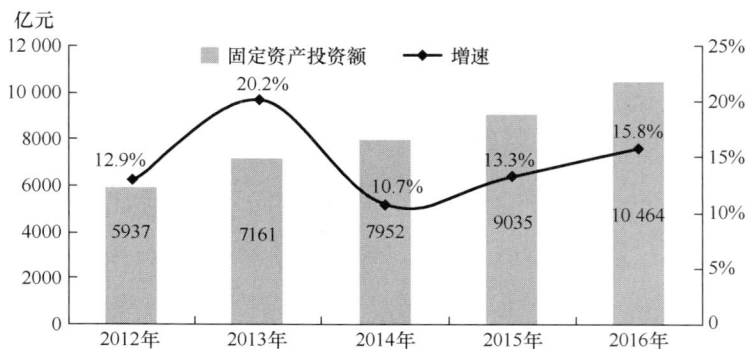

图 49　2012—2016 年电子信息行业固定资产投资情况

（数据来源：国家统计局、工业和信息化部）

4. 外需市场疲软，龙头逆势成长

2016 年，我国电子信息产品进出口总额为 12 245 亿美元，同比下降 6.4%。其中，出口 7210 亿美元，下降 7.7%，如图 50 所示；进口 5035 亿美元，下降 4.6%。外需市场的低迷倒逼行业加快了外贸发展方式的转变。2016 年全年，电子信息产品一般贸易出口增长 3.2%，增速超过平均水平 10.9 个百分点；手机、数码相机、路由器、自动柜员机、液晶面板等产品的出口均价比上年均有所提升。需求疲软导致竞争加剧，我国电子信息企业苦练内功，直面挑战，助推中国品牌国际影响力不断提升。华为 2016 年收入规模超过 5000 亿元，其中 60%以上来自海外市场，成为全球第一电信设备供应商；联想入选世界品牌百强企业，笔记本电脑产量位居世界首位；京东方液晶面板出货量已经跃升至全球第二；海尔收购通用电气的家电业务，使市场占有率跃居至全球第五位。

5. 效益水平提高，支撑作用增强

2016 年，规模以上电子信息制造业实现利润总额约 6464 亿元，同比增长 16.1%，行业平均利润率达到 5.3%，比上年提高 0.6 个百分点。其中，软件业利润总额为 6021 亿元，同比增长 14.9%，行业利润率超过 10%；电子信息制造业收入与利润占全国工业的比重达到 10.6%和 9.4%，分别比上年提高 0.6 和 1 个百分点，如图 51 所示。除直接经济贡献外，电子信息行业对社会生产生活的支

撑作用也在不断增强。信息技术与工业融合发展迈上新台阶，2016年我国数字化研发设计工具普及率达到 61.8%，工业企业数字化生产设备联网率达到 38.2%；异地协同设计、个性化定制、网络众包、云制造等新的研发生产组织模式不断涌现。金融、交通、医疗、教育、水电燃气等行业信息技术应用不断深化，基于安全、可靠软硬件的信息系统建设试点和推广应用逐步展开。电子信息技术还在国防和国家重点工程领域发挥了重要作用，在"天宫二号""神舟十一号"和"墨子号"等前沿科技实践中，中电科等一批电子信息企业做出了重大贡献。

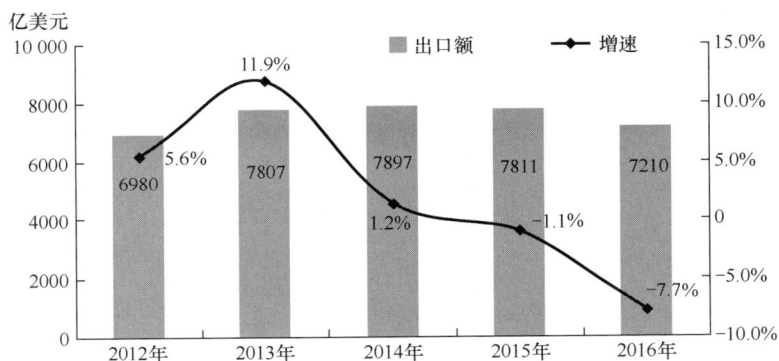

图 50　2012—2016 年电子信息产品出口情况（数据来源：海关总署）

图 51　2016 年电子信息行业主要效益指标（数据来源：国家统计局、工业和信息化部）

　　总体来看，2016 年我国电子信息行业的发展可以概括为"**稳中有进，进中有难**"。"**稳**"是指电子信息行业在工业经济疲软背景下保持了较快增长，带动作用突出。"**进**"是指电子信息行业结构调整深化，发展质量得到明显提升。"**难**"是指电子信息行业处于供给侧结构性改革的关键时期，新旧增长动能正在切换，深层次结构性问题依然存在，核心、高端和基础产品供给相对不足，整体实力仍有待提升。

（二）存在的主要问题

虽然电子信息行业在复杂的环境中保持了平稳较快的增长，但总的来说，行业发展仍面临不少的挑战，如核心技术掌握不足、结构性矛盾依然突出、国际竞争加剧、市场秩序混乱等问题依然严峻，亟待采取有效措施为稳定和促进行业发展提供支撑。

1. 自主创新能力有待提升

我国在芯片、显示面板、系统集成等领域不断取得技术突破，与发达国家的差距逐渐缩小，但自主创新能力尤其是集成创新能力，仍远落后于美、德、日等先进国家，核心技术缺失依然制约着我国电子信息制造业的健康发展。在共性关键技术、底层软硬件和核心基础元器件领域的基础仍较薄弱，产业价值链高端和发展制高点被国外企业所把持；应用基础技术供给不足，国内总体上以跟随式发展为主；创新体系不健全，在产业创新模式由传统的依靠单点技术和单一产品，向多技术融合的系统化、集成化创新转变的大背景下，主要创新要素的跨界整合能力不足；创新人才不足，具有全球化视野、企业家精神的领军人才缺乏，专业技术人才缺口不断扩大。

2. 产业结构性矛盾依然突出

从整体来看，我国电子信息产业结构仍不协调，终端产品比重大，基础产品占比低，对外依存度偏高，外需市场占比近 50%，产品出口以加工、代工为主，同质化现象严重。大型企业与小微企业发展态势分化，缺乏具有国际影响力的领军企业。区域失衡局面仍未得到彻底扭转，中西部地区的电子信息制造业近年来快速增长，全国占比稳步提升。东部地区在增速下降情况下利用资本、人才等优势加快转型升级，新的竞争优势正在形成，未来与中西部地区的差距有可能再度拉大。

3. 产业增长动力处于换挡期

新常态下，我国劳动力、土地、资源要素和政策等传统优势不断减弱，且彩电、手机、计算机等传统产品的规模已接近天花板，产业发展的传统动力总体减弱。我国人力成本不断攀升，全球组装加工制造向更具人力资源优势的中南亚、南美等地区加速转移。与此同时，信息技术创新速度不断加快，产业发展模式由垂直分工向水平分工转变，使电子信息产业与市场结合得更加紧密，技术和市场驱动作用愈加凸显，而我国的电子信息产业由于核心技术薄弱、长期采用跟随发展路径，尚未形成以技术和市场驱动的新增长动力，产业发展后续风险不容小觑。

4. "走出去"面临多方面挑战

近年来，电子信息企业不断加大国际市场的开拓力度，取得了积极的成效，但随着我国企业在国际市场崭露头角，面临的挑战与困难也不断增多。发达经济体频繁利用双反（反补贴反倾销）、国家安全等壁垒限制我国产品出口，阻碍我国企业进行跨国并购；新兴经济体为保护本国产业发展所设置的壁垒也不断增多。此外，由于产业技术标准体系落后，缺乏国际话语权，国内企业"走出去"面临诸多技术壁垒。中资企业在海外大多处于单打独斗状态，导致发现市场机会后，企业间出现恶性竞争，甚至出现他国同行企业渔翁得利的局面。

二、2017年上半年电子信息行业发展态势分析

（一）行业运行状况和主要特点

2017年上半年，我国工业经济延续第一季度稳中向好的运行势头，结构调整、转型升级效果进一步显现。其中，电子信息行业表现突出，保持快速增长态势，在工业经济新旧动能转换中发挥了积极的支撑引领作用。

一是生产保持较快增长。2017年1～6月，电子制造业增加值增长13.9%，增速比1～5月加快了0.2个百分点，同比增长4.7%，高于全国工业平均增速7个百分点。从主要细分领域增加值增速来看，计算机制造（6.9%）与视听设备制造（1.9%）等传统整机领域增速低于行业平均水平；但电子元件制造（14.1%）、电子器件制造（13.6%）、电池制造（24.5%）、通信设备制造（17.8%）、电子设备制造（24.2%）等基础和新兴领域保持较高增速，显示出电子信息行业结构调整不断深化，产业基础不断夯实，如图52所示。

二是行业投资高速增长。2017年1～6月，计算机、通信和其他电子设备制

造业完成固定资产投资 5709 亿元，同比增长 27.4%，增速高于同期制造业平均水平 23.9 个百分点。分领域来看，半导体分立器件制造、集成电路制造和通信设备制造等领域投资增势突出，高于全行业平均水平，计算机、家用视听、广播电视设备制造等领域投资增势较为低迷。

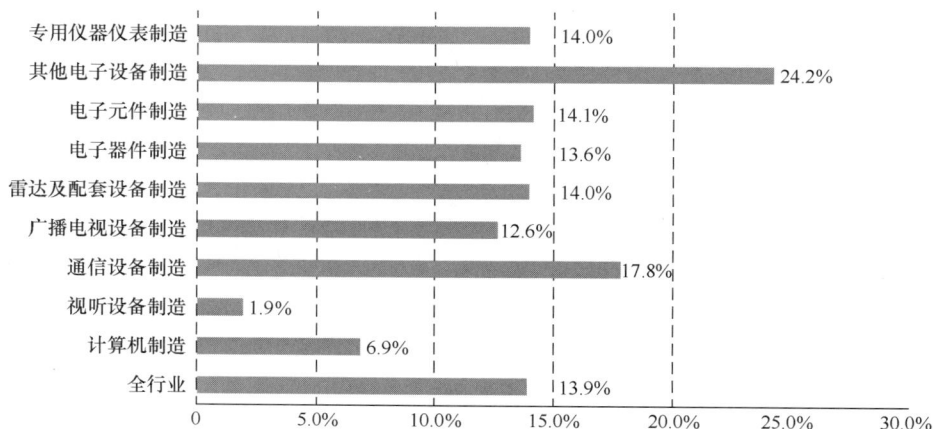

图 52 2017 年 1～6 月电子信息行业各细分行业增加值增速

（数据来源：国家统计局）

三是外贸出口增速回落。2017 年 1～6 月，我国高新技术产品出口 2892 亿美元，同比增长 6.9%，增速比第一季度回落 1.1 个百分点，低于全国货物贸易出口增速 1.6 个百分点。从主要产品来看，手机及其零件、计算机、液晶显示板和集成电路等出口额分别达到 646 亿美元、695 亿美元、119 亿美元和 288 亿美元，同比增长 6.5%、11.7%、3.0%和 1.7%。

（二）需要关注的重点问题

一是效益水平亟待提升。2017 年 1～6 月，电子信息制造业主营业务收入 62 665 亿元，同比增长 14.5%；实现利润总额 3181 亿元，同比增长 16.1%；电子信息制造业收入增速领先工业平均水平 0.9 个百分点，但利润增速落后 5.9 个百分点，行业平均利润率为 5.1%，低于工业平均水平 1 个百分点，具体见表 25。2017 年上半年，电子产品的核心部件和元器件，如液晶面板和硅晶圆等采购成本不断上涨，整机电子产品的调价空间有限，造成企业盈利难度加大。

表 25　　　　　　　　　2017 年 1~6 月电子信息行业主要效益指标

指 标 名 称	电子信息制造业	全国工业	占比/差距
主营业务收入（亿元）	62 665	595 081	10.50%
增速	14.5%	13.6%	提高 0.9 个百分点
利润总额（亿元）	3181	36 338	8.80%
增速	16.1%	22%	下降 5.9 个百分点
每百元主营业务收入中的成本（元）	87.81	85.69	高 2.12 元/百元
每百元主营业务收入中的费用（元）	7.39	7.29	高 0.1 元/百元
利润率	5.1%	6.1%	低 1 个百分点

数据来源：国家统计局。

二是动能转换仍需关注。当前，彩电、计算机等传统产品的拉动作用不断减弱。2017 年 1~6 月，国内彩电市场销量同比下降 7.3%，手机出货量下降 5.9%；平板电脑、计算机销量持续处于萎缩状态。同时，可穿戴设备、AR/VR 和无人机等新兴产品虽然增长较快，但标准缺失、过度竞争导致的低端化现象日益凸显，不利于未来健康发展。此外，集成电路、新型显示、智慧城市、智能制造等领域的发展主要依赖政府投资拉动，内生性和可持续性不足，难以支撑行业的长期持续增长。

三是发展环境有待优化。首先，经营压力不断加大。伴随着国内经济环境的变革，人工成本提高、融资成本上升、高端人才缺乏等因素使企业要素成本上涨，企业融资难、运营成本高等问题愈加突出。同时，受市场竞争激烈和相关审查日趋严格等因素影响，下游客户不断加大项目招标比例，增加投标及签约流程，需要企业投入更多的资源维护市场渠道，销售费用攀升。其次，转型升级困难加剧。企业向基础领域和新兴领域转型的前期投入巨大，而这些领域市场规模仍相对较小，收效回报仍需时日，给企业的持续发展带来较大的压力。最后，业务领域拓展面临门槛限制。如有企业希望拓展教育、医疗和金融等相关业务，需要获得相应的牌照，但牌照申请门槛高、难度大、周期长，从而限制了企业的业务发展。

三、2017 年下半年及 2018 年上半年电子信息行业发展态势研判

（一）2017 年行业发展整体形势分析

当前，以大数据、云计算、人工智能、量子通信等为代表的新一代信息技

术正在引发新一轮科技革命和产业变革，与我国转变经济发展方式形成历史交汇，为电子信息产业发展提供了新空间、创造了新机遇，也提出了新要求。

第一，**政策环境持续完善**。习近平总书记指出，网络信息技术是全球研发投入最集中、创新最活跃、应用最广泛、辐射带动作用最大的技术创新领域，是全球技术创新的竞争高地。党中央、国务院高度重视网络信息技术的创新驱动作用，大力发展电子信息产业，《国家创新驱动发展战略纲要》《国家信息化发展战略纲要》《中国制造 2025》、"网络强国"等重大战略相继实施，为电子信息产业的创新发展创造了良好的发展环境，提供了广阔的发展空间。

第二，**产业格局加快变革**。信息通信技术在各类终端产品中的应用日益广泛，大数据、云计算、物联网、移动互联网等新兴领域蓬勃发展。价值链重点环节发生转移，组装制造环节的附加值日趋减少，国际领先企业纷纷立足内容及服务环节加快产业链整合，以争夺产业链主导权。制造业、软件业、运营业与内容服务业加速融合，新技术、新产品、新模式不断涌现，给传统产业体系带来了猛烈的冲击，推动产业格局发生重大变革。

第三，**应用需求不断升级**。在实现由传统工业化道路向新型工业化道路转变、促进工业供给侧结构性改革的进程中，信息技术、产品在工业各领域、生产各环节持续深化应用，综合集成度不断提升，为产业发展创造了广阔的市场空间。同时，随着节能环保、高端装备制造、新能源汽车等战略性新兴产业的发展壮大，信息技术与各行业、各领域的融合应用不断深化，不断形成辐射范围广、带动作用强的产业新增长点。

第四，**全球竞争日益激烈**。电子信息产业历来是全球竞争的战略高地。为强化领先优势，美国、德国、法国、日本等主要发达国家紧盯前沿领域，加紧系统布局，以推动新一代信息技术与制造业深度融合为重心，制定出台了新的发展战略，抢占未来技术和产业竞争制高点；为适应新的竞争态势，巴西、俄罗斯、印度等国也发挥比较优势，着力发展电子信息产业，以实现后发赶超。

（二）行业未来运行态势展望

"十三五"时期，我国的经济发展仍处于大有作为的战略机遇期，但下行压力较大，周期性和结构性矛盾相互叠加，短期和长期问题相互交织，总体形势较为复杂。具体到电子信息行业来看：

国际方面，2017年下半年到2018年上半年，世界经济发展环境依然错综复杂。发达经济体的保护主义和"逆全球化"倾向抬头；新兴经济体发展不平衡问题依然存在。与此同时，电子信息产业日益成为全球竞争的新焦点，"高端回流"与"中低端分流"现象并存。这些因素将给我国高度外向型的电子信息行业发展带来巨大压力。国内方面，近期我国工业和宏观经济有望延续平稳增长态势，但影响经济持续健康发展的因素仍较多，如长期性、深层次、结构性矛盾依然突出；受市场环境偏紧和经营成本较高双重挤压，实体经济发展仍较为困难；新兴产业领域成长面临的环境和政策制约仍较多。在这种形势下，对正处于转型升级关键时期的电子信息行业而言，防风险和稳增长的有效结合，全面推进深层次、市场化的供给侧结构性改革仍然任重而道远，行业面临的挑战依然严峻。

当然，在承受压力和挑战的同时，行业发展也面临着一些难得的机遇和有利因素，如：政府部门高度重视实体经济的发展；信息技术改造提升传统产业的作用日益得到认同；《中国制造2025》、"一带一路""互联网+""大众创业、万众创新""制造业与互联网深度融合""智能硬件"等发展战略的全面部署和产业政策相继推出，都将为电子信息行业的发展注入了新的活力，开辟了新的空间。

总的来说，2017年作为实施"十三五"规划的重要一年，2018年作为供给侧结构性改革的深化之年，对电子信息行业而言，既有机遇也有挑战，但机遇大于挑战。行业将保持中速增长，2017年和2018年上半年，行业收入增速有望保持在两位数以上，同时，电子信息行业的引领、支撑作用也将进一步凸显。

四、促进电子信息行业发展和转型升级的对策建议

（一）强化顶层设计，全面协调发展

国家应强化顶层设计，全面统筹协调，集中资金、资源，提升关键核心技术和基础产品的供给能力。建议采取鼓励企业提升研发创新投入强度的税收政策；将支持集成电路产业的相关政策延伸到核心元器件和新型智能硬件等领域；国企采购自主创新电子设备、系统软件和基础材料的，可给予一定的风险补偿；

建议设立专项资金，加大对电子信息领域大型骨干企业的支持力度，鼓励龙头企业向高附加环节的垂直整合。最后，需要加强热点领域的投资规划引导，避免出现盲目投资。

（二）培育内需热点，开辟新兴外需

内需市场方面：一是加快实施智能制造工程，扩大工业电子市场规模，切实发挥现有专项资金的作用，树立并支持一批电子信息技术支撑智能化改造的示范标杆；二是提升信息消费供给内容的质量和水平，深化网络、电视内容服务的市场化进程，提供高清化、智能化服务，促进终端产品的更新换代。外需市场方面：加快落实"一带一路"倡议，推动电子信息行业的国际产能合作。通过专项资金为优质电子信息企业的出口贸易和海外投资提供融资和担保支持；金融机构也可为企业在海外的贸易伙伴提供买方信贷；建议选择优势领域，在"一带一路"沿线国家设立研发、制造和商贸综合园区，便于企业组团"走出去"，实现协作发展。

（三）降低企业负担，优化发展环境

一是切实降低企业负担。建议加快推进财税体制改革，实行差别税率，对鼓励发展的领域（核心元器件、基础材料、新型显示、基础软件等）施行直接降税措施。建议减少强制性的工资标准调整，完善劳动合同期限相关规定，使企业用人和工资回归市场化；削减不必要的费用项目，同时提高费用使用的透明度。二是进一步拓宽企业的直接融资通道，允许企业更加灵活地采用企业债等方式，在境内、境外筹集资金，也要鼓励金融机构与大企业合作，发展产业链金融，利用大企业熟悉产业链上下游企业的优势，基于经营情况向中小企业提供融资支持。三是进一步强化政策落实。建议简化对电子信息企业拓展经营业务领域时的审批流程，促进效率提升。四是为产业发展做好服务引导。搭建专利和技术公共服务平台，提高产学研对接效率。大力推进"双创"平台建设，为小微型科技创新企业提供孵化支撑。

（中国电子信息行业联合会）

热点专题篇

专题一　工业供给侧结构性改革

专稿一　我国工业供给侧结构性改革的推进思路

工业是立国之本、强国之基，工业供给侧结构性改革是全国供给侧结构性改革的重要组成部分。面临新一轮科技革命和产业变革与我国新常态下加快转变经济发展方式的历史交汇期，我国工业更应审时度势，加强部署，针对当前存在的深层次结构性矛盾和问题，加快推进工业供给侧结构性改革，为我国的全面改革提供支撑。

一、工业供给侧结构性改革的时代背景

（一）全球新一轮科技革命与产业变革重塑国际制造业竞争新优势

当前，全球正处在新一轮科技革命和产业变革期，颠覆性技术不断涌现，产业化进程加速推进，新的产业组织形态和商业模式层出不穷。新一代信息技术、互联网与制造业的深度融合，正在引发影响深远的产业变革，催生新的生产方式、产业形态、商业模式和经济增长点。如人工智能、物联网、云计算、3D 打印等颠覆性技术的涌现和应用，不但促进了产生众多新业态、新模式，还促进了生产工具和生产工艺的创新，共同成为推动经济增长的重要力量。信息技术的应用及制造业与互联网的融合，激发了制造企业的创新活力、发展潜力和转型动力，推动制造业从传统的大规模、集中式、同质化生产模式向小批量、分散式、个性化生产模式演进，制造业数字化、网络化、智能化趋势明显，形成了制造业发展的新生态。

主要发达国家的"再工业化"和"制造业回归"战略力图集中抢占高端制造业发展制高点，重塑发达国家制造业竞争新优势。一些发展中国家依靠资源、劳动力等比较优势，开始布局中低端制造业，力图融入国际产业分工体系，在

中低端制造业国际空间拓展方面展开激烈的竞争。我国制造业面临着发达国家高端制造竞争和发展中国家中低端制造转移"双向挤压"的严峻挑战，必须放眼全球，加强战略部署，积极抢占制造业新一轮竞争制高点。

（二）国内经济"新常态"下的深层次供给侧结构性矛盾亟待破解

2013 年以来我国经济开始进入新常态，主要表现是经济从高速增长开始转向中高速增长，原因在于传统动力机制趋弱，新的动力机制尚未形成，长期积累的结构性、体制性、素质性矛盾和问题凸显。从支撑短期增长需求侧的"三驾马车"来看，投资、出口增长持续疲弱，消费增长潜力仍有待挖掘；从支撑长期增长的供给侧要素来看，由于资本边际效益不断下降，作为经济增长重要引擎的大规模资本投入后期不可持续。随着劳动力成本上升和人口老龄化时代来临，人口红利不断下降。市场化改革和对外开放虽然带来了生产效率的大幅提升，但由于仍存在诸多体制机制弊端以及技术上后发优势的削弱，全要素生产率对经济增长的贡献也明显降低。供给侧与需求侧增长动力同时疲弱，长期积累的矛盾和问题集中爆发，从经济表现来看即为"四降一升"：经济增速下降、工业品价格下降、实体企业盈利下降、财政收入增幅下降、经济风险发生概率上升。这些问题产生的原因不是周期性的，而是结构性的，不可能再通过对冲周期性波动的需求侧管理政策得到缓解，因此迫切需要通过全面深化改革，着重从供给侧构建新的经济增长动力机制，推动经济转型升级。

2015 年 11 月 10 日，习近平总书记在中央财经领导小组会议上首次提出了"供给侧结构性改革"，明确提出"在适度扩大总需求的同时，着力加强供给侧结构性改革，着力提高供给体系质量和效率，增强经济持续增长动力，推动我国社会生产力水平实现整体跃升"，这是中央层面首次提出供给侧结构性改革的思路。此后，中央层面在多种场合中不断强调"供给侧结构性改革"。"十三五"规划纲要也对推进供给侧结构性改革提出了要求[13]，"以供给侧结构性改革为主线，扩大有效供给，满足有效需求，加快形成引领经济发展新常态的体制机制和发展方式"。"必须用改革的办法推进结构调整，加大重点领域关键环节市场化改革力度，调整各类扭曲的政策和制度安排，完善公平竞争、优胜

---

[13] 中华人民共和国国民经济和社会发展第十三个五年规划纲要。

劣汰的市场环境和机制，最大限度激发微观活力，优化要素配置，推动产业结构升级，扩大有效和中高端供给，增强供给结构适应性和灵活性，提高全要素生产率"。实施供给侧结构性改革由此成为我国当前及整个"十三五"时期重要的经济发展战略和宏观调控内容。供给侧结构性改革聚焦实体经济，而工业和制造业是实体经济的主体，存在一系列深层次的结构性矛盾亟待破解，因此可以说，工业是我国供给侧结构性改革的主战场。

二、我国工业供给侧存在的主要问题

当前我国工业存在的突出结构性矛盾在于有效供给能力薄弱，低端产品供给过剩，高端产品供给不足，供给产品不能满足消费者对质量、品牌以及个性化、多样化需求，造成大量需求"外溢"。工业有效供给能力薄弱的根源主要在以下几个方面。

（一）自主创新能力不强，产业技术依存度较高

当前，我国制造业虽然积累了较强的技术基础，具备了一定的创新能力，但还面临很多问题亟待破解[14]。一是技术创新能力不强。我国大中型工业企业的研发投入占主营业务收入比重不到1%，远低于主要发达国家2.5%以上的水平。部分产业的核心技术严重依赖国外，如高端芯片和通用芯片对外依存度超过95%，95%的高档数控系统，几乎全部高档液压件、密封件和发动机要依靠进口。二是科技创新对产业的支撑不足。产业协同创新能力不足，产学研用脱节严重，科技成果转化率低。三是创新资源重复分散，难以形成创新合力。我国创新资金、设备等创新资源配置的重复浪费现象严重，创新"孤岛现象"十分普遍。四是知识产权和标准等创新竞争工具的作用尚未充分发挥，企业有效运用知识产权和技术标准参与市场竞争的能力尚显不足。

（二）工业产品质量不高，与国外相比仍有较大差距

"十二五"以来，我国制造业的质量水平虽有显著提升，但还存在一些突出

---

[14] 《中国制造2025》系列政策解读之：提高国家制造业创新能力。

的问题[15]。一是产品质量与国际水平相比仍有较大差距。部分产品质量档次不高，产品质量安全性、质量稳定性和质量一致性与国际先进水平相比仍有较大差距。二是产品标准结构不合理。部分技术标准水平低、适用性差，高新技术、高附加值产品的关键技术标准缺乏，难以满足高质量产品竞争发展的需要。三是企业的质量意识不强。部分企业质量意识薄弱，质量信誉不高，质量提升和管理的系统性和效率不高。四是质量安全保障体系仍有待完善。部分产品质量检测能力不足，监管力度不够，产品质量安全事件时有发生。此外，与质量相关的一批关键、共性技术问题长期得不到解决，质量和品牌公共服务能力与企业的需求也存在明显差距。

（三）产业结构不合理，供需错配矛盾突出

工业产业结构不合理主要体现在两个方面，一方面是中低端产品供给过剩。中低端行业集聚了过多的资本和资源，形成了庞大的生产能力，遇上国际金融危机以来国内外市场需求持续低迷，产能过剩矛盾凸显。特别是钢铁、煤炭、水泥、建材等传统领域的产能过剩问题尤为严重。以钢铁为例，统计数据显示，2012—2015 年我国钢铁产能利用率分别为 72.0%、72.00%、70.69% 和 66.99%，均值为 70.42%[16]，4 年均值比全球平均水平低 5.4 个百分点，比美国同期低 4.8 个百分点。近年来，虽然国内外的宏观经济环境有所回暖，产能过剩总体态势得到了一定程度的抑制，但总体来看，产能过剩形势仍然严峻，"去产能"已成为我国未来较长一段时期内的工作重点。另一方面是高端产品供给不足。随着人民生活水平的不断提高，市场上高端产品需求以及个性化、多样化需求大大增加，但由于多种因素，我国工业有效供给能力明显不足，使得我国消费者从境外购买高端产品的现象愈演愈烈。2015 年，我国高端产品消费进口量稳居全球第一，境外消费超过 1.5 万亿元，奢侈品消费达到 910 亿元，占全球的比例达 78%。同时，一些领域的高端装备产品也大量依靠进口，甚至一些产能严重过剩的行业同样存在高端产品严重依赖进口的问题。

---

15 《中国制造 2025》解读之：加强质量品牌建设。
16 2013—2016 年《中国钢铁工业年鉴》。

（四）市场配置资源的作用仍未能充分发挥，微观市场活力不强

当前，在新业态、新模式蓬勃发展的同时，不少传统企业仍感到转型乏力，缺乏发展的有力抓手和市场需求，企业在提高产品质量、提高效益方面的竞争力仍然不足。2016年以来，中央和地方集中围绕简政放权和减轻企业负担出台了一系列减少行政审批事项、清理涉企收费和减免政府性基金等政策措施，但仍有不少企业反映感受仍不充分。我国市场环境中知识产权保护不力、假冒伪劣产品充斥、社会信用不足、不正当竞争严重等问题仍较为突出，一些行业和领域社会资本仍不能自由进入，市场竞争规则和投融资体制仍需进一步完善。

三、我国工业供给侧结构性改革的推进思路

我国工业供给侧结构性改革需要从提高供给质量、优化供给结构出发，通过提高要素和产品供给质量、优化工业结构和产业布局、强化科技创新、深化体制机制改革以及优化政策支撑等途径，提高供给结构对需求变化的适应性和灵活性，不断扩大有效供给，促进工业由低水平的供需平衡向高水平的供需平衡跃迁。

（一）通过提高要素供给质量，提升工业增长潜力

一是推进人口红利向人才红利转变，全面提升人力资本优势。加强工业人才发展统筹规划和分类指导，完善从研发、转化、生产到管理的人才培养体系；打造高层次专业技术人才和创新型人才队伍；建立人才激励机制；从工业文化入手增强中国工业的软实力，塑造"德、技双馨"的工匠精神。二是促进技术要素创新供给，充分发挥科技创新在促进工业发展中的引领作用。深化技术创新体制改革，破除束缚科技创新和成果转化的制度障碍；完善自主创新和成果转化的政策体系，引导各类创新主体加大研发投入；完善以企业为主体、市场为导向、产学研结合的技术创新体系，多元化支持从发展基础科研、实施国家科技重大项目到促进科技成果产业化各方面的自主创新，提升创新绩效。三是深化金融改革，有效支持实体经济发展。进一步深化金融机构特别是国有控股商业银行改革，积极发展证券、保险等非银行金融机构，引入民间资本，增加

金融供给主体和金融产品。大力发展与实体经济相匹配的多层次资本市场。四是稳步推进土地制度改革，扩大工业用地的有效供给。加大工业用地的保障力度，优先安排新兴产业发展的土地供应；把握工业用地的关键环节，建立工业用地的预申请制度；优化工业用地供应方式；在逐步建立城乡统一的土地产权框架和流转制度过程中形成兼顾国家、企业、个人的土地增值收益分配机制等。

（二）通过深度调整产业结构，推动工业转型升级

一是积极有效化解过剩产能。坚决遏制产能盲目扩张，综合运用环保、能耗、质量、安全、技术等多种标准，加快淘汰落后产能；支持兼并重组企业整合内部资源，优化技术、产品结构，压缩过剩产能；协调解决企业跨地区兼并重组重大问题，完善和落实促进企业兼并重组的财税、金融、土地等政策措施；努力开拓国内外市场需求。二是加快改造提升传统产业。通过高新技术改造提升传统产业，支持传统企业紧跟国际标准提高技术、工艺、装备、能效、环保等水平，实现重点领域向中高端的群体性突破；强化传统产业产品质量和品牌建设，完善质量监管体系，加强商标品牌法律保护，着力营造良好的产业发展环境和公平竞争的市场环境，通过市场竞争打造"知名品牌"；推动传统制造业由生产型向生产服务型转变，推进生产性服务业向专业化和价值链高端延伸；充分运用互联网手段改造传统产业，通过传统产业的"互联网+"实现其生产、管理和营销模式的升级变革。三是加快培育壮大新兴产业。围绕重点领域，强化技术创新，深化体制改革，优化政策支撑，支持新一代信息技术、新能源汽车、生物技术、高端装备等新兴产业发展壮大；突出优势和特色，打造一批战略性新兴产业发展策源地、集聚区和特色产业集群，形成区域增长新格局。四是有序推动产业在区域之间的合理布局。调整和优化工业布局，结合国家主体功能区规划和重大生产力布局规划要求，引导工业行业向适宜开发的区域集聚，引导地区间产业合作和有序转移；积极推动以产业链为纽带、资源要素集聚的产业集群建设；加强规划引导，促进各类产业集聚区规范有序发展。

（三）通过有效的制度改革，破除体制机制障碍

一是营造公平竞争的市场环境。建立公平、开放、透明的市场规则，实行统一的市场准入制度和市场监管，清理和废除妨碍统一市场和公平竞争的各种

规定和做法，建设法治化营商环境；完善市场价格形成机制，推进水、石油、天然气、电力、交通、电信等领域价格改革，放开竞争性环节价格，政府定价主要限定在公用事业和网络型自然垄断环节；健全市场退出机制；加大知识产权保护，推进制造业企业信用体系建设。二是深化放管服改革。深入推进简政放权。建立健全权力清单、责任清单、负面清单管理模式，划定政府与市场、社会的权责边界。深化行政审批制度改革，最大限度地缩减政府审批范围。深化具有行政职能的事业单位改革，大力推进政事分开。提高政府监管效能。转变监管理念，制定科学有效的市场监管规则、流程和标准，健全监管责任制，推进监管现代化。创新监管机制、方式，推进综合执法和大数据监管，运用市场、信用、法治等手段协同监管。优化政府服务。创新政府服务方式，加快推进行政审批标准化建设，加强部门间的业务协同，推广"互联网+政务服务"，全面推进政务公开。三是深化国有企业改革，增强国有企业活力。完善产权清晰、权责明确、政企分开、管理科学的现代企业制度，依法落实国有企业法人财产权和经营自主权，不断增强国有经济的活力、控制力、影响力、抗风险能力。四是建立健全工业法制体系建设。切实加强在推进两化深度融合、军民深度融合、高端装备制造、中小企业发展、对外投资等重点领域的立法，增强法律法规的及时性、系统性、针对性、有效性，用完善的法律规范体系引领工业发展。

（四）通过创新驱动发展，形成新的增长动力源泉

一是大力推动科技创新，不断增强支撑工业转型升级的技术供给能力。强化原始创新能力，实现关键核心技术安全、自主、可控；加快推动产业技术体系创新，构建结构合理、先进管用、开放兼容、自主可控、具有国际竞争力的现代工业技术体系，以技术的群体性突破支撑引领新兴产业集群发展，推进工业转型升级。二是完善制造业创新体系，跨越从研发到产业化的"死亡谷"。构建高水平的制造业共性技术研究机构，作为开展产业前沿及共性关键技术研发的主体；建立产学研用协同创新机制，依托产业技术创新联盟，发挥行业骨干企业的主导作用、中小企业的协同配套作用、高校科研院所的技术支撑基础作用、行业中介组织的保障服务作用，形成联合开发、优势互补、成果共享、风险共担的产学研用协同创新机制；建立以市场化机制为核心的成果转移扩散

机制，通过孵化企业、种子项目融资等方式，推动科技成果商业化应用和产业化。三是通过扩大开放，全方位提高科技创新的国际合作水平。一是深入实施"一带一路"科技创新合作规划，建设"一带一路"协同创新共同体。二是结合工业发展战略需求、现实基础和优势特色，积极参与国际大科学计划和大科学工程。三是支持国内工业企业"走出去"和国外知名企业"引进来"，设立高水平研发机构和技术转移中心，实现创新资源双向流动。

（五）通过政策体系支撑，营造良好的环境和条件

一是宏观政策要稳，为工业供给侧改革营造稳定的宏观经济环境。进一步加大实施积极财政政策的力度，通过实行减税等手段，为工业发展提供保障；实施灵活适度的稳健货币政策，为工业供给侧改革营造适宜的货币金融环境。二是产业政策要准，力争取得实效[17]。包括：定位准，产业政策不是替代市场，而是弥补市场失灵、健全和完善市场机制的有效补充；判断准，精准选择需要产业政策重点支持的重点产业，并准确确定产业发展的引导方向；着力准，根据不同区域、不同产业和不同发展阶段所面临的主要矛盾和焦点问题制定产业政策，突出针对性和有效性；方式准，找准产业政策的作用方式和政策工具，找准药方、对症下药。三是微观政策要活，通过完善市场环境、激发企业活力和消费潜力，进一步完善对企业的服务工作，营造宽松的市场经营和投资环境；保护企业产权和合法利益，鼓励和支持企业创新发展，通过创造新供给、提高供给质量，扩大消费需求。

（中国信息通信研究院　王含春）

---

[17] 贾康. "产业政策与供给侧改革"，第一财经，2016 年 9 月 19 日。

专题二　数字经济发展

专稿二　加快工业互联网平台布局，深化制造业与互联网融合发展

当前，全球制造业正进入新一轮变革浪潮，物联网、互联网、云计算、大数据、人工智能等新一代信息技术正加速向工业领域融合渗透，工业互联网、"工业 4.0"、智能制造等战略理念不断涌现。党的十九大报告提出"加快建设制造强国，加快发展先进制造业，推动互联网、大数据、人工智能和实体经济深度融合"。10 月 30 日，国务院常务会通过《深化"互联网+先进制造业" 发展工业互联网的指导意见》，要通过发展工业互联网促进实体经济振兴，加快转型升级。作为工业互联网的三大要素，工业互联网平台是工业全要素链接的枢纽，是工业资源配置的核心，是构建工业互联网生态的关键载体，对于我国制造业向中高端迈进、建设制造强国具有重要意义。

一、工业互联网平台的内涵和重要作用

（一）工业互联网平台的内涵

工业互联网平台是海量异构数据汇聚与建模计算、工业经验知识软件化与模块化、各类创新应用开发与生态构建的关键载体，其目的是不断优化研发设计、生产制造、运营管理等资源配置效率，实现协同设计与制造、个性化定制、服务型制造、产业链金融、设备在线租赁等新模式、新业态。

（二）工业互联网平台的作用

工业互联网平台给现有制造体系带来了重大变革，主要体现在三个方面。一是制造模式由自动化向高度智能化转变，基于工业互联网平台对工业设备、产品数据的集成、分析与决策反馈，能够实现设备、产品的远程监测与优化操

控，智能工厂、远程运维、智能服务等模式应运而生。二是生产方式由标准化向个性定制化转变，工业互联网平台降低了企业与用户交互的成本，使企业具备快速响应用户需求、灵活组织制造资源的能力，按需生产、大批量定制成为现实。三是组织形态由地理集聚向网络协同化转变，基于工业互联网平台可以汇聚资金、创意、工具等生产要素和资源，推动产业链环节形成网络空间的集聚，达到甚至超越以往地理空间集聚所产生的协同分工效果，协同设计与制造等模式日趋成熟。

二、当前国外工业互联网平台发展的总体情况

当前发达国家的行业巨头企业均将工业互联网平台作为战略布局的重要方向，并逐步构建自主掌控的平台布局能力。从 2013 年通用电气公司推出 Predix 工业软件平台产品以来，其他国际产业巨头纷纷加入工业大数据平台的竞争。如西门子推出了 Sinalytic 平台，将所有跨业务的远程分析和维护服务进行整合；IBM 推出以 PaaS 为核心的数据分析及应用开发平台等。

目前，国际产业巨头 GE 率先围绕 Predix 平台构建了产业生态，包括：一是基于行业应用整合资源，通过核心应用产品 Predictivity 整合行业经验，推动关键领域整合；二是通过企业战略合作，实现技术产品的共同研发，与 Pivotal 公司建立战略协作，将其云计算产品 Cloud Foundry 引入 Predix 平台作为平台核心技术；三是通过开放平台聚集资源，向第三方开发商提供开放资源，为应用开发者提供统一的开发环境及技术交流社区，在行业开发领域集合生态资源；四是通过跨界联合或收并购方式，增强 IT 实力，如 GE 与苹果合作，打造面向企业应用开发的工具包，加速构建工业互联网创新应用；五是建立工业互联网联盟（Industrial Internet Consortium），通过跨界合作的方式构建平台生态。

三、我国工业互联网平台发展面临的挑战

随着我国工业互联网的迅速发展，大型工业制造企业、ICT 企业纷纷加快工业互联网平台的布局，涌现出了一批工业互联网平台应用新模式、新业态。

在生产能力协同配置方面，沈阳机床 iSESOL 平台，接入分布在全国各地的 i5 数控机床，根据订单智能匹配产能；在供需资源匹配和生产资源共享方面，航天云网接入集团 600 余家单位，对设计模型、专业软件以及 1.3 万余台设备设施等进行共享，使集团资源利用率提升 40%；在资产和运营优化方面，树根互联根云平台已经实现约 30 万台机器设备的远程接入和 5000 多种运行参数的实时采集；在通用使能工具提供方面，阿里巴巴、腾讯、华为、百度、中国电信等信息通信巨头企业，在云计算、大数据、物联网、人工智能等方面创新活跃，并逐步拓展平台的工业互联网功能。

但与国外平台相比，我国的工业互联网平台建设起步相对较晚、产业基础仍需夯实，与国外相比仍然存在一定的差距：一是工业控制系统、高端工业软件等产业基础薄弱，平台数据采集、开发工具、应用服务等核心技术缺失。二是平台应用领域相对单一，与实际业务需求结合不够紧密，且缺乏第三方开发群体，工业 APP 数量与工业用户数量的双向迭代和良性发展尚需时日。三是缺乏产业链集成整合能力的龙头企业，难以形成资源汇聚效应。

四、推进工业互联网平台发展，深化制造业与互联网融合的建议

面对全球制造业平台化发展趋势，应充分重视工业互联网平台的基础性、战略性作用，充分认识平台建设的迫切性、复杂性和长期性，构筑基于平台的制造业新生态。

（一）推动工业互联网平台关键技术突破

围绕工业互联网平台的共性技术要素，以企业应用为牵引，鼓励传统工控企业与信息技术企业深度合作，突破面向传感器、生产装备、控制系统的嵌入式系统和中间软件技术，提升数据集成和计算分析能力。

（二）推动基于平台的智能化应用

推动面向数据集成分析的平台类产品研发应用，着重开发面向各类优化场景的模型算法，提升工业企业的智能化应用能力。基于不同行业、不同企业的生产特点、实际需求和基础能力等级，培育基于工业互联网平台的制造行业应

用试点。

（三）推动工业互联网平台标准建立

开展工业互联网平台功能架构和技术标准的制定，统一基于工业互联网平台的智能制造技术标准架构及工厂内数据交换标准，争取参与国际标准制定，谋求国际话语权。

（四）注重构建工业互联网平台生态体系

鼓励跨界企业强强联合、优势互补，推动产业链资源整合与优化配置。推动企业上云，打造平台功能丰富与海量使用双向迭代、互促共进的良性循环。积极引导平台企业开放软件工具、开发环境以及数据分析能力，建设运营开发者社区，加快培育一批面向特定行业、特定场景的工业智能化应用。

（中国信息通信研究院　　田洪川　刘钊　金永花）

专稿三　加强工业互联网知识产权布局——
营造更加良性的产业生态

多国将工业互联网提升到国家战略层次，诸多国际大企业也抢占市场，开展专利布局。知识产权能激励和保护创新，成为工业互联网产业发展的重要助力。工业互联网的知识产权布局多被国外企业把控，工业互联网平台等核心竞争要素未来存在诸多知识产权风险，有必要开展相关研究，优化工业互联网知识产权环境，营造良性的产业生态。

一、工业互联网产业现状和趋势

（一）工业互联网揭开新一轮工业革命的序幕

工业互联网自概念提出以来全球产业界积极开展应用实践和探索。德国唱响"工业4.0"，美国强调"再工业化"，中国国内倡导《中国制造2025》。这轮工业化浪潮被喻为"第四次工业革命"。工业互联网的目标是在建立一张将机器、物料、人、控制系统与信息系统全面联通的网络基础之上，对工业数据全面深度感知、实时动态传输与高级建模分析，形成智能决策与控制，驱动整个制造业向智能化方向发展。工业互联网不仅能带来技术创新，还将有力支撑大规模个性定制、开放式协同制造、服务型制造等新模式、新业态，有力推动生产力跃升。根据 GE 公司的预测，到 2030 年工业互联网将为全球 GDP 带来15 万亿美元的贡献。

（二）多国政府出台国家战略，大型企业抢占市场

目前美国、德国、日本、法国、印度等都在大力推进工业互联网的发展进程，以积极应对新科技产业革命，争夺国际产业竞争话语权。美、德等发达国家纷纷把重振制造业作为近年来最优先的战略议程，加紧开展工业互联网平台的相关理论研究、工程试验和项目建设。2010 年时任美国总统奥巴马提出"再

工业化"战略，旨在运用人工智能、机器人和数字制造为美国重筑制造业的竞争局面，促进先进制造业发展，并通过政策扶持加强产学研结合、投资制造业创新网络、推动数字化制造，打造创新集群；2013 年德国联邦政府将"工业 4.0"上升到国家战略层面，设立了"工业 4.0"平台和标准化路线图；2015 年日本公布侧重智能接口的新机器人战略，组织成立工业价值链倡议（IVI），旨在从技术角度推动智能制造。日本政府还组织开发了集人工智能、大数据、网络于一体的公共服务平台，十年内拟投入约 1000 亿日元，以对抗来自 GE、IBM 等平台大企业的竞争；印度在工业互联网的软件方面有传统优势，为工业互联网做出了巨大投资，不过印度的制造业还有待加强，缺乏成熟的制造中心和资源，供应链还不够完善。

由于工业互联网是领先的概念框架，复杂性高、现有法律框架对解决方案的安全保护不足、缺乏共同标准参考框架、中小型企业缺少培训、产业界对开放型网络环境担忧等因素造成企业发展呈现不同特点：大量企业尚未实施工业互联网甚至不曾了解或接触这一概念。即便是在德国，目前也仅仅只有约 25% 的企业开始实施工业互联网。

不过一些国际大型企业则特别重视工业互联网的市场战略布局，积极抢占市场，开展争夺话语权的无硝烟工业竞赛。GE 提出工业互联网战略后推出了 40 余种工业互联网产品，其大数据分析平台 Predix 于 2015 年向全球制造业企业开放；IBM 和德国 SAP 也在开发工业互联网平台；日本的相关创新也集中在大企业身上。软银集团与 GE 合作机器人业务，各大车企利用原有自动化程度高、生产技术创新活跃的优势推动大数据、物联网、云服务、智能化的开发和应用，日本 IT 企业结合自身优势提出了众多工业互联网解决方案，如富士通的工厂可视化试验平台 FOVI；海尔正打造的 COSMO 是有代表性的工业互联网平台，已形成八大互联工厂和 1200 多个互联车间。

（三）我国的工业互联网产业体系正在形成

政府工作报告已连续三年聚焦《中国制造 2025》，从 2015 年的"首次提出"，到 2016 年的"启动实施"，再到 2017 年的"深入实施"，表述方式的变化体现了决策层向制造强国升级的决心。工业和信息化部推出行业应用示范项目，地方政府制定本地发展行动计划。工业互联网产业联盟成立后已聚集了 300 多家知名企业和科研机构。在政府主导下，推进新型网络部署和现有网络改造升级，构建工业互联网标识解析体系，加强工业互联网关键安全技术和标准研究制定，加快产品研发和应用推广。2016 年企业的数字化研发工具普及率达61.8%，关键工序数控化率达 33.3%。

得益于政策和市场的双重利好，中国的工业互联网发展驶入快车道，产业体系正在形成。中国工业互联网的特点是"两大阵营（工业企业和互联网企业）、三大路径（从生产端、产品端和平台侧切入）、四大模式（基于现场连接的智能化生产、基于产品联网的服务化延伸、基于企业互联网络化协作的模式、基于需求精准对接的个性化定制）"。

二、知识产权成为工业互联网产业发展的重要助力

目前中国的制造产业仍处于价值链底端，尚未踏入大规模自动化生产的工业时代，劳动力成本持续上升给制造业发展造成了巨大的压力，与此同时，欧美本土让制造业重返的呼声此起彼伏。中国如提升创新能力则能加速制造业转型，知识产权能有利激发和保护创新并能为企业积蓄无形资产和软实力。工业互联网产业发展具有竞争性、动态性和不确定性，更需知识产权的保障、引领和支撑。

"十三五"规划将强化知识产权保护和运用列为战略性新兴产业发展的主要内容之一。工业互联网产业将传统制造业与高科技产业逐步融合，呈现科学技术密集度高、知识产权敏感性强的特点，因此较易引发知识产权纠纷，重视并强化工业互联网产业的知识产权保护工作非常必要。未来在实施工业互联网的战略过程中，重视和依靠科技创新的同时也需要重视和依靠知识产权。因为各方企业乃至各国政府为了提升产业核心竞争力，必然会将科技创新以知识产权形式保护起来，在产业实施、市场竞争和标准参与中，必然会掀起知识产权军备竞赛乃至发起专利侵权纠纷。

在我国，加快知识产权强国建设的工作不断推进，专利保护措施不断加强，在工业互联网领域重视知识产权的布局、保护、转化和运用，能够激发我国的工业互联网产业不断创新，协助构建良好产业生态环境的作用也将进一步凸显。

（一）工业互联网的专利布局现状

在工业互联网中，从网络互联体系、网络标识解析体系和应用支撑体系视角选取若干关键代表性技术进行全球专利布局分析，检索时间范围截至 2016 年年底。选取的关键技术分别是：网络互联的工业以太网、现场总线和 OPC/OPC UA；网络标识解析的技术是：OID、ONS、Handle、Ecode；应用支撑的数据层技术是：数据库技术 NoSQL、8 种数据处理技术（HDFS、Hive、Spark、Imala、Drill、Presto、HAWQ、Pheonix）。网络互联网、标识解析和应用支撑的全球专利分布如图 1 所示（为准确反映各国企业的研发水平，统计按申请人国籍而非专利公开国）。

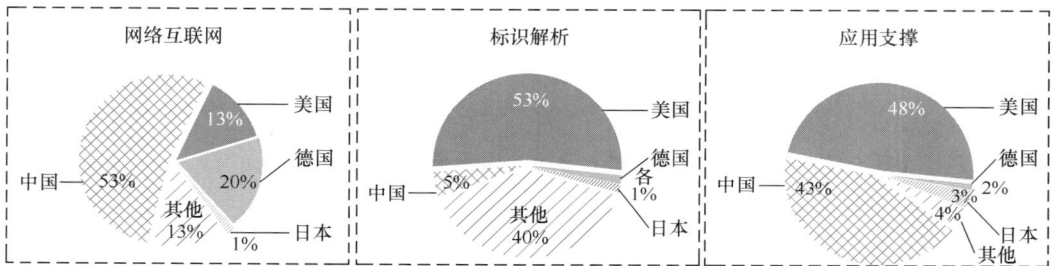

图 1　网络互联网、标识解析和应用支撑的全球专利分布图

（数据来源：中国信息通信研究院知识产权中心）

网络互联技术的全球专利特点是：主要布局在中、美、欧，中国的专利总量占全球的 53%，虽然位居第一但量多质低；欧、美专利申请时间早且围绕核心技术布局；从申请人来看，德、美知名企业 Siemens、ABB、Rockwell、GE、Bosch、Schneider 等积极布局专利，中国的专利申请人缺乏领军牵头的大型公司，申请主体多为国内科研院所和中小公司；通过专利申请势头看技术发展，近年来工业以太网比现场总线更受重视，工业以太网的基础技术及应用类专利增速较快。

网络标识解析技术的全球专利特点是：ONS、OID 和 Handle 在美国专利占比多且申请人类型多样，包括研究机构、通信公司、终端公司、网络公司、物流公司等。Ecode 专利绝大多数布局在中国但占比低。ONS 技术和 OID 技术专利全球布局较分散，中国未占据数量优势，专利申请人多为国外企业；Handle

技术专利处于创新期，美国持大份额专利占比，全球专利权人呈现类型多样化、数量分散化的特点。其中，Cisco 和 IBM 持较多 ONS 专利，韩国电子与电信研究所（ETRI）是 OID 技术的主要申请人；Handle 系统创始人 Robert Kahn 领导的美国国家研究推进机构（CNRI）及微软有较多 Handle 专利。

工业互联网应用支撑体系中，云平台数据层至关重要，数据层的一些关键数据存储和数据处理技术的专利布局特点如下。

支撑工业云平台的以 NoSQL 为代表的数据存储技术专利布局中，NoSQL 专利申请量受研发热度影响持续增加，中国超过美国成为该领域专利的第一大受理国，反映出中国的重要市场地位。尽管 IBM 和 Microsoft 的专利排名领先，但我国浪潮、华为、清华大学、阿里巴巴和腾讯等申请主体也跻身前十，说明中国的科研院校和企业在此技术领域具备一定的竞争力，甚至在某些领域起到引领作用。

8 种数据处理技术（HDFS、Hive、Spark、Imala、Drill、Presto、HAWQ、Pheonix）的专利广泛布局在美国，接近半数在美国都申请了专利保护，可见美国是非常重要的市场。此外，中国也是 8 种数据处理技术的专利保护重要市场，占比达到 24%，韩国、欧洲、日本、印度、加拿大和澳大利亚也有少量专利。其中，HDFS、Hive 和 Spark 这几种数据处理技术近年来备受业界关注和聚焦，凭借性能强劲、高度容错、调度灵活等技术优势已渐成为主流，近年来专利申请量幅度大涨，中、美成为主要的专利布局国家。从申请人来看，IBM 和 Facebook 的综合实力较强，8 种数据处理技术均衡布局且专利总量领先，中国企业的数据处理能力也有一定的竞争力，不仅存在相关专利布局，且华为、浪潮和阿里巴巴等均跻身专利数量排名前十。从技术视角来看，大数据的数据查询、算法优化和学习预测是数据处理领域的专利布局热点。

（二）工业互联网的中国专利布局现状

在网络互联领域，西门子、Rockwell、GE、BOSCH、ABB 在华积极布局现场总线专利，尤其是西门子，作为工业以太网的主导者，在华申请的现场总线和工业以太网专利数量较多，位居前列。在华申请网络互联专利的国内申请人申请数量落后于国外申请人，申请主体主要来自国家电网、中科院、浙江大学、华中科技大学、华南理工大学等。

在网络标识解析领域，ONS 技术中国专利的国内申请人较多，多来自科研院校，如中科院、哈工大、复旦大学、国防科技大学等；Handle 技术几乎没有中国专利，OID 技术的中国专利数量也较少，不足 30 件，申请主体来自中兴、中科院等。Ecode 技术是具有我国自主知识产权的物联网编码方案，共计 20 件专利几乎都在中国，但相对全球其他标识解析技术，专利布局数量非常少，布局时间晚且专利的全球性布局开展不够。

互联网和软件的发展是工业革命的推进动力，麦肯锡报告曾指出中国的互联网经济在 2013 年占 GDP 比重已超美、德，表明中国互联网企业的表现卓越，这些企业也注重 NoSQL 技术和数据处理技术的专利布局，中国专利乃至全球专利的数量都较多，如华为、腾讯、阿里巴巴、浪潮和腾讯，排名非常靠前。他们以自身业务发展为导向，各有侧重地纷纷加强专利布局。

值得注意的是，尽管一些国内大企业如阿里巴巴、海尔等在相关领域的专利布局和研发都在升温，在解决方案、平台建设、先导应用等领域进行探索，但中国工业互联网的自主知识产权整体仍明显落后国外水平，中国专利呈现出"量多、质低、申请滞后"的特点，拥有核心专利少，大多围绕外企核心专利进行外围应用类布局。从知识产权意识来看，我国工业互联网相关企业的知识产权保护意识不足，专利布局态度和热情不如国外同行重视且积极，专利申请人多来自科研院校，实际参与产业并最有可能激发创新的企业却较少申请专利，相较之下，国外西门子等国际知名企业的专利布局更全面且有战略意义。

三、工业互联网产业发展面临的知识产权问题

（一）作为竞争焦点，工业互联网平台面临知识产权垄断风险

工业互联网平台正成为国际战略竞争的制高点，如能掌控工业互联网云端并制定标准，就具备了实时跟踪、优化配置甚至是全面掌控全球制造业发展命脉的实力。美、德等国在工业互联网平台方面已相继推出自主品牌并布局相关知识产权，已形成一定规模，具有先发优势。很多中外合资合作过程中，中方屡因知识产权处于弱势地位而被迫接受诸多不平等条约。

工业竞争的核心是知识产权和技术标准，如不尽早注重工业互联网产业的

知识产权布局，未来欧美造成的技术垄断和产品垄断局面将更难打破，专利壁垒重重。发达国家很可能在标准的制定过程中埋伏相关专利，日后向中国企业收取不菲的专利许可费。我国应尽早构建具备知识产权和技术标准的工业互联网平台，实现对全球生产要素和市场资源的统一配置。

（二）工业互联网未来可能会因竞争引发诸多专利侵权案件

工业互联网概念提出较新，产业激烈融合的竞争态势还未形成，相关侵权诉讼风险目前较低，已因市场竞争而引发了若干侵权诉讼案件发生。工控市场的垄断者有可能通过侵权诉讼指控打压新兴竞争对手，如 Rockwell 在美国起诉 PLC 开发软件商 3S 侵权、Novell 起诉 JadeLiquid Software 侵权 PaaS 平台。从此类案件可以看出，国外具有深厚技术积累的工控企业对潜在的竞争威胁或将发起更多专利侵权纠纷以控制市场。我国大量工业互联网企业的风险防范意识不足，存在诸多高层管理者不重视知识产权以致知识产权推进缓慢且障碍较多的现象发生。

并且现有电子数据司法鉴定缺乏统一的行业规范标准，线下流程冗余、低效，未来难以应对工业互联网海量电子数据司法鉴定工作的开展。

（三）工业互联网安全风险不容小觑

工业互联网不同于消费互联网仅面对网站网民这样的简单结构，而是融入工业生产过程中，结构更为复杂。由于工业控制系统协议多样化等原因，工业互联网面临的安全问题也更加复杂和多样化。越来越多的程序自动化给安全带来了诸多挑战，也为别国和竞争者的破坏活动提供了便利。适度保留安全自留地或将成为许多国家政府部门、机关、企事业单位的重要考量。目前行业应用软件依赖国外严重，从 CAD、CAM 到 CRM、ERP，从机床监控到 MES，从工控 SCADA 软件到精准生产管理系统，这些软件价格不菲且核心知识产权掌握在外企手中，这是非常不安全的且易成为国外监管、安全部门的目标。如何构建封闭性的隐私防火墙来对抗信息资产窃取有待研究，且许多开源软件存在版权问题也有待研究。

工业互联网产生的大量电子数据是工业信息时代的核心资产，德国的法规甚至不允许数据出国。随着工业互联网数据存储向网络化方向发展，数据安全、信息安全和工业系统安全的挑战空前严峻，数据安全问题尤为突出。安全技术的研发和计算难以侵权举证；涉及数据库、计算机软件的信息技术只能以专利法保护的方式已无法适应信息技术的快速发展，知识产权保护力度不足导致安全创新动力不足。

四、加强我国工业互联网知识产权布局的建议

在应对知识产权垄断风险时需加强布局和预警防范。加强布局包括：（1）设立创新基金激励创新，对工业转型升级的核心关键技术和关键共性技术加强知识产权问题研究；（2）建立国家级工业互联网知识产权公共服务平台和公共服务体系，体系覆盖知识产权、技术标准、成果转化和产业化投资评估等环节；防范预警包括：（1）建立风险跟踪机制并及时发布风险提示；（2）支持专业机构跟踪发布重点产业知识产权信息和竞争态势；（3）研究跨国知识产权纠纷解决机制，建立海外知识产权案例库。

在制度完善方面，建立电子数据证据保全行业标准规范，统一行业机构执行标准，建立线上电子数据证据保全司法鉴定体系以应对海量电子数据的市场需求，提高保全效率，促进行业健康发展。

在安全方面，制定数据安全保护政策，对商业秘密方面的问题进行研究和实践；将故意侵犯知识产权的行为纳入社会信用记录以加大知识产权保护力度。

（中国信息通信研究院　　周洁　李文宇　续合元）

专稿四　全球人工智能政策动向及对我国的启示

近年来，欧盟、美国、日本以及韩国等国纷纷抓住人工智能的发展机遇，积极制定出台人工智能的顶层战略，加大技术研发力度，推动人工智能产业化应用，超前研究人工智能带来的法律、伦理等前沿问题。与此同时，国际社会普遍意识到人工智能在经济、社会、法律、伦理及监管层面给现有管理体系带来了全方位的挑战，因此加快了相关政策的调整步伐。我国人工智能在部分领域已经取得突出成绩，但在资金投入、人才培养以及法律法规等方面仍存在较大不足，应借鉴国际经验，建议加快出台国家人工智能战略，促进数据开放，加快人工智能核心技术突破，全面提升人才的科学素养，完善立法和监管制度，实现对人工智能的有效利用和兴利除弊。

一、全球人工智能政策现状

近年来，全球主要国家、地区和国际组织纷纷出台了人工智能相关的国家战略，鼓励和支持人工智能的基础研发与产业应用，其中特别强调在人脑研究、智能机器人、人机交互系统等重点领域的研发。各国政府加大了对于人工智能的资金、人才支持力度，同时开始着手对人工智能发展所带来的伦理、法律问题的前瞻性研究。

（一）纷纷出台人工智能顶层战略

美国欲在人工智能领域抢占先机，重点发布了人工智能顶层战略。2015 年《美国国家创新战略》中重点提出在精准医疗、大脑计划、先进汽车等九大领域开发人工智能。2016 年，美国白宫连续发布了 3 份白皮书（《国家人工智能研究和发展战略计划》《为人工智能的未来做好准备》《人工智能、自动化与经济》），从制度、细则、社会等方面提出应对人工智能变革的策略。**日本将战略重心放在机器人的研发与应用方面**，2015 年发布了《日本机器人新战略》，阐述了日本实现"机器人革命"的三大策略。**英国格外注重人工智能给伦理、法律等问题**

带来的挑战。英国下议院的科学和技术委员会发布了一份关于人工智能和机器人技术的报告，阐述了人工智能的发展与监管带来的潜在的伦理道德与法律挑战；英国政府发布了《人工智能：未来决策制定的机遇和影响》，阐述了人工智能的未来发展对英国社会和政府的影响。**联合国人工智能的若干报告呼吁世界各国采用全新的视角来看待人工智能系统的未来监管。**2015 年联合国教科文组织和世界科学知识与技术伦理委员会联合发布报告，讨论了人工智能的进步及其带来的社会与伦理道德问题。

（二）注重人工智能基础研发

目前，世界主要国家在人脑研究、智能机器人、人机交互系统等基础研发领域加大政策倾斜力度，提供资金、技术与人才保障。在人脑研究领域，奥巴马政府 2013 年启动了"通过推动创新型神经技术开展大脑研究的计划"，多部门联合投入，高科技企业、高校研究机构、科学家共同参与，首轮投资 1 亿美元，目前共投入超过 15 亿美元用于该计划研究。2013 年，欧盟启动为期 10 年的"人脑计划"，宣布投资 12 亿欧元，使其成为全球最重要的人类大脑研究项目。2016 年 9 月，欧盟委员会宣布再次增资 8900 万欧元，用于该项目"运作阶段"的研发。在智能机器人研究领域，欧盟委员会与欧洲机器人协会 2014 年启动了全球最大的民用机器人研发计划——"SPARC"，研究机器人在制造业、农业、健康、交通等领域的应用。日本成立了"机器人革命实现委员会"，政府提出要推动"机器人驱动的新工业革命"。法国于 2013 年推出了《法国机器人发展计划》。韩国 2008 年出台了《智能机器人促进法》，将机器人列为国家级战略性产业，2012 年发布了为期十年的《机器人未来战略 2022》。在人机交互系统研发领域，美国的《机器人发展路线图》指出，要鼓励增加人机交互领域的研究工作，提高人工智能的应用程度。日本 2015 年的《机器人新战略》要求实现"机器人常态化"全覆盖，在不同领域推广机器人的使用，跨部门灵活使用机器人。

（三）推动人工智能产业应用

注重人工智能发展的国家在加大基础研发投入的同时，也注重推动人工技术的应用推广，加速成果的转化。美国国防部高级研究计划署（DAPRA）自 2010

年起即开始长期扶持人工智能技术在各领域的应用。在 2015 年《美国国家创新战略》中提出了先进制造、精密医疗、大脑计划、先进汽车、智慧城市、清洁能源和节能技术、教育技术、太空探索和计算机新领域九大应用领域。以智能交通为例，人工智能在交通领域的应用主要在于网联自动驾驶方面。美国的自动驾驶技术和产业发展迅速，及时调整法律与监管政策是其中一个重要原因。美国采取联邦出台政策、州发布法案的方式，规定自动驾驶路测、无人驾驶部署等要求，明确联邦与州的不同监管职能，推动企业在公共道路开展测试。

（四）加强法律和伦理问题部署

对于人工智能发展、应用带来的法律、伦理问题，主要的国家和国际组织纷纷予以关注，在国家战略中对相关问题进行前瞻性部署。在机器人伦理道德准则的实践中，韩国政府强制实施机器人特许状制度。日本对机器人应用的具体问题制定了管理方针，包括建立中心数据基地来存储机器人对于人类造成伤害的事故报告等。联合国教科文组织和世界科学知识与技术伦理委员会联合报告中指出，机器人以及机器人技术造成的伤害很大一部分可由民法中产品责任的相关法律进行调整。但这种归责制度会随着机器人的进一步智能化而逐渐被废弃，新的平衡机器人制造者、销售者和最终使用者的责任分担机制会被逐渐创造出来。美国提出应提高人工智能系统的公平性、透明性和可责性，确保人工智能系统及应用做出的决策与现有的法律、社会伦理观念一致，并妥善应对人工智能带来的安全挑战。

二、人工智能发展带来的影响及挑战

当前，人工智能已进入高速发展的快车道。但不可忽视的是，人工智能的快速发展不仅给产业自身带来了冲击和挑战，也为现行管理制度提出了调整和重塑的需求。

（一）经济社会层面

人工智能在为我们带来美好前景的同时，也给社会的稳定带来了负面影响。历史上，当社会面对重大技术革命所产生的冲击时常常不知所措，需要经过大约半个世纪甚至更长的时间才能消化掉这些巨大的冲击。因为技术革命会使很多产业消失，或者产业从业人口大量减少，释放出来的劳动力需要另寻出路。从目前的发展来看，人工智能革命所带来的社会冲击比之前的技术革命强度更大、广度更宽、影响更深刻。因为人工智能时代所要取代的是人类最自豪的部分——大脑，意味着机器所取代的不仅仅集中于那些简单、重复性的劳动，甚至还存在于医生、律师、新闻记者和金融分析师等脑力工作。随着产业的转型，当前应当积极应对人工智能革命所带来的负面影响。首先，从业者和企业本身应当主动面对人工智能发展所带来的劳动力市场变革，善于利用和发展新技术去拥抱新产业。再者，政府应当重点关注人才供应与市场需求相匹配的问题，协助推动劳动力再就业，完成劳动力的再分配。

（二）法律层面

当前飞速发展的人工智能技术给现有法律体系带来了一系列潜在的冲突和挑战。一是由于科学技术的不完全可靠性以及智能系统存在的先天设计缺陷，产品责任的归责问题随之而来，尤其是感知智能领域的产品责任问题。由于机器人一般被视为通常意义上的科技产品，机器人以及机器人技术造成的伤害，很大一部分可由民法中产品责任的相关法律进行调整。但当未来的人工智能出现自主意识和决策能力后，例如自动驾驶汽车做出独立智能决策导致损害发生，应当如何确定侵权主体，由谁来承担侵权责任？二是隐私保护问题，在万物互联、大数据和机器智能三者叠加后，人们或许不再有隐私可言。人工智能时代，用户使用各种应用产品时，本身就是主动的隐私泄密者，任何技术手段的"匿名"或"去身份化"可能都会因为大数据的分析而重新获得"身份"。三是未来机器人的法律地位问题。随着科技的日益发展，未来会出现以下问题：当机器人具备自主意识后是否会成为民事主体？何为生命？"人"的定义是否会发生变化？"人"与"非人"的界限到底在哪里？这是在此意义上，"人机关系"具备了丰富的内容层次，值得进一步去深思、去完善立法。

（三）伦理层面

随着人工智能与人类社会的距离越来越近，伦理问题不断凸显，世界上的主要国家以及相关国际组织对伦理问题高度关注。其中，标准制定组织 IEEE 发布的《合伦理设计：利用人工智能和自主系统（AI/AS）最大化人类福祉的愿景（第一版）》对人工智能带来的伦理问题进行了深刻的分析。指南中指出，研究者需要研究出新的算法来确保人工智能做出的决策与现有的法律、社会伦理相一致，这是一项具有挑战性的任务。具体而言，人工智能的伦理难题存在于两大方面。一是如何将伦理准确地翻译为人工智能可以识别的语言，将人的道德和伦理观念嵌入在人工智能中，使其服从甚至具备人的伦理观念。二是当面临道德困境时，人工智能如何进行决策？在此背景下，我们需要构建一个可以被广泛接受的伦理框架来指导人工智能系统进行推理和决策。

（四）监管层面

人工智能发展的同时，带来了一系列监管难点。一是"一刀切"的监管规则不再适用，需要结合当前的趋势及时进行调整。从美国自动驾驶汽车的监管政策可以看出，由联邦拟定监管框架，各州制定监管细则，能够更好地促进自动驾驶汽车产业的发展。二是新业态发展带来了监管空白问题。如大数据应用带来的机器歧视问题，如果一个算法被程序设计员施加了主观恶意，将会带来非常严重的后果，但目前对此并无有效的监管规则。三是从长远来看，人工智能的发展对监管技术提出了更高的要求。只有保证人类能够全面追踪机器人思考及决策的过程，才有可能在监管机器人的过程中占据主动权。

三、对我国的启示和建议

我国高度重视人工智能对科技和创新驱动发展的重要作用，近年来出台了多个文件，推进人工智能在技术和应用层面加速发展。目前我国在自然语言识别等研发领域已位居世界前列，在自动驾驶等应用领域与发达国家并驾齐驱。为了最大化发挥竞争优势，我国还应提前考虑人工智能可能引发的社会、经济、法律等问题，部署应对措施。为此，我们提出以下建议。

（一）出台国家人工智能战略，加强顶层设计

2016 年 5 月，国家发展改革委、工业和信息化部等四部门联合制定发布了《"互联网+"人工智能三年行动实施方案》，明确了我国人工智能发展的重点

领域及行动措施。2017 年发布的"科技创新 2030—重大项目"也将人工智能纳入专项规划，对涉及的重大项目编制实施方案。目前来看，我国的人工智能相关政策已经全面覆盖了现有领域和应用，但对于未来的长期考虑稍显不足，特别是"强人工智能"对国家、社会、经济的影响。由于人工智能具有长期积累、短期爆发的特性，一定要长远布局，规则先行。建议一是加强战略部署和总体指导，推动落实现有人工智能发展战略，明确人工智能统筹协调机制。二是推动各细分领域出台配套实施方案，从政府产业层面做好应对。三是构建多方参与的对话和合作平台，加强技术、伦理、法律部门间的研究合作，参与国际伦理规则的制定。

（二）鼓励政府数据开放，加大资金投入力度

我国近年来在人工智能研发方面进展迅速，国内部分高科技企业已在人工智能部分研究领域取得了突出的成绩，包括自然语言处理、图像和语音识别等。从 2014 年开始，在深度学习领域（目前人工智能的主要进展），中国论文发表数量和被引用的次数均已超过美国。但是，如果去除论文的自我引用，我国研究的影响力不及英、美。此外，美国在全球排名前 50 的初创公司中占据 39 家，我国仅有 1 家。究其原因，数据闭塞、计算能力不足是我国明显的短板。在数据开放综合排名方面，我国位居第 93 位，远远落后于美国的第 8 位。在计算能力方面，我国虽然近年来在芯片领域取得了长足进展，但主要集中于消费领域，在对稳定性和可靠性要求更高的通信、工业、医疗及军事等领域，国产芯片距离国际先进水平差距较大。以英伟达为代表的一批国际企业已推出了专门用于人工智能领域的芯片，处理深度学习等任务的能力更强。因此，建议一是推动建立标准统一、跨平台分享的数据生态系统，鼓励政府数据进一步向企业、个人开放。二是加强在集成电路、人工智能算法等方面的技术攻关和产业化突破，提升关键核心技术的自主研发能力。

（三）加大产业人才引入，提升全民科学素养

人工智能是把"双刃剑"。一方面，它能够更有效率地完成现有工作，提升现有生产力。在这个方面，美、英、日等国秉承合作共赢的发展理念，加强高科技人才的培育，在人工智能研发和应用方面居于世界前列。建议我国应加

大人工智能高端人才的引入和培养力度，加强国际沟通交流，参与跨国人工智能研发项目。另一方面，人工智能系统可辅助或替代人类劳动，会对现有的就业市场产生冲击，尤其是从事重复性和程序性工作的工种。麦肯锡全球研究院预测，未来中国将有约 3.94 亿全职人力工时面临就业冲击，但相关影响可能是中长期的。因此，建议我国未来兼顾人工智能对中低端人才就业的冲击和影响，加大职业培训领域的投资，使机械性劳动从业人员获得额外技能，减轻人工智能技术大规模应用给我国就业市场带来的负面影响。

（四）完善立法和监管制度，更好地利用人工智能技术

人工智能技术所涉及的应用领域非常广，在其不同的发展时期内必须有所侧重，而法律与监管政策是产业得以健康发展的保障。对于监管部门来说，人工智能的大规模应用势必会带来新的经济、社会、法律问题，需要加快立法、完善监管制度，将人工智能对现有制度规则的冲击降到最低。我国现阶段在人工智能重点发展领域的立法依然相对滞后于市场培育，建议一是完善产品质量责任相关立法，特别是将自动驾驶、智能机器人、智能医疗涉及的新的主体考虑在内。二是加快机器伦理监管制度的构建。对于普通消费者而言，算法被视为企业的竞争性商业秘密，应考虑构建机器算法审查制度，加强监管机构对于算法公平性的干预。三是应提升政府部门在管理实务中应用人工智能技术的能力，增强政府治理的透明度和效率。

（中国信息通信研究院　　伦一　赵淑钰　杨婕）

专题三　区域协同发展

专稿五　国外产业集群的发展经验及对我国的启示

培育打造世界级产业集群是加快落实《中国制造 2025》《长江经济带发展规划纲要》的重要载体和抓手，有利于推进制造强国建设、推动长江经济带产业结构优化升级。研究梳理国际先进产业集群发展的基本情况，分析主要做法及发展经验，结合我国产业集群的发展现状，提出培育世界级产业集群的几点建议：做好集群发展的顶层设计，建立集群联盟，打造集群服务平台，构建完备的集群服务体系。

产业集群现象随着社会分工和专业化不断发展，18 世纪下半叶开始出现，20 世纪七八十年代新一轮科技革命后得到快速发展，美国、英国、意大利、日本等国家和地区出现了一批发展快、规模大、集聚广的产业集群，成为财富的主要产出地。20 世纪 90 年代中期，美国 380 个产业集群生产了接近 60%的产值；意大利每年的出口额主要来源于 66 个产业集群。产业集群培育也成为众多国家发展本国经济的重要手段，形成了一批具备世界影响力的产业集群（见表 1），在经济起飞和产业转型过程中发挥了重要的推动作用。

表 1　　　　　　　　　　　　　世界知名产业集群一览表

国家或地区	所在区域	产品或领域	类型
美国	硅谷	微电子、生物技术等	市场自发型高新技术集群
美国	美国北卡三角科学园	微电子、通信技术、生物工程等	政府主导型高新技术集群
意大利	第三意大利	纺织品、鞋、机械等	传统产业中小企业天堂
英国	剑桥	信息技术、生命科学、新材料等	市场自发型高新技术集群
德国	法兰克福	金融、电信等	区位优势造就的创新城
法国	索菲亚·安蒂波利斯科技园	电信业	民间协会发起，政府支持
瑞士	汝拉山谷	制表业	市场自发型
日本	丰田城	汽车及零部件	龙头企业带动型
日本	筑波城	高能物理、生命科学	政府主导型

续表

国家或地区	所在区域	产品或领域	类型
韩国	大德创新城	信息通信、新材料等	政府主导型
印度	班加罗尔	计算机软件	市场自发型
中国台湾地区	新竹	半导体硬件	市场自发型高新技术集群

资料来源：根据各集群材料整理而成。

一、世界级产业集群的基本情况

（一）产业集群的内涵：企业成群、集聚发展

产业集群是指在特定区域中，具有分工合作关系的企业及相关机构等行为主体，通过纵横交错的网络关系紧密联系在一起的空间经济组织形式，具有降低企业制度成本、提高区域生产效率、促进行业协同创新、形成规模经济效益等优势，是拉动区域经济发展、提高产业国际竞争力、实现跨越式发展的重要方式[18]。现代世界级产业集群，是对制造业链条起主导作用的龙头企业、龙头产品和龙头行业的集聚，是有现代技术支持、以实体经济和虚拟经济之间的互动关系、以先进的产业为基础而形成的集聚地[19]。

（二）产业集群的类型：市场自发、政府引导

产业集群的发展历史表明，市场是集群形成及发展的主要推动力，政府在集群发展中仅起到引导和推动作用，即市场自发型集群；在经济转型时期，由政府主动培育和推动也成为产业集群发展的重要路径。

硅谷高科技产业园是市场自发型集群的典范。依托斯坦福大学、加州伯克利分校等创新资源，聚集和诞生了思科、英特尔、苹果等一大批具有世界影响力的科技创新企业，形成了融科学、技术、生产于一体的区域创新系统，成为世界高新技术集群创新发展的标杆。在硅谷的发展过程中，政府除间接参与风险投资运作外，主要是出台法律、法规和产业政策，对高风险企业进行监管，起到了助推发展的作用。

[18] 周兵、浦勇健等，产业集群的增长经济学解释，中国软科学，2003 年第 5 期，P119-120。
[19] 盛毅、王玉林等，长江经济带世界级产业集群选择与评估，区域经济评论，2016 年第 4 期，P41。

日本丰田汽车城——自发型金字塔式产业链发展模式

丰田汽车产业集群以丰田公司为首，众多合作企业加盟，形成了金字塔式的企业链条。集群内部，丰田公司处于集群网络的关键节点，下面有 168 家一级配套企业，4700 家二级配套企业，316 800 家三级配套企业，四级以下配套企业不计其数，众多零部件企业集聚，形成了纵式的企业序列，为丰田汽车的发展提供坚实的后盾。基于产业链的垂直联系，使企业和机构组成互为依存、分工合作的地区经济综合体是促进丰田汽车产业集群发展的主要原因。

日本筑波科技城是政府引导型集群的典范。政府引导型集群由政府与产业、研究机构协商，设定产业优先发展目标，规划集群前景，引导集群发展。政府引导型产业集群主要以已经存在或正在萌芽中的、且已通过市场测试的新兴领域为基础，解决妨碍集群形成和成长的阻碍，促进产业集群形成。日本筑波科学城作为日本从"贸易立国"转向"科技立国"发展战略的一部分，由政府统一规划、建设、管理，推动立法，出台优惠政策，并将大批研究机构、实验室迁到集聚区。

第三意大利是市场与政府共同推进的典范。第三意大利地区有序分布着大量的中小企业，拥有纺织品、家具、机械、食品、鞋等上百个传统产业集群，占全国产业集群总数的 63.4%，集群内"意大利制造"的传统产品成为意大利外贸出口的主力，并迅速成长为现代意大利主要的经济增长区。第三意大利产业区拥有联系紧密、分工明确的传统产业和大量中小企业结成的网络，一方面有利于集中于有限的产品和过程，形成专业化、集约化的发展格局；另一方面，有利于中小企业相互协作和补充，灵活应对消费者的多样化需求，形成"弹性专精"的生产方式。同时，在政府的帮助下建立"真实服务中心"，包括桌椅出口支持机构、纺织服装服务中心、制鞋服务中心、陶瓷中心和建筑工业中心、农业机械服务中心等，为中小企业开辟新产品或新市场提供有效的服务支持，设有专职技术和管理顾问人员[20]。

---

[20] 王芹，国外产业集群理论研究综述，生产力研究，P148-149。

（三）产业集群发展趋势：专业分工、融合创新、开放合作

一是分工明确，联系紧密。基于产业链的垂直联系及相近产业的水平联系，使企业和机构组成互为依存、分工合作的地区经济综合体。

二是基于区域网络，形成融合创新。创新主体、创新资源和创新活动在集群内外广泛、频繁地产生、交流、传播，实现空间流动、配置和再创新，形成创新生态系统。

三是基于全球视野的开放合作。以企业、集群为主体，搭建集群国家化平台，推动集群发展经验共享和国际合作，在全球范围内促进创新价值链的完善，强化集群发展的全球视野。

二、国外推进产业集群发展的做法和经验

（一）完善的顶层设计与实施路径是集群发展的关键

一是确立集群计划，明确发展路径。国外通过制定明确的集群战略，做好顶层设计，规划集群发展阶段及目标路径，更好地推进集群发展。日本制定"产业集群计划"，旨在提升日本产业集群的竞争力，明确培育期、成长期、发展期3个阶段，提出通过形成集群发展方案与区域经济发展愿景，确立集群网络视图，促进产学、产产协同的新融合，推动内生发展的集群生态系统形成等发展路径[21]。欧洲地区创新战略（RIS战略）中明确提出，促进集群战略落地，以地区核心机构作为主体，多机构协同推进发展，全方面推动区域产业发展。2016年6月，欧洲发布《集群政策指南》，旨在以集群促进区域工业智能化，支持中小企业成长，鼓励专业化发展。二是推进试点示范，促进信息互动。欧盟提出《试点集群国际化战略》，提升集群企业在国际市场上的竞争力，发展集群协作平台，为示范区提供咨询服务，推进欧洲集群战略伙伴战略。针对试点示范经验，进行集群政策对话和政策学习，召集集群决策者和利益相关者会议，促进信息交流。三是编制集群全景图，监测集群发展走势。欧洲确立了较为完

---

[21] 佐協政孝，産業クラスター計画の地域差に関する分析、japan society for research policy and innovation management，P677-678。

备的集群监测、预测、评价体系。欧洲每年定期发布"集群全景图"，提供欧洲集群统计地图，监测集群竞争力情况；编制"欧洲集群趋势"报告，对产业集群的全球发展趋势、发展机遇进行前瞻性分析；构建"区域生态系统记分牌"，判断区域生态系统状况，识别培育和阻碍生态系统环境的条件和质量；推进"欧洲集群政策压力测试"，进行集群政策评估，调整和制定新兴产业集群政策[22]。

（二）健全的区域创新网络与联盟是集群发展的核心

一是推进形成区域创新网络。硅谷高新技术产业群以斯坦福大学为创新源，依托斯坦福大学在技术和人才方面的支持，吸引瑞森、IBM 等建立研究中心，创建独具特色的区域创新网络，形成了良好的协同创新氛围，通过人才、技术、资金的互动，实现了迅猛发展。日本经济产业省提供"区域网络补助金"，由地区经济产业与民间推进组织推动重点中小企业与研究机构构建协同创新的区域创新网络。二是促进组建企业网络组织。第三意大利产业集群发展，依赖于集群企业的网络组织，组建集群产业联盟，推进中小企业之间合作创新，通过联合方式增加科技投资，开拓并巩固市场，共享资源及交流经验，实现跨越式发展。

（三）良好的文化背景和制度环境是集群发展的基础

一是宽松的创新文化氛围。英国剑桥集群内部具有深厚的文化底蕴和浓厚的技术创新气氛，通过集群内的企业文化、企业家精神、企业与所在地政府及管理机构的政策互动，以及企业与所在社区的社会互动，促进了信任和合作，加快了区域内的信息和知识传播，为创新活动的顺利开展奠定了良好的外部基础。二是非正式的制度环境。第三意大利集群内形成了非正式但广泛接受的社会和商业规则规范，可促进企业之间的有效合作与创新，使企业生产更能满足多样化的需求。如集群内的企业未能按照要求实现产品质量或按时支付订货单，企业将失去信誉，发展将得到限制。

（四）完备的中介服务体系及扶持是集群发展的保障

一是强大的政府支持。为推动集群的形成到后续快速扩张，各国政策采取

---

[22] European Cluster Panorama 2016，European commission，P10-40。

了人才、税收等一揽子激励及优惠政策。印度政府为推动班加罗尔 IT 集群的发展提供了优惠外资政策和税收政策，包括对于计算机硬件、外围设备和其他重要产品几乎完全免税，10 年内免缴销售税，外资全资准入，提供数据连接服务等。二是完备的中介服务机构。艾米利亚—罗马格纳制造业产业群，在政府的帮助下建立了"真实服务中心"，为中小企业开辟新产品或新市场提供有效的服务支持，包括桌椅出口支持机构、纺织服装服务中心、制鞋服务中心、陶瓷中心和建筑工业中心、农业机械服务中心等，拥有在职技术和顾问人员上百人，以及上千家会员企业。

三、对我国培育世界级产业集群的几点建议

目前，我国已形成了一批产业集群或"准集群"，达到数百个之多，其中部分集群在国内市场甚至是国际市场中占有较高的比重，成为推动经济发展的重要力量。

从我国产业集群的地区分布来看，市场经济发达、市场机制健全的地方，产业集群较为密集。沿海地区由于具有良好的经济基础、资源禀赋、区位优势，块状经济活跃，形成了各种产业集群或者"准集群"，包括珠三角地区的东莞电脑及相关产业集群、惠州的电子信息产业集群、佛山市顺德的家电产业集群、中山市的古镇灯饰产业集群。随着内陆经济快速发展，产业集群逐渐呈现从沿海到内陆、从东部到中西部的发展轨迹。长江三角洲地区涌现出了苏州的高科技产业集群、宁波的服装产业集群，长江经济带沿线拥有 149 个国家新型工业化产业示范基地、108 个国家级经济技术开发区和 52 个高新技术产业开发区，占全国的比重均超过 45%；中部地区有武汉光电子产业集群，西部地区有重庆摩托车产业集群，东北地区有长春汽车产业集群等。总体来看，东部地区的产业集群已向纵深、高端化发展，而中西部地区还没有充分发挥集群优势，同类或相关企业没有形成有机的整体。

从我国产业集群的结构和组织特征来看，产业构成以低附加值生产活动为主，组织结构以非公有制企业为主。大部分产业集群呈现出"中间大、两头小"的菱形组织机构，盈利较少的生产制造环节能力较强，利润丰厚的研发、设计以及市场品牌等环节较弱，竞争优势局限于中低档生产制造环节，仍处于产品

价值链的低端部分。从产业组织结构来看，大部分产业集群几乎全部是非公有制的中小企业，不像美国和日本形成了许多大中小企业共生型产业集群[23]。

我国的产业集群在呈现出以上发展特征之外，还存在着许多问题，包括区域创新网络建设仍待完善，自主创新能力弱；产业分工协作体系不健全，未形成以产业链为纽带、上中下游协作互动的发展格局；区域生产效率较低。为推动长江经济带产业结构优化升级，进一步推进制造强国建设，长江经济带亟待培育打造世界级产业集群。借鉴国外著名集群的发展经验，提出如下建议。

（一）多措并举推进长江经济带世界级产业集群建设

一是制定科学有效的产业集群政策。尽快发布促进长江经济带世界级产业集群发展的一揽子政策，对标国际知名产业集群的发展目标及路径，提出我国集群发展计划，建立世界级产业集群促进委员会，加大投资、信贷、基础设施建设等方面的政策力度，促进产业集群发展。二是推进长江经济带产业集群示范。围绕长江经济带的汽车制造业、高端装备业、纺织行业、家电行业、电子信息等行业，开展世界级产业发展集群试点示范培育创建和评估工作，引导地方重点探索建立以大学、研究机构为驱动，以企业为创新主体，产学研用相结合的区域创新网络，打造标杆性的世界级产业集群，形成可复制、可推广的经验。三是促进形成区域联动机制。支持依托长江经济带沿江开发区、新型工业化产业示范基地，建立产业对接协作平台，提供产业咨询与服务，推动形成区域产业链条上下游联动机制，促进产业集群式发展。

（二）引导建立集群联盟，推进区域网络建设

一是建立跨区域产业合作联盟。依托骨干企业、领先企业和主导产业鲜明的重点园区，组建一批跨区域合作产业联盟，形成联合开发、优势互补、利益共享的协同发展机制，形成良好的区域网络生态。二是搭建联盟服务平台。鼓励建立以企业、园区为主导，相关中介服务机构为基础的产业联盟信息服务共享平台，实现区域信息共享，促进各类要素自由流动、合理配置。支持建设以企业为主导、政府为辅的跨区域网络合作平台及技术转移中心，鼓励引导地区

---

[23] 吴利学、魏后凯等，中国产业集群发展现状及特征，经济研究参考，2009（15），P2-10。

间加强创新要素对接流动，促进知识流动的技术转移。三是构建跨集群的网络组织。推动集群企业之间分享资源、共同开发，组织提供专业咨询及教育，强化企业之间的联系、竞争与合作，推动产业集群的发展。

（三）加大政府扶持力度，构建集群服务体系

一是出台集群发展的一揽子激励政策。制定出台集群发展的法律、法规，以及金融支持、风险投资优惠政策，人才培育政策等一揽子政策，促进集群加速发展。二是促进建立完善的辅助机构。促进集群内集聚风险投资企业、商业银行、律师事务、职业咨询机构等，推动企业公平高效地开展合作与竞争。在纺织等制造业中小企业集群，专门建立中小企业服务中心，为中小企业开辟新产品和新市场提供有效的服务支持，促进企业壮大并获取进入国际市场的机会。三是加强产业集群识别和统计体系研究。明确产业集群识别标准，开展全国性的产业集群统计，加强政府部门对产业集群的监测及政策调整。确定以经济群、城市群或园区为产业空间分布基点，开展识别及监测、评价。

（中国信息通信研究院　金永花）

专稿六　京津冀协同发展对促进工业经济增长新动能转换的影响

通过构建"工业经济增长动能转换评价指标体系"，分别对京津冀三地工业经济增长动能进行评价，分析京津冀工业经济增长动能转换存在的问题，最后提出关于京津冀协同发展、如何促进三地工业经济增长动能转换的对策建议。

一、工业经济增长新动能指标体系构建

构建"工业经济增长动能转换评价指标体系"，确定京津冀各工业行业增长动能排名。

（一）指标体系构建的理论

工业阶段理论。钱纳里通过对多个国家的研究，将工业发展阶段划分为工业化初期阶段、工业化中期阶段、工业化后期阶段和后工业化阶段，指出从任何一个发展阶段向更高一个阶段的跃进都是产业结构转化推动的。

技术创新理论。熊彼特在 1912 年出版的《经济发展理论》中提出了技术创新的概念，他认为技术创新就是企业家抓住市场机会重新组合生产要素的过程。技术创新涵盖了以下五方面内容：① 引入全新技术及模式；② 研制新型商品或者改良商品；③ 拓展全新市场；④ 获取生产要素全新供应；⑤ 实践全新管理模式或者组织结构。

（二）指标体系构建的原则

一是根据新常态下我国工业结构转型升级发展的特点；二是根据国家领导人关于新动能的重要讲话，即"4 月 18 日，李克强总理在'贯彻新发展理念　培育发展新动能'座谈会上指出，推动经济结构转型升级必须加快新旧动能转换。新动能覆盖一、二、三产业，重点是以技术创新为引领，以新技术、新产业、新业态、新模式为核心，以知识、技术、信息、数据等新生产要素为支撑，体

现了新生产力的发展趋势，是实体经济发展升级的强大动力"；三是遵循指标体系数据的可获得性。

依据以上 3 个原则，从 3 个方面构建评价体系，通过计算得出工业行业增长动能指数。

——发展基础。发展基础着重度量我国各工业行业的经济规模和经济基础，选取指标体现了各行业对工业经济增长新动能的贡献度。

——创新能力。创新能力着重度量我国各工业行业的人才储备和科研经费投入，选取指标体现了创新型人才储备能力、科技创新经费支出能力、高技术人才储备能力、高技术产业经费支出能力。

——增长活力。增长活力着重度量我国各工业行业的产出情况和收益能力，选取指标体现了新产品产出活力、业务拓展活力、经营活力、高技术产出活力。

（三）分析方法

选用层次分析法，依据专家打分赋权，得出各行业增长动能指数 Y，Y 由表 2 中的指标计算得出。同时，根据计算结果 Y 识别动能指数排名。

表 2　　　　　　　　　　工业经济增长动能转换评价指标体系

总目标	一级指标	二级指标
行业增长动能指数体系	发展基础	行业贡献度
	创新能力	创新型人才储备能力
		科技创新经费支出能力
		高技术人才储备能力
		高技术产业经费支出能力
	增长活力	新产品产出活力
		业务拓展活力
		经营活力
		高技术产出活力

二、京津冀工业经济增长动能评价

依据"工业经济增长动能转换评价指标体系"，分别对京津冀工业经济增长动能进行评价。

（一）北京工业经济增长新动能评价

根据工业经济增长动能转换评价指标体系得出，2016 年北京市工业经济增长动能指数排名见表 3。引领北京市工业经济增长的行业主要是计算机·通信和其他电子设备制造业、铁路·船舶·航空航天和其他运输设备制造业、医药制造业、仪器仪表制造业、专用设备制造业、通用设备制造业、电气机械和器材制造业、汽车制造业等高技术产业及含战略性新兴产业环节的传统行业。

表 3　　　　　　2016 年北京市工业经济增长动能指数排名

排　名	行　　业	指　数
1	计算机、通信和其他电子设备制造业	0.62
2	铁路、船舶、航空航天和其他运输设备制造业	0.51
3	医药制造业	0.50
4	仪器仪表制造业	0.44
5	专用设备制造业	0.32
6	通用设备制造业	0.25
7	电气机械和器材制造业	0.25
8	汽车制造业	0.25
9	其他制造业	0.20
10	有色金属冶炼和压延加工业	0.19
11	纺织业	0.17
12	非金属矿物制品业	0.16
13	化学原料和化学制品制造业	0.14
14	纺织服装、服饰业	0.11
15	酒、饮料和精制茶制造业	0.11
16	金属制品业	0.11
17	食品制造业	0.10
18	废弃资源综合利用业	0.10
19	电力、热力生产和供应业	0.10
20	印刷和记录媒介复制业	0.09
21	开采辅助活动	0.09
22	家具制造业	0.08
23	石油加工、炼焦和核燃料加工业	0.08
24	橡胶和塑料制品业	0.08
25	造纸和纸制品业	0.07

排　名	行　　　业	指　　数
26	农副食品加工业	0.07
27	金属制品、机械和设备修理业	0.07
28	水的生产和供应业	0.06
29	木材加工和木、竹、藤、棕、草制品业	0.03
30	皮革、毛皮、羽毛及其制品和制鞋业	0.03
31	黑色金属冶炼和压延加工业	0.02
32	文教、工美、体育和娱乐用品制造业	0.02
33	燃气生产和供应业	0.02
34	黑色金属矿采选业	0.01
35	石油和天然气开采业	0.00
36	烟草制品业	0.00
37	化学纤维制造业	0.00
38	煤炭开采和洗选业	-0.01

（二）天津工业经济增长新动能评价

从 2016 年天津市工业经济增长动能指数排名来看（见表 4），天津市工业经济增长新动能主要集中于装备制造业与采矿业两个行业，其中装备制造业主要集中在计算机、通信和其他电子设备制造业，专用设备制造业、通用设备制造业以及航空航天装备领域；采矿业主要包括石油和天然气开采业、黑色金属矿采选业、非金属采矿业等。动能指数排名方面，除了计算机、通信和其他电子设备制造业具有绝对优势外，传统的采矿业等与医药制造业的差距并不十分明显。由此可见，天津市的工业经济增长动能转换相对缓慢。

表 4　　　　　　2016 年天津市工业经济增长动能指数排名

排　名	行　　　业	指　　数
1	计算机、通信和其他电子设备制造业	0.34
2	医药制造业	0.29
3	石油和天然气开采业	0.24
4	黑色金属冶炼和压延加工业	0.22
5	黑色金属矿采选业	0.20
6	专用设备制造业	0.20
7	铁路、船舶、航空航天和其他运输设备制造业	0.19

续表

排　名	行　业	指　数
8	废弃资源综合利用业	0.18
9	通用设备制造业	0.16
10	非金属矿采选业	0.16
11	纺织服装、服饰业	0.16
12	汽车制造业	0.15
13	金属制品业	0.15
14	仪器仪表制造业	0.15
15	橡胶和塑料制品业	0.13
16	食品制造业	0.13
17	化学原料及化学制品制造业	0.13
18	家具制造业	0.13
19	石油加工、炼焦及核燃料加工业	0.12
20	酒、饮料和精制茶制造业	0.11
21	电气机械和器材制造业	0.11
22	其他制造业	0.11
23	皮革、毛皮、羽毛及其制品业和制鞋业	0.10
24	木材加工和木、竹、藤、棕、草制品业	0.10
25	文教、工美、体育和娱乐用品制造业	0.10
26	金属制品、机械和设备修理业	0.10
27	印刷和记录媒介复制业	0.10
28	非金属矿物制品业	0.09
29	化学纤维制造业	0.09
30	农副食品加工业	0.08
31	造纸及纸制品业	0.08
32	电力、热力生产和供应业	0.08
33	纺织业	0.06
34	有色金属冶炼和压延加工业	0.06
35	煤炭开采和洗选业	0.05
36	燃气生产和供应业	0.05
37	水的生产和供应业	−0.06
38	开采辅助活动	−0.15

（三）河北工业经济增长新动能评价

从 2016 年河北省工业经济增长动能指数排名来看（见表 5），河北省工业经济增长动能指数排名第一的为仪器仪表制造业，其次为金属制品·机械和设备修理业、汽车制造业、医药制造业。因高技术产业的各项指标得分均比较低，河北省的高技术产业排名较为靠后。

表5　　　　　　　　2016 年河北省工业经济增长动能指数排名

排　名	行　　业	指　　数
1	仪器仪表制造业	0.51
2	金属制品、机械和设备修理业	0.44
3	汽车制造业	0.44
4	医药制造业	0.36
5	烟草制品业	0.32
6	化学原料和化学制品制造业	0.28
7	计算机、通信和其他电子设备制造业	0.28
8	专用设备制造业	0.28
9	黑色金属冶炼和压延加工业	0.27
10	酒、饮料和精制茶制造业	0.24
11	电气机械和器材制造业	0.23
12	黑色金属矿采选业	0.22
13	有色金属矿采选业	0.21
14	通用设备制造业	0.19
15	食品制造业	0.19
16	橡胶和塑料制品业	0.18
17	燃气生产和供应业	0.17
18	其他制造业	0.16
19	水的生产和供应业	0.15
20	皮革、毛皮、羽毛及其制品和制鞋业	0.15
21	铁路、船舶、航空航天和其他运输设备制造业	0.15
22	非金属矿物制品业	0.14
23	家具制造业	0.14
24	文教、工美、体育和娱乐用品制造业	0.13
25	印刷和记录媒介复制业	0.13
26	纺织服装、服饰业	0.13
27	电力、热力生产和供应业	0.12
28	木材加工和木、竹、藤、棕、草制品业	0.12
29	造纸和纸制品业	0.11
30	废弃资源综合利用业	0.11

排　　名	行　　业	指　　数
31	纺织业	0.10
32	农副食品加工业	0.09
33	非金属矿采选业	0.07
34	有色金属冶炼和压延加工业	0.05
35	化学纤维制造业	0.04
36	石油加工、炼焦和核燃料加工业	0.04
37	煤炭开采和洗选业	0.02
38	其他采矿业	0.00
39	金属制品业	−0.01
40	石油和天然气开采业	−0.02

三、京津冀工业经济增长动能转换的特点

一是工业经济增长动能转换速度以及发展质量差距较大。总体来看，高技术产业以及含战略性新兴产业的传统产业排名较为靠前，说明其工业经济增长动能转换较快，因为发展趋势与各国工业经济增长发展趋势相同。而得分较高的行业说明其发展质量较好，尤其是技术创新与增长活力较强。因此，从三地工业经济增长动能指数排名来看，北京市工业经济增长动能转换较快且发展质量较好；天津市工业经济增长动能转换相对缓慢，发展质量一般；河北省工业经济增长动能转换相对滞后，虽然得分较高但高技术产业创新能力较弱。

二是工业经济增长新动能与旧动能相互制约。北京市工业经济增长动能虽然主要以高新技术产业为主，但也存在许多增长乏力且较为落后的传统行业，产业呈现两极化的发展态势；天津市的高技术产业逐渐成为工业经济增长新动能，但传统的石化、采矿、重金属加工等行业对工业经济发展仍有较大影响；河北省的部分高技术产业动能增长指数虽然得分较高、排名较为靠前，但大多属于产业链的低端环节。

三是部分工业行业经济增长动能转换效果欠佳。京津冀三地在工业经济增长动能转换过程中，部分传统行业表现出了较为乏力的负增长，如北京的煤炭开采和洗选业、天津的水生产和供应业与开采辅助活动、河北的金属制品业与

石油和天然气开采业。因此，应进一步推动三地转型升级政策的出台和落实，加快工业行业经济增长新旧动能转换。

四是工业经济增长动能培育投入存在差距。从京津冀三地内部比较及与全国的比较来看（如图2与表6所示），研发内部经费支出与主营业务收入之比方面，三地研发经费支出占比均低于全国0.9%的平均水平，说明三地的工业经济增长动能转换培育投入不足；新产品销售收入占主营业务收入之比方面，北京市、天津市均高于 0.14%的全国平均水平，说明北京市与天津市的工业经济增长动能转换活力较高。

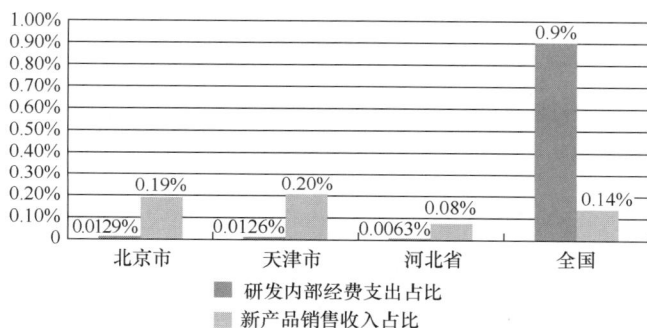

图2　2016年京津冀创新能力比较（数据来源：北京市、天津市、河北省统计年鉴2017）

表6　　　　　　　　　　　　京津冀相关指标统计

	新产品产值（亿元）	新产品销售收入（亿元）	研发全时当量（人年）	研发内部经费支出（亿元）	工业总产值（亿元）	主营业务收入（亿元）
北京市	3647.81	3564.04	50 773.00	244.09	17 449.63	18 864.90
天津市	5823.48	5727.77	84 290.50	352.67	28 242.13	27 969.58
河北省	—	3476.24	79 452.00	285.81	12 626.17	45 648.10

数据来源：北京市、天津市、河北省统计年鉴2017。

四、京津冀协同发展对促进三地工业经济增长动能转换的建议

基于上述分析，提出以下关于推进京津冀协同发展及工业经济增长动能转换的对策建议。

一是出台京津冀落后产能发展政策。联合出台针对三地落后产能的相关政策，对落后产能进行产业链梳理，厘清淘汰环节、转型环节、创新环节，发挥

三地各自的优势，以产业合作、产业转移、联合创新等方式，促进三地工业经济增长动能的转换。例如，建议北京市减少工业行业门类，将增长动能指数较低、排名靠后的工业行业转移至天津与河北，扩大天津与河北的产业规模并形成集群优势。

二是建设京津冀新动能创新研究机构。以新动能指数较高行业的企业为核心，促进京津冀三地相关企业，以构建工业互联网等形式，突破地域限制，联合进行科技研发。建议天津以工业经济增长动能指数排名靠前的行业为核心，借助北京科研能力较强的优势，以官产学研合作的形式，开展相关领域的创新；建议河北采用多种形式，提升工业行业的创新能力。

三是设立京津冀工业经济新动能发展基金。联合三地相关企业、金融机构等设立京津冀工业经济新动能发展基金，加大工业行业创新投入力度，推动京津冀工业转型升级进程，加快推进工业领域供给侧结构性改革，以工业经济新动能发展基金为引领，促进三地工业企业对工业经济增长新动能培育的投入，提升企业的自主创新能力。

四是重视京津冀新动能的差异化发展。工业经济增长新动能主要集中于高技术产业与战略性新兴产业，而京津冀地区固有的产业同构问题也可能存在于工业经济增长新动能领域，因而在培育工业经济增长新动能时，应将京津冀作为一个整体，从差异化、本地产业发展基础等角度出发进行规划与培育。

（中国信息通信研究院　　李贺）

专稿七 "一带一路"建设最新进展及国家间贸易关系网络分析

在全球经济复苏乏力、国内经济下行压力持续加大的大背景下，习近平总书记 2013 年年底在访问中亚四国和东盟国家时提出"一带一路"构想。"一带一路"倡议的核心内涵是要与沿线 60 多个国家共同打造七大经济走廊，形成政策沟通、设施联通、贸易畅通、资金融通、民心相通（以下简称"五通"）的利益共同体、责任共同体、命运共同体。"一带一路"倡议的提出不仅有利于我国对外投资贸易、产业结构调整和全球布局，而且有利于沿线区域进一步开放合作。本文跟踪了"一带一路"建设的最新进展，基于"一带一路"沿线国家之间的对外贸易数据进行了贸易关系网络分析，并对"一带一路"未来发展进行了展望。

一、"一带一路"建设最新进展

（一）国际共识逐步达成

目前，已经有 100 多个国家和国际组织参与"一带一路"建设，与我国签署共建"一带一路"合作协议的国家和国际组织已达 69 个，一系列部门间合作协议覆盖"五通"各领域。除亚、欧国家外，非洲、拉美和加勒比地区等国家及联合国等国际组织也积极响应和参与"一带一路"建设，共建"一带一路"的"朋友圈"越来越大。

2017 年 5 月 14 日至 15 日，"一带一路"国际合作高峰论坛在北京圆满召开。这是"一带一路"框架下最高层次的对话机制，是我国 2017 年最重要的主场外交活动，也是中华人民共和国成立后首个由我国发起的重大多边外交平台，包括 29 个国家首脑、联合国等国际组织负责人等在内的 1600 多名代表出席了盛会。期间，习近平总书记发表了一系列重要演讲、致辞，为共建"一带一路"注入了新的内涵，进一步表明中国致力于维护开放型世界经济的坚定意志，引起与会领导人的强烈共鸣和国际社会的高度评价。高峰论坛期间举办了一系列会见和商务活动，签署了一大批项目合作协议，达成五大类、270 多项具体成果。

（二）"五通"合作不断深入

1. 政策沟通：加强战略对接

据国家发改委发布的消息，我国与俄罗斯签署了《丝绸之路经济带建设和欧亚经济联盟建设对接合作的联合声明》，与匈牙利签署了政府间关于共同推进"一带一路"建设的谅解备忘录。乌法峰会期间，中、蒙、俄三国签署了《关于编制建设中蒙俄经济走廊规划纲要的谅解备忘录》。有关部门还与塔吉克斯坦、哈萨克斯坦、卡塔尔、科威特等国签署了共建"一带一路"的谅解备忘录，中、哈重大产能合作共签署了 28 个项目文件。我国还与土耳其、捷克、波兰、沙特等国签署了《关于加强"网上丝绸之路"建设合作谅解备忘录》，与塞尔维亚签署了关于共同推进产能合作的谅解备忘录，与联合国亚太经济社会委员会签署了首份与国际组织间共建"一带一路"合作文件。

2. 设施联通：加快基础设施建设

雅万高铁、中老铁路、瓜达尔港等标志性项目加快建设，亚吉铁路、蒙内铁路等建成投运，中缅原油管道正式运行，实现原油经印度洋直接进入我国境内，树立了一批合作"标杆"。

受益于"一带一路"倡议，中欧班列突飞猛进。截至 2017 年 8 月初，中国和欧洲国家开通中欧班列的城市增至 31 个，累计开行突破 4000 列，通达欧洲 12 个国家、31 个城市。其中，最长的线路联通着被称为"世界超市"的中国东部城市义乌和英国首都伦敦。通关效率和运量的提升，使中欧班列的运输成本较开行之初下降 30% 以上，仅为空运价格的 1/5 至 1/6，而运输时间是海运的 1/3 至 1/4，例如，重庆至杜伊斯堡班列最快可 12 天抵达。

3. 贸易畅通：加大投资贸易合作

我国与"一带一路"沿线国家贸易结构持续优化，货物贸易平稳增长，服务贸易出现新亮点，对外承包工程快速增长。2016 年，中国同"一带一路"沿线国家贸易额达 1.07 万亿美元，对沿线国家直接投资达 145 亿美元。汤森路透的数据显示，截至 2017 年 8 月上旬，中国企业在"一带一路"沿线国家的投资并购总额已达 330 亿美元，超过 2016 年全年。

产能合作持续深化。截至目前，我国已同哈萨克斯坦、埃塞俄比亚等 30 多个国家开展了机制化的产能合作，钢铁、冶金、建材、装备制造等优势产能在国际市场加速布局，带动我国装备、技术标准和建设力量"走出去"。

境外园区多点开花。截至 2016 年年底，我国企业在"一带一路"沿线 20 个国家建设了 56 个经贸合作区，累计投资超过 185 亿美元[24]。中白工业园、泰中罗勇工业园、埃及苏伊士经贸合作区、埃塞俄比亚阿瓦萨工业园等园区发展迅速。

4. 资金融通：深化金融合作

以亚投行、丝路基金为代表的金融合作也在不断深入。中国的金融服务业正在积极地走出去，与东南亚、南亚、中东欧等区域的国家开展合作，实现资金之间的融通。开发银行、进出口银行在"一带一路"沿线国家发放贷款超过 1100 亿美元，出口信用保险公司承保"一带一路"沿线国家出口和投资超过 3200 亿美元，丝路基金对外投资超过 60 亿美元。9 家中资银行在"一带一路"沿线 26 个国家设立了 62 家一级分支机构，"一带一路"沿线 20 个国家的金融机构在我国设立了数十家分支机构和代表处。我国与"一带一路"沿线 22 个国家和地区签署了本币互换协议，总额近 10 000 亿元人民币。

在 2017 年 5 月召开的"一带一路"国际合作高峰论坛上，我国政府又承诺了一批推动"一带一路"建设的新措施，包括：在原有 400 亿美元的基础上，向丝路基金新增资金 1000 亿元人民币；鼓励金融机构开展人民币海外基金业务，规模初步预计约 3000 亿元；中国国家开发银行、进出口银行将提供总额达 3800 亿元等值人民币的专项贷款。

5. 民心相通：推动人文交流合作

我国与 60 多个国家签署了教育合作协议，实施"丝绸之路政府奖学金"计划，新设一批孔子学院、中国文化中心。与世界卫生组织携手打造"健康丝绸之路"，建设中医药海外中心，新疆正在建设丝绸之路经济带国际医疗服务中心。继续实施"杰出青年科学家来华工作计划"，组织发起国际科技合作计划，针对沿线国家需求，开展杂交水稻、传染病防治等技术的研发应用。同时，我国还与沿线国家广泛实施了旅游、减贫、绿色环保、防治荒漠化等领域的合作，力所能及地开展对外援助，履行大国责任。

---

[24] 数据来源：发改委网站，http://www.ndrc.gov.cn/gzdt/201708/t20170818_858080.html。

（三）经济走廊建设快速推进

作为"一带一路"建设的旗舰项目，中巴经济走廊建设已有不少项目取得了重大进展，巴基斯坦喀喇昆仑公路二期、卡拉奇高速公路开工建设，拉合尔轨道交通橙线等一批重点项目完成融资。巴基斯坦恰希玛和卡拉奇核电项目进展顺利。

中国—中亚—西亚经济走廊建设全面进行，中吉乌铁路"安格连—帕普"铁路隧道项目（乌境内）竣工通车，塔吉克斯坦"瓦赫达特—亚湾"桥隧项目一号隧道贯通。

中国—中南半岛经济走廊也正在加快建设，雅万高铁启动先导段建设，中老铁路建设进展顺利。境内玉溪—磨憨铁路项目正在加快建设。另外，中塔公路二期、中亚天然气管道 D 线等项目正在加快推进，莫斯科至喀山高铁、中老铁路、中泰铁路、中缅皎漂港等项目建设有序推进，中白工业园全面动工。

二、"一带一路"沿线国家间贸易关系网络分析

（一）"一带一路"国家间双边贸易总体情况

根据联合国贸易署 Uncomtrade 数据库的国家间双边贸易数据，2012—2016 年间，"一带一路"沿线 66 个国家（见表 7）间双边贸易额每年均超过 2 万亿美元，5 年累计达到 10.8 万亿美元，详见表 8[25]。

表 7　　　　　　　　　　　"一带一路"倡议覆盖的 66 个国家

区　域	国　　　家	国家数
东南亚	马来西亚、新加坡、印度尼西亚、文莱、菲律宾、东帝汶、泰国、柬埔寨、老挝、越南、缅甸	11
南亚	马尔代夫、斯里兰卡、孟加拉国、巴基斯坦、印度、不丹、阿富汗、尼泊尔	8
东亚	中国、蒙古国	2
中东欧	塞尔维亚、保加利亚、罗马尼亚、克罗地亚、斯洛伐克、匈牙利、斯洛文尼亚、马其顿、波黑、阿尔巴尼亚、爱沙尼亚、立陶宛、乌克兰、白俄罗斯、拉脱维亚、捷克共和国、波兰、黑山、摩尔多瓦	19

---

[25] 为避免重复计数，这里仅统计了各国上报的对其他国家出口贸易数据，一国对他国的进口贸易数据可采用他国上报的对该国出口贸易数据计算。

区 域	国 家	国家数
俄罗斯	俄罗斯	1
西亚、北非	阿联酋、巴勒斯坦、格鲁吉亚、埃及、以色列、约旦、叙利亚、土耳其、黎巴嫩、科威特、阿曼、也门共和国、卡塔尔、阿塞拜疆、伊朗、亚美尼亚、伊拉克、沙特阿拉伯、巴林、埃塞俄比亚	20
中亚	乌兹别克斯坦、塔吉克斯坦、哈萨克斯坦、吉尔吉斯斯坦、土库曼斯坦	5

数据来源：参考国家信息中心主办的"'一带一路'大数据综合门户"网站的区域和国家分类。

表 8　　　　　　2012—2016 年"一带一路"沿线国家双边贸易总体情况

年份	双边贸易关系数（个数）	双边贸易总量（万亿美元）	双边贸易均值（亿美元）	双边贸易最大值（百亿美元）
2012 年	2989	2.16	7.24	5.03
2013 年	3078	2.30	7.47	4.99
2014 年	2996	2.37	7.91	6.37
2015 年	3084	2.02	6.54	6.60
2016 年	2974	2.00	6.73	6.11
总计	15 121	10.8	7.17	6.60

数据来源：联合国贸易署 Uncomtrade 数据库。

自"一带一路"倡议提出以来，中国与"一带一路"沿线国家间的贸易往来日益密切，双边进出口贸易额呈现快速增长，2014 年更是达到了近年来的巅峰，见表 9 和表 10。尽管受全球经济放缓、贸易萎靡影响，2015 年、2016 年中国对"一带一路"沿线国家的双边贸易增速放缓，但贸易额仍然超过 2013 年。

表 9　　　　　　2012—2016 年中国对"一带一路"沿线国家出口贸易情况

年份	贸易国家数（个数）	出口贸易总量（千亿美元）	出口贸易均值（十亿美元）	出口贸易最大值（百亿美元）
2012 年	64	5.02	7.84	4.77
2013 年	64	5.70	8.91	4.96
2014 年	64	6.39	9.98	6.37
2015 年	64	6.17	9.64	6.60
2016 年	64	5.84	9.13	6.11
总计	320	29.1	9.10	6.60

数据来源：联合国贸易署 Uncomtrade 数据库。

表 10   2012—2016 年中国从"一带一路"沿线国家进口贸易情况

年份	贸易国家数 （个数）	进口贸易总量 （千亿美元）	进口贸易均值 （十亿美元）	进口贸易最大值 （百亿美元）
2012 年	55	2.50	4.55	4.39
2013 年	56	2.68	4.78	4.84
2014 年	55	2.85	5.19	5.15
2015 年	56	2.39	4.27	4.77
2016 年	56	2.89	5.15	4.29
总计	278	13.3	4.79	5.15

数据来源：联合国贸易署 Uncomtrade 数据库。

（二）近五年来"一带一路"国家间贸易网络的变迁

根据上述五年"一带一路"国家间双边贸易数据，在 Gephi 0.9.1 软件中绘制贸易关系网络图，并通过网络分析方法来分析"一带一路"建设对沿线国家间贸易格局的影响。因篇幅所限，这里仅列举了 2012 年和 2016 年"一带一路"国家间贸易关系网络，如图 3 和图 4 所示。两幅图中，每一个节点都代表了一个国家；节点的大小由节点国家的贸易额加权度决定，一国的贸易伙伴越多，贸易额越高，其节点就越大；节点间的箭线代表两个节点之间存在双边贸易关系，并且是由箭尾节点国家向箭头节点国家的贸易输出；箭线的粗细由双边贸易额的大小决定，贸易额越高，箭线越粗。

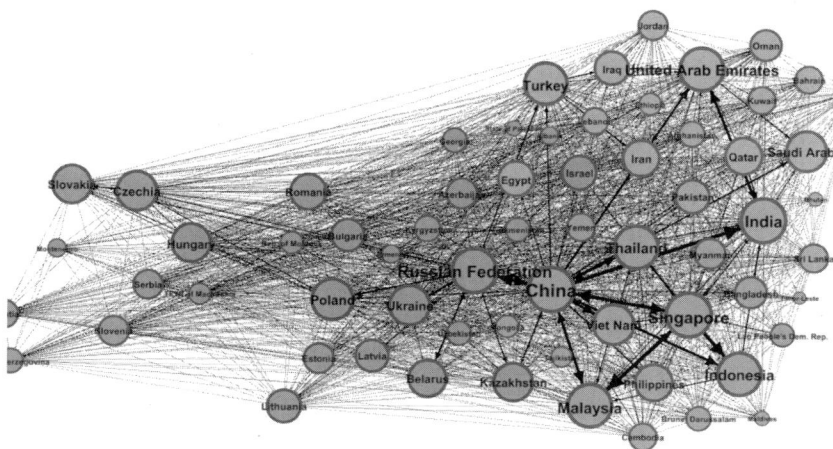

图 3　2012 年"一带一路"沿线国家贸易关系网络图

（数据来源：制造强国产业基础大数据平台，中国信息通信研究院测算）

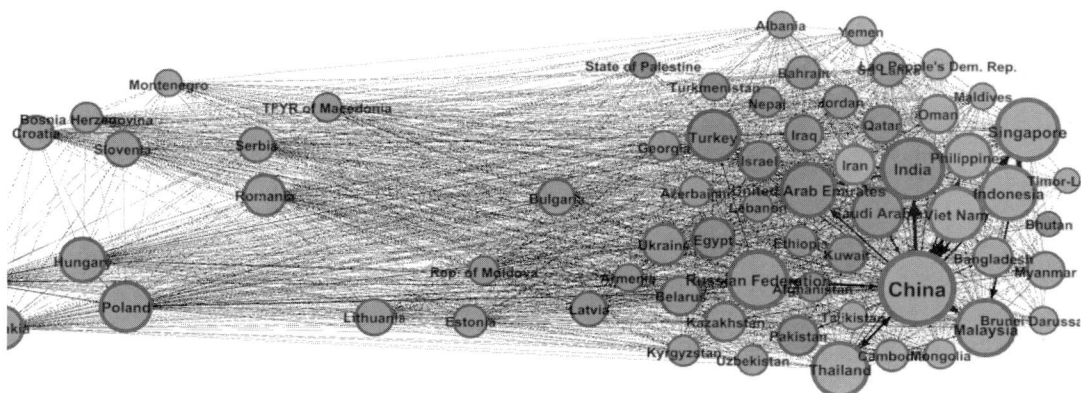

图 4　2016 年"一带一路"沿线国家贸易关系网络图

（数据来源：制造强国产业基础大数据平台，中国信息通信研究院测算）

从图 3 和图 4 可以看出，相较于 2012 年，2016 年贸易网络中的箭线更加密集，表明"一带一路"版图中各国间的贸易往来更加紧密；特别是中国节点的规模相比其他国家更加突出，表明自"一带一路"倡议实施以来，中国与各国贸易关系显著增强。

（三）"一带一路"国家间贸易关系网络格局分析

基于网络分析方法，可以通过网络密度、网络/节点的度、节点聚类等核心指标（见表 11）来深入分析和研判"一带一路"国家间贸易关系网络和贸易格局。

表 11　　　2012—2016 年"一带一路"沿线国家贸易关系网络图核心指标的变化

指　　标	2012 年	2013 年	2014 年	2015 年	2016 年
贸易总量（万亿美元）	2.16	2.30	2.37	2.02	2.00
国家数（节点数）[26]	65	65	65	65	65
贸易关系数（边数）	2989	3078	2996	3084	2974
平均度	45.288	46.636	45.394	46.727	45.061
平均加权度	3.28×10^{10}	3.48×10^{10}	3.59×10^{10}	3.06×10^{10}	3.03×10^{10}
图密度	0.697	0.717	0.698	0.719	0.693
平均聚类系数	0.789	0.803	0.793	0.805	0.806
平均路径长度	1.195	1.185	1.179	1.169	1.199

数据来源：制造强国产业基础大数据平台，中国信息通信研究院测算。

---

[26] 由于 Uncomtrade 数据库中没有报告叙利亚与"一带一路"其他国家间的双边交易数据，所以网络中仅有 65 个国家节点。

1. 网络密度

网络密度是从网络的连通性和扩散性的角度来揭示网络的空间结构特征。网络密度的测算方法是用网络中连接各节点的"实际箭线数"与"理论可达最大箭线数"之比，用以反映网络中各节点之间的紧密关系。网络密度取值范围在 0～1 之间，越接近 1，表明网络关系越紧密，各国的贸易活动越频繁，反之亦然。从表 11 可以看出，近五年来，"一带一路"版图涉及的 66 个国家间的网络通达性基本保持在 70%左右，是一个比较紧密的状态。

2. 网络/节点度

节点度测度的是节点与网络其他节点的连接箭线数，反映了节点与其他节点的关联程度。节点度越高，表明节点与网络其他节点的连通性越好，也说明节点在整个网络结构中具有重要意义。在有向图中，节点的度又可分为出度和入度，顾名思义，出度就是网络节点向外输出箭线的条数，入度就是网络节点接收到输入箭线的条数。而网络的度，则通过各节点度的均值或加权均值测算，综合反映了网络结构的联通程度和均衡程度。

从表 11 可以看出，近五年来"一带一路"沿线国家间的贸易网络平均度均超过 45，也就是具有近 70%的通达性（45/65），这一点与网络密度相互印证；而且采用国家间贸易量进行加权得到的网络平均加权度也保持在 30 亿美元之上，进一步展示了"一带一路"版图国家间的贸易紧密性。

进而梳理出沿线国家节点度排行（见表 12），可知：排名前十的国家平均节点度逐年提升，从 2012 年的 117.3 上升到 2016 年的 119.3，意味着这些国家有将近 60 个双边贸易伙伴；除中国一直稳居对外贸易第一外，捷克、波兰、土耳其、马来西亚、俄罗斯、新加坡、阿联酋、印度也稳居前十，显示出这些国家在"一带一路"版图中的核心地位。而节点出度和入度的排行也得出了相似的结论，篇幅所限，此处不一一展开。

表 12　　　　　　　　　　　"一带一路"国家节点度 Top10

排序	2016 年	节点度	2015 年	节点度	2014 年	节点度	2013 年	节点度	2012 年	节点度
1	中国	120	中国	120	中国	119	中国	120	中国	119
2	捷克	120	新加坡	120	捷克	118	波兰	120	印度	118
3	波兰	120	印度	119	印度	118	马来西亚	119	马来西亚	118
4	土耳其	120	马来西亚	119	波兰	118	新加坡	119	新加坡	118
5	印度尼西亚	119	俄罗斯	119	土耳其	118	土耳其	119	阿联酋	118

续表

排序	2016 年	节点度	2015 年	节点度	2014 年	节点度	2013 年	节点度	2012 年	节点度
6	马来西亚	119	泰国	119	马来西亚	117	阿联酋	119	波兰	117
7	俄罗斯	119	波兰	118	新加坡	117	印度	118	土耳其	117
8	新加坡	119	土耳其	118	俄罗斯	116	俄罗斯	118	捷克	116
9	阿联酋	119	阿联酋	118	泰国	116	泰国	118	俄罗斯	116
10	印度	118	捷克	117	阿联酋	116	捷克	117	泰国	116
	平均	119.3	平均	118.7	平均	117.3	平均	118.7	平均	117.3

数据来源：制造强国产业基础大数据平台，中国信息通信研究院测算。

3. 节点中心性

节点中心性是根据图的最短路径原理，衡量节点是否在其他两个节点的中心位置，反映了节点国家的网络资源控制能力。节点中心性越高，说明节点国家拥有的信息和资源越多，路径控制能力就越强。表 13 列出了"一带一路"版图中中心性排名前十的节点国家，可知：近五年来，排名前十的国家中，阿联酋、土耳其、新加坡、俄罗斯的中心性有所上升，而中国、波兰、马来西亚却有一定程度的下降；前十国家的平均节点中心性从 2012 年的 30 下降到 2016 年的 28，这说明"一带一路"沿线国家的贸易格局更加多元化，贸易关系更趋均衡。

表 13　　　　　　　　　　　　　"一带一路"国家节点中心性 Top10

排序	2016 年	节点中心性	2015 年	节点中心性	2014 年	节点中心性	2013 年	节点中心性	2012 年	节点中心性
1	阿联酋	34.57	新加坡	38.27	中国	36.70	印度	45.87	印度	45.59
2	土耳其	32.06	阿联酋	34.54	印度	35.10	中国	40.26	中国	42.97
3	新加坡	31.87	约旦	25.78	土耳其	33.45	阿联酋	32.06	沙特阿拉伯	33.59
4	俄罗斯	29.28	埃及	25.12	阿联酋	29.65	土耳其	31.24	阿联酋	30.23
5	中国	25.71	中国	23.28	巴基斯坦	25.63	巴基斯坦	29.35	马来西亚	27.80
6	捷克	25.71	马来西亚	22.85	沙特阿拉伯	24.88	波兰	26.08	捷克	26.94
7	波兰	25.71	印度	22.19	埃及	22.77	马来西亚	25.56	新加坡	26.51
8	马来西亚	25.30	泰国	21.48	捷克	20.70	新加坡	24.72	巴基斯坦	25.71
9	印度尼西亚	25.23	波兰	20.47	波兰	20.70	泰国	23.76	土耳其	24.40
10	埃及	24.96	俄罗斯	20.16	约旦	20.48	沙特阿拉伯	23.38	泰国	24.17
	平均	28.04	平均	25.41	平均	27.01	平均	30.23	平均	30.79

数据来源：制造强国产业基础大数据平台，中国信息通信研究院测算。

4. 网络聚类分析

通过网络聚类分析算法可将"一带一路"沿线国家分为三大阵营,进而采用 Yifan Hu 和 OpenOrd 布局策略,可在贸易网络图中可视化呈现出来,即图中用橙色、紫色、绿色 3 种不同颜色标注的阵营。这里列出了 2012 年和 2016 年各个阵营的国家,同一阵营中国家按贸易额加权度高低顺序排列,见表 14 和表 15。可知,3 个阵营分别是:(1)以中国为核心的东亚和南亚区域;(2)以印度为首的西亚和南亚区域;(3)以俄罗斯为主要贸易国的中东欧、中亚区域。对比 2012 年和 2016 年可知,随着"一带一路"建设步伐的加快,以中国为核心的东亚和南亚区域阵营日益强大。

表 14 　　　　　　　　　2016 年"一带一路"沿线国家贸易格局

阵营所在区域	2016 年阵营内国家	国家数
东亚、南亚	中国、新加坡、马来西亚、泰国、越南、印度尼西亚、菲律宾、伊朗、孟加拉、阿曼、缅甸、柬埔寨、老挝、蒙古国、也门、塔吉克斯坦、文莱、马尔代夫、东帝汶	19
西亚、南亚	印度、阿联酋、土耳其、沙特阿拉伯、埃及、巴基斯坦、以色列、科威特、卡塔尔、伊拉克、斯里兰卡、约旦、巴林、埃塞俄比亚、黎巴嫩、尼泊尔、阿富汗、土库曼斯坦、巴勒斯坦、不丹	20
中东欧、中亚	俄罗斯、波兰、捷克、匈牙利、斯洛伐克、罗马尼亚、乌克兰、白俄罗斯、哈萨克斯坦、立陶宛、保加利亚、斯洛文尼亚、拉脱维亚、塞尔维亚、克罗地亚、爱沙尼亚、吉尔吉斯斯坦、阿塞拜疆、波黑、乌兹别克斯坦、格鲁吉亚、摩尔多瓦、马其顿、亚美尼亚、阿尔巴尼亚、黑山	26

表 15 　　　　　　　　　2012 年"一带一路"沿线国家贸易格局

阵营所在区域	2012 年阵营内国家	国家数
东亚、南亚	中国、新加坡、马来西亚、印度尼西亚、泰国、越南、菲律宾、孟加拉、缅甸、也门、柬埔寨、文莱、老挝、马尔代夫、东帝汶	15
西亚、南亚	印度、阿联酋、土耳其、沙特阿拉伯、卡塔尔、伊朗、埃及、以色列、巴基斯坦、伊拉克、阿曼、阿塞拜疆、约旦、斯里兰卡、科威特、巴林、黎巴嫩、阿富汗、格鲁吉亚、尼泊尔、埃塞俄比亚、巴勒斯坦、不丹	23
中东欧、中亚	俄罗斯联邦、波兰、乌克兰、捷克、哈萨克斯坦、匈牙利、斯洛伐克、白俄罗斯、罗马尼亚、立陶宛、拉脱维亚、保加利亚、爱沙尼亚、斯洛文尼亚、塞尔维亚、克罗地亚、吉尔吉斯斯坦、波黑、乌兹别克斯坦、土库曼斯坦、蒙古国、摩尔多瓦、马其顿、塔吉克斯坦、亚美尼亚、黑山、阿尔巴尼亚	27

三、"一带一路"未来展望

当前,世界经济仍处于深度调整期,低增长、低通胀、低需求同高失业、高债务、高泡沫等风险交织，气候变化、能源安全、粮食安全等全球性挑战不断增多，不仅发展中国家需要实现可持续的经济转型，发达国家也需要促进经济转型。因此，需要世界各国携手打造利益共享的全球价值链，促进共同发展。

而"一带一路"倡议提出的 3 年多来，沿线 60 余个国家在政治互信、基础设施建设、经贸投资、金融合作、人文交流等领域开展了深入合作，有效连接了亚欧大陆，将沿海国家的制造能力与内陆国家的丰富资源整合起来，有利于充分发挥各国的比较优势，共同优化全球经济资源配置，完善全球产业布局，培育普惠各方的全球大市场，实现共同发展。

因此，要全力落实"一带一路"国际合作高峰论坛的各项成果，加快推进"一带一路"建设。积极稳妥地推进标志性项目建设，与项目落地国一道，共同推动互联互通和产能合作标志性项目和系统性工程建设，加强标准、体系等经济软联通。要扩大实体经济合作，引导企业通过直接投资、收购并购、参股运营等多种方式，积极参与国际竞争合作，放大我国在部分领域的比较优势，提高实体经济的质量效益，加快迈向中高端，发展新动能。

（中国信息通信研究院　　成微）

专稿八 2017 年 1～8 月 55 个主要工业城市工业运行情况分析[27]

一、主要工业城市 2017 年 1～8 月工业经济运行基本情况

（一）工业增长总体平稳

2017 年 1～8 月，统计的 55 个重点联系城市中 53 个城市的规模以上工业增加值同比保持增长，其中西部地区乌鲁木齐市、遵义市、南宁市、重庆市、德阳市以及东北地区大连市的增速位居前 6 位，分别达到 11.5%、11.4%、10.5%、10.1%、10.1%和 10.9%；36 个城市的规模以上工业增加值增速快于全国平均增速（6.7%），25 个城市的增速高于 8.0%。58%的重点联系城市规模以上工业增加值增速快于或等于前 7 个月，其中东北地区抚顺市、沈阳市、大连市、长春市以及西部地区乌鲁木齐市、柳州市增幅位居前 6 位，分别增加 2.1 个、1.5 个、0.8 个、0.5、1.5 个和 1.2 个百分点。此外，部分地区反映受停产检修影响，工业生产有一定程度的回落。

（二）工业效益增速有所回落

2017 年 1～7 月，统计的 53 个重点联系城市有 50 个城市的工业企业利润保持增长，其中 17 个重点联系城市的利润增速高于全国工业利润增速水平。部分产业结构偏重的城市效益呈现显著恢复性增长态势，如榆林市、齐齐哈尔市、鄂尔多斯市、兰州市、银川市利润增速位居前 5 位，分别达到 318.6%、226.74%、119%、91.1%、81.5%。但受极端高温天气条件下部分企业放假、停产等短期非经济因素以及原材料价格波动等经济因素影响，统计的 50 个重点联系城市中有 33 个城市 1～7 月的工业利润低于 1～6 月，即高达 66%的重点联系城市 7 月利润增速有所下滑。

---

[27] 本文中 55 个主要工业城市是指工业和信息化部评选的第一批、第二批国家工业运行重点联系城市，包括天津、石家庄、唐山等 55 个城市，详见 http://www.miit.gov.cn/n973401/n4961636/index.html。

（三）工业投资地区行业分化

2017 年前 8 个月，统计的 54 个重点联系城市中有 41 个城市的工业投资同比增长，37 个城市的工业投资增速高于全国工业投资增速，29 个城市 1～8 月的投资增速较 1～7 月有所提升。工业投资地区分化明显，深圳市（76.3%）、洛阳（41.7%）、成都市（35.2%）、襄阳市（25.4%）、抚顺市（20.8%）、佛山市（20.2%）工业投资增速均超过 20%，而部分城市的工业投资持续两位数负增长。投资结构持续优化，高新技术产业投资增长较快。例如，包头市上半年规模以上工业战略性新兴产业增加值同比增长 15.6%，高于全部规模以上工业增速 7.3 个百分点；杭州市 1～8 月医药制造业、汽车制造业、计算机通信和其他电子设备制造业、仪器仪表制造业分别增长 73.1%、61.8%、14.3%、103.6%，远高于全部工业投资增速（5.2%）；金华市 1～8 月高新技术产业投资同比增长 53.6%，增速高于工业投资 41.7 个百分点。

（四）产业结构持续优化

装备制造业、高新技术产业、战略性新兴产业等增长较快，对经济的带动作用进一步增强。上海市 2017 年 1～8 月战略性新兴产业制造业总产值 5646 亿元，同比增长 8.5%，在规模以上工业中占比为 29.9%。杭州市 1～8 月规模以上工业装备制造业增加值 873.87 亿元、高新技术产业增加值 970.79 亿元、战略性新兴产业增加值 616.05 亿元，同比分别增长 11.0%、11.5%、12.8%，继续保持两位数的快速增长。合肥市 1～7 月高新技术产业实现增加值 754.6 亿元，占全市工业的 54.5%；增加值增长 10.7%，高于全市 2.3 个百分点，对全市工业的增长贡献率达 68.4%。高耗能产业生产持续下降。石家庄市 1～8 月六大高耗能行业增加值下降 5.4%，低于全市 8.4 个百分点。九江市 1～7 月六大高耗能行业完成工业增加值 244.6 亿元，同比增长 2.4%，低于全市平均增速 6.7 个百分点，比上年同期回落 9 个百分点。

（五）工业用电量保持增长

2017 年 1～8 月统计的 50 个重点联系城市中有 44 个城市的用电量同比增长。其中，银川市、许昌市、遵义市、南昌市、榆林市、包头市的用电量增速位居前 5 位，分别是 33.1%、19.3%、19.08%、18.8% 和 16.7%。统计的 47 个重点联系城市分别有 17 个、4 个、26 个城市前 8 个月工业用电量增速高于、持平、低于前 7 个月。此外，部分城市反映工业用电量由负转正，如石家庄市 1～8 月工业用电量同比增长 0.22%，较 1～7 月回升 0.27 个百分点，为 2017 年以来首次累计正增长；扬州市 1～8 月工业用电 109.6 亿千瓦时，同比增长 2.2%，已连续 3 个月保持正增长。

二、地方反映的主要问题

（一）新旧动能转换偏慢

新旧动能转换处于阵痛期，工业经济同时面临传统产业转型升级和新动能塑造培育的双重压力。而目前传统产业对经济的拉动作用持续减弱，新兴产业对经济的增长贡献有限，经济尚未实现新的均衡，工业产业结构转型升级任务仍然艰巨。部分资源性城市提出，传统产业下行压力较大，新兴产业产值增长较快，但规模尚小，对经济增长的拉动作用极其有限，难以冲抵传统行业的减量。

（二）工业投资增长乏力

受传统产业去产能、新投资方向不明朗等因素影响，不少城市反映 2017 年以来工业固定资产投资增速较 2016 年同期大幅下滑，对经济增长的拉动作用有所削弱。同时受新增企业潜力日益减少、工业储备项目不足、新投产项目偏少等因素的影响，工业固定资产投资增长乏力，企业投资更加谨慎，影响工业发展后劲。

（三）资金周转压力加剧

一方面，企业应收账款同比提升，企业资金回笼周期延长、难度加大。另一方面，企业融资难、融资贵的问题仍然突出，银行业抽贷、压贷、惜贷、断贷的现象屡屡发生。为维持资金链稳定，部分企业被迫诉诸其他融资渠道，因而增加了企业财务成本负担，同时缩减用于经营发展的新增贷款，制约企业发展。

（四）企业盈利基础并不牢固

2016 年工业经济运行呈现前低后高的趋势，下半年的高基数势必加大稳增长压力。同时，源于原材料价格大幅上扬的盈利基础不牢固，多数城市反映，企业盈利波动较大，市场需求较为疲弱。未来由于 PPI 下行和价格传导不畅带来的下游产业工业品价格倒挂，势必恶化企业的盈利情况，给平稳增长带来较大压力。部分城市反映，工业生产者出厂价格指数较工业生产者购进价格指数倒挂，影响企业利税、利润增长。

（五）企业多元成本负担加重

尽管"三去一降一补"全面推动企业生产成本下降，但人力、物流、用能、用地、资金等企业生产成本依然较高，制约工业经济发展。例如，部分城市提出招工难和劳动力成本上升问题较为普遍，企业通过自动化改造和机器换人等办法减少用工成本，但也面临设备投入大、门槛高等困难；在用地方面，不少企业因新增建设土地指标受限、审批程序时间长，影响了企业的发展。此外，由于环保督查力度加大，企业停限产整改现象普遍，倒逼企业增设环保设备，也增加了企业投入和运营成本。

三、政策建议

（一）加速工业新旧动能转换

一是积极推动传统产业转型升级。分类有序淘汰落后产能，化解过剩产能和处置"僵尸企业"，推进企业兼并重组，推动新一轮工业技术改造，加强质量品牌建设。二是加速壮大新兴产业，塑造培育新的经济增长点，突出抓好项目建设，促进建设项目早完工、完工项目早投产、投产项目早达效。三是加快培育新业态、新模式，积极推进"互联网+"在制造业领域的融合应用，通过推进试点示范工作，形成一批可复制、可推广的经济增长新业态、新模式。四是强化政府引导和服务功能，在鼓励行业发展的同时谨防市场过热导致低端化竞争，防止行业出现劣币驱逐良币现象。

（二）多举推动企业降本减负

一是合理界定政府服务与市场中介服务的功能，加强治理"红顶"中介和垄断收费的乱象，消除企业的隐形负担，降低企业的制度性交易成本；二是深入财税体制改革，有序推进普惠性减税，积极推进普遍性减费，从实际层面降低企业税费负担；三是继续清理规范政府性基金和行政事业性收费，对于必须保留的行政事业性收费从严核定成本，合理调整收费标准；四是加大审计督查力度，对各类乱收费行为进行严肃处理。

（三）构建和谐健康的金融环境

一是研究出台支持工业企业融资贷款相关举措，包括发展政府支持的融资担保和再担保机构、组织开展多种形式的银企对接活动等，加强对中小微企业的政策扶持，缓解融资难、融资贵的问题；二是加强顶层设计，对产能过剩行业企业实行差别化信贷政策，鼓励银行对有技术、有市场的企业提供信贷；三是适当鼓励金融企业进行创新开发，同时探求金融监管与经济发展的平衡点，打击规避监管的金融产品，严管具有创新价值的金融产品，构建多元稳健的金融环境，缓解企业资金紧张的问题。

（四）统筹协调工业发展与环境治理

一是加强宏观层面研究设计，合理安排错峰生产方案，避免由于集中停产整顿导致经济增长受挫，指导企业实现精准响应、精准停限产；二是支持企业加快环保设施改造，促进企业达标排放，积极应对由环保督查带来的不利影响，实现工业发展与环境治理的双赢局面。

（五）协调保障生产要素供给

一是推进新型城镇化建设，构建以农民工市民化为核心的户籍制度，完善配套基础设施建设和社会福利保障制度，扩大劳动力供给；二是考虑地区差异，对高寒、偏远地区在降低企业水、电、气、物流等要素成本方面给予支持，促进企业降低运营成本，实现区域协调发展。

专题四　区域竞争力评价

专稿九　2017年中国工业百强县（市）、百强区发展报告

一、2017年县（市）、区工业竞争力评价体系及排名

（一）评价体系

1. 评价理念

更加注重创新发展。发挥科技创新在县域供给侧结构性改革中的支撑引领作用，引导劳动力、资本、土地、技术、管理等要素围绕创新发展优化配置，打造发展新引擎、培育发展新动能，实现县域创新驱动发展。

更加注重协调发展。把县域工业发展的内涵放在协调上，正确处理县域发展中的重大关系，包括城乡区域协调发展、县域经济速度和质量的协调发展以及新型工业化、信息化、城镇化、农业现代化的同步发展等。同时更加注重基础条件、运行绩效、发展活力的协调发展。

更加注重绿色发展。紧紧抓住绿色转型机遇，纠正县域工业粗放型发展模式，推进传统制造业绿色改造，以生态约束倒逼发展转型，以转型发展保障生态改善，实现经济发展与生态改善的双赢。

更加注重开放发展。把县域工业发展的定位放在开放上，坚持"引进来"和"走出去"相结合，抢抓发达地区产业转移机遇，内引外联，扩大引资规模，紧抓长江经济带、"一带一路"等区域战略机遇，进一步加强与周边县市区的交流合作。

更加注重共享发展。把县域工业发展的目标放在共享上，坚持民生导向，通过不断发展壮大县域工业改善民生，提高县域的人均GDP、工业劳产率及城乡居民可支配收入，提升人民幸福指数，保障县域人民能共享工业增长和经济繁荣的成果。

2. 评价原则

系统性原则。全面把握县域工业发展的特征和新型工业化的内涵和实质，选择能够反映县域新型工业化水平的指标。

易得性原则。由于以各个县域作为样本，样本数量多，且许多统计指标在县域层次不易获得，因此，在评价指标能够真实地反映客观现实的基础上，指标应易于采集、便于分析和操作。

代表性原则。在建立评价指标体系时，所选择的相关指标要简明实用，尽可能使用相对较少的指标来全面反映全国各地县域工业发展状况，每个指标必须能够反映县域工业发展质量和效益中某一方面的基本特征，并且所选指标之间不能出现内涵上的冲突和重叠。

差异性原则。充分考虑不同地区在基础条件、资源禀赋、战略方向等方面的差异，不以排名为根本目的，尽量使评价结果科学、合理地反映处于不同工业化阶段的各县域工业综合发展水平。

3. 评价体系

我国经济发展进入"新常态"，县域工业经济发展亦进入"新常态"。这就是要在保持中高速经济增长的基础上实现工业经济规模与质量、速度与效益的新平衡，其关键在于转变工业经济发展方式、培育工业经济增长新动力。县域工业经济发展的新动力主要来源于 3 个方面：结构优化、效率提高、创新驱动，在此基础上形成了推动县域工业经济发展的三大支柱：基础条件、运行绩效和发展活力，如图 5 所示。立足结构优化，夯实基础条件；围绕方式转变，提高运行绩效；坚持创新驱动，提升发展活力，三位一体，共同推进县域工业和经济社会全面发展。县域工业竞争力评价体系的构建及评价指标的选取正是基于对三大支柱的定位，并且重点参考了《中国制造 2025》战略目标中关于创新能力、质量效益、两化融合、绿色发展的指标设置，如表 16 所示。

基础条件。当前我国经济持续增长的良好支撑基础和条件没有变，经济结构调整优化的态势没有变。基础条件正是反映县域工业经济发展的规模、结构和速度以及工业化与城镇化融合等情况，是工业经济发展的起点和最终结果。现阶段我国县域工业经济发展仍然要以一定的产业规模为基础，推进"四化"同步发展，逐步增强战略性新兴产业和服务业的支撑作用，着力推动传统产业向中高端迈进。推进以人为核心的城镇化，实现产城融合和城镇化健康发展。

运行绩效。当前我国经济发展新常态的特征更加明显。运行绩效正是反映县域工业经济运行质量和效率，是县域工业经济发展质量和效益的集中体现，也是对工业生产绩效和绿色发展水平的综合判断。转变经济发展方式，就是要坚持不懈地推动工业经济提质增效升级，努力做到调速不减势、量增质更优，进而才能实现工业强县（市）和经济转型发展。

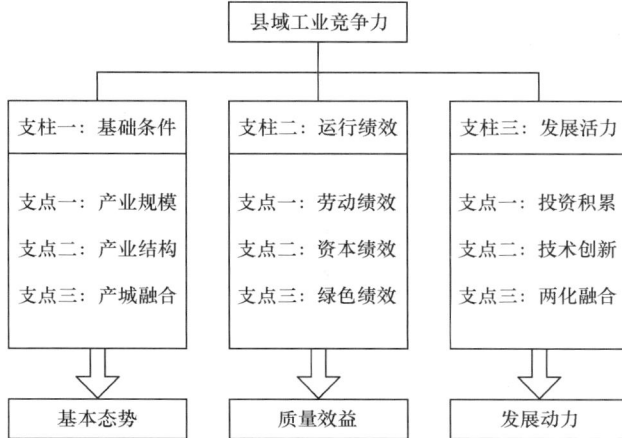

图 5　县域工业竞争力基本架构

表 16　　　　　　　　　　　县域工业竞争力评价指标体系

一 级 指 标	二 级 指 标	三 级 指 标
基础条件	产业规模	工业增加值
		人均工业增加值
		工业增加值增速
		GDP
		人均 GDP
	产业结构	工业增加值占地区 GDP 的比重
		工业企业从业人员占地区从业人员的比重
		高新技术产业占比
		园区工业总产值所占比重
		工业出口交货值占销售收入的比重
	产城融合	城镇化率
运行绩效	劳动绩效	工业劳动生产率
		城镇居民可支配收入
	资本绩效	利润总额
		规模以上工业企业主营业务收入利润率
	绿色绩效	单位工业增加值能耗
		单位工业增加值用水量
		单位工业增加值二氧化硫排放量
		工业固体废物综合利用率

一 级 指 标	二 级 指 标	三 级 指 标
发展活力	投资积累	工业投资总额
		高技术产业投资占比
	技术创新	研究与试验发展经费投入强度
		大中型工业企业研发人员占比
		专利授权数
		每万人发明专利拥有量
		每万人实用新型和外观设计专利拥有量
	两化融合	互联网宽带用户普及率
		大中型企业数字化设计工具普及率

发展活力。供给侧结构化改革取得新的进展，但新旧发展动力的转换需要一个过程，新动力的成长势头正在加快。发展活力正是反映县域工业经济持续发展的能力，以投资、技术创新、两化融合来推动工业转型升级和可持续发展。新常态下，投资将继续对工业经济发展发挥关键作用，但要善于把握投资方向，将重点转向基础设施互联互通和新技术、新产品、新业态、新商业模式；要深入推进创新驱动发展，大力推进两化深度融合。

（二）2017 年工业百强县（市）竞争力指数及排名

依据 2017 年中国县域工业竞争力评价体系，采取专家打分法（Delphi 法）确定各级指标权重，测算得出我国 2017 年工业百强县（市）竞争力指数及排名的变化情况，见表 17。排名第一的是江苏省无锡市的江阴市，竞争力指数为 0.9136；第 100 名是浙江省嘉兴市嘉善县，竞争力指数为 0.3957。

表 17　　　　　　　　　2017 年工业百强县（市）竞争力指数及排名

排　　名	地　区	地 级 市	县（市）	竞争力指数
1	江苏	无锡市	江阴市	0.9136
2	江苏	苏州市	昆山市	0.8725
3	江苏	苏州市	张家港市	0.8654
4	江苏	苏州市	常熟市	0.8479
5	浙江	宁波市	慈溪市	0.7323
6	福建	泉州市	晋江市	0.7252
7	江苏	苏州市	太仓市	0.7122
8	江苏	无锡市	宜兴市	0.6950
9	山东	烟台市	龙口市	0.6895

排　名	地　区	地　级　市	县（市）	竞争力指数
10	湖南	长沙市	宁乡市	0.6892
11	内蒙古	鄂尔多斯市	准格尔旗	0.6878
12	湖南	长沙市	浏阳市	0.6799
13	江苏	南通市	海门市	0.6723
14	湖南	长沙市	长沙县	0.6531
15	江苏	镇江市	丹阳市	0.6523
16	山东	青岛市	即墨市	0.6474
17	山东	威海市	荣成市	0.6252
18	山东	青岛市	胶州市	0.6209
19	浙江	绍兴市	诸暨市	0.6033
20	山东	东营市	广饶县	0.6000
21	河南	郑州市	新郑市	0.5982
22	浙江	宁波市	余姚市	0.5943
23	江苏	泰州市	泰兴市	0.5912
24	江苏	南通市	启东市	0.5551
25	江苏	泰州市	靖江市	0.5522
26	河北	唐山市	迁安市	0.5447
27	陕西	榆林市	神木市	0.5441
28	山东	滨州市	邹平县	0.5420
29	内蒙古	鄂尔多斯市	伊金霍洛旗	0.5415
30	江苏	南通市	海安县	0.5408
31	浙江	金华市	义乌市	0.5370
32	江苏	常州市	溧阳市	0.5359
33	浙江	温州市	乐清市	0.5312
34	河南	郑州市	巩义市	0.5285
35	山东	潍坊市	诸城市	0.5277
36	江苏	徐州市	邳州市	0.5262
37	山东	青岛市	平度市	0.5229
38	江苏	南通市	如皋市	0.5139
39	福建	泉州市	南安市	0.5136
40	河南	郑州市	新密市	0.5078
41	江苏	南通市	如东县	0.5052
42	河南	郑州市	荥阳市	0.5003
43	江苏	镇江市	扬中市	0.4980

续表

排　名	地　区	地　级　市	县（市）	竞争力指数
44	山东	枣庄市	滕州市	0.4933
45	贵州	遵义市	仁怀市	0.4932
46	浙江	嘉兴市	海宁市	0.4931
47	山东	烟台市	莱州市	0.4930
48	内蒙古	鄂尔多斯市	乌审旗	0.4927
49	福建	福州市	福清市	0.4888
50	山东	潍坊市	寿光市	0.4887
51	河南	郑州市	登封市	0.4838
52	湖北	宜昌市	宜都市	0.4807
53	山东	济宁市	邹城市	0.4792
54	河南	许昌市	长葛市	0.4727
55	江苏	宿迁市	沭阳县	0.4668
56	浙江	嘉兴市	桐乡市	0.4590
57	福建	泉州市	石狮市	0.4586
58	福建	福州市	长乐市	0.4568
59	山东	烟台市	蓬莱市	0.4500
60	江西	南昌市	南昌县	0.4484
61	江苏	盐城市	东台市	0.4478
62	新疆	巴音郭楞蒙古自治州	库尔勒市	0.4468
63	内蒙古	鄂尔多斯市	达拉特旗	0.4467
64	江苏	扬州市	仪征市	0.4452
65	山东	烟台市	招远市	0.4448
66	浙江	湖州市	长兴县	0.4428
67	浙江	嘉兴市	平湖市	0.4423
68	浙江	温州市	瑞安市	0.4421
69	宁夏	银川市	灵武市	0.4416
70	福建	泉州市	惠安县	0.4405
71	江苏	泰州市	兴化市	0.4399
72	山东	潍坊市	高密市	0.4397
73	浙江	嘉兴市	海盐县	0.4366
74	浙江	金华市	永康市	0.4339
75	山东	泰安市	新泰市	0.4337
76	山东	泰安市	肥城市	0.4333
77	山东	淄博市	桓台县	0.4332

排　名	地　区	地　级　市	县（市）	竞争力指数
78	浙江	台州市	温岭市	0.4328
78	山东	潍坊市	青州市	0.4328
80	江苏	徐州市	沛县	0.4323
81	内蒙古	鄂尔多斯市	鄂托克旗	0.4289
82	广东	揭阳市	普宁市	0.4272
83	河南	许昌市	禹州市	0.4260
84	湖北	省直辖县	仙桃市	0.4259
85	山东	聊城市	茌平县	0.4253
86	湖南	株洲市	醴陵市	0.4242
87	辽宁	大连市	瓦房店市	0.4235
88	安徽	合肥市	肥西县	0.4223
89	河南	濮阳市	濮阳县	0.4083
90	江苏	镇江市	句容市	0.4079
91	广东	惠州市	博罗县	0.4072
92	湖北	宜昌市	当阳市	0.4055
93	浙江	湖州市	德清县	0.4053
94	山东	青岛市	莱西市	0.4041
95	河南	焦作市	沁阳市	0.4031
96	江苏	徐州市	新沂市	0.4024
97	河北	沧州市	任丘市	0.4006
98	河南	三门峡市	灵宝市	0.3988
99	福建	漳州市	龙海市	0.3987
100	浙江	嘉兴市	嘉善县	0.3957

（三）2017 年工业百强区竞争力指数及排名

百强区评价以除北京、天津、上海、重庆 4 个直辖市之外的市辖区为评价对象。结合市辖区特征，参考 2017 年中国县域工业竞争力评价体系，测算得出我国 2017 年工业百强区竞争力指数及排名的变化情况，见表18。排名第一的是广东省深圳市的南山区，竞争力指数为 0.8554；第 100 名是湖北省武汉市的黄陂区，竞争力指数为 0.3776。

表 18　　　　　　　　　　　　　2017 年工业百强区竞争力指数及排名

排　名	地　区	地　级　市	区	竞争力指数
1	广东	深圳市	南山区	0.8554
2	广东	深圳市	新龙岗区	0.8424
3	广东	佛山市	顺德区	0.8300
4	江苏	常州市	武进区	0.8266
5	广东	佛山市	南海区	0.8242
6	江苏	南京市	江宁区	0.7872
7	山东	青岛市	黄岛区	0.7861
8	江苏	无锡市	新区	0.7796
9	广东	深圳市	新宝安区	0.7695
10	广东	广州市	黄埔区	0.7694
11	福建	宁德市	蕉城区	0.7646
12	浙江	杭州市	萧山区	0.6842
13	广东	广州市	南沙区	0.6623
14	江苏	常州市	新北区	0.6606
15	广东	佛山市	三水区	0.6433
16	湖南	长沙市	雨花区	0.6358
17	浙江	绍兴市	柯桥区	0.6324
18	江苏	苏州市	吴江区	0.6115
19	广东	佛山市	高明区	0.6060
20	浙江	宁波市	鄞州区	0.6052
21	浙江	宁波市	北仑区	0.6026
22	广东	广州市	天河区	0.5865
23	江苏	苏州市	虎丘区	0.5818
24	安徽	马鞍山市	花山区	0.5809
25	江苏	徐州市	铜山区	0.5780
26	江苏	苏州市	吴中区	0.5756
27	广东	广州市	番禺区	0.5721
28	四川	成都市	龙泉驿区	0.5605
29	浙江	宁波市	镇海区	0.5540
30	江苏	南京市	浦口区	0.5482
31	广东	佛山市	禅城区	0.5468
32	广东	珠海市	香洲区	0.5390
33	江苏	南通市	通州区	0.5388
34	江苏	无锡市	惠山区	0.5363

排　名	地　　区	地　级　市	区	竞争力指数
35	江苏	无锡市	锡山区	0.5322
36	浙江	杭州市	滨江区	0.5306
37	广东	广州市	花都区	0.5165
38	湖南	长沙市	岳麓区	0.5081
39	浙江	杭州市	余杭区	0.5070
40	广东	深圳市	福田区	0.5048
41	山东	青岛市	城阳区	0.5022
42	山东	淄博市	临淄区	0.4992
43	辽宁	沈阳市	大东区	0.4987
44	江苏	扬州市	江都区	0.4967
45	江苏	南京市	栖霞区	0.4948
46	山东	济南市	章丘区	0.4942
47	江苏	无锡市	滨湖区	0.4896
48	湖北	武汉市	江夏区	0.4785
49	江苏	南京市	溧水区	0.4721
50	山东	东营市	垦利区	0.4691
51	江苏	南京市	六合区	0.4689
52	浙江	绍兴市	上虞区	0.4672
53	湖北	武汉市	东西湖区	0.4619
54	内蒙古	鄂尔多斯市	东胜区	0.4573
55	湖北	武汉市	汉阳区	0.4549
56	湖南	常德市	武陵区	0.4526
57	辽宁	沈阳市	铁西区	0.4504
58	山东	淄博市	淄川区	0.4458
59	河北	石家庄市	藁城区	0.4454
60	安徽	芜湖市	弋江区	0.4391
61	江苏	泰州市	高港区	0.4363
62	山东	淄博市	张店区	0.4302
63	广东	广州市	增城区	0.4265
64	江苏	扬州市	邗江区	0.4254
65	山东	威海市	文登区	0.4233
66	江西	南昌市	青山湖区	0.4226
67	四川	成都市	新都区	0.4225
68	湖南	长沙市	望城区	0.4205

排　　名	地　　区	地　级　市	区	竞争力指数
69	湖南	株洲市	石峰区	0.4193
70	广西	南宁市	西乡塘区	0.4176
71	广东	广州市	白云区	0.4172
72	福建	厦门市	湖里区	0.4126
73	江苏	常州市	金坛区	0.4113
74	山东	青岛市	崂山区	0.4111
75	江苏	苏州市	相城区	0.4070
76	江苏	泰州市	姜堰区	0.4064
77	四川	成都市	双流区	0.4063
78	浙江	杭州市	上城区	0.4053
79	陕西	西安市	长安区	0.4041
80	福建	龙岩市	新罗区	0.4013
81	广东	珠海市	金湾区	0.4008
82	山东	临沂市	兰山区	0.3991
83	湖南	湘潭市	岳塘区	0.3955
84	福建	厦门市	海沧区	0.3947
85	内蒙古	包头市	昆都仑区	0.3937
86	陕西	咸阳市	秦都区	0.3885
87	浙江	杭州市	富阳区	0.3882
88	广西	柳州市	柳南区	0.3880
89	江苏	南京市	高淳区	0.3875
90	四川	绵阳市	涪城区	0.3859
91	四川	成都市	武侯区	0.3842
92	四川	宜宾市	翠屏区	0.3839
93	湖北	宜昌市	夷陵区	0.3830
94	云南	玉溪市	红塔区	0.3823
95	陕西	榆林市	榆阳区	0.3817
96	江苏	盐城市	大丰区	0.3811
97	山东	济南市	历城区	0.3793
98	江苏	常州市	钟楼区	0.3786
99	山东	济宁市	兖州区	0.3784
100	湖北	武汉市	黄陂区	0.3776

二、2017 年中国工业百强县（市）竞争力分析

（一）分布情况

2017 年工业百强县（市）分布于 17 个省（自治区）。东、中部省份优势明显，入围县（市）数量分别为 71 和 19 个。苏、鲁、浙等经济大省继续领跑，江苏 24 个，占全省县（市）数量的比重高达 58%；山东、浙江分别 21 个、15 个，占全省县（市）数量比重均在 25%以上；河南 10 个，福建 7 个，湖南 4 个，湖北 3 个，广东、河北各 2 个，安徽、江西各 1 个。西部省份入围 9 个，多为以煤炭、石化等资源型产业为主导产业的县（市），其中内蒙古 5 个，贵州、陕西、新疆、宁夏各 1 个。东北地区仅有辽宁瓦房店市入围。山西、黑龙江、吉林、四川、广西、云南、青海、甘肃、海南、西藏 10 个省（自治区）则无县（市）入围。除了山西、海南，未入围者均属于西部地区。

2017 年十强依次是江阴市、昆山市、张家港市、常熟市、慈溪市、晋江市、太仓市、宜兴市、龙口市和宁乡市。其中，江苏省占据 10 强中的前 4 名和第 7 名、第 8 名，浙江省慈溪市、福建省晋江市、山东省龙口市和湖南宁乡市分别位居第 5、第 6、第 9 和第 10 名。江苏、山东、浙江、内蒙古、福建省（自治区）基本包揽了前二十名。湖南省虽然总共只有 4 个百强县（市），但宁乡市、浏阳市、长沙县工业竞争力突出，排名稳中有进，均位列前 20 名。湖北、江西、宁夏、新疆、广东、辽宁、安徽等省（自治区）百强县（市）排名相对靠后，均在 50 名以后，见表 19。

表 19　　　　　　　　　2017 年工业百强县（市）各省位次分布[28]

省	1～ 10 位	11～ 20 位	21～ 30 位	31～ 40 位	41～ 50 位	51～ 60 位	61～ 70 位	71～ 80 位	81～ 90 位	91～ 100 位	合计	前 30 位占比	前 50 位占比
江苏	6	2	4	3	2	1	2	2	1	1	24	50%	71%
山东	1	4	1	2	3	2	1	5	1	1	21	29%	52%
浙江	1	1	1	2	1	1	3	3		2	15	20%	40%
河南			1	2	1	2			2	2	10	10%	40%
内蒙古		1	1		1		1				5	40%	60%

---

[28] 灰度表示该省工业百强县（市）第一名的排名区间。

续表

省	1~10位	11~20位	21~30位	31~40位	41~50位	51~60位	61~70位	71~80位	81~90位	91~100位	合计	前30位占比	前50位占比
福建	1			1	1	2	1			1	7	14%	43%
湖南	1	2							1		4	75%	75%
湖北						1			1	1	3		
河北			1							1	2	50%	50%
陕西			1								1	100%	100%
贵州					1						1		100%
江西						1					1		
宁夏							1				1		
新疆						1					1		
广东									1	1	2		
辽宁									1		1		
安徽									1		1		

（二）动态评价

1. 四强排名基本稳定，十强有所波动

2017 年县域工业竞争力排名前四名的依次是江阴市、昆山市、张家港市和常熟市，这四个县（市）已经连续三年居前四名，排名变化不超过 1 位。前十名中，慈溪市排名继续提升，进入五强，宜兴市、宁乡市首次跻身十强，而准格尔旗、广饶县继神木市和瓦房店市于 2016 年退出十强后，2017 年也退出十强。此外，部分强县（市）三年排名较为稳定，见表 20。湖南省浏阳市连续三年保持在 15 名左右，山东省荣成市、浙江省诸暨市连续三年保持 20 名左右。**排名总体稳定的县（市）呈现出工业基础雄厚、产业升级较快、运行质量较优、发展活力充足、总体发展较为均衡的特点。**

表 20　　　　　　　　　　　排名较为稳定的县（市）

2017 年排名	地　区	地　级　市	县（市）	与 2016 年排名变化
1	江苏	无锡市	江阴市	↑1
2	江苏	苏州市	昆山市	↓1
3	江苏	苏州市	张家港市	↑1
4	江苏	苏州市	常熟市	↓1
6	福建	泉州市	晋江市	↓1

2017 年排名	地　区	地　级　市	县（市）	与 2016 年排名变化
9	山东	烟台市	龙口市	↓2
12	湖南	长沙市	浏阳市	↑4
17	山东	威海市	荣成市	↑6
19	浙江	绍兴市	诸暨市	持平
34	河南	郑州市	巩义市	↓4
46	浙江	嘉兴市	海宁市	↓1

专栏 1　五强——工业基础好，质量佳，活力强，后劲足

江阴、昆山、张家港、常熟、慈溪位列 2017 年中国工业百强县前五位。其中，江阴、昆山常年占据前两名，张家港、常熟常年占据三、四名，两两呈现齐头并进、不分伯仲的特点。慈溪市的追赶步伐加快，从 2015 年的第 12 名，上升至 2016 年的第 9 名，2017 年进一步跃升为五强。

一、基本情况

第一，工业实力强。一是工业规模大。江阴、昆山、张家港、常熟四市 GDP 和工业增加值分别超过 2000 亿元和 1000 亿元；慈溪市的 GDP 超过 1000 亿元，工业增加值超过 600 亿元。五市工业增加值合计占百强工业增加值的 15%。二是工业效益高。五市利润总额合计占百强县（市）利润总额的 11%，张家港、常熟、慈溪利润总额同比均保持两位数增长。三是协调水平高，基础条件、运行绩效、发展活力三大支柱协调发展。

第二，产业结构优。一是传统产业转型升级步伐快。如江阴市的优势企业基本集中在纺织、石化、机械、冶金等传统领域，面对经济下行压力积极转型，全市"双百企业"产值超过 4000 亿元，其中工业百强企业销售产值占比约 70%。二是新兴产业规模逐年提升。江阴、昆山、张家港、常熟新兴产业产值占工业总产值的比重均在 40%以上。三是产业集群效应凸显。江阴的冶金、纺织、石化新材料、车船海工装备，昆山的 IT，张家港的冶金、纺织、机电，常熟的服装、汽车、装备制造和新能源，慈溪的家电、化纤、轻纺等，都达到了百亿元甚至千亿元的规模。

第三，创新活力强。一是创新投资水平高，全社会研发投入在 GDP 中占的比重基本在 3%左右，昆山、江阴分别为 3.1%和 3%。二是科技成果突出，

每万人发明专利数均在 15 项以上，昆山、张家港分别超过 30 项和 20 项，远高于百强 5 项的平均水平。三是创新人才资源丰富，特别是昆山人才资源总量达 35 万人，拥有国家"千人计划"人才 105 人，人才贡献率 47.2%。

第四，开放水平高。一是进出口总值均在百亿美元。二是实施"走出去"战略。如 2016 年，江阴新批境外投资项目 32 个，完成中方协议投资额 7.6 亿美元；昆山新批境外投资项目 28 个、8179 万美元，分别增长 86.7%和 34.3%。

二、主要经验

一是坚持创新驱动，不断激发增长动能。江阴市注重企业创新主体地位和主导作用，全面加强技术创新、产品创新、管理创新、商业模式创新，逐步形成以创新为主要引领和支撑的经济体系。常熟市全面推进省科技创新体制综合改革试点，新设立科技创新与经济转型升级专项资金，累计发放科技创新券 2500 多万元。昆山市拥有各类产学研联合体 300 家，省级技术中心、重点实验室近 40 家。

二是着力培育重点产业，推动集聚发展。立足地方经济实际情况，注重发挥比较优势，逐渐形成一地一品、一镇一业的发展格局。江阴市坚定不移地实施产业强市战略，突出存量改造提升、增量培育壮大，初步形成了冶金、纺织、石化新材料、车船海工装备 4 个千亿级传统产业集群，新能源、生物医药、新材料、电子信息四大新兴产业集群。昆山市拥有 1 个千亿级产业集群和 12 个百亿级产业集群，其中千亿级集群 IT 产业产值占全市规模以上工业产值的近 60%。常熟市依托纺织服装产业优势，整合生态产业链，形成了化纤、纺织、印染、服装等完整的产业链条，涌现出了波司登、秋艳等一批著名的家纺企业。

三是优化投资结构，坚持经济结构调整。促进传统产业品牌化、高新产业规模化、服务产业专业化。江阴市不断改善投资结构，新兴产业投资增长迅猛，占全市总量的 50%以上，新能源产业和电子信息产业投资几乎翻倍。技改项目显著提升，技改投资完成占全市工业投资的比重达近 80%。常熟市的高新技术产业投资快速增长，占全市工业投资的比重约 30%，装备制造业占近 50%。

四是注重招商引资，优化投资环境。昆山市通过金融手段撬动引导招商引资，同时注重积极抓住长江经济带、注册改革等机遇加大招商选资力度，支持企业直接融资，推动企业上市挂牌。张家港市重视和强化产业链招商、功能性招商和新业态招商，优化土地、用工、用电、资金等生产要素保障，落实减税降费等政策。常熟市注重建立专业化、市场化招商引资运作机制，统筹推进重大招商引资项目，储备优质项目。江阴市支持大企业集团通过国内外资本强强合作、兼并重组。深化产业链招商，突出以企引企、以外引外。慈溪市更多引进龙头型、税源型、科技型重大项目，引领促进城市经济转型提升。

2. 苏、浙、鲁、豫优势突出，资源型县（市）竞争力下滑加快

苏、浙、鲁、豫百强县（市）数量和排名同步提升。从数量分布来看，苏、浙、鲁百强县（市）数量连续三年位居前三甲，2017 年合计新增 5 个，达到 60 个；河南逐年增加，2017 年达到 10 个。从三年的位次变化来看，2017 年百强中排名持续上升的 50 个县（市）主要集中在苏、浙、鲁、豫，四省合计达到 39 个，占全部持续上升县（市）的 78%。特别是江苏的苏中、苏北上升势头明显，连续上升的县（市）达到 13 个。从两年变化来看，2017 年排名上升的县（市）有 52 个，上升超过 15 个位次的有 12 个，其中，江苏、浙江、河南三省合计达到 9 个。石化、煤炭等资源依赖型县（市）排名下滑加快。受石化、煤炭、钢铁等原材料行业有效需求不足、产能过剩的影响，部分产业结构单一、资源依赖性强的县（市）工业增加值、利润和投资出现较大下滑，工业竞争力大幅下滑或连年持续下滑。

上升较快的县（市）基本呈现出增速稳定、利润和投资增长较好的特点，部分县（市）投资拉动效果显著。2017 年上升超过 15 个位次的 12 个县（市）中有 10 个工业增加值增速超过 7%，有 9 个县市的工业投资额超过百强均值 280 亿元，利润均未出现明显下滑，主营业务利润率均在 5% 以上。东台市、沭阳县等县（市）的各项指标均衡提升，排名大幅提高。新郑市、靖江市、宜都市等县（市）投资加码，发展活力快速提升，拉动总体排名大幅提升，2017 年排名上升较快的县（市）见表 21。

表 21　　　　　　　　　　　2017 年排名上升较快的县（市）

2017 年排名	地区	地级市	县（市）	两年排名变化	备注
5	浙江	宁波市	慈溪市	↑4	前 20 名中，2017 年比 2016 年上升超过 4 个位次的县（市）
12	湖南	长沙市	浏阳市	↑4	
13	江苏	南通市	海门市	↑4	

2017 年排名	地区	地级市	县（市）	两年排名变化	备注
16	山东	青岛市	即墨市	↑4	前 20 名中，2017 年比 2016 年上升超过 4 个位次的县（市）
17	山东	威海市	荣成市	↑6	
18	山东	青岛市	胶州市	↑6	
21	河南	郑州市	新郑市	↑35	20 名以后，2017 年比 2016 年上升超过 15 个位次的县（市）
25	江苏	泰州市	靖江市	↑18	
43	江苏	镇江市	扬中市	↑15	
52	湖北	宜昌市	宜都市	↑25	
54	河南	许昌市	长葛市	↑18	
55	江苏	宿迁市	沭阳县	↑24	
60	江西	南昌市	南昌县	↑20	
61	江苏	盐城市	东台市	↑31	
66	浙江	湖州市	长兴县	↑18	
67	浙江	嘉兴市	平湖市	↑21	
71	江苏	泰州市	兴化市	↑27	
76	山东	泰安市	肥城市	↑18	

专栏 2　宜都——转型提速并举，工业竞争力快速提升

宜都市是中部县（市）中工业竞争力排名持续上升且上升较快的县（市），从 2015 年的第 90 名，上升到 2016 年的第 77 名，2017 年进一步跃居至第 52 名，比 2016 年上升 25 位。宜都市工业竞争力排名快速提升主要得益于基础条件指数和发展活力指数的快速提高。

一、基本情况

宜都市是湖北省长江经济带的重要节点城市和宜昌沿江经济走廊的龙头，工业总产值已超千亿元。作为资源型城市，原来的主导产业是化工和医药，支柱工业为能源工业、建材，特色产业为茶品。产业结构单一、集群效应不强，矿产资源开发利用方式也较为粗放。近年来随着结构调整和转型升级步伐加快，主导产业已经接续替换为生物医药、精细化工、电子信息、装备制造、食品饮料、新能源新材料等产业，高新技术产值占工业总产值的比重也大幅提升，已超过 40%。

二、主要经验

宜都市工业竞争力快速提升有赖于提速与转型并进，即围绕扩大经济总量促进转型。

一是开展精准招商引资，承接发达地区产业转移。实施招商引资"一号工程"，紧盯珠三角、长三角、京津冀等重点区域，承接发达地区产业转移，对接大企业、大集团，引进了一批龙头型、基地型、科技型重大项目及补链型配套项目。如引进了投资22亿元的东阳光虫草三期、胰岛素及大制剂，投资30亿元的宜化楚星煤气化节能改造，投资12亿元的兴发300万吨/年磷矿综合利用等项目。一大批重大项目的落地有效地助力工业提速。

二是提高资源型产业技术水平，加快传统产业转型升级。如通过宜化楚星煤气化节能改造、兴发磷矿综合利用等项目，利用新技术改造提升资源型产业技术水平，延伸产业链条，挖掘产业发展新的增长点，实现了传统化工向节能降耗、精细化工的转变。

三是加快产业园区建设，不断提高新兴产业集聚水平。加快推进楚星新型化工园、电子信息产业园、仝鑫工业园、合德堂工业园等园区建设，园区承载能力持续增强，精细化工、电子信息、装备制造等新兴产业的产业聚集度不断增强。精细化工、装备制造产值均已超过200亿元，装备制造入围全省重点成长型产业集群。

（三）横向评价

1. 东部地区工业大县最多，中部地区追赶步伐加快

从基础条件来看，东、中、西部[29]百强县（市）的基础条件指数均值依次为0.50、0.49、0.53，如图6所示。东部地区工业大县、强县多，人均GDP超过10万元的有19个，工业增加值超过500亿元的有10个，产业结构优化和产城融合加快，但工业规模增长放缓，71个县（市）中有50个工业增加值增速低于10%，33个低于8%，工业经济占比继续降低，基础条件均值与百强均值基本相当。中部地区县（市）规模和结构优势不突出，但追赶势头明显，19个县（市）中有17个工业增加值增速超过8%，9个超过10%，但基础条件指数相对最低。西部地区的县（市）受益于资源条件和人均优势，如乌审旗、鄂托克旗、伊金霍洛旗、神木市等县（市）人均工业增加值超过10万元，远高于百强均值5万

---

[29] 由于2017工业百强县（市）中东北仅剩瓦房店市，东北地区不再参与板块分析。

元，基础条件指数最高。基础条件较好的县（市）主要集中在江苏、山东、浙江、湖南。基础条件指数前 30 名的县（市）中，江苏、山东、浙江、湖南合计占了 22 位。前 5 名县（市）依次是昆山市、江阴市、张家港市、常熟市和晋江市，其中前 4 名属于江苏省，工业增加值均在千亿元以上。

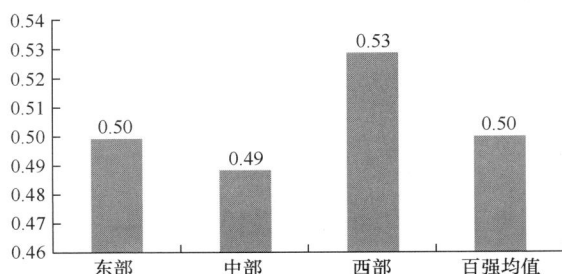

图 6　东、中、西部 2017 年工业百强县（市）基础条件指数

2. 东部地区绿色绩效较好，西部地区劳动资本绩效显著

从运行绩效来看，东、中、西部地区百强县（市）运行绩效指数均值依次为 0.57、0.55、0.59，如图 7 所示。东部地区县（市）人均可支配收入和节能降耗水平总体较高。中部地区县（市）运行绩效指标普遍逊于东部地区。西部地区虽然绿色绩效低于东、中部地区县（市），但劳动绩效和资本绩效优势明显。如乌审旗、库尔勒市、准格尔旗、达拉特旗等县（市）工业劳动产出率均值超过 100 万元/人，远超东、中部地区的均值；西部地区百强县（市）主营业务利润率平均高达 11.2%，分别比东、中部地区的均值高 4.7 和 3.1 个百分点，因而运行绩效指数最高。运行绩效较好的县（市）主要集中在江苏、山东、河南、内蒙古。运行绩效指数前 30 名的县（市）中，江苏、山东、河南、内蒙古四省占了 25 位。前 5 名县（市）依次是江苏省江阴市、山东省广饶县、湖南省宁乡市、山东省龙口市和内蒙古准格尔旗。

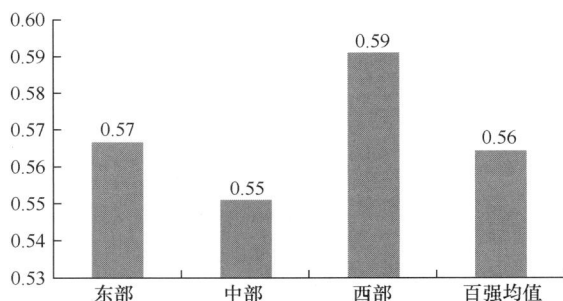

图 7　东、中、西部 2017 年工业百强县（市）运行绩效指数

3. 东部地区创新最为活跃，中部地区投资活力总体较强

从发展活力来看，东、中、西部地区百强县（市）发展活力指数均值依次为 0.54、0.44、0.36，如图 8 所示。东部地区县（市）创新最为活跃、两化融合水平也最高，特别是江苏省、浙江省的创新水平遥遥领先，各项指标均远高于百强平均水平，如昆山市、太仓市、张家港市、德清县每万人发明专利数超过 20，是百强均值 4.9 的 4 倍多。东部地区县（市）发展活力优势突出，均值高于百强均值，包揽了发展活力指数前 20 名。中部地区县（市）投资驱动特点显著，平均工业投资额高达 315 亿元，分别高于东、西部地区的 44 亿元和 38 亿元，创新指标和两化融合指标则无明显优势，发展活力指数总体低于百强均值。西部地区县（市）投资积累、技术创新和两化融合水平普遍较低，特别是创新不足已成为发展活力提升的较大障碍，发明专利授权数均未超过 1000 个，每万人发明专利数均在 1.5 个以下，发展活力指数大幅低于百强均值，竞争力指数排名第 11 位的准格尔旗发展活力指数仅排在第 55 位。发展活力较好的县（市）主要集中在东部沿海地区。发展活力指数前 30 名的县（市）中，江苏、浙江、山东、福建四省合计占了 28 位。前 5 名县（市）依次是江阴市、张家港市、慈溪市、宜兴市和常熟市。

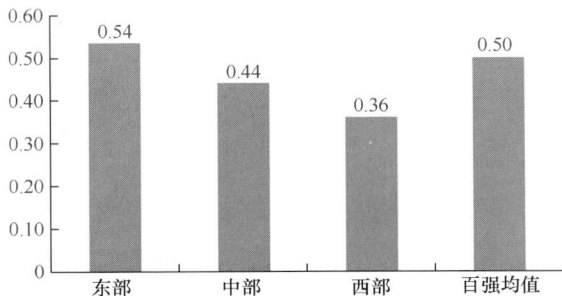

图 8 东、中、西部 2017 年工业百强县（市）发展活力指数

4. 东部地区发展较为均衡，中、西部地区发展活力短板凸显

从协调效应来看，东部地区三大支柱均衡发展，可持续发展能力最强。东部地区百强县（市）基础条件指数、运行绩效指数、发展活力指数均值分别为 0.50、0.57、0.54，如图 9 所示。各项工业指标发展相对均衡，抗风险能力较强。因而在全国工业发展整体趋缓的情况下，仍保持了较好的发展势头，入围百强县（市）数量继续增加，排名总体上升。2017 年全国 52 个排名上升百强县（市）

中、东部地区占到了 37 个，占比达到 71.2%。中、西部地区百强活力短板突出，抗风险能力不足。中、西部地区基础条件指数、运行绩效指数、发展活力指数均值依次为 0.49、0.55、0.44 和 0.53、0.59、0.36，如图 9 所示。三大区域基础条件指数和运行绩效指数差距不大，中、西部地区综合指数受发展活力指数制约较大，特别是西部地区，创新能力和两化融合水平普遍偏低，严重制约可持续发展水平。协调发展水平较高的县（市）主要集中在江苏、山东等沿海地区，较低的主要为贵州、陕西、内蒙古、河北等省份的资源型县（市）。

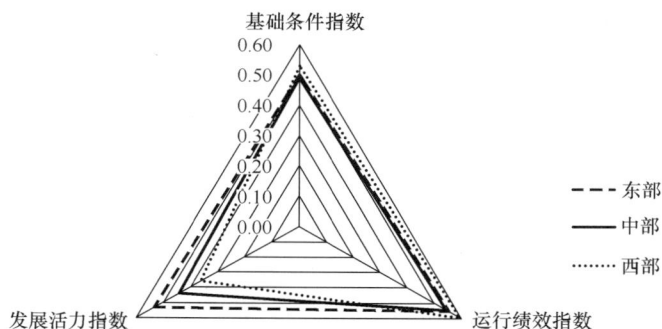

图 9　东、中、西部地区分项指数雷达图

（四）发展特点

1. 百强格局调整加快，质量效益作用日益突出

撤县设区加快，部分工业大县退出。继绍兴县、普兰店市、双流县、上虞市、富阳市、兖州市、静海县 7 个县（市）因撤县设区退出 2016 年百强，2017 年，规模优势突出的章丘、垦利也同样退出，如表 22 所示。质量和效益作用显现，竞争格局加快调整。由于工业下行和产业结构调整，一些工业规模较大但产业结构单一、转型升级缓慢的东北县（市）和资源依赖型县（市）退出，而另一些规模略小，但增长势头好、经济和绿色绩效显著，同时发展活力强的中、东、部地区县（市）入围。2017 年工业百强县（市）的 GDP 达 77 752 亿元，占全国 GDP 的比重由 12% 下降至 11.5%；工业增加值占全国的比重也由 17.2% 下降至 17.0%。

表 22　　　　　　　　2016、2017 年工业百强县（市）新进名单

板　　块	地　　区	地　级　市	县（市）	2016 年排名	2017 年排名	进入时间
西部	内蒙古	鄂尔多斯市	乌审旗	53	48（↑5）	2016 年
东部	江苏	镇江市	扬中市	58	43（↑15）	2016 年

板 块	地 区	地 级 市	县（市）	2016 年排名	2017 年排名	进入时间
西部	贵州	遵义市	仁怀市	59	45（↑14）	2016 年
东部	浙江	金华市	永康市	65	74（↓9）	2016 年
西部	宁夏	银川市	灵武市	81	69（↑12）	2016 年
东部	浙江	湖州市	长兴县	84	66（↑18）	2016 年
东部	浙江	嘉兴市	平湖市	88	67（↑21）	2016 年
东部	浙江	湖州市	德清县	97	93（↑4）	2016 年
中部	河南	濮阳市	濮阳县	99	89（↑10）	2016 年
东部	江苏	扬州市	仪征市	—	64	2017 年
东部	浙江	嘉兴市	海盐县	—	73	2017 年
东部	江苏	徐州市	沛县	—	80	2017 年
中部	湖北	省直辖县	仙桃市	—	84	2017 年
东部	山东	聊城市	茌平县	—	85	2017 年
东部	江苏	镇江市	句容市	—	90	2017 年
东部	广东	惠州市	博罗县	—	91	2017 年
中部	湖北	宜昌市	当阳市	—	92	2017 年
中部	河南	焦作市	沁阳市	—	95	2017 年
东部	江苏	徐州市	新沂市	—	96	2017 年
东部	浙江	嘉兴市	嘉善县	—	100	2017 年

专栏 3　东北——县域工业快速下滑，仍潜藏市场开放红利

一、基本情况

东北作为传统老工业基地，继吉林省前郭县和辽宁省开原市于 2016 年退出后，2017 年又有 4 个县（市）退出工业百强，目前仅有辽宁省瓦房店市入围，但排名已大幅下滑，2015 年、2016 年和 2017 年的排名依次是第 9、22 和 87 名。

东北三省曾作为中国工业原料和重型装备的基地，以独有的优势支撑和引领着中国工业化的进程，进入 2000 年之后，东北三省的工业化相对优势不断丧失，2015 年，东北经济突然"跌倒"，工业增速急剧下滑，工业领域通货紧缩形势严峻。进入 2017 年以来，东北工业保持向好势头，但县域工业发展的质量效益依然堪忧，下行压力较大。

二、下滑原因

第一，县域经济结构不够优化。东北"经济结构困局"表现在产业结构和所有制结构上，主要在重工业导向产业布局、国企体制依赖、民企发展受限等方面。东北地区县域产业结构仍为"二三一"结构，且支柱产业高度相似，辽、吉、黑均以装备制造、石化等为主导产业。在国内投资增速下滑、国际大宗商品价格下跌的背景下，高度依赖重工业、初级产品的东北工业遭受区域外需变化、国际价格变化的冲击较大。另外，长期以来，在东北经济格局中，央企、国企占比高，企业规模大，其资源垄断性地位严重制约了民营经济的发展，上、下游民营企业对于国企体制存在依赖，发展相对迟缓。

第二，**县域开放程度较低**。东北地区缺乏市场经济的运作机制，与对外开放程度低有着密切的关系。外资在经济发展中的参与度较低，贸易量占经济总量的比例低，导致县域经济发展的增值能力较差。地方政府在推动重工业化的过程中较依赖国有企业发展，对外来资本利用较为有限。以政府为主导，招商成本高、主体单一、市场化运作程度低、寻租空间大的营商环境，也使得东北地区招商引资难以取得实效。

第三，**县域人口结构老化**。人口增长率低、人口结构老化是影响东北经济发展的重要因素。受东北三省长期以来城镇化水平相对较高的影响，近年东北地区人口增长率偏低。从 2006 年到 2015 年，东北地区年均增长率仅为0.21%，不足全国同期水平（0.5%）的一半，人口增长基本趋于停滞但也没有急速下滑。东北劳动年龄人口中，45～64 岁人口占三成，劳动力老化情况较为严重，不利于经济社会的长期均衡发展。

第四，**县域轻工业受到抑制**。计划经济时代，东北为全国原材料工业基地，东北以较低的价格大量输出能源、原材料和初级产品，挤压了利润，轻工业发展受到抑制、企业经营自主权没有完全形成，同时，导致生活成本高昂，抑制了商业、服务业等第三产业的发展，作为经济增长三驾马车之一的消费在东北明显不足，形成了产业发展的恶性循环。

第五，**县域统计数据失真**。由于东北多地统计数据失真，导致之前县域数据超高，随着多地挤出统计水分，工业指标回归正常值，成为近年县域工业下滑的原因之一。

三、提升建议

为了解决东北工业面临的问题，需要在结构调整方面下功夫，加快调整速度，推进产业转型升级。

一是促进重工业基地"轻化"转型。依托当地的优势资源，积极推进"轻装上阵"的产业结构转型，大力推进食品工业等轻工业，推进轻工业改造升级。

二是大力发展高新技术产业。通过技术升级改造和发展高新产业快速推动产业转型升级，积极发展智能制造、工业互联网、"互联网+"制造，提升工业数字化、智能化水平。承接东部沿海地区优势产业转移，大力发展新能源汽车、新材料等战略性新兴产业，保持工业稳定增长。

三是加强区域开放协同合作。通过政策协调及产业合作加快东北三省间要素自有流动，加强区域内合作和资源互换。积极通过区域外合作拓展市场空间，深化对俄开放合作，加强与日、韩的贸易合作，鼓励东北制造业、农副产品加工业走出去，释放市场开放红利。

2. 发展速度快、后劲强，成为工业运行的稳定器和缓冲器

工业增速相对较快。县域工业顶住我国经济下行压力，仍保持了较高水平的增长。85%的百强县（市）工业增加值增速高于全国平均水平，其中，75个百强县（市）工业增加值增速高于 7%，31 个百强县（市）工业增加值增速高于 10%，成为我国工业运行的稳定器和缓冲器。**投资势头依然强劲**。县（市）工业投资均额约 280 亿元，占全国工业投资的 12.7%，占比进一步提升。连续两年入选百强县的 89 个县（市）工业投资额合计增长为 17.3%，其中一半以上的县域投资增速超过 20%，为经济持续增长奠定了坚实基础。

3. 发展动能分化显著，区域不平衡格局进一步扩大

东部地区创新驱动优势明显。东部地区县（市）创新投资水平高、科技成果突出、创新人才资源丰富，创新已成为引领发展的第一动力。江苏、浙江、山东、福建等东部地区百强县（市）创新投入和科技成果转化水平远高于其他县（市）。**中部地区主要依靠投资驱动**。河南、湖北、湖南等部分中部地区县（市）依托资源优势，积极承接东部产业转移，发挥后发优势，投资增速为 47.26%，远高于东部地区 12.14%和西部地区 7.26%的水平。**西部地区仍主要依靠要素驱动**。西部地区部分县（市）多以资源和劳动密集型产业为主导，受煤炭、钢铁等产能过剩的影响，工业发展面临的形势较为严峻。**区域发展不平衡加剧**。东部地区资金、人才等要素吸引能力强劲，江苏、山东等省百强县（市）数量和

排名同步提高。2017 年前 20 名中江苏新增 4 个，达到 12 个。中、西部地区县域之间资源禀赋趋同，产业同质化竞争严重。湖北、陕西、内蒙古、新疆、宁夏的工业竞争力最强的县（市）均为资源型城市，存在产业同质化竞争严重、抗风险能力较差的问题。

4. 结构调整步伐加快，新旧动能转换成效初显

发达县（市）调整转型起步早，工业发展较为平稳。通过培育、布局新一代信息技术、生物医药、新材料、新能源等新兴产业，产业结构持续优化，县域竞争力稳步提升。江阴、昆山、张家港、常熟等县（市）的新兴产业的产值占工业总产值的比重均在 40%以上，拉动作用显著，对工业高质量发展形成有力支撑。**追赶型县（市）转型升级趋势明显，竞争力快速提升。**新郑、邳州、启东、靖江、宜都等县（市）提速与转型并举，不断加大资本、人力与创新投入，产业优化升级持续加快，工业质量稳步提高，竞争力快速提升。**部分资源型县（市）新旧动能接续不足，结构调整任务繁重。**目前，中、西部地区相当数量的县（市）尚未步入工业化中期，量的提高仍重于质的提升。部分资源型县（市）传统产业集聚水平低、产业链条短，新兴产业规模小、增长慢，新旧动能青黄不接，工业发展后劲受限。

5. 产业集聚效应显现，长江经济带重要增长带作用显现

从产业集聚来看，在新型城镇化加快推进和"三大战略"全面布局的带动下，县域经济新的增长极和增长带正在形成。长江经济带地区百强县（市）占比达到 34%，进入 50 强的县（市）共计 18 个，2017 年 11 个新进工业百强县（市）有 6 个位于长江经济带；工业运行绩效和发展活力指标占绝对优势，综合得分分别为 0.5849、0.6213，远高于百强县（市）0.5643 和 0.5001 的均值，反映出长江经济带沿线县（市）产业集聚效应正逐步显现，未来工业经济发展潜力较大。

三、2017 年中国工业百强区竞争力分析

（一）分布情况

2017 年工业百强区分布于 16 个省（自治区）。主要集中于江苏、广东、山东、浙江等工业大省，其中，江苏 25 个，广东 18 个，山东 12 个，浙江 10 个，

四省合计 65 个。江苏省百强区占全省市辖区数量的 45%，广东、山东、浙江百强区占全省的比重均在 20% 以上。此外，湖南、四川各 6 个，湖北 5 个，福建 4 个，陕西 3 个，内蒙古、安徽、广西、辽宁各 2 个，河北、江西、云南各 1 个。

（二）发展特点

1. 工业规模继续扩大，工业增速有所放缓

工业规模较大，工业大区主要集中在广东。工业百强区 GDP 合计为 103 464 亿元，占全国 GDP 的比重为 15.3%，工业增加值占全国的比重达 21.4%，均高于百强县（市）占全国 GDP 和工业增加值的比重。工业大区主要集中在广东，8 个工业增加值超千亿元的市辖区中广东占 6 个。**工业增速总体放缓，中、西部地区增长较快**。2017 年有 76 个百强区工业增加值增速高于全国平均水平，其中，新龙岗区和蕉城区在千亿级工业增加值市辖区中增速最高。中部地区百强区工业增加值增速平均比东部百强区高 3 个百分点，江夏区、夷陵区、黄陂区等保持两位数以上的增速。此外，长安区、秦都区等西部市辖区也保持了较高的增速。

2. 新旧动能转换趋势向好，战略性新兴产业逐步壮大

战略性新兴产业正在成为工业经济增长的新动能。从百强区前 20 名工业领域支柱产业类型（见表 23）来看，广东、浙江、江苏、福建、山东、湖南等地的支柱产业主要以高技术产业以及战略性新兴产业为主，两类型产业的产值占GDP 的比重逐年提高。例如，南山区战略性新兴产业增加值占 GDP 的比重超过60%；武进区战略性新兴产业产值和高新技术产业产值的比重分别超过 30% 和40%；新宝安区高技术产业高速增长，自主创新能力不断提升，高新技术产品产值中具有自主知识产权的超过 50%。

表 23　　　　　　　　　百强区前 20 位工业领域支柱产业类型

省	支柱产业类型
广东	通信设备及电子设备制造业、电器机械及器材制造业、家用电器、汽车制造、医药制造、机器人
江苏	精密机械、家用电器、农用机械、轨道交通、纺织、可再生能源、节能环保、汽车、医疗器械
浙江	装备制造、汽车及零部件、化纤纤维、轻工纺织、激光与光电产业、新能源
福建	新能源、铝铜冶炼、食品加工
山东	石油化工、家电电子、汽车及零部件、机械、新一代信息技术、节能环保
湖南	建筑建材、食品、医药、机械机电、铸造、化工塑料、服装

资料来源：根据各地区政府工作报告等公开资料整理。

3. 供给侧结构性改革效果明显，创新能力有待于提升

工业经济发展质量向好。部分地区工业供给侧结构性改革取得初步成果，工业经济发展正从数量扩张向质量提升转变，工业企业竞争力逐步增强、发展潜力逐步扩大。规模以上工业企业数量逐渐增多，获利水平也在不断提升。百强区规模以上工业企业利润总额平均达到 113 亿元，60 个百强区主营业务利润率超过 5%。前 20 名中，江宁区、蕉城区、雨花区主营业务利润率超过 10%。**创新能力差距较大，总体有待于提升**。广东省、山东省、江苏省的创新实力遥遥领先，从每万人发明专利数看，如图 10 所示，前四名依次是广东省深圳市南山区、广东省深圳市新龙岗区、山东省青岛市崂山区和江苏省无锡市新区，分别高达 270、136、79 和 67 个。与此同时，80% 的百强区每万人发明专利数低于 20 个，54% 的百强区每万人发明专利数低于 10 个，多数百强区的创新能力提升滞后于其基础条件和运行绩效提升。

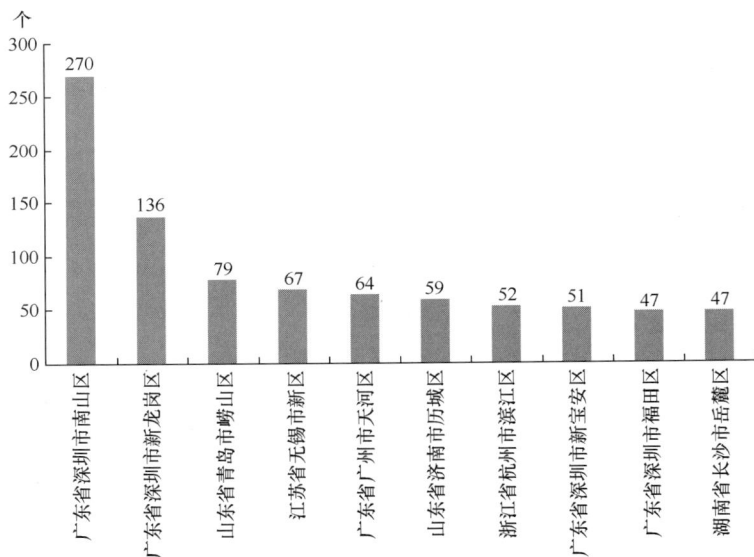

图 10　每万人发明专利数前十名百强区

四、促进县域工业发展的对策建议

（一）创新驱动，引领县域供给侧结构性改革

深入推动大众创业、万众创新，整合优化县域创新创业资源，构建多层次、多元化县域创新创业格局。推动县域企业与高等院校、研究机构开展交流合作，

引进先进科技成果及人才、设备、信息、管理等优势资源。推动制造、加工等传统产业改造升级，加大新一代信息网络、智能绿色制造等产业关键技术推广应用，推进产业转型升级。加快培育一批具有较强自主创新能力和国际竞争力的高新技术企业。积极搭建企业技术创新"孵化"平台，整合县域科技资源，促进科技成果转化。

（二）联动发展，加快推进县域工业融入区域经济圈

把握国家重点城市群、都市圈和区域一体化等发展战略，融入区域性产业链和生产网络。明确自身在城市体系中的战略定位和角色分工，优化发展空间和产业功能布局；利用空间节点优势，多渠道、多形式地融入城市群和都市圈的协同格局，构建功能互补、分工合理的区域发展体系，在区域城镇体系中承接来自大中城市的技术、资本、人才、信息、管理等要素辐射溢出，促进研发、生产和服务的交流融合；推进县（市）对接省市产业转移和建立产业链互补环节，促进其与周边交流合作，融入区域经济圈。

（三）数据提速，继续推动县域分享大数据红利

推动县级政府数据资源开放，积极引导社会数据资源开放。综合利用政府和社会信息资源，支持民营企业进入大数据领域。统筹数据资源管理，制定政府数据资源管理办法，编制数据资源地方技术标准规范，加强数据资产的知识产权管理，统筹数据交换、交互和使用需求。科学管理相关政策的落地和实施效果，为开展政策模拟、评估奠定基础。

（四）投资保障，解决制约县域工业发展资金掣肘

推进招商引资升级，鼓励企业走向招商引资主战场，在特色产业、重点领域与国内外大企业合作，增强企业的外向度和市场竞争力。引导企业加大技术改造投资，深化"两化融合"，鼓励"机器换人"，加大有效投资，不断提高投资效率。强化政策引导规范，搭建企业融资平台，创新融资服务环境。鼓励和引导金融机构为县域经济提供多样化的产品和服务，切实落实差别化信贷政策。支持龙头企业上市，不断拓宽融资驱动和规模。

（五）因地制宜，引导县域工业差异化、特色化发展

引导工业基础好、转型升级早、发展活力强的县（市）进一步加快发展战略新兴产业、推动制造业与互联网、大数据、人工智能等深度融合，在消费升级、创新引领、绿色低碳等领域培育新的增长点。资源依赖性强、产业结构单一、防风险能力低的县（市）高效开发利用资源，提高资源型产业技术水平，延伸产业链条，加快培育一批资源深加工龙头企业和产业集群；同时加强区域开放协同合作，积极承接专业转移，推进产业结构调整升级，尽快形成若干支柱型接续替代产业。

（中国信息通信研究院　　张洁　李贺　房珊杉　金永花）

专题五　工业投资及新兴产业发展

专稿十　我国制造业投资情况、问题及对策建议——装备制造、消费品制造、原材料制造、电子信息制造四大行业投资分析

受全球经济复苏缓慢和国内经济下行压力加大的影响，我国制造业投资增长呈现急剧下滑趋势。2016 年制造业固定资产投资增速创新低，为 4.2%，比 2015 年下降了 3.9 个百分点，比 2012 年下降了 17.8 个百分点，在全部固定资产投资额中的比重和对全部固定资产投资增长的贡献率也持续下滑。从四大行业来看，装备制造业、原材料制造业投资增长持续下滑，降幅超过制造业整体投资增速降幅；消费品制造业投资增长放缓，但增速仍高于制造业投资增速，电子信息制造业投资迅猛发展，增长较快。制造业投资快速下滑的原因主要有有效市场需求不足与结构性产能过剩矛盾突出，效益不佳导致企业投资意愿持续下滑，部分行业金融支持受限，融资难度进一步加大，政府对制造业的投资引导也有待进一步加强。

一、制造业投资情况

（一）制造业投资增速大幅放缓

2016 年，我国制造业固定资产投资完成额继续增长，达到 187 836 亿元，但制造业固定资产投资增速创新低，同比仅增长 4.20%，比 2015 年下降了 3.9 个百分点，比 2012 年下降了 17.8 个百分点。制造业占全部固定资产投资的比重也有所下降，2016 年为 31.49%。制造业对全部投资增长的贡献率继续下降至 2016 年的 16.93%，2016 年仅拉动投资增长 1.37 个百分点。2012—2016 年制造业固定资产投资总额、增速及占比情况如图 11

所示。

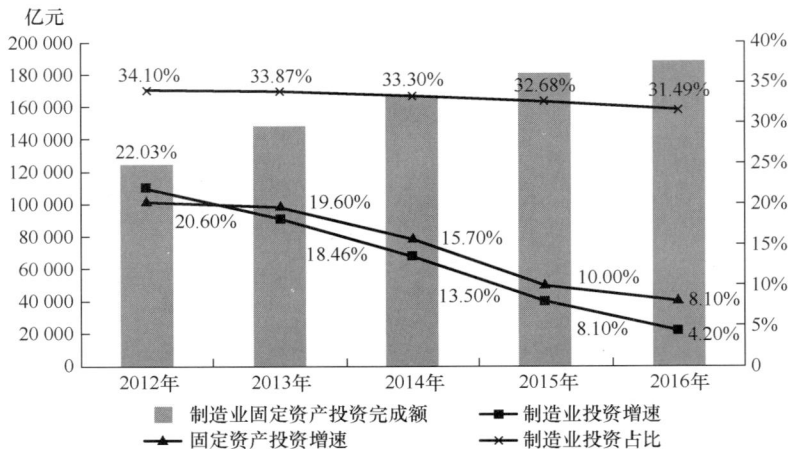

图 11   2012—2016 年制造业固定资产投资总额、增速及占比（数据来源：国家统计局）

（二）四大行业投资增长分化显著

从四大行业投资增长来看，装备制造业[30]、消费品制造业[31]、原材料制造业[32]、电子信息制造业[33]投资额近五年都保持持续增长，但增长态势分化显著。装备制造业投资增速持续下滑，降幅超过制造业整体投资增速降幅。原材料制造业投资增速进一步探底，部分行业已出现负增长。消费品制造业投资增速虽然也呈现放缓趋势，但增速普遍高于制造业整体投资增速。在制造业整体投资不振的情况下，电子信息制造业固定资产投资一直保持着较为显著的增长，增速始终保持在 10%以上。

---

[30] 国家统计局公布的装备制造相关数据主要涉及国民经济的 8 个行业大类，包括金属制品业，通用设备制造业（简称通用设备业），专用设备制造业（简称专用设备业），汽车制造业，铁路、船舶、航空航天和其他运输设备制造业（简称交运设备业），计算机、通信和其他电子设备制造业（简称电子制造业），电气机械及器材制造业（简称电气机械业）和仪器仪表制造业（简称仪器仪表业）。报告中把计算机、通信和其他电子设备制造业从装备制造业中剥离出来予以单独分析。文中装备制造业固定资产投资完成额为除计算机、通信和其他电子设备制造业以外的七大行业投资额总和。因篇幅所限，文中图表中行业标记用简称。

[31] 消费品制造业主要分为轻工、纺织、食品、医药、家电、烟草 6 类工业行业。2016 年食品制造业投资额占比最高，为 38.16%。

[32] 原材料制造业主要包括石油加工、炼焦及核燃料加工、化学原料及化学制品制造业、橡胶和塑料制品业、非金属矿物制品业、黑色金属冶炼及压延加工业、有色金属冶炼及压延加工业。

[33] 电子信息制造业以计算机、通信和其他电子设备制造业计。

二、四大行业投资情况及问题分析

（一）装备制造业投资分析

1. 装备制造业投资增速普遍下降，电气机械一枝独秀

2012 年以来，除电气机械及器材制造业以外，其他装备制造业的投资增速均出现了不同程度的下滑（如图 12 所示），多数降幅超过制造业整体投资增速降幅。截至 2016 年年底，专用设备制造业投资增速比 2012 年下降了 48 个百分点，通用设备制造业、汽车制造业、仪器仪表制造业投资增速下降也都超过了 25 个百分点。

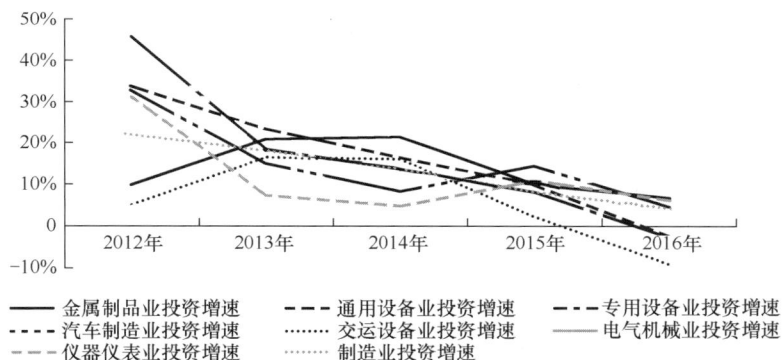

图 12　2012—2016 年装备制造业主要行业投资增速变化

（数据来源：国家统计局）

2016 年，装备制造业中有 4 个行业投资增速高于制造业整体投资增速。其中，电气机械及器材制造业投资增速为 13.8%，比 2015 年提高了 4.3 个百分点，是支撑装备制造业投资的重要力量；金属制品业、汽车制造业、仪器仪表制造业投资增速继续下滑，分别为 6.5%、4.5%和 6.1%，比 2015 年分别下降 3.5、9.7 和 4.6 个百分点。通用设备制造业，专用设备制造业，铁路、船舶、航空航天和其他运输设备制造业的投资首次出现了负增长，增速分别为-2.30%、-2.60%和-9.20%，比 2015 年分别下降 12.4、11.1 和 11.4 个百分点，严重拖累了装备制造业投资。

2. 装备制造业投资问题分析

（1）需求疲软态势依旧，新旧动能青黄不接

受宏观经济下行影响，装备制造业周期性市场需求疲软态势没有得到根本改变，旧动能增长乏力，新的动能也尚未接档，投资仍然受抑制。一方面，受钢铁、煤炭、电力、石油、化工等装备应用领域"去产能"深入调整的影响，机床、石化、重型等行业形势依然严峻，投资需求不足。另一方面，更加注重功能性、个性化的汽车细分领域和符合产业转型升级方向的电气机械行业需求表现良好，以 SUV、食品包装机械、农业机械、工业机器人、环保机械等为代表的民生、消费、智能、绿色相关领域存在较大的投资空间，但这些行业多数尚未步入大规模发展的成熟阶段，体量小，占比低，对装备制造业投资的支撑拉动作用有限。

（2）多数行业效益不佳，专用、通用拖累严重

受工业生产者出厂价格指数（PPI）持续回落、主营业务成本不断升高等的影响，装备制造业主要行业效益总体下滑。2016 年，装备制造业盈利情况有所好转，当年利润增长 8.4%，增速加快 4.4 个百分点，但仅有电气机械及器材制造业的利润增速达到 12.6%，其他均低于制造业整体利润增速（12.3%）。特别是通用设备制造业、专用设备制造业效益一直不佳，利润增长缓慢，甚至出现过负增长，2016 年增速仅为 0.2%和 2.1%，远低于制造业利润增速，很大程度上拖累了装备制造业的利润增长。铁路、船舶、航空航天和其他运输设备制造业，金属制品业的利润增长则持续下滑。效益不佳导致企业投资意愿低迷，也削弱了进一步投资的能力。通常企业投资行为滞后于企业利润表现，2015 年装备制造业效益严重下滑导致 2016 年投资进一步萎缩，而 2016 年利润好则有利于促进 2017 年装备制造业投资提升。

（3）资金流通渠道不畅，民间投资活力不足

从资金来源来看，装备制造业普遍存在国家预算内资金占比降低、国内贷款占比降低、利用外资比例降低，而自筹资金比例增加的现象，显示财政支持不足，银行贷款流向装备制造业的难度在加大。从投资主体来看，装备制造业的整体民间投资比重相对较高，特别是通用设备制造业、专用设备制造业、电器机械及器材制造业的民间投资占比在 90%左右。由于市场活力不足，2016 年通用设备制造业、专用设备制造业及铁路、船舶、航空航天和其他运输设备制

造业的民间投资均出现了负增长，民间投资增速的下滑大大拉低了装备制造业的投资水平。

（二）消费品制造业投资分析

1. 消费品制造业投资增长放缓，食品纺织投资增长缓中趋稳

2012 年以来，消费品制造业多数细分行业投资增长呈现出不同程度的放缓趋势（如图 13 所示），部分行业甚至出现零增长或负增长，如造纸及纸制品业、印刷业和记录媒介的复制业、化学纤维制造业投资增速分别于 2015 年和 2016 年下探至 0 附近，烟草制品业投资 2014 年开始出现负增长，2016 年增速为-21.2%，降幅进一步扩大。与此同时，部分行业投资呈现企稳态势。农副食品加工业、食品制造业投资增长缓中趋稳，2016 年分别为 9.5%和 14.5%，较 2015 年分别提升 1.8 和 0.1 个百分点。纺织业投资增长总体稳定，年增幅在 10%以上，2016 年为 10.7%，比 2015 年下滑 2.1 个百分点。

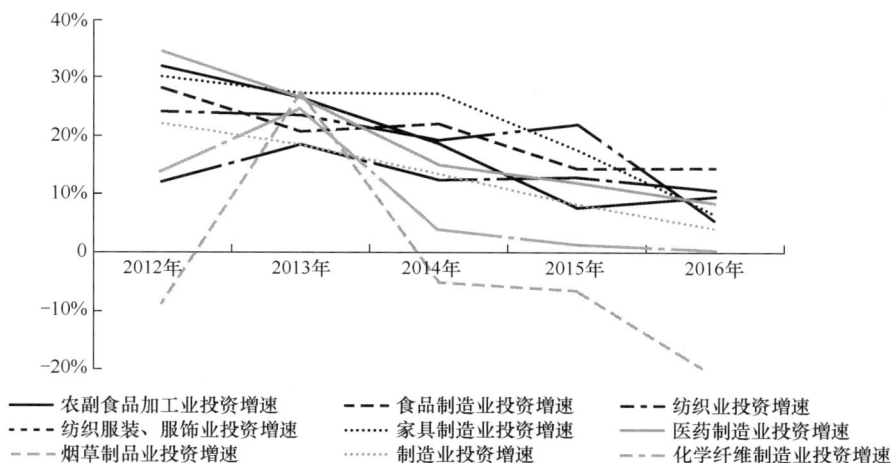

图 13　2012—2016 年消费品制造业主要行业投资增速变化

（数据来源：国家统计局）

2. 消费品制造业投资问题分析

（1）消费增长放缓，耐用消费品需求趋于饱和

消费品工业主要面向终端消费者，我国社会消费品零售总额虽然持续增长，

但从 2010 年起同比增速逐年递减，2015 年、2016 年增速稳定在 10%左右，消费增长由高速转为平稳。这是因为一方面居民消费能力已经达到一定的水平，快速上升空间有限。城镇居民人均可支配收入增速放缓趋稳，由 2012 年的 15%减缓至 2013 年、2014 年的 10%左右，2015 年、2016 年逐年降低 1 个百分点；另一方面，消费需求特别是城镇耐用品需求已趋于饱和。城镇居民消费品拥有量已有下降趋势。除移动电话拥有量保持增长以外，城镇家庭平均每百户耐用消费品拥有量从 2011 年、2012 年起有下降趋势。彩电、空调、普通电话、洗衣机、电冰箱、照相机、淋浴热水器、微波炉等家电产品及家用电脑等传统电子产品拥有量均在 2011—2012 年达到峰值。值得注意的是，农村居民家庭各项产品的平均每百户耐用消费品拥有量都在逐年稳步上升，市场空间较大。

（2）成本快速上升，部分行业产能向外转移加快

用工、原材料、流动成本快速上升，挤压企业利润，影响投资意愿。消费品制造业多属于劳动密集型产业，随着人口红利消失，劳动力成本快速上升。研究显示，中国各个行业的基本工资比劳动力成本最高的东盟发展中国家——印度尼西亚高出 5%～44%[34]，纺织行业人工成本年增长幅度超过 10%。而且原材料价格也在上涨，如纺织企业所需的蒸汽、塑料制品业所需的聚氨酯等价格大幅上涨，加剧了企业的经营困难。此外，食品企业的进店费等流通成本上升、印染行业环评压力增大等也对其投资有所影响。与此同时，部分行业产能加快向外转移影响国内投资。以纺织为例，虽然我国具有基础设施更成熟、劳动人口的技能也更娴熟的优势，但周边东南亚、南亚国家纺织工业快速发展，越南、孟加拉、印度三国纺织品服装出口金额合计占全球比重约 13%，我国纺织产能向外转移加快，影响了国内投资。

（3）金融支持受限，优惠补贴政策相对较少

传统消费品工业企业融资较为困难，银行惜贷、利息上浮、收取贷款服务费、要求定期转贷等问题依然存在。例如，银行对部分纺织企业实行贷款准入限制，并通过降低地压制来减少贷款额度，部分地区企业房产土地抵押值由原来的 70%降至 50%，设备抵押值由 40%降至 20%，加大了企业融资难度。

---

[34] 数据来源于全球咨询公司韬睿惠悦（Willis Towers Watson）发布的《2015/2016 年全球 50 国薪酬计划报告》。

此外，除消费品工业、医药工业以外的消费品制造业多属于传统工业领域，相关优惠补贴政策也不及新兴工业领域，从而在与其他行业竞争投资资金时处于弱势。

（4）高端产品不足，消费品领域亟须创新升级

消费品工业中低端产品市场竞争充分，高端产品不足，普遍存在研发投入不足、企业原始创新能力不足、技术升级进展缓慢等问题。医药产品同质化严重，创新能力不足。食品科技创新基础薄弱，产学研用结合不紧密，缺乏工程技术中心、工程实验室等创新平台，持续快速发展受限。轻工、纺织、家电等消费品领域也有待创新升级，融合科技与设计，向更高附加值方向发展。

（三）原材料制造业投资分析

1. 原材料制造业投资继续放缓，增速进一步探底

2012 年以来，原材料制造业细分行业固定资产投资增速普遍放缓，部分行业投资规模明显下降。黑色金属冶炼及压延加工业投资规模持续缩小，5 年间投资减少了 1006.13 亿元，增速下降了 27.72 个百分点，2017 年为-2.26%。有色金属冶炼及压延加工业投资规模从 2015 年起大幅下滑，持续保持负增长，2016 年为-5.75%。石油加工、炼焦及核燃料加工业在 2015 年投资增速下滑 31.11 个百分点后 2016 年有所回升，达到 6.21%。到 2015 年，化学原料和化学制品制造业投资规模持续扩大，增速持续下降，2016 年为-1.59%。原材料制造业中，除橡胶制品业固定资产投资增速从 2013 年起持续高于制造业总体投资增速之外，其他行业投资增速长期低于制造业总体投资增速，如图 14 所示。

2. 原材料制造业投资问题分析

（1）经营成本不断上升，部分行业微利运行

近年来，原材料细分行业进入周期性下滑阶段，PPI 价格涨幅长期保持低位。石油、黑色金属等行业生产者价格指数在 2014 年迅速下滑，一定程度上降低了主营业务成本，但价格降幅明显高于成本降幅。随着劳动力成本、土地成本、环境成本持续增加，原材料制造业效益持续下滑，继续微利运行。钢铁、有色、建材、石化、化工、电力等高耗能行业碳排放量占工业碳排放总量的

71%，2015 年实施的《新环保法》和排放标准增加了企业环保设备的投入，吨钢环保投资需增加 13%，运营费用也同时增加，提升了企业经营成本，企业利润进一步下滑。化学原料和化学制品制造业、非金属矿采选业利润增长，其他行业利润均大幅下滑，利润保持低位。其中石油加工、炼焦及核燃料加工业利润总额在 2014 年严重下滑；黑色金属矿采选业、黑色金属冶炼和压延加工业利润下降超过 40%。大宗商品价格下跌及原材料工业环境成本上升挤压企业利润导致 2016 年投资持续萎缩。

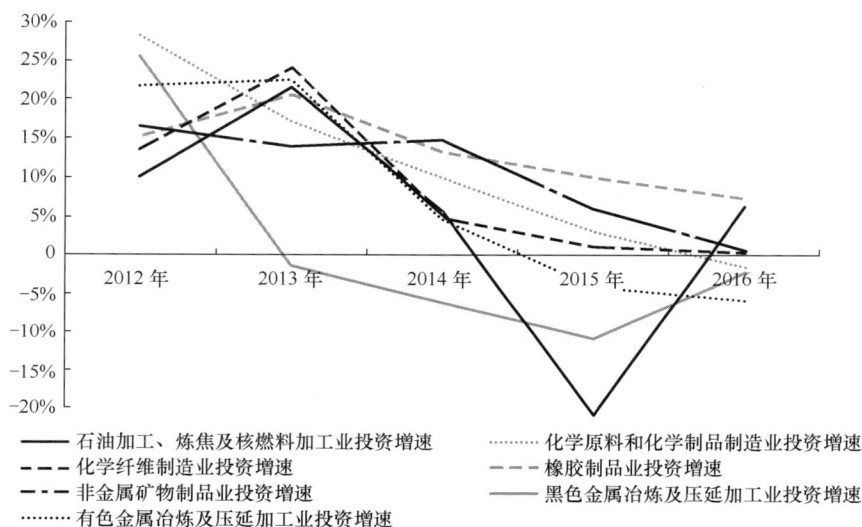

图 14　原材料制造业主要行业投资增速变化（数据来源：国家统计局）

（2）行业信贷政策收紧，民间投资活力不足

近年来，受银行严控钢铁、电解铝、水泥、平板玻璃等产能过剩行业贷款规模影响，部分原材料企业面临融资难、融资贵的问题，水泥、平板玻璃制造业限额以上固定资产投资中利用国内贷款额度也出现了下降。受资金紧张影响，部分原材料企业被迫停产或减产，进一步加大了信贷压力。中国钢铁工业协会数据显示，2015 年 4 月底会员钢铁企业银行借款同比下降 4.74%，其中短期借款下降 5.76%，长期借款下降 1.82%。2012 年，随着大宗商品价格进入下跌周期，银行对原材料行业贷款收紧，民间固定资产投资累计同比呈现直线下降趋势，进入 2017 年并未有明显好转。

（3）产能过剩与需求不足并存，行业破局转型难

原材料制造业普遍存在结构性过剩的问题，低端过剩和高端不足同时存在。从供给侧来看，钢铁、有色、建材等传统行业饱受产能过剩困扰，去产能压力较大，企业自身投资意愿不强烈。2016年，原材料市场的短期回暖刺激了部分关停产能的恢复，增大了原材料行业化解过剩产能的压力。在供需矛盾未有根本扭转的情况下，部分产能加快释放，进一步加剧了供需矛盾。从需求侧来看，一方面，国内对大宗原材料消费已进入峰值弧顶区，呈现缓中趋降趋势。与原材料行业密切相关的下游行业（如通用、专用、汽车、交通运输等行业）增速回落，房地产开发投资增速也持续回落，导致原材料行业总体需求低迷。另一方面，受欧、美国际形势动荡、外部需求疲弱等因素影响，我国原材料产品出口面临着较大压力。在逆全球化贸易保护主义抬头，全球钢铁、电解铝等产品产能过剩的背景下，我国初级原材料产品由于出口量大，价格低廉，给全球市场造成了较大的冲击，因此成为国外反倾销、反补贴的对象。在低端产能过剩、需求不足的背景下，钢铁、煤炭等原材料行业结构升级迫在眉睫，但仍未探索出向高端转型的路径，面临较大压力。

（4）技术创新薄弱，新旧动能转换动力不足

原材料行业正处于发展阶段转变、新旧动能转换的关键时期。一方面，传统原材料产业投资回报率低，技术创新能力弱，转型升级动力不足。当前，原材料行业在产能过剩和需求不足共存、生产成本居高不下的背景下，传统动能增长乏力。另一方面，新材料产业在国家多重利好政策的强势推动下加快增长，但尚未顺利接档。部分关键材料保障能力不足，成为制约战略性新兴产业发展的突出问题。

（四）电子信息制造业投资分析

1. 电子信息制造业投资情况

（1）电子信息制造业投资持续增长

在制造业整体投资不振的情况下，电子信息制造业固定资产投资一直保持着较为显著的增长（如图15所示）。2012—2016年，计算机、通信及其他电子设备制造业固定资产投资完成额逐年增长，从5936亿元增长到1万亿元，占制

造业固定资产投资完成额的比重从 4.8% 上升至 5.6%。计算机、通信及其他电子设备制造业固定资产投资增速始终保持在 10% 以上，2013 年受产业政策利好影响增速曾达到 20.21%，2014 年回落后增速稳步增长，2015—2016 年均超过同期全国及制造业投资增速。其中，2016 年同比增长 15.8%。

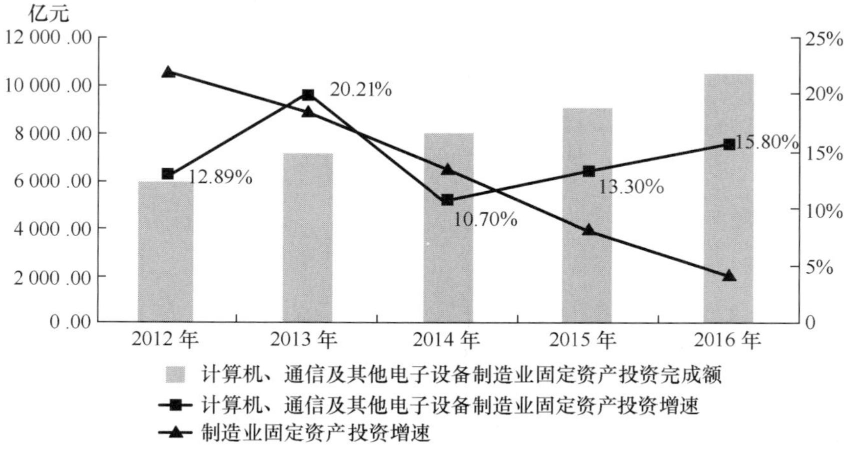

图 15　2012—2016 年计算机、通信及其他电子设备制造业固定资产投资完成额及增速

（数据来源：国家统计局）

（2）部分细分领域固定资产投资大幅增长

受新兴产业发展和产业促进政策影响，部分细分领域[35]固定资产投资呈现大幅增长。2013 年，受 4G 建设加快推动影响，通信设备行业完成投资 897 亿元，同比增长 37%，增速高于上年 16 个百分点；受集成电路领域促进政策密集出台影响，集成电路领域投资持续加速，同比增长 68.2%，带动电子器件制造领域实现增速 21.9%，扭转了上年 -9.9% 的负增长局面；受加强供给侧结构性改革和促投资、稳增长系列政策措施的带动，以及云计算、大数据、物联网、移动互联网等计算需求的高涨，2015 年计算机制造行业完成固定资产投资 1121.5 亿元，同比增长 30.6%，增幅位居电子信息产业第一位；受虚拟现实领域快速发展的影响，2016 年家用视听行业完成固定资产投资 290 亿元，增速达 19.1%，比上

---

[35] 电子信息制造业主要包含计算机制造、通信设备制造、广播电视设备制造、视听设备制造、电子器件制造、电子元件制造和其他电子设备制造等细分领域。

年高 11.3 个百分点。如图 16 所示。

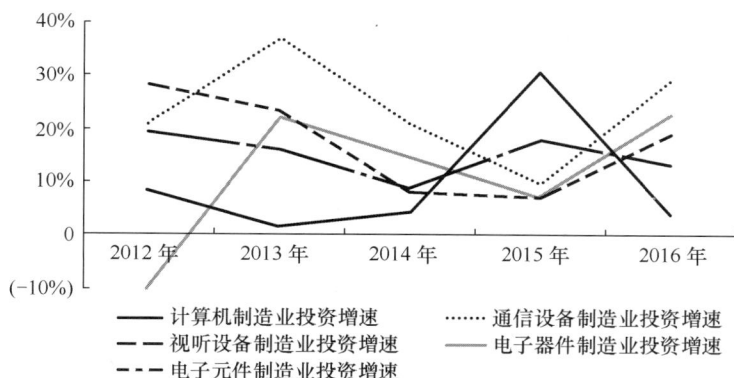

图 16　2012—2016 年计算机、通信及其他电子设备制造业主要细分行业投资增速变化

（数据来源：国家统计局）

2. 电子信息制造业投资问题分析

（1）外需总体疲软，产品出口大幅下滑

全球经济下行压力持续存在，发达国家和地区市场需求萎缩给我国电子信息制造业出口造成了较大的影响。2014 年以来，我国电子信息产品进出口额增长由正转负，产品进出口增速一直在低位徘徊，形势较为严峻。2016 年，我国电子信息产品进出口总额为 12 245 亿美元，同比下降 6.4%，降幅扩大了 5.3 个百分点。各细分领域和主要产品出口也出现了不同程度的下降，通信设备行业、计算机行业出口分别同比下降 5.1% 和 9.7%。手机、笔记本电脑出口分别下降 6.6% 和 9.7%。

（2）新兴领域风险较高，社会投资意愿不足

集成电路等新兴领域具有高投入、高风险、回报周期长等特点，社会投资意愿不足，民间投资占电子信息制造业投资比重一直不高，保持在 60% 左右，且有所下滑，成为制约行业发展的重要因素之一。计算机、通信及其他电子设备制造业主营业务成本逐年上升，利润总额增速波动较大，从 2013 年、2014 年的近 20%，降至 2015 年的 5.9%，2016 年又有所回升，达到 12.8%，成本上升和利润下降加速了电子信息制造企业"撤离潮"，部分外资企业已转向东南

亚和印度开设新厂。

（3）无序竞争严重，谨防重复投资建设

近年来，我国产业结构调整的方向是压缩传统产业、淘汰落后和过剩产能，同时增加新兴产业比重、优化产业结构。各地大力推动的新兴产业粗放、无序、同质化现象明显。曾有 28 个省市把光伏产业作为主导产业和产业结构调整的重点，有超过 280 个地级市或者工业园区提出了打造千亿元光伏产业基地的概念。投资主体过于分散，易造成重复建设和恶性竞争，比如随着我国平板显示技术水平不断提高与投资效益显现，平板显示已经成为各地投资的热点，国内面板产线投资主体达 15 家，锂电池行业也存在中小企业盲目上马项目的现象。

三、政策建议

（一）积极扩大市场需求空间

一是紧抓《中国制造 2025》大力发展新一代电子信息技术、节能环保、高端装备制造等产业的机遇，进一步刺激国内市场需求；二是通过加快企业技术改造和装备更新拓展市场空间，发挥技术改造促进新装备应用的关键作用，鼓励企业采用先进设备，加快老旧设备更新换代；三是利用"一带一路"等战略机遇，加快推进制造业"走出去"。聚焦重点领域，在基础设施建设、铁路、汽车、通信、航空航天等重点行业开展国际产能和装备制造业合作，促进钢铁、有色、化工等优势产能"走出去"，积极拓展海外市场。

（二）深入化解产能过剩矛盾

一是发挥企业主体作用，以市场为导向，淘汰钢铁、有色、建材等落后产能，严格控制新增产能；二是创新管理方式，分类处置制造业中的"僵尸企业"；三是支持围绕延伸产业链、提升产品附加值、增强研发创新能力等开展跨地区、跨行业、跨所有制的兼并重组。

（三）继续加大财政支持力度

一是继续加大技术改造、结构调整、转型升级等专项资金的支持力度，进一步加大对企业技术改造、危化品企业搬迁改造、智能工厂试点、绿色安全生产、公共服务平台建设等的支持力度，加快推进企业转型升级；二是创新财政资金使用方式，改变过去以政府直接投入为主的思路，设立市场化运作、专业化管理的产业投资基金，带动地方、社会以及企业投资。

（四）鼓励发展金融创新服务

一是加快出台疏导资金流通渠道的措施，实行差别化信贷政策，继续保持合理的信贷规模，加大对制造业的融资支持力度；二是创新金融支持方式，大力发展知识产权、订单、仓单、设备抵质押融资等金融服务手段，完善产业链金融服务；三是建立证券监管机构和行业主管部门之间的沟通协商机制，积极支持符合条件的新兴行业企业上市融资。

（五）切实降低制造企业成本

一是进一步降低制度性交易成本，全面落实负面清单等重大改革措施，激发微观市场主体的积极性和创造性；二是面向实体企业实施结构性减税，重点降低企业在生产环节的税负，加大对下降过快的制造企业的减税力度；三是加快推进电力体制改革，加快大企业直供电政策落地，减轻企业的用电成本压力；四是支持轻工、钢铁、建材等传统行业有市场的企业加快技术改造，提升企业的自动化、智能化水平，提高设计、工艺、装备、能效等水平，有效降低成本。

（六）协同推进新旧动能发力

一是改造提升传统动能。在加快淘汰钢铁、水泥、煤炭等领域落后产能的同时，进一步完善产业体系，延长产业链条，加速产业集聚，加快实现专业化分工和资源最佳配置。加强核心部件、关键环节的研发、设计、制造，提高产品质量和档次，进一步提升传统产业的技术含量和品牌知名度，同时加快从产品供应商向服务提供商延伸，重塑价值链条。二是积极培育新动能。鼓励企业开发高附加值的新工艺、新技术、新装备、新材料，优化技术和产品结构。推动绿色发展。加快推进绿色循环低碳生产，提高企业的资源能源利用效率。新旧动能接续转换中要做好顶层设计和合理规划，引导地方差异化发展，防止产业类同、盲目发展，避免出现新一轮的产能过剩。

（中国信息通信研究院　　张洁　金永花　张婧姝　成微）

专稿十一　我国新能源汽车产业的演进特征及发展趋势
——对整车及"三电"产业链数据的分析

基于整车及"三电"（即电池、电机、电控）产业链数据，分析了新能源汽车产业的演进特征及趋势，认为在"十二五"期间，政策拉动新能源汽车产业规模快速壮大，发展优势区域开始显现，企业生态阵营逐步成型，产业集中度维持较高水平。"十三五"期间，政策引导逐步向市场驱动转变，各地大力发展新能源汽车产业，产业链上下游合作关系将进一步加强，跨界企业和外资品牌加剧市场竞争。面对产业演进发展中的问题，应科学制定产业政策，实现向市场驱动的平稳过渡；引导差异化布局，避免产能过剩和低水平重复建设；鼓励上下游企业合作，提升供应链的整体发展水平；增强技术实力和创新能力，迎接国际化的市场竞争。

一、我国新能源汽车产业的演进特征

（一）政策体系基本建立，拉动产业规模快速壮大

一是产业政策体系基本建立，政策重点由方向引导、应用推广向科学管理转变。自 2009 年《汽车产业调整和振兴规划》发布以来，我国的新能源汽车产业形成了由宏观导向、产业规划、技术创新、推广应用、行业管理、基础设施等方面构成的政策体系（如图 17 所示）。2012 年之前，主要从发展目标、技术研发和市场推广等方面对发展方向进行总体布局。2013—2015 年，围绕推广应用等工作，产业刺激政策不断加码。2016 年以来，"十三五"期间的发展目标进一步明确，行业管理和基础设施方面的产业政策不断完善。二是政策对产业的拉动效果显著，近三年产业规模快速增长。2014 年以来，随着中央财政补贴和地方财政补贴的双重刺激，众多企业进入市场，新能源汽车的产量出现井喷式增长（如图 18 所示）。2014 年、2015 年新能源汽车产量同比增长分别达到了 350%和 330%。2016 年增速虽有所下降，但总产量超过 50 万辆，规模已连

续两年居世界第一。

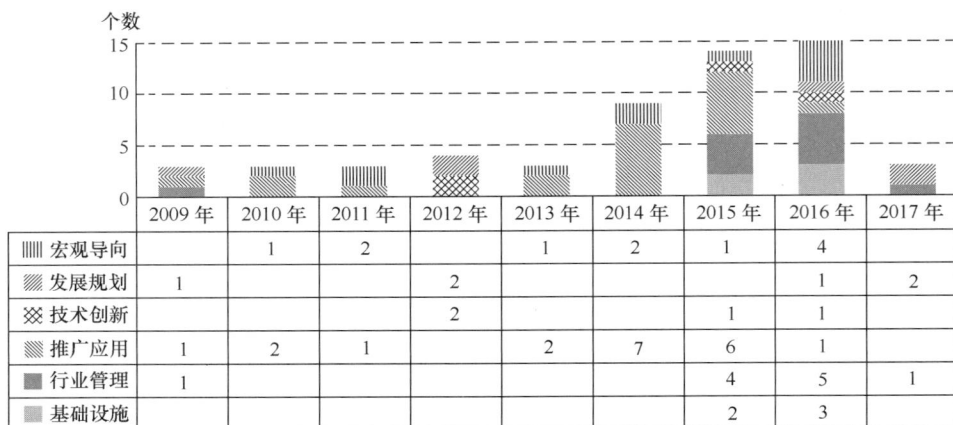

图 17　2009—2017 年国家层面主要政策分类及数量统计

（数据来源：国务院、工业和信息化部等相关网站，中国信息通信研究院整理）

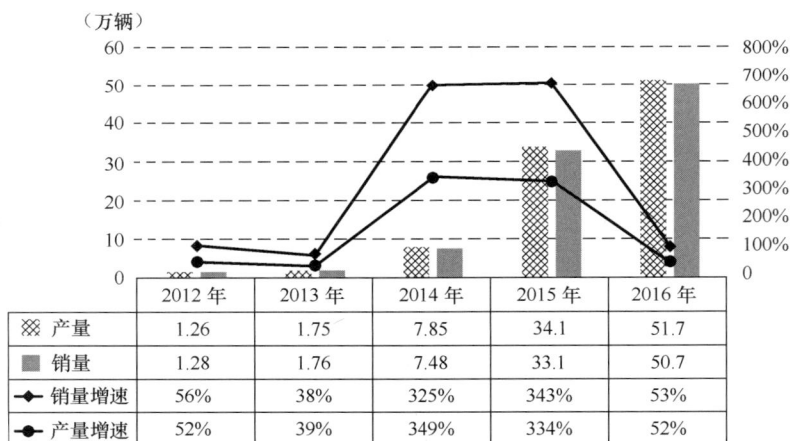

图 18　2012—2016 年新能源汽车产销量增长情况（数据来源：中国汽车工业协会）

（二）区域集中度不断下降，优势区域开始显现

多省发展新能源汽车产业，区域集中度下降。2011—2016 年，新能源汽车产量超过 100 辆的省份由 8 个增长为 26 个，排名前 5 位省份的产量占比由近 90% 下降到约 60%，排名前十位省份的产量占比由 100% 下降到 86%（如图 19 所示）。产量大省的地位逐步稳固，优势区域开始显现。2015 年排名前十位省份的平均产量是其他省份平均产量的 7.2 倍，2016 年则上升到 9.7 倍，优势更加明显。在

传统六大汽车产业集群中，除东北外，均积极布局新能源汽车产业并取得了一定成绩（如图 20 所示）。广东、上海、浙江、江苏、北京、湖北均连续三年进入全国产量前十位；重庆也形成了一定规模。此外，陕西、河南等地抓住产业结构调整的机遇，跻身新能源汽车产业领先行列。

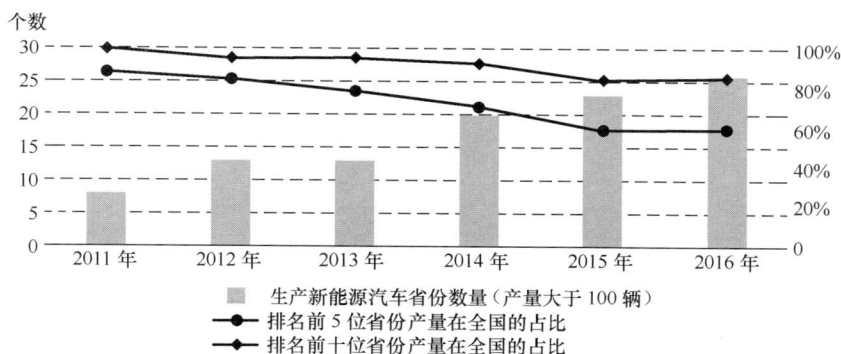

图 19　2011—2016 年产量区域集中度变化

（数据来源：根据机动车整车出厂合格证统计，中国信息通信研究院整理）

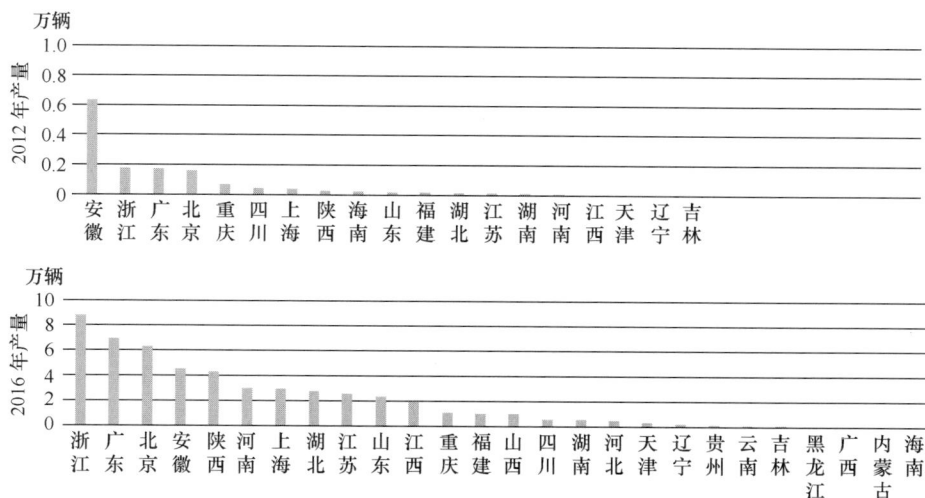

图 20　2012 年与 2016 年各省新能源汽车产量及企业分布比较

（数据来源：根据机动车整车出厂合格证统计，中国信息通信研究院整理）

（三）供应链阵营逐步成型，封闭型与开放型生态共存

由整车厂牵头、"三电"供应商参与的供应链阵营逐步成型。以纯电动乘用车为例，根据 2011—2016 年企业配套关系数据，可将供应链网络划分为 13

个主要阵营（如图 21 所示）。在每个阵营中，由产量较高的整车厂引领，聚集"三电"供应商及具有相似配套关系的其他整车厂。相较于阵营外企业，阵营内企业之间的供应关系相对更为紧密。从 2011 年到 2016 年，年配套量超过 500 台的供应链关系由 10 对增长到 195 对，涉及企业由 15 家上升到 95 家，主要阵营数量由 2 个增加为 13 个（如图 22 和图 23 所示）。主要阵营中封闭型与开放型两种生态共存。封闭型生态以比亚迪为代表，核心零部件供应实力较强，"三电"产品均实现自给自足，且仅供应自身整车厂。开放型生态以吉利、江南（众泰）为代表，零部件主要通过外购获得。阵营中一些实力较强的零部件企业还同时供应阵营外的整车厂。例如，电池供应商宁德时代，除主要为吉利供货外，同时也是北汽、东南汽车等的供应商。介于开放与封闭之间，北汽通过与韩国 SK 集团、大洋电机等外部企业成立合资公司，既保证了供应商选择的开放性，又保持了相对聚焦，稳步推进产业链整合。

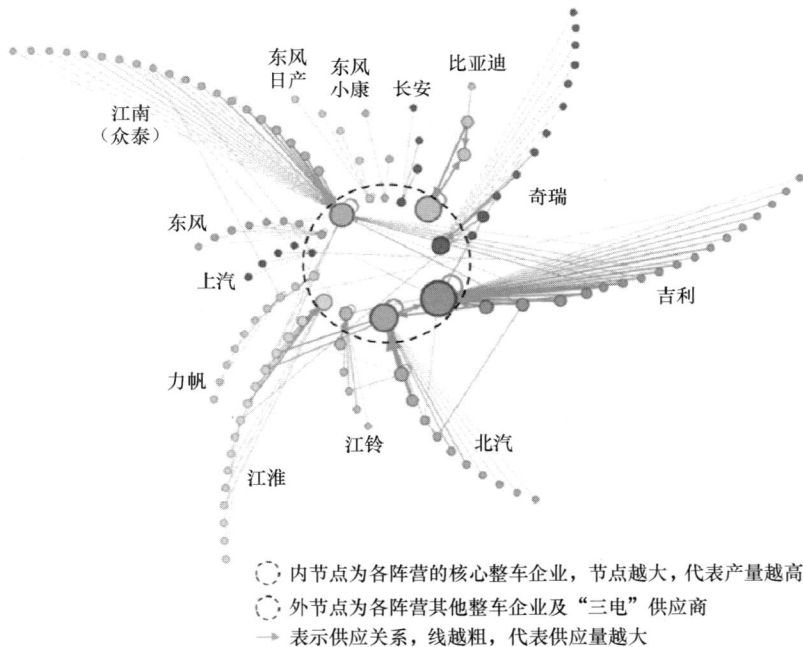

图 21　2011—2016 年纯电动乘用车供应关系网络

（数据来源：根据机动车整车出厂合格证统计，中国信息通信研究院整理）

298

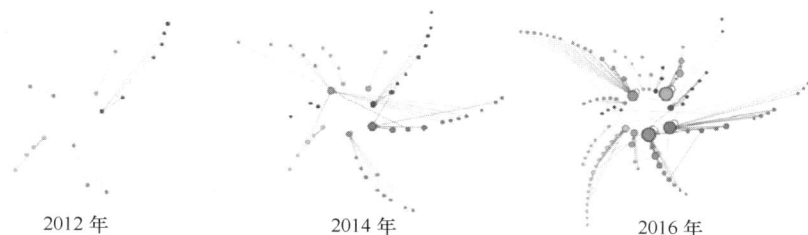

2012 年   2014 年   2016 年

图 22   纯电动乘用车供应关系网络演进

（数据来源：根据机动车整车出厂合格证统计，中国信息通信研究院整理）

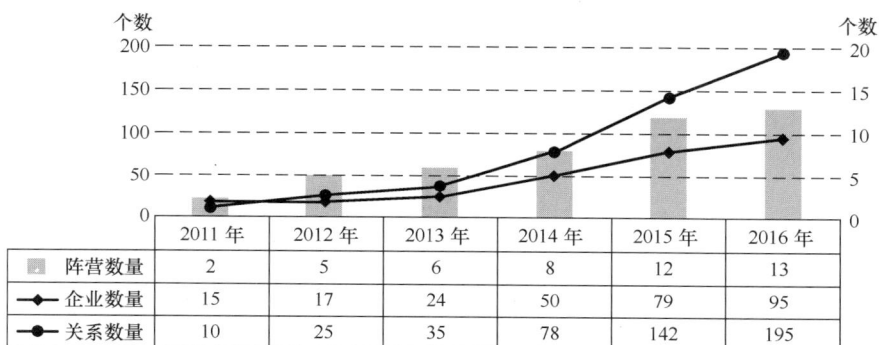

	2011 年	2012 年	2013 年	2014 年	2015 年	2016 年
阵营数量	2	5	6	8	12	13
企业数量	15	17	24	50	79	95
关系数量	10	25	35	78	142	195

图 23   2011—2016 年纯电动乘用车产业阵营数量变化

（数据来源：根据机动车整车出厂合格证统计，中国信息通信研究院整理）

（四）新企业大量涌入，市场集中度保持较高水平

在整车领域，纯电动乘用车和客车市场成为竞争的重点。2011—2016 年，纯电动汽车生产企业数量持续增加，与插电式混合动力汽车企业数量的差距逐渐拉开（如图 24 所示）。2016 年，年产量超过 50 辆的纯电动乘用车、客车生产企业分别为 33 家、56 家，而插电式乘用车、客车生产企业分别只有 10 家、21 家。其中，排名前十位的纯电动乘用车、客车产量占比分别超过 90%、70%，体现出了较高的集中度。在电池、电机领域，市场进入主体不断增长的同时，进一步向优势企业集中。电池、电机领域的企业总数（包括生产电池、电机的整车厂）由 2011 年的 14 家、12 家分别上升为 2016 年的 85 家、100 家（如图 25 和图 26 所示）。企业数量的大幅增加主要发生在 2015 年之前（包括 2015 年），此后电池企业数量有所下降，电机企业数量基本维持稳定。电池领域前 20% 企

299

业的产量占比由 2013 年的最低值 57%，稳步增长到接近 80%；电机领域前 20% 企业的产量占比由 2011 年的 64% 增长到 82%。

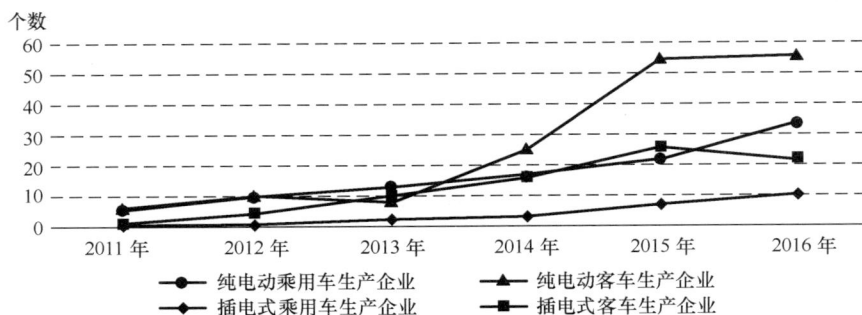

图 24 2011—2016 年不同产品类型整车厂数量增长情况

（数据来源：根据机动车整车出厂合格证统计，中国信息通信研究院整理）

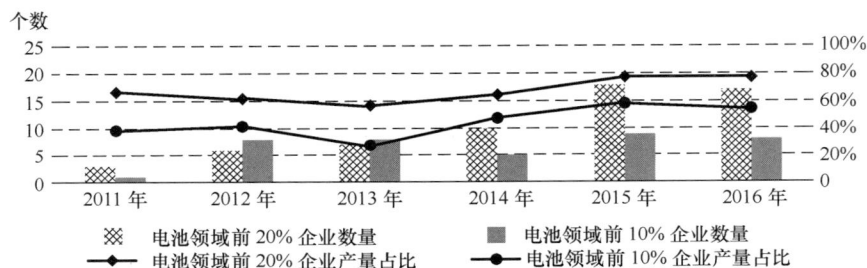

图 25 2011—2016 年电池生产企业集中度变化情况

（数据来源：根据机动车整车出厂合格证统计，中国信息通信研究院整理）

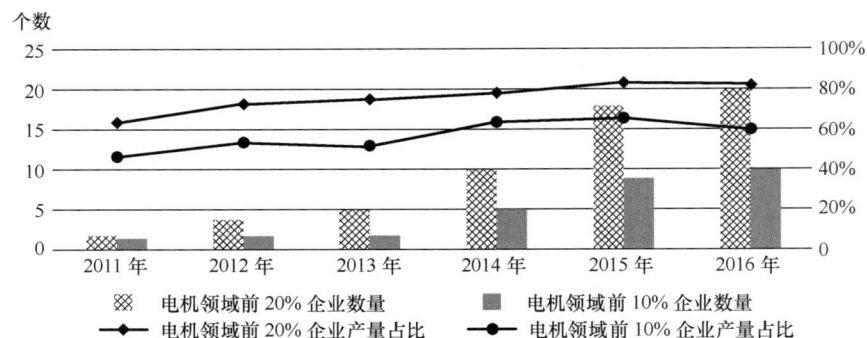

图 26 2011—2016 年电机生产企业集中度变化情况

（数据来源：根据机动车整车出厂合格证统计，中国信息通信研究院整理）

二、我国新能源汽车产业的发展趋势

（一）政策引导向市场驱动转变，良好竞争环境加速建立

《节能与新能源汽车产业发展规划（2012—2020 年）》中提出了"坚持政府引导与市场驱动相结合"的原则，强调在产业培育期，需积极发挥规划引导和政策激励的作用。在近期发布的《汽车产业中长期发展规划》中，表述调整为"市场主导、政府引导"，并提出了"完善法治""质量为先""规范秩序""优化布局""强调突出企业主体地位"。在总体规划的指引下，一方面，传统刺激政策开始减弱。2017 年新能源汽车补贴额度比 2016 年降低 20%，地方补贴不超过中央单车补贴额的 50%，到 2020 年，个人购买纯电动车补贴将完全取消，传统补贴的阶段性任务完成。另一方面，更多元、更市场化的产业政策陆续出台。通过构建开放竞争环境、拓展市场应用、加大基础设施建设和规范完善管理体系，促进产业发展和质量提升。例如，新修订的《新能源汽车生产企业及产品准入管理规定》，在放宽投资主体资格限制的同时，对生产能力和条件、设计开发、生产一致性、售后服务能力等提出了更加严格和具体的要求。再如，《乘用车企业平均燃料消耗量与新能源汽车积分并行管理办法（征求意见稿）》将新能源汽车发展目标转化为汽车企业新能源汽车与燃油汽车的年度产销量比例要求，并允许企业进行配额交易，从而推动传统车企布局新能源产业。

（二）领先省份提升发展质量，后发省份加快培育引进

目前，已有浙江、安徽、江苏、湖北、江西、湖南、四川、重庆、河北、广西、云南、辽宁 12 个省份出台了新能源汽车产业"十三五"规划，明确了未来五年的发展方向。领先省份加强在技术创新、质量品牌和产业配套方面的建设，着力巩固竞争优势。例如，浙江省提出突破关键共性技术，提升发展关键零部件及基础材料，将杭州建成新能源汽车研发、制造和应用示范基地；湖北省提出加强本地配套能力，布局襄阳建成"中国新能源汽车之都"。后发省份依托区位、资源优势，不断加大对产业的培育和引进。例如，河北省抓住京津冀协同发展的机遇，支持京津冀高校、科研机构和企业在基础和前沿技术领域

开展协同创新，培育壮大龙头企业，引导产业集聚发展；云南省提出利用清洁能源优势和区位优势，加快引进新能源汽车整车和关键零部件优势企业和重大项目。

（三）相关环节业务交叉渗透，上下游合作更加紧密

一是电池领域企业内部，整车与电机、电控企业之间的业务渗透表现明显。比较产业链不同环节企业 2016 年相对 2014 年在各类业务市场份额上的变化（剔除进入和退出企业的影响），见表 24。在电池领域，电池单体企业在总成和电池管理系统方面占据的份额提升，电池管理系统生产企业也提升了在电池单体和总成方面的业务占比；而其他环节企业在电池领域业务有所收缩，说明电池生产的专业化程度相应提高。在电机、电控领域，车企的自身配套能力加强，整车厂份额有明显提升；而电机、电控企业在整车控制领域的业务份额也有小幅增加。二是生态更加开放，产业合作更加紧密。整车厂与零部件企业在研发、采购等层面的合作不断加深。例如，上海汽车集团股份有限公司与宁德时代新能源科技股份有限公司近期新设了两家合营企业，分别由宁德时代和上汽集团主导，前者聚焦电池单体，后者聚焦电池总成和电池管理系统。此前，宁德电池已与北汽、吉利、广汽、华晨宝马等整车厂建立了合作关系。业内不断开放的模式使处于封闭供应链的比亚迪电池市场压力不断增大，电池业务有望分拆并独立经营。

表 24　　　　2016 年与 2014 年相比不同环节企业在各类业务市场份额的变化

企业 ＼ 所在市场	在电池单体市场占有率的变化	在电池总成市场占有率的变化	在能源管理系统市场占有率的变化	在驱动电机市场占有率的变化	在驱动电机控制器市场占有率的变化	在整车控制器市场占有率的变化
电池单体生产企业	4.7%	21.3%	20.3%	-1.8%	-1.8%	-2.9%
电池总成生产企业	1.4%	-3.6%	5.9%	-2.0%	-2.0%	-6.9%
能源管理系统生产企业	12.3%	11.6%	-3.5%	-7.2%	-7.1%	6.6%
驱动电机生产企业	-2.5%	0.8%	2.5%	-25.4%	-24.7%	4.6%
驱动电机控制器生产企业	-2.5%	0.8%	2.6%	-25.0%	-25.7%	4.3%
整车控制器生产企业	-1.3%	-17.1%	-17.0%	-9.6%	-5.2%	-3.3%
整车生产企业	-4.7%	-8.5%	3.3%	23.6%	23.1%	-10.2%

数据来源：根据机动车整车出厂合格证统计，中国信息通信研究院整理。

（四）跨界企业和外资品牌积极布局，市场竞争更加激烈

一是市场新进入者的背景更加多元。新获得新能源汽车生产资质的 15 家企业中，由供应商转型的占 33.5%，现有整车厂分拆或新建的占 27%，中外合资厂商占 20%，商用车跨界占 13%，低速车企升级转型占 6.5%。虽尚未获得生产资质，但以乐视汽车、蔚来汽车等为代表的互联网企业也纷纷布局新能源汽车制造。二是外资品牌加速布局。2016 年合资乘用车企业达到 7 家，较 2015 年增加了 3 家。虽然产量总体不高，但其市场动向和技术走向值得关注。通用、奔驰等企业均规划到 2020 年推出 10 款左右的电动汽车并引入国内市场。同时，外资通过与本土车企战略合作、设立合资公司等方式加大在华对新能源汽车领域的投资与布局。如 2017 年 6 月江淮汽车与大众汽车共同出资成立合资公司，合资公司成立后将立即着手准备规划年产量36 万辆产能的全新新能源汽车工厂的建设。

三、对策及建议

（一）科学制定产业政策，实现向市场驱动的平稳过渡

当前，我国新能源汽车产业正在经历从"政策引导"向"市场驱动"的转型，但仍然过于依赖财政补贴等刺激政策，市场对政策不确定的反应较为激烈。例如，2017 年 1 月，国内新能源汽车产销同比分别大幅下降 69.1%和 74.4%。除春节因素外，补贴新政出台较晚、新能源汽车推广目录重审等也是重要原因。在 2 月相关政策逐渐明确后，市场预期得到稳定，使得产销呈现回升态势。为此，降低由政策变动带来的市场波动，提高政策的科学性、连续性和准确性尤为重要。

（二）引导差异化布局，避免产能过剩和低水平重复建设

目前新能源汽车已成为地方政府鼓励投资的重要方向。各地公开规划和报道的统计数据显示（见表25），19 个省份在"十三五"期间的新能源汽车规划产量累计超过 600 万辆，远超《汽车产业中长期发展规划》中的

200 万辆目标，存在较大的产能过剩风险。特别是新能源汽车产量较低的后发省份提出了较高的规模目标，但在发展质量和差异化方面普遍缺少明确要求。考虑到从招商引资到实际投产周期较长并存在较多不确定因素，如果不能有效引导和管理，将存在低水平重复建设等问题。为此，各地需要立足自身条件，科学选择发展路径，合理制定发展目标，避免产能过剩和低水平重复建设。

表 25　　　　　　　　　各地"十三五"期间新能源汽车产量规划

地区	2020 年规划产量（万辆）	来源	2016 年产量（万辆）
全国	200	《汽车产业中长期发展规划》《节能与新能源汽车产业发展规划（2012—2020 年）》	51.7
山东	100	《山东省"十三五"战略性新兴产业发展规划》	2.33
浙江	50	《浙江省新能源汽车产业"十三五"发展规划》	8.81
河北	50	《河北省新能源汽车产业"十三五"发展规划》	0.47
湖北	50	《湖北省新能源汽车及专用车产业"十三五"发展规划》	2.75
北京	50	公开报道	6.32
湖南	50	《湖南省汽车产业"十三五"发展规划》	0.51
江西	50	《江西省新能源汽车产业"十三五"发展规划》	1.95
贵州	40	《贵州省"十三五"新兴产业发展规划》	0.10
广西	40	《广西壮族自治区新能源汽车产业发展"十三五"规划》	0.03
四川	30	《四川省新能源汽车产业发展规划（2015—2020 年）》	0.56
云南	30	《云南省新能源汽车产业发展规划（2016—2020 年）》	0.10
天津	30	公开报道	0.31
辽宁	30	《关于印发辽宁省加快发展新能源汽车实施方案的通知》	0.21
江苏	26	《江苏省"十三五"汽车产业发展规划》	2.58
安徽	20	《安徽省"十三五"汽车与新能源汽车产业发展规划》	4.53
吉林	20	公开报道	0.09

续表

地区	2020 年规划产量 （万辆）	来源	2016 年产量 （万辆）
重庆	15	《重庆市新能源汽车与智能汽车产业集群发展规划》	1.03
山西	12	《山西省"十三五"综合能源发展规划》	0.97
陕西	10	公开报道	4.33

数据来源：各地政府网站及公开报道，中国信息通信研究院整理。

（三）鼓励上下游企业合作，提升供应链整体发展水平

当前，新能源汽车产业参与主体尚不稳定，产业链上下游大部分企业各自为战，供应链系统的供需平衡和协同能力有待提升。从企业数量上看，从 2014 年到 2016 年，产业链各环节在大量新企业进入的同时，也有不少企业选择退出市场，表明产业发展远未成熟（如图 27 所示）。从供应链协同上看，以电池为例，高质量电池及关键材料仍供不应求，低端供给出现产能过剩。在补贴退坡后，电池企业将受到上游原材料价格波动和下游整车厂压价的双重影响，需要通过上下游协同创新降低成本。为此，应当鼓励整车厂与零部件企业在研发、采购等方面建立稳定、深入的合作关系，通过合作促进协同创新和供需平衡，通过竞争实现优胜劣汰，提升产业的整体竞争力。

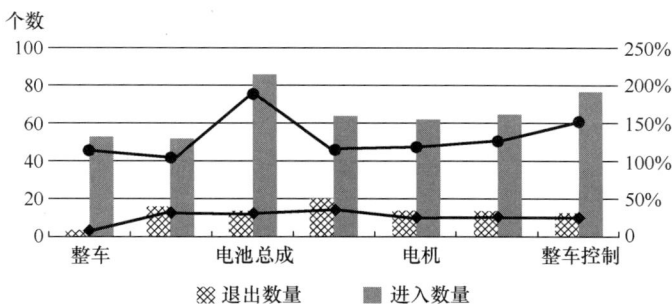

图 27　2016 年与 2014 年相比进入和退出市场的企业数量

（数据来源：根据机动车整车出厂合格证统计，中国信息通信研究院整理）

（四）增强技术实力和创新能力，迎接国际化的市场竞争

在相关政策的支持和保护下，我国自主品牌新能源汽车企业快速发展壮大。

但随着补贴退坡和市场放开，国外品牌在电池、电控等核心技术上的强大优势和在整车制造上的深厚积累，将给本土企业带来巨大的竞争压力。为此，需要完善新能源汽车的技术创新体系，开展关键材料、核心零部件和整车制造等方面的技术联合攻关，提升产品质量，降低整车和零部件成本，引导自主品牌由规模优势转变为质量优势、技术优势和品牌优势，培育形成若干家国际领先的新能源车企业，以迎接国外新能源汽车企业的挑战。

（中国信息通信研究院　　巩天啸）

政策法规篇

2016 年是"十三五"规划的开局之年,是推进供给侧结构性改革的攻坚之年,也是工业领域全面深入实施《中国制造 2025》的开篇之年。一年来,面对错综复杂的国内外形势,在党中央、国务院的坚强领导下,工业领域主管部门及相关部门统筹协调、整合力量共同制定出台了多项政策举措,全力稳增长、调结构、促融合,取得了来之不易的成绩。现将涉及工业领域的政策梳理如下。

第一章　全面实施《中国制造 2025》

2016 年《中国制造 2025》正式迈入全面实施阶段。工业和信息化部联合多部门发布了国家制造业创新中心建设、工业强基、智能制造、绿色制造、高端装备创新五大工程实施指南以及服务型制造、装备制造业质量品牌提升、医药工业发展 3 个行动或规划指南，编制完成并于 2017 年年初发布了信息产业、新材料产业、制造业人才 3 个规划指南。至此，"1+X"规划体系全部发布。城市试点示范开局良好，截至 2017 年 5 月，批复同意宁波等 12 个城市和 4 个城市群为《中国制造 2025》试点示范城市（群）。

一、五大工程实施指南

（一）制造业创新中心建设工程

制造业创新中心建设工程是构建国家制造业创新体系的重要举措，是以突破重点领域前沿技术和关键共性技术为方向，建立从技术开发到转移扩散到首次商业化应用的创新链条。《制造业创新中心建设工程指南（2016—2020 年）》提出了两阶段建设目标：一是到 2020 年国家制造业创新体系核心初具规模，二是到 2025 年进一步完善国家制造业创新体系，在《中国制造 2025》确定的重点领域，形成一批创新中心。目前，国家动力电池创新中心已正式成立，国家增材制造创新中心进入创建阶段，北京、江苏、湖北、广东等省（市）建设了 19 个省级制造业创新中心。此外，为加快完善制造业创新体系，工业和信息化部印发了关于完善制造业创新体系、推进制造业创新中心建设的指导意见以及制造业创新中心知识产权指南。

（二）工业强基工程

工业强基工程主要解决核心基础零部件、关键基础材料、先进基础工艺的工程化和产业化瓶颈问题，构建产业技术基础服务体系。《工业强基工程实施指南

（2016—2020 年）》指出，到 2020 年，40% 的核心基础零部件、关键基础材料实现自主保障，先进基础工业推广应用率达到 50%，产业技术基础体系初步建立，基本满足高端装备制造和国家重大工程的需要。为更好贯彻落实指南要求，工业和信息化部印发了工业强基 2016 专项行动实施方案、工业强基工程实施方案验收评价工作细则，联合财政部印发了 2016 年工业强基工程实施方案指南。此外，制造业单项冠军企业培育提升专项行动实施方案等也对工业强基发展提出了要求。

（三）绿色制造工程

绿色制造工程通过推动制造业各行业、各环节的绿色改造升级，加快构建绿色制造体系。《绿色制造工程实施指南（2016—2020 年）》提出，与 2015 年相比，2020 年传统制造业物耗、能耗、水耗、污染物和碳排放强度显著下降，重点行业主要污染物排放强度下降 20%，工业固体废物综合利用率达到 73%，部分重化工资源消耗和排放达到峰值，规模以上单位工业增加值能耗下降 18%，单位工业增加值二氧化碳排放量、用水量分别下降 22%、23% 等。此外，国家有关部门也出台了一系列节能节水、清洁生产等政策举措，例如发布了绿色制造标准体系建设指南、绿色制造 2016 专项行动实施方案、水污染防治重点行业清洁生产技术推行方案，组织推荐工业节能与绿色发展评价中心、绿色制造体系建设，开展国家重大工业节能监察专项督查等，多方协作共同推进工业绿色改造升级。

（四）智能制造工程

智能制造工程以数字化制造普及、智能化制造示范为抓手，推动制造业智能转型，推进产业迈向中高端。《智能制造工程实施指南（2016—2020 年）》明确"十三五"期间力争在关键技术装备、智能制造基础能力、智能制造新模式以及重点产业智能转型四个方面实现提升。此外，为推进智能制造发展，工业和信息化部发布了开展智能制造试点示范 2016 专项行动的通知，公布了 2016 年智能制造试点示范项目名单，借助试点示范工作探索形成有效可复制的经验模式，推动智能制造标准工作建设及推广应用。

（五）高端装备创新工程

高端装备创新工程以突破一批重大装备的产业化应用为重点，为各行业升级提供先进的生产工具。《高端装备创新工程实施指南（2016—2020年）》指出，到 2020 年实现一批关键装备自主可控，装备应用范围和服务质量大幅提升，形成一批具备国际竞争力的竞争主体。2016 年，高端装备创新取得一批具有国际影响力的标志性成果，在超级计算机、支线客机、大型灭火救援水陆两栖飞机、无人潜水器、升船机、量子卫星等领域取得重大进展。

二、两个专项行动指南

（一）促进装备制造业质量品牌提升行动

促进装备制造业质量品牌提升行动重在夯实质量基础，打造以质量安全为基础、高质量产品为核心、国际化品牌为标志的制造业竞争新优势。《促进装备制造业质量品牌提升专项行动指南》指出，到 2018 年装备制造业产品质量国家监督抽查合格率达到 90%以上，新产品销售比重、成本费用利润率等指标水平得到提高；到 2021 年国产装备国内市场满足率、自主品牌市场占有率等指标显著提高；到 2025 年推动装备制造业质量和品牌达到世界制造强国水平。为推动目标顺利实现，指南提出了发挥企业质量品牌建设主体作用、加强质量和品牌服务平台建设、完善质量和品牌发展基础体系、健全市场监督和管理机制、推进领域重点提升 5 个主要行动。

（二）发展服务型制造行动

发展服务型制造行动旨在通过加快制造业企业服务模式创新、技术创新和管理创新，培育融合发展新生态。《发展服务型制造行动指南》提出了具体的目标任务，到 2018 年，力争完成"5155"示范任务，即培育 50 家服务能力强、行业影响力大的服务型制造示范企业；支持 100 项服务水平高、带动作用好的示范项目；建设 50 个功能完备、运转高效的公共服务平台；遴选 5 个服务特色鲜明、配套体系健全的示范城市。为保障目标顺利实现，指南提出了设计服务提升、制造效能提升、客户价值提升、服务模式创新四大主要行动。

三、4 个发展规划指南

（一）新材料产业发展指南

《新材料产业发展指南》是以满足传统产业转型升级、战略性新兴产业发展和重大技术装备急需为主攻方向，构建以企业为主体、以高校和科研机构为支撑、军民深度融合、产学研用协同促进的新材料产业体系，着力突破一批新材料品种、关键工艺技术和专用装备，不断提升新材料产业的国际竞争力。指南部署了突破重点应用领域急需的新材料、布局一批前沿新材料、强化新材料产业协同创新体系建设、加快重点新材料初期市场培育、突破关键工艺与专用装备制约、完善新材料产业标准体系、实施"互联网+"新材料行动、培育优势企业与人才团队、促进新材料产业特色集聚发展九大重点任务。

（二）信息产业发展指南

《信息产业发展指南》是以加快建立具有全球竞争优势、安全可控的信息产业生态体系为主线，提出了到 2020 年基本建成具有国际竞争力、安全可控信息产业生态体系的发展目标，并指出信息产业收入将增至 26.2 万亿元，年均增速 8.9%；信息产业企业进入世界 500 强企业数量增至 9 家；电子信息百强企业研发经费投入强度提升至 6.1%；固定宽带家庭和移动宽带用户普及率分别达到 70% 和 85%；单位电信业务总量综合能耗比下降幅度不低于 10%。指南部署了创新能力、产业结构、融合应用、基础设施、管理水平、产业安全、国际化发展 7 方面的任务，确定了集成电路、基础电子、基础软件和工业软件、关键应用软件和行业解决方案、智能硬件和应用电子、计算机与通信设备、大数据、云计算、物联网 9 个领域的发展重点。

（三）医药工业发展规划指南

《医药工业发展规划指南》旨在加快技术创新，深化开放合作，保障质量安全，增加有效供给，增品种、提品质、创品牌，实现医药工业中高速发展和向中高端迈进。指南提出，到 2020 年，行业主营业务收入年均增速高于 10%、全行业规模以上企业研发投入强度不低于2%、通过国际先进水平GMP认证的制剂企业达到100家以上、规模以上企业单位工业增加值能耗下降18%等具体目标。在增强产业创新能力、提高质量安全水平、提升供应保障能力、推动绿色改造升级、推进两化深度融合、优化产业组织结构、提高国际化发展水平、拓展新领域发展新业态8个方面提出了具体任务部署。

（四）制造业人才发展规划指南

《制造业人才发展规划指南》是从制造业人才培养和队伍建设全局角度出发，完善人才培养体制机制，夯实人才队伍建设基础，加快培育紧缺人才，完善人才使用、流动、评价、激励等机制，为实现制造强国战略目标提供坚实的人才支撑。指南指出，到2020年，形成与制造业发展需求相适应的人力资源建设格局，培养和造就一支数量充足、结构合理、素质优良、充满活力的制造业人才队伍，明确提出届时制造业从业人员平均受教育年限达到11年以上，制造业从业人员中受过高等教育的比例达到22%，高技能人才占技能劳动者的比例达到28%左右，研发人员占从业人员的比例达到6%以上。

第二章　全力以赴保持工业平稳增长

为保障工业平稳增长，工业领域狠抓工业稳增长、调结构、增效益的重点工作落实，研究提出多项政策措施并推动出台实施。

一、优化社会总供给

（一）着力稳定有效投资，优化投资环境

发展改革委、工业和信息化部联合印发关于实施制造业升级改造重大工程包的通知，通过组织实施智能化改造工程、基础能力提升工程、绿色制造推广工程、高端装备发展工程等十大重点工程，引导企业改造提升传统产业，推动制造业迈向高端化、智能化、绿色化、服务化。国务院办公厅印发进一步做好民间投资有关工作的通知，指出抓紧建立市场准入负面清单制度，在基础设施和公用事业等重点领域去除各类显性或隐性门槛，要求抓好专项督查并整改落实。

（二）提升质量品牌，改善消费品供给

国务院办公厅印发开展消费品工业"三品"专项行动、营造良好市场环境的若干意见，工业和信息化部印发制造业单项冠军企业培育提升专项行动实施方案、公布 2016 年消费品工业"三品"战略示范试点城市名单，国家发展改革委等 11 个部门联合出台引导企业创新管理提质增效的指导意见等政策措施，有利于推动企业创新管理，更好地满足和创造消费需求，增强消费拉动经济的基础作用，促进消费品工业迈向中高端。

（三）推进产融合作

中国人民银行等 8 部门联合出台金融支持工业稳增长、调结构、增效益的若干意见，从加强货币信贷政策支持、营造良好的货币金融环境等 6 个方面提出系列支持工业转型升级、降本增效的具体金融政策措施。工业和信息化部等

多部门联合印发关于组织申报产融合作试点城市以及加强信息、共享促进产融合作行动方案等通知，建立政府、企业、金融机构对接合作机制，发挥财政资金的引导作用，深化产业与金融合作。

二、扩大社会总需求

（一）推动汽车消费

为进一步落实国务院办公厅关于加快新能源汽车推广应用的指导意见，财政部等 5 部门联合印发"十三五"新能源汽车充电基础设施奖励政策及加强新能源汽车推广应用的通知，工业和信息化部公布新能源汽车废旧动力蓄电池综合利用行业规范条件和新能源汽车废旧动力蓄电池综合利用行业规范公告管理暂行办法的公告、制定企业平均燃料消耗量与新能源汽车积分并行管理暂行办法（征求意见稿）等。按照财政部、国家税务总局、工业和信息化部关于免征新能源汽车车辆购置税的公告（公告 2014 年第 53 号）的要求，公布第七、八、九批免征车辆购置税的新能源汽车车型目录。

（二）推动信息消费

进一步落实国务院关于促进信息消费扩大内需的若干意见，工业和信息化部办公厅印发了 2016 年国家信息消费示范城市建设指南，提升城市宽带网络建设和服务水平，创新信息服务模式和业态。工业和信息化部发布进一步扩大宽带接入网业务开放试点范围的通告，在前期开放试点的基础上，继续扩大试点范围：将辽宁、福建、河南等 7 个省（自治区）的全部城市纳入宽带接入网业务试点城市范围；将绍兴、温州、金华等 12 个城市纳入试点城市范围。

（三）推动文教、体育等领域消费

国务院办公厅印发《关于进一步扩大旅游文化体育健康养老教育培训等领域消费的意见》，围绕旅游、文化、体育、健康、养老、教育培训等重点领域，引导社会资本加大投入力度，通过提升服务品质、增加服务供给，不断释放潜在的消费需求；以传统实物消费升级为重点，通过提高产品质量、增加产品供给，创造消费新需求。工业和信息化部发布《关于促进文教体育用品行业升级发展的指导意见》，提出了丰富产品品种、提升产品品质、培育知名品牌、强化基础能力、推动绿色发展、促进两化融合等重点任务。

三、推动东北经济企稳

国务院印发《关于深入推进实施新一轮东北振兴战略　加快推动东北地区经济企稳向好若干重要举措的意见》，就积极应对东北地区经济下行压力、推动东北地区经济企稳向好提出推进行政管理体制改革，全面深化国有企业改革，加快民营经济发展，加快传统产业转型升级，支持资源枯竭、产业衰退地区转型，大力培育新动能，加强创新载体和平台建设，加快补齐基础设施短板，打造重点开发开放平台，开展对口合作与系统培训，强化地方主体责任，加大财政金融投资支持力度，加强政策宣传和舆论引导，强化统筹协调和督促检查等14 项具体举措。

四、深化"放管服"改革

（一）清理政策性文件

工业和信息化部公告废止的政策性文件目录，印发关于废止加强汽车生产企业投资项目备案文件等通知，改进管理方式、优化政策环境、提升服务水平。

（二）做好运行监测工作

工业和信息化部办公厅印发《关于进一步做好中小企业运行监测工作的通知》，提出进一步提高认识，加大中小企业运行监测工作力度；进一步加强研判，提高运行监测和预警水平；进一步整合资源，把运行监测与促进中小企业发展工作相结合等工作要求。

第三章　坚定不移推进经济结构性改革

工业仍是未来经济增长的主导力量，也是推进供给侧结构性改革的主战场。2016 年工业领域持续推进结构性改革，主要政策措施内容如下。

一、积极稳妥化解过剩产能

国务院印发《关于钢铁以及煤炭行业化解过剩产能实现脱困发展的意见》，国务院办公厅印发关于营造良好市场环境促进有色金属工业调结构促转型增效益、促进建材工业稳增长调结构增效益、关于石化产业调结构促转型增效益的指导意见，推动化解过剩产能、行业转型升级和健康发展。财政部印发工业企业结构调整专项奖补资金管理办法的通知，通过专项奖补资金推动落实压减过剩产能的目标任务以及妥善处理好职工安置和资产处置工作。

二、优化产业空间布局

工业和信息化部、北京市人民政府、天津市人民政府、河北省人民政府联合发布京津冀产业转移指南。指南构建了"一个中心、五区五带五链、若干特色基地"（简称"1555N"）的产业发展格局，并指出了各产业带承接产业转移的主要载体，以及每个载体（园区、基地）优先承接发展的产业方向。国家发展改革委、科技部、工业和信息化部联合印发《长江经济带创新驱动产业转型升级方案的通知》，指出到 2020 年，长江经济带在创新能力、产业结构、经济发展等方面取得突破性进展的目标，并提出增强创新能力、打造工业新优势、壮大现代服务业、促进农业现代化、优化产业布局 5 个重点任务。

三、推进产业集聚发展

主要表现在加强对国家新型工业化产业示范基地的指导和管理上。包括公布国家新型工业化产业示范基地名单、印发深入推进新型工业化产业示范基地建设的指导意见等举措，发挥示范基地的引领作用，促进产业集聚区规范发展和提质增效，推进制造强国建设。指导意见明确了"十三五"期间的主要目标，即到 2020 年规模效益突出的优势产业示范基地从现有的 333 家稳步提升到 400 家左右，发展一批专业化细分领域竞争力强的特色产业示范基地，形成 10 家以上具有全球影响力和竞争力的先进制造基地。

四、扶持小微企业发展

着力培育创新能力强的中小微企业，引导企业树立"十年磨一剑"精神，走"专精特新"发展道路。包括组织申报 2016 年小微企业创业创新基地城市示范、印发国家小型微型企业创业创新示范基地建设管理办法、公布国家小型微型企业创业创新示范基地名单等政策举措，推动大众创业、万众创新，加快小型微型企业创业创新基地发展步伐，优化小型微型企业创业创新环境，支持中小企业健康发展等。

第四章　与时俱进推动融合发展

一、推动"互联网+"行动

国务院印发《深化制造业与互联网融合发展的指导意见》，明确了制造业重点行业骨干企业互联网"双创"平台普及率、工业云企业用户量、新产品研发周期、库存周转率、能源利用率等具体指标的发展目标，制定了打造制造企业互联网"双创"平台、推动互联网企业构建制造业"双创"服务体系、支持制造企业与互联网企业跨界融合等七大主要任务。工业和信息化部发布实施"两化深度融合创新推进 2016 专项行动"，推进两化融合管理体系贯标试点，提升信息化与工业化融合发展水平，推动制造强国和网络强国建设。国家发展改革委、科技部、工业和信息化部、中央网信办联合制定《"互联网+"人工智能三年行动实施方案》，提出打造核心技术研发与产业化、基础资源公共服务平台、智能家居示范、智能汽车研发与产业化等九大工程。国务院办公厅印发《关于深入实施"互联网+流通"行动计划的意见》，提出加快推动流通转型升级、积极推进流通创新发展、加强智慧流通基础设施建设等 12 项具体举措，推动线上线下融合发展。

二、推进军民融合深度发展

中共中央、国务院、中央军委印发《关于经济建设和国防建设融合发展的意见》，明确了新形势下军民融合发展的总体思路、重点任务、政策措施，指出了融合发展的主要目标是形成全要素、多领域、高效益的军民深度融合发展格局，使经济建设为国防建设提供更加雄厚的物质基础，国防建设为经济建设提供更加坚强的安全保障。工业和信息化部办公厅和国防科工局综合司联合先后印发了加强国家军民融合公共服务平台运行工作的通知，完善平台功能，丰富平台数据；共同发布了《军用技术转民用推广目录（2016 年度）》和《民参军技术与产品推荐目录（2016 年度）》，联合有关部门共同举办首届中国军民两用技术创新应用大赛，推动军民融合信息资源的互动交流和转化应用，拓宽军民资源共享渠道。

第五章　始终坚持创新引领发展

一、推进大众创业万众创新

国务院办公厅印发加快众创空间发展、服务实体经济转型升级的指导意见，提出促进众创空间专业化发展，为实施创新驱动发展战略、推进大众创业万众创新提供低成本、全方位、专业化的服务，进一步释放全社会的创新创业活力，促进科技成果加快向现实生产力转化，增强实体经济发展新动能。工业和信息化部印发国家小型微型企业创业创新示范基地建设管理办法，加快小型微型企业创业创新基地发展步伐，优化小型微型企业创业创新环境，支持中小企业健康发展；印发关于支持2016年高校毕业生就业创业、促进中小企业创新发展的通知，促进中小企业创新发展，推动部属高校开展创新创业教育改革。工业和信息化部、国家发展改革委员会、财政部等5部门发布关于推动小型微型企业创业创新基地发展的指导意见，提出到"十三五"末，公告300个国家小型微型企业创业创新示范基地，推动地方培育和建设3000个省级小型微型企业创业创新基地等发展目标。

二、继续推动创新发展战略

国务院办公厅印发促进科技成果转移转化行动方案，明确了科技成果转移转化的总体思路、重点任务、组织与实施，同时制定了重点任务分工及进度安排表。方案明确了"十三五"时期将建设100个示范性国家技术转移机构，支持有条件的地方建设10个科技成果转移转化示范区，在重点行业领域布局建设一批支撑实体经济发展的众创空间，建成若干技术转移人才培养基地，培养1万名专业化技术转移人才，全国技术合同交易额力争达到2万亿元等任务目标；提出了开展科技成果信息交汇与发布、产学研协同开展科技成果转移转化等8大项重点任务。工业和信息化部办公厅、财政部办公厅印发关于组织推荐2016

年国家技术创新示范企业的通知，开展 2016 年国家技术创新示范企业的认定工作。工业和信息化部、国家发展改革委印发关于智能硬件产业创新发展专项行动（2016—2018 年）的通知，提出到 2018 年，我国智能硬件全球市场占有率超过 30%，产业规模超过 5000 亿元。

三、推进创新管理提质增效

工业和信息化部、国家发展改革委、财政部等 11 个部门印发关于引导企业创新管理提质增效的指导意见，提出要以企业为主体，以市场为导向，鼓励企业加强管理，内部挖潜、降本增效、开源节流、苦练内功，创新生产经营模式和质量管理方法，实现管理增效和创新增效，提升发展质量，增强企业竞争力的总体要求，并指明加强成本管理、控制和强化资源能源集约管理、重视资源优化配置与管理、加强质量品牌管理、创新内部市场化经营机制、加快推动创业创新、积极发展服务型制造、推进信息技术深度融合创新、注重战略管理、加强全面风险管理 10 项主要路径。

第六章　持续推进节能减排和低碳发展

一、推进污染防治工作

工业和信息化部、国家发展改革委、科技部等 8 部门联合印发了《电器电子产品有害物质限制使用管理办法》，进一步推动我国电子信息产品污染控制工作。工业和信息化部印发《高耗能落后机电设备（产品）淘汰目录（第四批）》，加快淘汰高耗能落后机电设备（产品）和提升重点用能设备能效水平。工业和信息化部、财政部联合印发《重点行业挥发性有机物削减行动计划的通知》，提出到 2018 年，工业行业 VOCs 排放量比 2015 年削减 330 万吨以上，并指出实施原料替代工程、实施工艺技术改造工程、实施回收及综合治理工程三大主要任务。

二、推进绿色低碳发展

工业和信息化部、发展改革委原则同意北京中关村永丰高新技术产业基地等 12 家国家低碳工业园区试点实施方案，试点期为 3 年。发展改革委、水利部、工业和信息化部等联合印发了《水效领跑者引领行动实施方案的通知》，通过树立标杆、标准引导、政策鼓励，形成用水产品、企业和灌区用水效率不断提升的长效机制，建立节水型的生产方式、生活方式和消费模式。发展改革委、水利部、住房和城乡建设部等 9 部门联合印发全民节水行动计划，推进各行业、各领域节水，在全社会形成节水理念和节水氛围，全面建设节水型社会。工业和信息化部批复了唐山等 8 市工业领域煤炭清洁高效利用实施方案，公布工业资源综合利用示范基地名单（第一批），推动资源综合利用和绿色转型发展。

三、加强政府监管力度

工业和信息化部印发工业节能管理办法，加强工业节能管理，健全工业节能管理体系，持续提高能源利用效率，推动绿色低碳循环发展，促进生态文明建设。工业和信息化部办公厅印发开展国家重大工业节能专项监察、国家绿色数据中心试点监测手册以及国家重大工业节能专项监察工作手册（2016 年版）的通知，加强对节能环保的管理及监察力度。

第七章　综合施策优化企业发展环境

一、切实降低企业成本

国务院印发降低实体经济成本工作方案的通知，指出经过一两年时间的努力，降低实体经济企业成本工作取得初步成效，3 年左右的时间使实体经济企业综合成本合理下降，盈利能力较为明显增强，并对税费负担、融资成本、制度性交易成本、人工成本、能源成本、物流成本等都提出了具体目标和负责单位。国务院印发关于积极稳妥降低企业杠杆率的意见，指出了降杠杆的要求、原则、路径、保障措施，并印发了关于市场化银行债券转股权的指导意见。财政部联合多部门印发了软件和集成电路产业企业所得税优惠政策有关问题以及关于申请首台（套）重大技术装备保费补贴资金等有关事项的通知，做好企业所得税优惠政策落实工作及完善首台（套）重大技术装备保险补偿机制。国务院减轻企业负担部际联席会议印发了关于做好 2016 年减轻企业负担工作的通知、组织开展 2016 年全国减轻企业负担专项督查的通知等，进一步减轻企业负担和降低实体经济成本，为稳定经济增长和激发市场活力营造良好的环境。

二、规范市场经营秩序

为进一步加强行业管理，规范生产经营秩序，遏制低水平重复建设，工业和信息化部出台锡行业、钨行业、汽车动力蓄电池行业、铅蓄电池行业、工业机器人行业等规范条件，并公布符合石墨行业、光伏制造行业、汽车动力蓄电池行业等规范条件的企业名单。

（中国信息通信研究院　　房珊杉）

表1　2016 年工业领域重点政策列表

政策分类	政策名称	发布时间	签发部委	文件批号
		一、《中国制造 2025》		
"1+X"规划体系	关于印发制造业创新中心等 5 大工程实施指南的通知	2016 年 8 月 19 日	工业和信息化部、发展改革委、科技部、财政部	
	关于印发《发展服务型制造专项行动指南》的通知	2016 年 7 月 26 日	工业和信息化部、发展改革委、中国工程院	工信部联产业〔2016〕231 号
	关于印发《促进装备制造业质量品牌提升专项行动指南》的通知	2016 年 8 月 26 日	工业和信息化部、质检总局、国防科工局	工信部联科〔2016〕268 号
	关于印发新材料产业发展指南的通知	2017 年 1 月 23 日	工业和信息化部、发展改革委、科技部、财政部	工信部联规〔2016〕454 号
	关于印发信息产业发展指南的通知	2017 年 1 月 16 日	工业和信息化部、发展改革委	工信部联规〔2016〕453 号
	关于印发《医药工业发展规划指南》的通知	2016 年 11 月 7 日	工业和信息化部、发展改革委、科技部、商务部、卫生计生委、食品药品监管总局	工信部联规〔2016〕350 号
	关于印发《制造业人才发展规划指南》的通知	2017 年 2 月 24 日	教育部、人力资源和社会保障部、工业和信息化部	教职成〔2016〕9 号
创新中心	关于完善制造业创新体系，推进制造业创新中心建设的指导意见	2016 年 8 月 28 日	工业和信息化部	工信部科〔2016〕273 号
	关于印发《制造业创新中心知识产权指南》的通知	2016 年 11 月 11 日	工业和信息化部办公厅	工信厅科〔2016〕159 号
工业强基	关于开展工业强基 2016 专项行动的通知	2016 年 4 月 12 日	工业和信息化部	工信部规〔2016〕126 号
	关于发布 2016 年工业强基工程实施方案指南的通知	2016 年 6 月 1 日	工业和信息化部办公厅、财政部办公厅	工信部联规〔2016〕83 号
	关于印发《工业强基工程实施方案验收评价工作细则》的通知	2016 年 6 月 15 日	工业和信息化部办公厅	工信厅联规〔2016〕91 号
智能制造	关于开展智能制造试点示范 2016 专项行动的通知	2016 年 4 月 11 日	工业和信息化部	工信部装〔2016〕125 号

续表

政策分类	政策名称	发布时间	签发部委	文件批号
		一、《中国制造 2025》		
智能制造	关于开展 2016 年智能制造试点示范项目推荐的通知	2016 年 5 月 4 日	工业和信息化部办公厅	工信厅装函 [2016] 270 号
	关于公布 2016 年智能制造试点示范项目名单的通告	2016 年 7 月 4 日	工业和信息化部	工信部装函 [2016] 261 号
	厅关于公布中德智能制造合作 2016 年试点示范项目名单的通知	2016 年 9 月 2 日	工业和信息化部办公厅	工信厅信软函 [2016] 546 号
	关于促进机器人产业健康发展的通知	2016 年 12 月 29 日	工业和信息化部办公厅、发展改革委办公厅、国家认监委办公室	工信厅联装 [2016] 169 号
绿色制造	关于公布工业产品生态（绿色）设计试点企业（第二批）的通告	2016 年 3 月 21 日	工业和信息化部	工信部节函 [2016] 99 号
	关于印发《2016 年工业节能监察重点工作计划》的通知	2016 年 3 月 21 日	工业和信息化部	工信部节函 [2016] 89 号
	关于印发《绿色制造 2016 专项行动实施方案》的通知	2016 年 4 月 1 日	工业和信息化部	工信节 [2016] 113 号
	关于征集工业资源综合利用先进适用技术装备的通知	2016 年 5 月 3 日	工业和信息化部办公厅	工信厅节函 [2016] 264 号
	关于开展 2016 年度节能机电设备（产品）推荐及"能效之星"产品评价工作的通知	2016 年 6 月 2 日	工业和信息化部办公厅	工信部节函 [2016] 368 号
	关于印发高效节能环保工业锅炉产业化实施方案的通知	2016 年 7 月 20 日	工业和信息化部办公厅	工信厅节函 [2016] 492 号
	关于公布 2016 年度能效"领跑者"企业名单公告	2016 年 8 月 2 日	工业和信息化部、发展改革委、质检总局	公告 2016 年第 39 号
	关于印发《水污染防治重点行业清洁生产技术推行方案》的通知	2016 年 8 月 25 日	工业和信息化部、环境保护部	工信部联节 [2016] 275 号

续表

政策分类	政策名称	发布时间	签发部委	文件批号
	一、《中国制造 2025》			
绿色制造	关于组织推荐工业节能与绿色发展评价中心的通知	2016 年 9 月 7 日	工业和信息化部办公厅	工信厅节函〔2016〕580 号
	关于印发《绿色制造标准体系建设指南》的通知	2016 年 9 月 15 日	工业和信息化部、国家标准委	工信部联节〔2016〕304 号
	关于开展绿色制造体系建设的通知	2016 年 9 月 20 日	工业和信息化部办公厅	工信厅节函〔2016〕586 号
	关于开展国家重大工业节能监察专项检查的通知	2016 年 10 月 21 日	工业和信息化部办公厅	工信厅节函〔2016〕628 号
	关于组织开展绿色制造系统集成工作的通知	2016 年 11 月 24 日	财政部、工业和信息化部	财建〔2016〕797 号
	关于公布工业节能与绿色发展评价中心名单（第一批）的通告	2016 年 11 月 24 日	工业和信息化部	工信部节函〔2016〕468 号
高端装备	关于中关村科技园区丰台园国家管理委员会等 11 家单位开展国家高端装备制造业标准化试点项目的通知	2016 年 2 月 5 日	国家标准委办公室、工业和信息化部办公厅	标委办工一联〔2016〕14 号
	关于印发《船舶配套产业能力提升行动计划 (2016—2020) 》的通知	2016 年 3 月 4 日	工业和信息化部	工信部装〔2015〕486 号
	关于印发《中国制造 2025—能源装备实施方案》的通知	2016 年 6 月 21 日	发展改革委、工业和信息化部、能源局	发改能源〔2016〕1274 号
	关于印发《装备制造业标准化和质量提升规划》的通知	2016 年 8 月 2 日	质检局、国家标准委、工业和信息化部	国质检标联〔2016〕396 号
	关于印发《农机装备发展行动方案 (2016—2025) 》的通知	2016 年 12 月 22 日	工业和信息化部、农业部、发展改革委	工信部联装〔2016〕413 号
	二、工业稳增长			
优化供给	关于实施制造业升级改造重大工程包的通知	2016 年 5 月 19 日	发展改革委、工业和信息化部	发改产业〔2016〕1055 号
	关于进一步做好民间投资有关工作的通知	2016 年 7 月 4 日	国务院办公厅	国办发明电〔2016〕12 号

续表

政策分类	政策名称	发布时间	签发部委	文件批号
		二、工业稳增长		
优化供给	关于印发《制造业单项冠军企业培育提升专项行动实施方案》的通知	2016年3月21日	工业和信息化部	工信部产业〔2016〕105号
	关于开展消费品工业"三品"专项行动营造良好市场环境的若干意见	2016年5月30日	国务院办公厅	国办发〔2016〕40号
	关于开展2016年消费品工业"三品"专项行动营造良好市场环境的通知	2016年6月12日	工业和信息化部办公厅	工信部消费〔2016〕197号
	关于引导企业创新管理提质增效的指导意见	2016年8月11日	工业和信息化部、人力资源和社会保障部、发展改革委、财政部、环境保护部、人民银行、国资委、税务总局、质检总局、银监会、证监会	工信部联产业〔2016〕245号
	关于开展2016年服装家纺自主品牌建设调查工作的通知	2016年8月22日	工业和信息化部办公厅	工厅消费〔2016〕763号
	关于印发《纺织服装创意设计试点示范园区(平台)管理办法(试行)》的通知	2016年12月7日	工业和信息化部	工信部消费〔2016〕396号
	关于2016年消费品工业"三品"战略示范试点城市名单的通告	2016年12月22日	工业和信息化部	工信部消费函〔2016〕527号
	关于金融支持工业稳增长调结构增效益的若干意见	2016年2月15日	中国人民银行、发展改革委、工业和信息化部、商务部、财政部、银监会、证监会、保监会	银发〔2016〕42号
	关于印发《加强信息共享 促进产融合作行动方案》的通知	2016年3月3日	工业和信息化部、中国人民银行、银监会	工信部联财〔2016〕83号
	关于组织申报产融合作试点城市的通知	2016年8月1日	工业和信息化部、财政部、中国人民银行、证监会	工信部联财〔2016〕237号
扩大消费	关于"十三五"新能源汽车充电基础设施奖励政策及加强新能源汽车推广应用的通知	2016年1月21日	财政部、科技部、工业和信息化部、发展改革委、能源局	财建〔2016〕7号

续表

政策分类	政策名称	发布时间	签发部委	文件批号
		二、工业稳增长		
扩大消费	关于开展新能源汽车推广应用核查工作的通知	2016年1月21日	财政部办公厅、科技部办公厅、工业和信息化部办公厅、发展改革委办公厅	财办建〔2016〕6号
	《新能源汽车废旧动力蓄电池综合利用行业规范条件》和《新能源汽车废旧动力蓄电池综合利用行业规范公告管理暂行办法》	2016年2月5日	工业和信息化部	公告2016年第6号
	免征车辆购置税的新能源汽车车型目录（第七批）	2016年4月15日	工业和信息化部	公告2016年第18号
	免征车辆购置税的新能源汽车车型目录（第八批）	2016年6月16日	工业和信息化部、税务总局	公告2016年第29号
	关于进一步做好新能源汽车推广应用安全监管工作的通知	2016年11月15日	工业和信息化部	工信部装〔2016〕377号
	免征车辆购置税的新能源汽车车型目录（第九批）	2016年12月6日	工业和信息化部、税务总局	公告2016年第61号
	公开征求对《企业平均燃料消耗量与新能源汽车积分并行管理办法（征求意见稿）》的意见	2016年12月6日	工业和信息化部办公厅	工信厅装函〔2016〕617号
	关于调整新能源汽车推广应用财政补贴政策的通知	2016年12月30日	财政部、科技部、工业和信息化部、发展改革委	财建〔2016〕958号
	关于印发《2016年国家信息消费示范城市建设指南》的通知	2016年6月30日	工业和信息化部办公厅	工信厅信软函〔2016〕418号
	关于进一步扩大宽带接入网业务开放试点范围的通告	2016年10月14日	工业和信息化部	工信部通信〔2016〕324号
	关于进一步扩大旅游文化体育健康养老教育培训等领域消费的意见	2016年11月28日	国务院办公厅	国办发〔2016〕85号

续表

政策分类	政策名称	发布时间	签发部委	文件批号
	二、工业稳增长			
扩大消费	关于促进文教体育用品行业升级发展的指导意见	2016年12月21日	工业和信息化部	工信部消费〔2016〕401号
振兴东北	关于深入推进实施新一轮东北振兴战略 加快推动东北地区经济企稳向好若干重要举措的意见	2016年11月16日	国务院	国发〔2016〕62号
深化放管服	工业和信息化部废止的政策性文件目录（截至2015年12月31日）	2016年6月2日	工业和信息化部	公告2016年第26号
	关于废止加强汽车生产企业投资项目备案文件的通知	2016年12月1日	工业和信息化部	工信部装〔2016〕391号
	关于进一步做好中小企业运行监测工作的通知	2016年3月10日	工业和信息化部办公厅	工信厅企业〔2016〕37号
	三、经济结构性改革			
化解产能	关于印发《预拌混凝土绿色生产评价标识管理办法（试行）》的通知	2016年1月21日	住房城乡建设部、工业和信息化部	建标〔2016〕15号
	关于水泥企业用电实行阶梯电价政策有关问题的通知	2016年1月21日	发展改革委、工业和信息化部	发改价格〔2016〕75号
	关于钢铁行业化解过剩产能实现脱困发展的意见	2016年2月4日	国务院	国发〔2016〕6号
	关于煤炭行业化解过剩产能实现脱困发展的意见	2016年2月5日	国务院	国发〔2016〕7号
	关于印发《船舶配套产业能力提升行动计划（2016—2020）》的通知	2016年3月4日	工业和信息化部	工信部装〔2015〕486号
	符合要求的水泥、平板玻璃建成项目名单	2016年3月7日	工业和信息化部、发展改革委	公告2016年第8号
	关于认定山西等六省区水泥产区在建项目的通知	2016年3月7日	工业和信息化部、发展改革委	工信部联原函〔2016〕65号

续表

政策分类	政 策 名 称	发 布 时 间	签 发 部 委	文 件 批 号
	三、经济结构性改革			
	建材工业鼓励推广应用的技术和产品目录(2016—2017年本)	2016年3月29日	工业和信息化部	公告 2016 年第 15 号
	关于下达 2016 年第一批稀土生产总量控制计划的通知	2016年3月30日	工业和信息化部	工信部原 [2016] 116 号
	关于下达 2016 年钨生产总量控制指标的通知	2016年4月15日	工业和信息化部	工信部原 [2016] 132 号
	关于印发《工业企业结构调整专项奖补资金管理办法》的通知	2016年5月10日	财政部	财建 [2016] 253 号
	国务院办公厅关于促进建材工业稳增长调结构增效益的指导意见	2016年5月18日	国务院办公厅	国办发（2016）34 号
	关于开展钢铁行业能耗专项检查的通知	2016年6月3日	工业和信息化部办公厅、发展改革委办公厅	工信厅联节函 [2016] 386 号
化解产能	关于营造良好市场环境 促进有色金属工业调结构促转型增效益的指导意见	2016年6月16日	国务院办公厅	国办发 [2016] 42 号
	关于下达 2016 年第二批稀土生产总量控制计划的通知	2016年7月20日	工业和信息化部	工信部原 [2016] 229 号
	关于同意吉林省开展压减水泥过剩产能 加快行业脱困转型发展试点的批复	2016年8月2日	工业和信息化部	工信部原函 [2016] 306 号
	关于石化产业调结构促转型增效益的指导意见	2016年8月3日	国务院办公厅	国办发 [2016] 57 号
	关于印发水泥企业电耗核算办法的通知	2016年9月30日	工业和信息化部办公厅、发展改革委办公厅	工信厅联节 [2016] 139 号
	2015 年各地区淘汰落后和过剩产能目标任务完成情况	2016年10月9日	工业和信息化部、能源局	公告 2016 年第 50 号
	关于进一步做好水泥错峰生产的通知	2016年10月28日	工业和信息化部、环境保护部	工信部联原 [2016] 351 号

续表

政策分类	政策名称	发布时间	签发部委	文件批号
	三、经济结构性改革			
化解产能	关于召开水泥窑协同处置固体废物工作座谈会的通知	2016年11月22日	工业和信息化部办公厅	工信厅节函〔2016〕589号
	关于加强废钢铁加工已公告企业管理工作的通知	2016年11月30日	工业和信息化部办公厅	工信厅节函〔2016〕761号
	关于完善用电政策促进有色金属工业调结构促转型增效益有关工作的通知	2016年12月21日	发展改革委、工业和信息化部、能源局	发改能源〔2016〕2462号
	关于印发《长江经济带创新驱动产业转型升级方案》的通知	2016年3月11日	发展改革委、科技部、工业和信息化部	发改高技〔2016〕440号
区域协同	京津冀产业转移指南	2016年6月29日	工业和信息化部、北京市人民政府、天津市人民政府、河北省人民政府	公告2016年第27号
	关于印发京津冀及周边地区工业资源综合利用产业协同发展示范工程项目名单的通知	2016年11月8日	工业和信息化部办公厅	工信厅节函〔2016〕701号
产业集聚	关于公布第七批"国家新型工业化产业示范基地"名单的通知	2016年1月26日	工业和信息化部	工信部规〔2016〕16号
	关于深入推进新型工业化产业示范基地建设的指导意见	2016年7月11日	工业和信息化部、财政部、国土资源部、环境保护部、商务部	工信部联规〔2016〕212号
	关于公布第一批国家小型微型企业创业创新示范基地名单的通告	2016年1月5日	工业和信息化部	工信部企业〔2015〕470号
扶持小微企业	关于组织申报2016年小微企业创业创新基地城市示范工作的通知	2016年2月16日	财政部办公厅、工业和信息化部办公厅、科技部办公厅、商务部办公厅、工商总局办公厅	财办建〔2016〕17号
	关于开展中小企业与高校毕业生创业就业对接服务工作的通知	2016年3月21日	工业和信息化部办公厅、教育部办公厅	工信厅联企业〔2016〕194号
	关于印发《国家小型微型企业创业创新示范基地建设管理办法》的通知	2016年6月2日	工业和信息化部	工信部企业〔2016〕194号

续表

政策分类	政策名称	发布时间	签发部委	文件批号
	三、经济结构性改革			
扶持小微企业	关于推荐第二批国家小型微型企业创业创新示范基地的通知	2016 年 6 月 8 日	工业和信息化部办公厅	工厅企业〔2016〕535 号
	关于支持 2016 年高校毕业生就业创业促进中小企业创新发展的通知	2016 年 6 月 12 日	工业和信息化部	工信部企业函〔2016〕214 号
	关于印发《促进中小企业国际化发展五年行动计划 (2016—2020 年)》的通知	2016 年 8 月 3 日	工业和信息化部	工信部企业函〔2016〕314 号
	关于公布第三批国家新型工业化产业示范基地复核结果的通知	2016 年 8 月 25 日	工业和信息化部	工信部规〔2016〕64 号
	关于公布第二批国家小型微型企业创业创新示范基地名单的通告	2016 年 11 月 23 日	工业和信息化部	工信部企业〔2016〕371 号
	关于推动小微企业创业创新基地发展的指导意见	2016 年 12 月 14 日	工业和信息化部、发展改革委、财政部、国土资源部、税务总局	工信部联企业〔2016〕394 号
	四、融合发展			
"互联网+"行动	关于继续做好两化融合管理体系贯标试点推荐工作的通知	2016 年 4 月 11 日	工业和信息化部办公厅	工信厅信软函〔2016〕140 号
	关于开展两化深度融合创新推进 2016 专项行动的通知	2016 年 4 月 19 日	工业和信息化部	工信部信软〔2016〕123 号
	关于深入实施"互联网+流通"行动计划的意见	2016 年 4 月 21 日	国务院办公厅	国办发〔2016〕24 号
	关于持续开展企业两化融合评估诊断和对标引导工作的通知	2016 年 5 月 6 日	工业和信息化部办公厅	工信厅信软函〔2016〕269 号
	"互联网+"人工智能三年行动实施方案	2016 年 5 月 18 日	发展改革委、科技部、工业和信息化部、中央网信办	发改高技〔2016〕1078 号
	关于印发《智能硬件产业创新发展专项行动 (2016—2018 年)》的通知	2016 年 9 月 21 日	工业和信息化部、发展改革委	工信部联电子〔2016〕302 号

续表

政策分类	政策名称	发布时间	签发部委	文件批号
四、融合发展				
"互联网+"行动	国务院关于深化制造业与互联网融合发展的指导意见	2016年5月20日	国务院	国发〔2016〕28号
	关于公布2016年两化融合管理体系贯标试点企业名单的通知	2016年6月2日	工业和信息化部办公厅	工信厅信软函〔2016〕359号
	关于印发《工业控制系统信息安全防护指南》的通知	2016年10月19日	工业和信息化部	工信部信软〔2016〕338号
	关于印发《智慧家庭综合标准化体系建设指南》的通知	2016年11月24日	工业和信息化部、国家标准委	工信部联科〔2016〕375号
军民融合	关于加强国家军民融合公共服务平台运行管理的通知	2016年5月30日	工业和信息化部办公厅、国防科工局综合司	工信厅联军民〔2015〕161号
	关于推荐《民参军技术与产品推荐目录（2016年度）》信息的通知	2016年6月6日	工业和信息化部办公厅、国防科工局综合司	工信厅联军民函〔2016〕388号
	关于组织征集《军用技术转民用推广目录(2016年度)》技术和产品信息的通知	2016年6月7日	工业和信息化部办公厅、国防科工局综合司	工信厅联军民函〔2016〕395号
	关于经济建设和国防建设融合发展的意见	2016年7月21日	中共中央、国务院、中央军委	
	关于举办中国军民两用技术创新应用大赛的通知	2016年8月4日	工业和信息化部办公厅、国防科工局综合司、全国工商联办公厅	工信厅联军民函〔2016〕521号
	关于加强国家军民融合公共服务平台运行工作的通知	2016年11月23日	工业和信息化部办公厅、国防科工局综合司	工信厅联军民函〔2016〕632号
五、创新驱动				
大众创业万众创新	关于加快众创空间发展服务实体经济转型升级的指导意见	2016年2月18日	国务院办公厅	国办发〔2016〕7号
	关于建设大众创业万众创新示范基地的实施意见	2016年5月12日	国务院办公厅	国办发〔2016〕35号

续表

政策分类	政策名称	发布时间	签发部委	文件批号
五、创新驱动				
大众创业万众创新	关于印发《国家小型微型企业创业创新示范基地建设管理办法》的通知	2016 年 6 月 2 日	工业和信息化部	工信部企业〔2016〕194 号
	关于支持 2016 年高校毕业生就业创业促进中小企业创新发展的通知	2016 年 6 月 12 日	工业和信息化部	工信部企业函〔2016〕214 号
	关于促进创业投资持续健康发展的若干意见	2016 年 9 月 20 日	国务院	国发〔2016〕53 号
	关于推动小型微型企业创业创新基地发展的指导意见	2016 年 12 月 14 日	工业和信息化部、发展改革委、财政部、国土资源部、税务总局	工信部联企业〔2016〕394 号
推进创新发展战略	关于印发促进科技成果转移转化行动方案的通知	2016 年 5 月 9 日	国务院办公厅	国办发〔2016〕28 号
	关于组织推荐 2016 年国家技术创新示范企业的通知	2016 年 6 月 28 日	工业和信息化部办公厅、财政部办公厅	工信厅联科函〔2016〕426 号
	关于公布 2016 年国家技术创新示范企业名单的通知	2016 年 11 月 14 日	工业和信息化部、财政部	工信部联科〔2016〕359 号
	关于印发《智能硬件产业创新发展专项行动(2016—2018 年)》的通知	2016 年 9 月 21 日	工业和信息化部、发展改革委	工信部电子〔2016〕302 号
创新管理	关于引导企业创新管理提质增效的指导意见	2016 年 8 月 11 日	工业和信息化部、发展改革委、财政部、人力资源社会保障部、环境保护部、中国人民银行、国资委、税务总局、质检总局、银监会、证监会	工信部联产业〔2016〕245 号
六、节能减排				
污染防治	电器电子产品有害物质限制使用管理办法	2016 年 1 月 21 日	工业和信息化部、发展改革委、科技部、财政部、环境保护部、海关总署、质检总局	令第 32 号
	高耗能落后机电设备(产品)淘汰目录(第四批)	2016 年 3 月 25 日	工业和信息化部	公告 2016 年第 13 号

续表

政策分类	政策名称	发布时间	签发部委	文件批号
	六、节能减排			
污染防治	关于组织申报 2016 年高风险污染物削减行动计划奖励资金项目的通知	2016 年 3 月 16 日	工业和信息化部办公厅、财政部办公厅	工信厅联节 [2016] 35 号
	关于印发重点行业挥发性有机物削减行动计划的通知	2016 年 7 月 13 日	工业和信息化部、财政部	工信部联节 [2016] 217 号
	关于做好工业和信息化领域"邻避"问题防范和化解工作的通知	2016 年 11 月 1 日	工业和信息化部	工信部规函 [2016] 447 号
绿色低碳	关于同意国家低碳工业园区试点(第二批)实施方案的批复	2016 年 1 月 14 日	工业和信息化部、发展改革委	工信部联节函 [2015] 603 号
	关于印发《水效领跑者引领行动实施方案》的通知	2016 年 4 月 26 日	发展改革委、水利部、工业和信息化部、住房城乡建设部、质检总局、能源局	发改环资 [2016] 876 号
	国家鼓励的工业节水工艺、技术和装备目录(第二批)公告	2016 年 5 月 10 日	工业和信息化部、水利部、全国节约用水办公室	公告 2016 年第 21 号
	关于 2016 年全国节能宣传周和全国低碳日活动的通知	2016 年 6 月 3 日	发展改革委等	发改环资 [2016] 1179 号
	关于唐山等 8 市工业领域煤炭清洁高效利用实施方案的批复	2016 年 8 月 23 日	工业和信息化部	工信部节函 [2016] 327 号
	关于公布工业资源综合利用示范基地名单(第一批)的通知	2016 年 9 月 29 日	工业和信息化部	工信部节函 [2016] 365 号
	关于印发《全民节水行动计划》的通知	2016 年 11 月 2 日	发展改革委、水利部、住房城乡建设部、农业部、工业和信息化部、科技部、教育部、质检总局、国家机关事务管理局	发改环资 [2016] 2259 号
加强监管	工业节能管理办法	2016 年 5 月 13 日	工业和信息化部	部令第 33 号
	关于开展国家重大工业节能专项监察的通知	2016 年 5 月 25 日	工业和信息化部办公厅	工信厅节函 [2016] 350 号

续表

政策分类	政策名称	发布时间	签发部委	文件批号
		六、节能减排		
加强监管	关于印发国家绿色数据中心试点监测手册的通知	2016 年 6 月 14 日	工业和信息化部办公厅	工信厅节〔2016〕99 号
	关于印发《国家重大工业节能专项监察工作手册（2016 年版）》的通知	2016 年 9 月 1 日	工业和信息化部办公厅	工信厅节节函〔2016〕561 号
		七、优化市场环境		
降低企业成本	关于软件和集成电路产业企业所得税优惠政策有关问题的通知	2016 年 5 月 4 日	财政部、税务总局、发展改革委、工业和信息化部	财税〔2016〕49 号
	关于做好 2016 年减轻企业负担工作的通知	2016 年 4 月 21 日	国务院减轻企业负担部际联席会议	工信部运行函〔2016〕141 号
	关于印发国家规划布局内重点软件和集成电路设计领域的通知	2016 年 5 月 20 日	发展改革委、工业和信息化部、财政部、税务总局	发改高技〔2016〕1056 号
	关于申请首台（套）重大技术装备保费补贴资金等有关事项的通知	2016 年 5 月 23 日	财政部办公厅、工业和信息化部办公厅、保监会办公厅	财办建〔2016〕60 号
	关于做好落实软件和集成电路产业企业所得税优惠政策有关工作的通知	2016 年 5 月 30 日	工业和信息化部办公厅	工信厅信软函〔2016〕315 号
	关于印发降低实体经济企业成本工作方案的通知	2016 年 8 月 22 日	国务院	国发〔2016〕48 号
	关于积极稳妥降低企业杠杆率的意见	2016 年 10 月 11 日	国务院	国发〔2016〕54 号
	关于组织开展 2016 年全国减轻企业负担专项督查的通知	2016 年 10 月 25 日	国务院减轻企业负担部际联席会议	工信部运行函〔2016〕430 号
	关于举办第五届全国减轻企业负担政策宣传周活动的通知	2016 年 10 月 25 日	国务院减轻企业负担部际联席会议	工信部运行函〔2016〕667 号
	关于开展涉企保证金清理规范工作的通知	2016 年 11 月 1 日	工业和信息化部、财政部	工信部联运行〔2016〕355 号
规范市场秩序	锡行业规范条件	2016 年 1 月 4 日	工业和信息化部	公告 2015 年第 89 号
	符合《石墨行业准入条件》生产线名单（第二批）	2016 年 1 月 11 日	工业和信息化部	公告 2015 年第 88 号
	钨行业规范条件	2016 年 1 月 14 日	工业和信息化部	公告 2016 年第 1 号

续表

政策分类	政策名称	发布时间	签发部委	文件批号
	七、优化市场环境			
规范市场秩序	汽车动力蓄电池行业规范条件企业目录(第二批)	2016年1月20日	工业和信息化部	公告2016年第4号
	铅蓄电池行业规范条件(2015年本)企业名单(第一批)	2016年1月25日	工业和信息化部	公告2016年第5号
	再生化学纤维(涤纶)行业规范条件管理暂行办法	2016年1月25日	工业和信息化部	工信部消费〔2016〕32号
	符合铝、铜、铅锌规范条件企业名单(第三批)	2016年3月3日	工业和信息化部	公告2016年第7号
	关于做好《电石行业准入条件(2014年修订)》贯彻落实和企业公告申报工作的通知	2016年3月11日	工业和信息化部产业司	工产业函〔2016〕107号
	关于符合《汽车动力蓄电池行业规范条件》企业申报工作的补充通知	2016年4月29日	工业和信息化部装备司	工装函〔2016〕146号
	汽车动力蓄电池行业规范条件企业目录(第三批)	2016年4月29日	工业和信息化部	公告2016年第23号
	铁合金、电解金属锰行业符合行业准入条件(第七批),变更名称及撤销的企业名单公告	2016年5月9日	工业和信息化部	公告2016年第22号
	符合《光伏制造行业规范条件》企业名单(第五批)	2016年6月12日	工业和信息化部	2016年第25号
	《稀土行业规范条件(2016年本)》和《稀土行业规范条件公告管理办法》公告	2016年6月30日	工业和信息化部	公告2016年第31号
	汽车动力蓄电池行业规范条件企业目录(第四批)	2016年7月13日	工业和信息化部	公告2016年第36号
	铅蓄电池行业规范条件(2015年本)企业名单(第二批)	2016年7月29日	工业和信息化部	公告2016年第38号
	关于开展行业计量技术规范制定工作的通知	2016年8月10日	工业和信息化部办公厅	工信厅科函〔2016〕515号
	船舶行业规范企业监督管理办法	2016年9月5日	工业和信息化部	公告2016年第45号
	锂离子电池综合标准化技术体系	2016年11月9日	工业和信息化部办公厅	工信厅科〔2016〕155号

续表

政策分类		政策名称	发布时间	签发部委	文件批号
规范市场秩序		**七、优化市场环境**			
		符合《印染行业准入条件（2010 年修订版）》企业名单（第五批）	2016 年 12 月 9 日	工业和信息化部	公告 2016 年第 62 号
		工业机器人行业规范条件	2016 年 12 月 29 日	工业和信息化部	公告 2016 年第 65 号
		符合《再生化学纤维（涤纶）行业规范条件》生产企业名单（第一批）	2016 年 12 月 29 日	工业和信息化部	公告 2016 年第 69 号
产业规划		**八、其他**			
		机器人产业发展规划（2016—2020 年）	2016 年 4 月 27 日	工业和信息化部、发展改革委、财政部	工信部联规〔2016〕109 号
		促进中小企业行业发展规划（2016—2020 年）	2016 年 7 月 5 日	工业和信息化部	工信部规〔2016〕223 号
		工业绿色发展规划（2016—2020 年）	2016 年 7 月 18 日	工业和信息化部	工信部规〔2016〕225 号
		装备制造业标准化和质量提升规划	2016 年 8 月 2 日	质检总局、国家标准委、工业和信息化部	国质检标联〔2016〕396 号
		轻工业发展规划（2016—2020 年）	2016 年 8 月 10 日	工业和信息化部	工信部规〔2016〕241 号
		纺织工业发展规划（2016—2020 年）	2016 年 9 月 28 日	工业和信息化部	工信部规〔2016〕305 号
		建材工业发展规划（2016—2020 年）	2016 年 10 月 11 日	工业和信息化部	工信部规〔2016〕315 号
		石化和化学工业发展规划（2016—2020 年）	2016 年 10 月 14 日	工业和信息化部	工信部规〔2016〕318 号
		有色金属工业发展规划（2016—2020 年）	2016 年 10 月 18 日	工业和信息化部	工信部规〔2016〕316 号
		稀土行业发展规划（2016—2020 年）	2016 年 10 月 18 日	工业和信息化部	工信部规〔2016〕319 号
		民用爆炸物品行业发展规划（2016—2020 年）	2016 年 10 月 31 日	工业和信息化部	工信部规〔2016〕331 号
		产业技术创新能力发展规划（2016—2020 年）	2016 年 10 月 31 日	工业和信息化部	工信部规〔2016〕344 号
		信息化和工业化融合发展规划（2016—2020 年）	2016 年 11 月 3 日	工业和信息化部	工信部规〔2016〕333 号
		钢铁工业调整升级规划（2016—2020 年）	2016 年 11 月 14 日	工业和信息化部	工信部规〔2016〕358 号
		智能制造发展规划（2016—2020 年）	2016 年 12 月 8 日	工业和信息化部、财政部	工信部联规〔2016〕349 号

国 际 篇

第一章　美国制造业发展现状、政策举措及启示

在奥巴马政府"再工业化"战略延续和特朗普政府"美国优先"政策刺激的共同作用下，美国制造业逐步回暖，在产值、贸易、投资、就业等方面都有较好表现。随着全球经济回暖和美国国内相关政策调整，美国先进制造领域的强势地位将加以巩固，中低端制造业可能进一步回流，给全球制造业发展带来深刻影响。强大的工业基础、有效的政策推动和产业的主动探索是美国制造业逐步复苏的重要原因。同时，美国制造业也存在技能人口缺失、劳动成本高企、政策风险等问题。应客观看待美国制造业发展现状，学习先进经验，保持战略定力，积极应对挑战，营造良好环境，深化国际合作，加强趋势研究，推动我国制造业转型升级。

一、美国制造业发展现状及影响

（一）美国制造业呈现温和复苏态势

一是产值持续回升，整体规模扩张。美国制造业持续企稳回升，2016 年达到 5.8 万亿美元，与危机前最高产值持平。2016 年 6 月至 2017 年 6 月，制造业产量同比增长 1.4%。2017 年 7 月，由美国供应管理协会（ISM）发布的表征制造业繁荣水平的 ISM 制造业指数为 57.8，创 26 个月以来的新高。

二是贸易逐渐回暖，投资不断增加。2017 年 6 月，美国 ISM 制造业新订单指数为 63.5，连续 10 个月扩张，预计 2017—2020 年间制造业出口平均增长率将达 3.7%。截至 2015 年美国制造业吸引投资累计达到 1.2 万亿美元，增速保持在 10%左右，是美国吸引全球投资最多的领域。

三是就业温和增长，企业相继回流。截至 2017 年 5 月，美国制造业就业人数超过 1230 万人，自特朗普当选以来累计增长 7.3 万人，与 2016 年全年制造业就业增长（7.7 万人）基本持平。通用电气、福特、卡特彼勒、英特尔、星巴克等公司将生产线迁回美国或加大本土研发的投资力度。中国成为美国制造业最

主要的回流地，2010—2016 年间累计 745 家美国企业由中国回迁美国，占全部回迁规模的 60%。

（二）美国制造业未来发展趋势的判断

一是制造业发展外生动力将持续增强。全球宏观经济环境持续改善，使美国制造业复苏发展的国际环境不断优化。2017 年以来，欧洲、日本、新兴经济体经济表现好转，第一季度全球制造业产出增长 3.7%，国际货币基金组织将 2017 年全球经济预期增长率上调至 3.5%。在新一代产业革命和数字经济浪潮下，各国积极寻求与美国合作，对其生产能力、技术产品等需求都不断提升，例如在工业互联网领域，中国、德国、日本、印度等国家都将与美国产业界合作作为重点。

二是高端制造的强势地位将加以巩固。制造业网络化、智能化升级具有天然优势。美国是全球信息技术第一强国，长期主导集成电路、操作系统等关键软硬件产业，在物联网、云计算、人工智能等前沿领域优势显著，如全球排名前 10 位的物联网公司中有 7 家来自美国。美国政府及产业界高度重视信息技术与高端制造融合发展，数字化制造是美国先进制造战略的重点领域，通用电气、波音、洛克希德马丁等广大制造企业积极推动工业互联网技术创新和应用部署。同时，美国在新材料、新能源、生物制造等前沿领域全面布局，已建成的 15 家制造业创新中心中，主攻材料、生物、能源的分别有 8 家、3 家和 2 家。从长期来看，美国将继续引领全球高端制造发展。

三是劳动和资源密集型产业将逐步回流。特朗普上任后先后调整能源、贸易等政策，为资本和劳动密集产业发展提供便利。机器人、智能工厂在美国加快部署应用，进一步降低了生产成本，提升了劳动效率。据统计，2017 年第一季度美国 36% 的公司引入了人工智能和机器人相关技术，较 2016 年第四季度增加了 18%，预计 2018 年这一比例将上升 10%～28%。在政策带动和自动化技术应用等因素的影响下，劳动密集型和资本密集型产业将逐渐回流美国本土。

（三）美国制造业复苏带来的影响

对美国来说，制造业复苏发展显著拉动经济增长。从增速来看，2010—2015 年，美国制造业产出速度高于行业整体增速（2014 年除外），特朗普上任后，美国制造业的扩张速度全面加快，经济增长提速预期不断增强。从投入来看，制造业是美国吸引外资最多的领域，2015 年，制造业吸引外资占总量的 39%，超过金融与信息服务业。从就业来看，美国制造业每增加 1 个就业岗位就会创造 3.4 个其他岗位，在高端制造领域的乘数效应超过 8。

从全球来看，可能会引发一系列连锁反应。短期内，将带动全球制造业回暖。2017 年第一季度，在美国制造业增长的强势带动下，全球制造业产出增长 3.7%，北美制造业产出增长 1.1%，加拿大制造业产出增加 2.7%。长期内，美国在材料、能源、生物等领域的前瞻性部署将带动未来制造业升级换代。同时，受特朗普"制造业回流"等政策影响，资源密集型、劳动密集型制造业的区域产业转移或将进一步加速，全球制造业产业分工格局面临调整重组。

对我国而言，美国制造业复苏给我国制造业的转型升级带来了巨大的挑战。一方面，美国在高端制造领域集中发力，进一步加强对全球产业链高端的延伸能力和把控能力，我国制造业向高端跃升的挑战进一步加大。同时，我国的劳动力成本比较优势也在减弱，德勤报告显示，未来五年内，美国有望超越中国成为全球最具竞争力的制造业大国。另一方面，我国正处于振兴实体经济的关键时期，需要大量资本撬动，但我国资本流出却呈大幅增长。据国际金融协会统计，2016 年中国资本流出 7250 亿美元，超过其他所有新兴国家资本流出的总和。在美联储不断加息的影响下，资本流出态势可能加剧。

二、美国制造业复苏的原因分析

（一）有效的政策推动是强力保障

当前，美国制造业呈现出的复苏态势，是奥巴马政府"制造业回流"政策延续和特朗普政府"美国优先"政策刺激的共同结果。

一方面，奥巴马政府先进制造的顶层设计方案得以延续，为制造业复苏发展提供了稳定的政策环境。奥巴马任内完成了对"再工业化"的顶层设计，提出了《制造业复兴法案》《先进制造战略》、AMP 计划等内容，将先进制造列为创新战略、人工智能发展战略、大数据战略等的优先发展领域。特朗普上任后，将重振制造业作为"美国优先"政策的核心，制造业创新中心建设等核心内容得到延续，为制造业发展营造了持续、稳定的政策环境。

另一方面，特朗普积极兑现竞选承诺，调整能源、贸易等相关政策，尽管对国际社会造成了不利影响，但客观上促进了本国制造业振兴发展。一是调整能源政策带动制造业发展。2017 年 3 月底签署能源独立行政令，撤销减少新建燃煤电厂二氧化碳排放的规定，6 月 1 日宣布退出《巴黎气候协定》，全方位发展化石能源。在政策影响下，2017 年 5 月，美国煤炭和设备产量的复合增长率分别为 8.3% 和 0.1%，生产能力提升至 76.6%。二是改革贸易政策强化制造业保护。美国先后退出 TPP，与墨西哥、加拿大重启《北美自贸协定》谈判，与中国签订"百日计划"，努力改善美国贸易逆差，强化对制造业的保护。三是持续优化制造业发展环境，积极推进大规模税改以降低制造企业的发展负担，拟提出基础设施投资计划，新建、改造一批制造业基础设施。

（二）强大的工业基础是关键前提

一是技术领先。美国在航空发动机、精密轴承、先进传感器等核心部件，高档数控机床、机器人、微电子生产设备等高端制造装备，飞机、汽车、工程机械、军工等整机制造领域处于全球顶尖水平。在信息技术与制造业融合发展的关键技术领域保持群体性领先水平，拥有如谷歌、微软、通用电气、苹果等一批极具竞争力的跨国企业。同时，不断在前沿科技领域开辟新技术边界，如英特尔将于 2017 年在美国本土投建工厂，使用 III～V 材料进行 7 纳米试晶片生产。

二是结构合理。美国制造业国内产值增加主要来源于先进制造，包括先进制造业在内的高端产业占私营企业研发开支的 90%、总专利数量的 85% 和出口价值的 60%，为美国企业带来了巨额利润。如 2017 年第一季度，苹果攫取了全球智能手机市场 83.4% 的利润。中小企业成为先进制造创新发展的重要载体，超过三分之一的中小企业集中在电子元件、通信设备、化工、塑料及树脂等新兴产业。

三是体量巨大。据美国制造商生产率和创新联盟（MAPI）测算，如果将美国制造业作为独立经济体进行核算，其产出总量可排名全球第七。2015 年美国制造业增加值达 2.2 万亿美元，超过印度、意大利、巴西和加拿大的经济产出总和。在考虑全产业链和对其他行业贡献的条件下，2016 年美国制造业产出约为

5.5 万亿美元，占经济总量的三分之一。

（三）产业的主动转型是源动力

制造企业、通信企业、互联网企业等都在积极谋求转型，凭借技术、资本、人才、市场等综合优势，抢占信息技术与传统产业融合发展的竞争高地。截至 2016 年年底，通用电气累计投资近 400 亿美元完成对垂直领域软件企业的并购，整合石油化工、能源风电、航空等领域的解决方案资源。2016 年，思科以 14 亿美元收购了 Jasper 平台监测网联设备，2017 年 7 月发布 Kinetic 平台以提取对未连接设备的存储数据，由通信设备提供商向工业物联网解决方案提供商拓展。2016 年以来，微软云平台 Azure 分别与西门子 MindSphere 和 GE Predix 合作，借助工业企业在设备连接和数据收集等方面的优势，向工业领域拓展业务范围。

同时，产业协作、跨界协同成为普遍现象，产业联盟成为加速构建开放聚合生态、引导技术标准发展的重要途径。2014 年通用电气、IBM 等企业发起成立工业互联网联盟（IIC）推动全球工业互联网商业部署和应用，2015 年国家自然科学基金会（NSF）和国家标准与技术研究院（NIST）发起成立 MForesight 联盟指导先进制造未来发展方向，2016 年谷歌、脸书、亚马逊等企业发起成立人工智能联盟，提前布局人工智能发展标准。

三、美国制造业发展对我国的启示

尽管美国制造业表现出复苏迹象，但仍然存在不少问题，如机器人、人工智能等先进技术对生产成本的降低尚无法抵消技能人才缺口、老龄化加剧等导致的劳动力成本高企，页岩气等能源繁荣对制造业的需求拉动效应有限，中小型制造企业参与新一轮产业革命的动力和能力不足等。特别是，贸易保护主义加剧、联邦研发投资大幅削减、大规模税改前景尚不明朗等政策因素，都可能导致美国制造在国际舆论、对外贸易、技术升级、市场预期等方面的不利影响，从而制约美国制造业复苏潜力进一步释放。同时，来自德国、日本等制造业强国的激烈竞争，也增加了美国制造业发展的不确定性。

我们既要密切跟踪美国发展的最新态势，保持高度敏感性和紧迫感，学习先进经验，研究应对策略；又要全面看待美国制造业发展的优劣势，挖掘扩大我国的比较优势，积极抢占未来的竞争主动权。

（一）保持战略定力，加强舆论正面宣传

引导行业客观、正确看待我国制造业所处阶段和问题挑战，增进国内外对我国制造业优势和成就的了解、认识，提振全社会对中国制造的信心。

（二）完善政策环境，促进转型升级

持续贯彻落实《中国制造 2025》"1+X"方案，加快推动出台工业互联网发展战略及配套政策，保持政策的连续性，加强政策评估，同时切实降低制造企业的经营成本，营造良好的发展环境。

（三）加强国际合作，深化国际化发展布局

扩大我国工业发展的"朋友圈"，对接"一带一路"，推进国际产能合作，支持企业提升"走出去"的层次和水平，进一步扩大对外开放，深化与发达国家在高端制造领域的合作，释放制造业与互联网结合的巨大创新潜力。

此外，要密切跟踪、科学研判国际技术产业发展态势，鼓励企业按照市场规律选择适合自己的技术模式和发展路径，并对事关产业主导权、投资回报周期较长、企业有意愿但缺能力的前沿、共性、重大领域，加强完善政府支持引导。

（中国信息通信研究院　　王欣怡　王峰）

第二章　德国制造业发展现状、政策举措及启示

　　欧债危机爆发后，欧洲普遍深陷债务泥潭，德国经济表现出众，逐渐成为欧元区经济增长的中坚力量和重要引擎。究其原因，除完备的社会市场经济体制、稳定的金融市场外，雄厚的制造业基础是德国快速走出危机阴霾的根本所在。研究德国制造业发展经验对我国建设制造强国具有借鉴意义。本文通过分析 2016 年德国制造业的发展情况，梳理近年来德国鼓励制造业发展的政策举措，进而提出推进我国制造业发展的意见和建议。

一、2016 年德国制造业发展情况

（一）生产增速趋稳，制造业增加值占比保持高位

　　2016 年德国制造业增加值达 6373.13 亿欧元[36]，同比上升 1.64%（本章增速均为扣除价格因素的实际增长率）。从历史数据来看，2008 年金融危机爆发后，德国制造业总体表现良好，虽然 2009 年制造业增加值大幅回落 19.2%，但在稳健的财政政策及旺盛的国内外需求推动下，2010 年强势拉升至 18.4%；2011—2012 年受制于欧债危机传导效应，德国制造业再次小幅探底，但很快于 2013 年反弹，并保持相对稳定的温和增长，如图 1 所示。德国制造业增加值增速与国内生产总值增速走势基本一致，工业对经济复苏具有非常重要的带动作用。

　　在对经济发展的贡献方面，2016 年制造业增加值占全部增加值的比重达 22.6%，高于欧盟 16%的平均水平，也远高于法国、英国等主要工业国家。从历史数据来看，自 2006 年至今，除 2009 年受欧债危机影响，德国制造业对增加值的贡献曾下降到 20%以下，其他年份始终维持在 22%～23.5%之间相对稳定的水平，如图 2 所示。

---

[36] 数据来源：德国统计局官网。

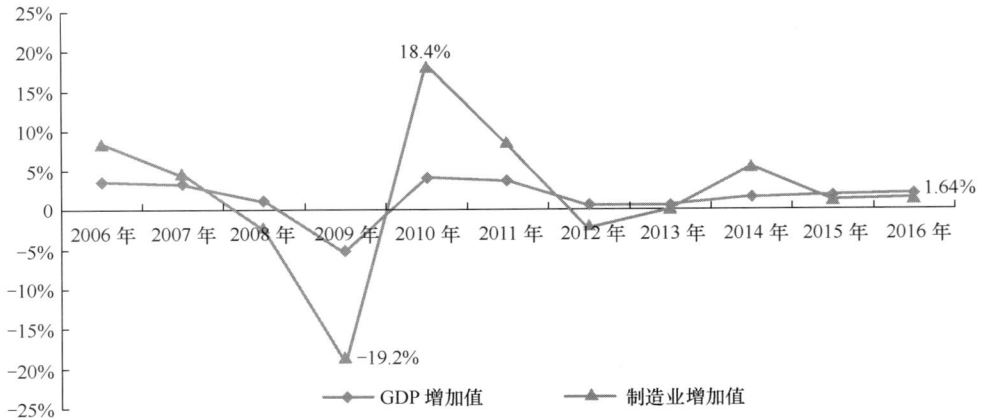

图 1　德国国内生产总值（GDP）及制造业增加值增长速度

（数据来源：根据德国统计局官网数据整理）

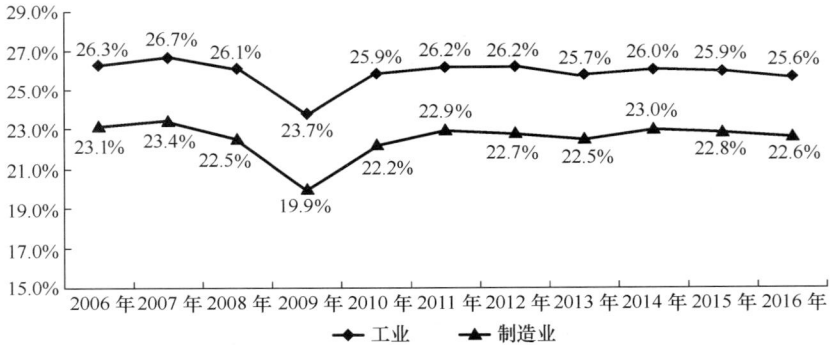

图 2　德国工业及制造业对增加值的贡献程度

（数据来源：根据德国统计局官网数据整理）

（二）产业结构合理，高端制造业占绝对优势

从营业额来看，2016 年，德国制造业营业总额为 16 899 亿欧元，其中汽车、机械设备制造、化工产品、基本药物产品及试剂等高附加值高端制造业占绝对优势，营业额分别为 4046 亿欧元、2285 亿欧元、1298 亿欧元和 474 亿欧元，分别占营业总额的 23.9%、13.5%、7.7%和 2.8%。

从就业情况来看，2016 年 12 月，制造业雇员数为 542 万人，其中汽车、机械设备制造、化工产品、基本药物产品及试剂、钢铁行业雇员数分别为 81 万人、

94 万人、31 万人、11 万人和 7 万人，分别占雇员总数的 15%、17.4%、5.7%、2.1% 和 1.3%，合计占制造业雇员数的 40% 以上。值得注意的是，虽然制造业从业人数占比从 1970 年的 50% 下降到了 2016 年的不足 20%，但并不能说明制造业的重要性在下降。这是因为现代生产价值创造过程发生了根本变化，与制造业有关的现代服务正发挥越来越大的作用，特别是信息通信、电子商务、研发设计等以制造业为主要服务对象的生产性服务业发展迅猛。因此，制造业对推动就业的贡献不仅体现在推动本部门就业人数的持续增加外，而是更多地表现在推动生产性服务业对就业的吸纳上面。

（三）贸易顺差创新高，汽车、机械、化工三大行业稳居前三

2016 年德国货物出口总额为 12 069 亿欧元，同比增长 1.1%，货物进口总额为 9546 亿欧元，同比增长 0.6%。贸易顺差达 2522 亿欧元，同比增长 3.23%，创历史高位。从出口情况来看，制造业出口 11 008 亿欧元，同比增长 6.4%，占总出口额的 91%，其中，机动车及零部件、机械设备、化工产品制造业出口总额位居前三位，分别为 2282 亿、1701 亿和 1071 亿欧元，占出口总额的 19%、14% 和 9%。从制造业自身来看，有 48% 的产品用于出口，其中，药物产品和制剂、机动车及零部件和机械设备出口比例分别高达 67%、63% 和 61%，如图 3 所示。

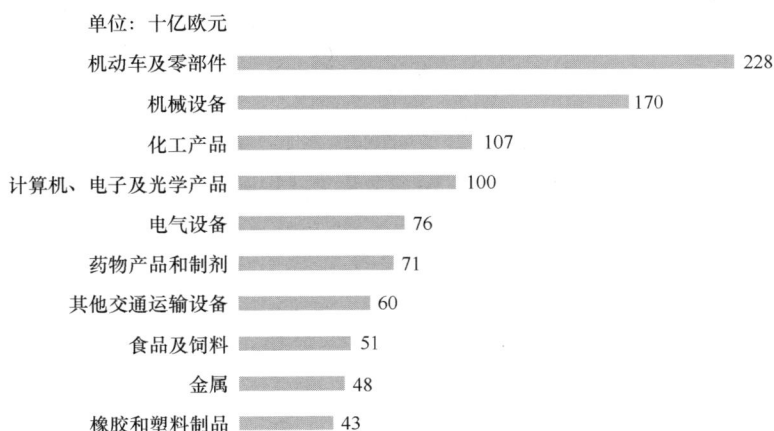

单位：十亿欧元

产品	数值
机动车及零部件	228
机械设备	170
化工产品	107
计算机、电子及光学产品	100
电气设备	76
药物产品和制剂	71
其他交通运输设备	60
食品及饲料	51
金属	48
橡胶和塑料制品	43

注：图中数据四舍五入到整数位。

图 3　2016 年德国主要出口产品（数据来源：德国统计局官网）

从进口情况来看，2016 年德国制造业进口 7739 亿欧元，占进口总额的 81%，其中，机动车及零部件，计算机、电子及光学产品，机械设备，化工产品，电气设备，金属，药物产品和制剂等是德国制造业的主要进口产品，分别占进口总额的 11.1%、10.8%、8%、7.7%、5.8%、5.2%和 5.1%，如图 4 所示。

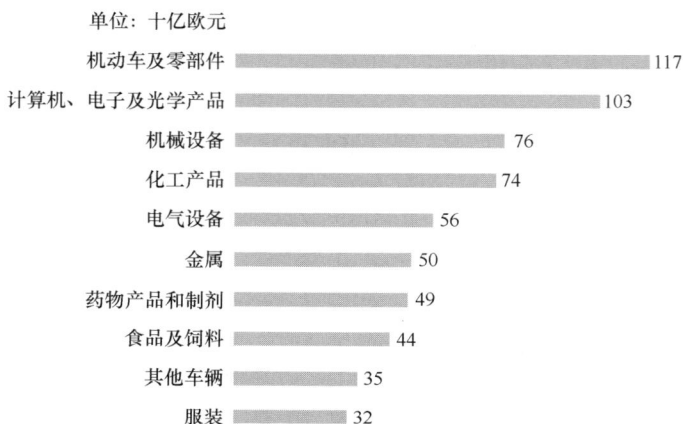

单位：十亿欧元

产品	数值
机动车及零部件	117
计算机、电子及光学产品	103
机械设备	76
化工产品	74
电气设备	56
金属	50
药物产品和制剂	49
食品及饲料	44
其他车辆	35
服装	32

图 4 2016 年德国主要进口产品（数据来源：德国统计局官网）

（四）中小企业实力突出，是德国国民经济发展的支柱

德国的中小企业素有隐形冠军之称，在德国经济中地位举足轻重。2016年，德国制造业企业总数约为 4.6 万家，其中中小型企业（German Mittelstand，雇员人数不足 250 人）[37]占制造业企业总数的 89.81%，为德国贡献了 29.86%的营业额，解决了 42.6%的人口就业。从历史数据来看，2008—2016 年，中小企业企业数、雇员数以及营业额占比基本保持稳定，特别是欧债危机最艰难的 2009—2010 年，以上 3 个指标均呈上升趋势，在一定程度上说明中小企业对德国抵御经济危机发挥了十分重要的作用，如图 5 所示。

---

[37] 参照德国联邦经济技术部官网上关于对中小型企业的划分标准。

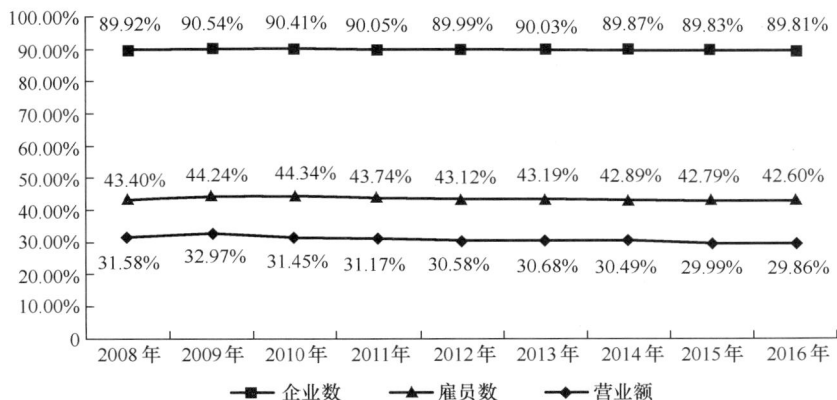

图 5　2008—2016 年德国制造业中小企业相关指标占比

（数据来源：德国统计局官网）

二、维持制造业竞争优势的战略部署

近年来，为保持制造业在新一轮科技革命和产业革命中的竞争优势，德国政府不断优化完善国家创新体系，适时推出并发展完善制造业相关发展计划，如精英倡导计划（2005 年）、中小企业核心创新计划（ZIM，2008 年）、2020 高技术战略（2010 年）、技术运动计划（2011 年）、2020—创新伙伴计划（2012年）、德国"工业 4.0"战略（2013 年）、数字化战略 2025（2016 年）等。这些战略计划涵盖创新、技术、信息等多方面内容，涉及政府、企业、社会、学校等多个对象，直接或间接地推动了德国制造业的稳定发展。

（一）国家创新体系为制造业发展奠定制度保障

创新和研发投资在推动国民经济增长、保持国际竞争力、创造工作岗位中发挥了关键作用。德国制造业的持续繁荣离不开完备的国家创新体系的支撑。在创新活动过程中，政府、企业、研究机构和高校、中介组织分别承担不同的角色。

政府机构负责制定法律和制度框架，形成连续性创新战略和系统性创新政策体系，具体包括：远期创新战略规划，如德国 2020 高科技战略、德国"工业

4.0"战略；具体的创新行动计划，如高科技战略行动计划、德国"工业 4.0"战略计划实施建议等；以及与创新有关的法律与协议，如研究与创新协议、科学自由法等。

企业是创新体系的核心和主体，2013 年、2014 年研发经费投入分别占 GDP 的 2.82%、2.88%，尤其是汽车及零部件制造业 2016 年研发投入占比达到全部研发投入的 86%。

公共研究机构和高校有着明确的科研分工并保持科学研究的独立性，是知识创造的中坚力量；特别地，教育制度是德国创新体系发展的关键。除重视培养研究型人才、高技术人才外，德国尤为重视培养职业技能人才，采取双重职业教育培训体系（双元制），学生得以接受职业学校和企业的共同培养。

协会等中介组织是连接科学研究和企业的桥梁和纽带，德国中介服务组织主要包括 3 类：一是项目管理服务提供商针对具体项目与政府签订合同，按照授权负责相应工作；二是商会、协会为中小企业提供融资、职业培训以及相应的咨询服务；三是德国技术转移中心、史太白技术转移中心和弗朗霍夫协会等技术转移服务机构为广大企业提供技术转移和推广支持。

目前，国家创新体系相对比较成熟，为德国保持较强的创新能力和国际竞争力奠定了坚实的基础。根据社会经济发展情况，德国在 2016 年国家创新体系又有了新发展，包括重点关注数字化进程，不仅关注传统优势产业的数字化进程，还注重智能服务世界、电子健康等服务业领域数字化经济模式的构建；加大对能源、生物、气候、机器人和"工业 4.0"等的投入力度等。

（二）"工业 4.0"战略为制造业发展指明方向

"工业 4.0"战略是兼具革命性、前瞻性、连续性的国家战略。2013 年，德国政府正式发布《保障德国制造业的未来：实施"工业 4.0"战略建议》的报告，旨在充分利用信息物理系统推进制造业的智能化转型，形成高度灵活、个性化、数字化、网络化的产品和服务的生产模式，实现以低成本和高品质提供定制产品以满足用户个性化的需求。2015 年，为挖掘"工业 4.0"的潜力，德国联邦政府携手商业、协会和科学界代表共同扩建了"工业 4.0"平台，主要负责在数字化推动的大环境下，对工业发展面临的巨大挑战提出行动建议。具体内容包括标准化、研究和开发，网络系统的安全性，法律框架，以及有关"工业4.0"工作和培训相关的问题。2016年，政府发布的"数字化战略2025"中也涵盖了包括"工业4.0"在内的10个重点步骤。

目前，"工业4.0"已经初显成效：一是形成了集群优势，鉴于"工业4.0"在提供技术及解决方案方面明显更具竞争力，而且已经有多家领先企业，在很多高端领域和环节已经形成了集群优势；二是改进生产效率，实现以更低成本、更快速度、更高的质量满足多元化个性化定制需求；三是为中小企业提供更多的支持，比如为了确保中小企业认识到数字化和"工业4.0"的潜力，截至2016年年底，德国联邦政府已在全国建立了10个中小企业中心和一个数字工艺中心，为"工业4.0"的应用提供测试和培训，并给予相应的资金支持。

（三）数字化战略为制造业发展拓展空间

数字化是未来经济社会发展的必然趋势，作为德国《高技术战略2020》的十大项目之一，"数字议程"是继"工业4.0"之后德国确保未来发展和竞争力的又一重要举措，也是国家创新体系的新发展。2014年德国政府推出"数字议程（2014—2017）"，提出增长与就业、接入与参与、信任与安全三大核心战略目标，聚焦数字基础设施、数字经济与数字工作、创新型国家等7个核心领域，推动政治、经济与社会数字化转型。"数字议程"启动后，德国联邦政府开设公开网站及时发布最新进展、当前发展重点及下一步工作计划。2016年，出台了《数字化战略2025》，并制定了具体的《数字化行动计划》，明确了未来优先发展的12项具体举措，包括促进数字产业中心发展、加速中小企业数字化、扩大宽带网络覆盖范围、降低私人部门投资数字技术门槛、构建良好的数字化价值链网络、促进风险投资发展、推动电子政务发展、促进能源转换数字化、促进健康领域数字化、促进金融科技发展、推进汽车领域数字化以及推动分享经济。这些措施涵盖新兴行业、金融投资、政府管理及创新网络等诸多领域，涉及联邦经济和能源部、联邦内政部、联邦交通与数字基础设施部等多个部门，如何统筹协调、优化合作成为当前数字化转型过程中最为迫切的问题之一。

目前，根据欧盟发布的《欧洲数字化进程报告》，德国数字经济与社会指数在欧盟28个成员国中位居第9位，比上年提升了1位。值得注意的是，自2014年以来，在欧盟数字经济发展有所减速的情况下，德国仍然保持了较高的发展速度[38]。

三、对我国制造业发展的启示与借鉴

中、德同为制造业大国，产业转型升级战略目标有较多相似之处，且都面临着新工业革命带来的机遇和挑战。因此，德国维持制造业竞争力的成功经验和实践，为我国从制造大国转向制造强国提供了有益的启示和借鉴。

（一）大力推进创新驱动战略，为中国制造提供持久动力

营造公平竞争和包容宽松的创新环境，发挥市场在资源配置上的决定性作用和企业的主体地位，加快形成以优势工业企业为主体的产、学、研、用跨界合作的工业创新体系。加强政府公共服务职能，搭建创新公共平台，推进政策、法规、技术、标准的落实和推广。大力发展技术转移服务等中介机构，促进科研成果商业化。

（二）深化跨部门跨领域合作机制，为中国制造形成强大合力

《中国制造 2025》涉及能源、交通、农业、医药等诸多产业、行业部门，关系发展改革委、工信部、科技部、商务部、国土资源部、人民银行等多个部门，需改变制造业管理的片段化、碎片化制度体系以及实施过程中出现的低水平重复建设等问题，加快推进各部门、行业、企业分工协同工作机制，发挥好专家委员会、行业协会和产业联盟各方面的作用，为塑造制造业竞争力形成有力的合力。

（三）推进落地实施《中国制造 2025》，加快工业转型升级步伐

《中国制造 2025》是国家层面的发展战略，需要制定各种具体行动计划保证战略目标的落地实施。加快推进智能制造等工程和重大标志性项目的部署落实，加大对传统行业的技术改造升级力度，积极探索新技术、新产业、新业态和新模式。推选基础比较好、推动示范带动作用比较强的地区或行业龙头企业进行

---

[38] 郑春荣：《德国发展报告 2017》，社会科学文献出版社，2017 年 6 月第 1 版。

试点示范。融入第四次工业革命大势，学习借鉴主要国家再工业化的相关理念、模式、技术、标准，务实开展国际双边、多边交流合作。

（四）把握数字经济战略机遇期，重塑社会经济发展格局

加快网络基础设施建设，积极创新数字技术、产品和服务。推动融合应用创新发展，推动发展智能制造、工业互联网等创新实践，鼓励分享经济深度扩展，推动传统产业数字化转型；推进数字健康、数字教育、数字政府等数字和服务的融合发展。构建安全的网络环境，发展安全的信息基础设施。

（中国信息通信研究院　　　房珊杉）

第三章　日本制造业发展现状、政策举措及启示

本文先从工业生产、企业经营、民间投资、贸易收支、制造业回流以及劳动力等方面阐述了日本 2016 年制造业发展现状；再从产业政策方向、重点产业政策、对外贸易政策、人才培养机制、智能制造政策以及相关支持政策方面，总结了日本 2016 年振兴制造业的相关支持政策；最后，从创新重点产业培育方式、加强适应时代要求的人才培养、重视区域特色工业发展、提高官产学研用联合研发质量与效率，以及实施符合我国国情的对外贸易政策等方面提出了对我国的启示。

一、2016 年日本制造业发展情况

（一）工业生产在波动中趋向稳定

从日本工业生产情况来看（如图 6 所示），2016 年 2 月以后工业生产指数出现了大幅的下降，2016 年下半年基本在 90～100 之内小幅波动，说明工业生产较为慎重，总体来看，下半年工业生产好于上半年。2017 年上半年的生产趋势与 2016 年上半年极为相似，但好于 2016 年同期。从主要行业来看，电子与生产用·业务用机械、电气机械、运输机械三大产业的生产指数基本与工业总体生产指数趋同，但电子与生产用·业务用机械的生产指数远好于运输机械与电气机械。

（二）企业营业利润小幅下降

日本经济产业省的相关资料显示，2016 年上半年因受日元升值等因素影响，工业企业营业利润呈下降趋势，后半年因美国大选以及世界经济恢复，工业企业营业利润开始回升。但总体来看，2016 年工业企业营业利润出现了 2012 年以来的首次下降（如图 7 所示），为 12.6 兆日元，从行业来看，主要原因是以汽车为主的运输机械行业营业收益减少。

2010 年 =100

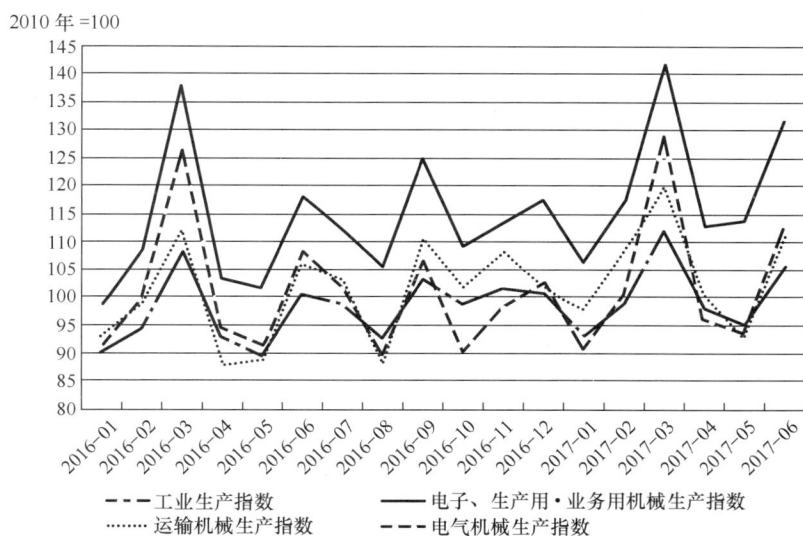

图 6　日本工业生产指数的变化（数据来源：日本经济产业省）

兆日元

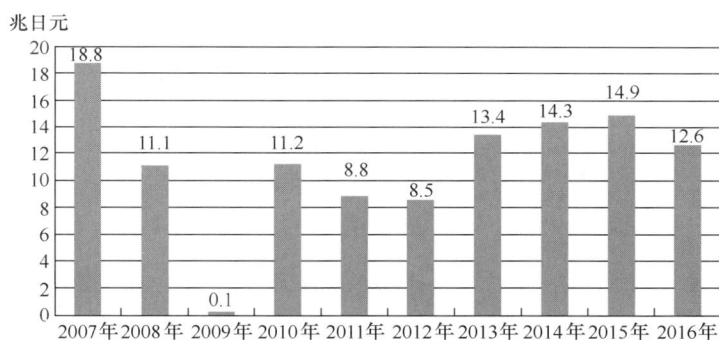

图 7　日本工业企业营业利润的变化（数据来源：日本财务省《企业法人统计》）

（三）民间企业设备投资维持低速增长

日本民间企业设备投资在 2011—2016 年间维持连续增长（如图 8 所示），2016 年较 2015 年增长 0.5% 左右，2016 年第四季度设备投资接近 85 兆日元。从机器订单金额历史表现来看，持续的高速增长维持在以下几个区间：2011 年前三季度、2013 年全年、2014 年第二季度到 2015 年第二季度、2015 年第三季度到 2016 第二季度。2016 年第二季度下降后开始上升，第四季度略微下降，金额维持在 2.6 兆日元左右。

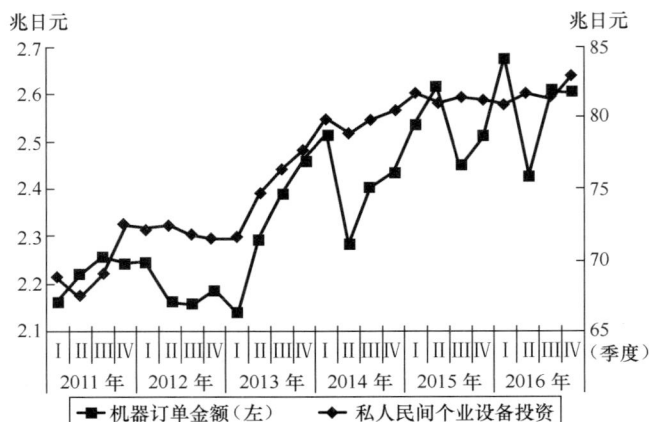

图 8　日本民间企业设备投资的变化

（资料来源：日本经济产业省《制造业白书 2017》）

（四）贸易收支出现近年来首次顺差

从贸易收支情况来看（如图 9 所示），2016 年贸易收支为 4.1 兆日元，出现了 2011 年以来的首次贸易顺差。从主要行业贸易收支情况来看，2016 年运输机械贸易收支额为 14.2 兆日元，较 2015 年减少 0.8 兆日元；电气机械贸易收支为 1.5 兆日元，较 2015 年增加 0.2 兆日元；一般机械贸易收支为 7.3 兆日元，较 2015 年减少 0.1 兆日元；矿物性燃料贸易收支为 -11.1 兆日元，贸易逆差两年内持续减少，2016 年较 2015 年减少 5.9 兆日元；可见，2016 年的贸易顺差主要来源于矿物性燃料贸易逆差的减少。

（五）制造业回流趋势持续向好

从制造业回流趋势来看，根据日本贸易振兴机构（JERO）的调查显示，日本企业进驻中国及 ASEAN 的数量在减少，而从中国及 ASEAN 回归的数量在增多，尤其是 2016 年日本企业进驻中国数量与从中国回归日本的企业数量相比，出现了逆转。从 2016 年各地区日本企业的回归比例来看（如图 10 所示），从中国（包括香港地区）回归日本的企业占全部的 66% 左右，其次是泰国（9%）、印度尼西亚（5%）、越南（4%），可见日本制造业回归主要是从发展中国家撤出的。

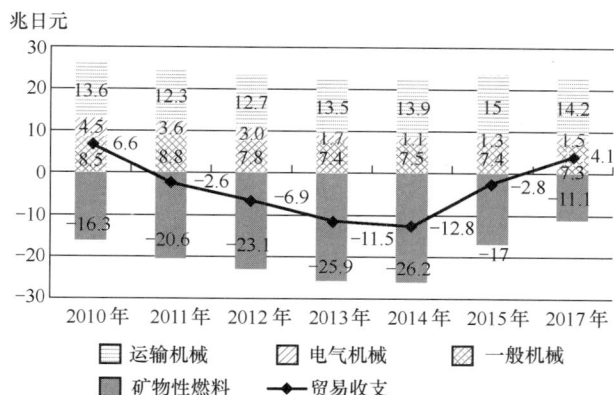

图 9　日本主要工业行业贸易收支情况变化

（数据来源：日本财务省《贸易统计》）

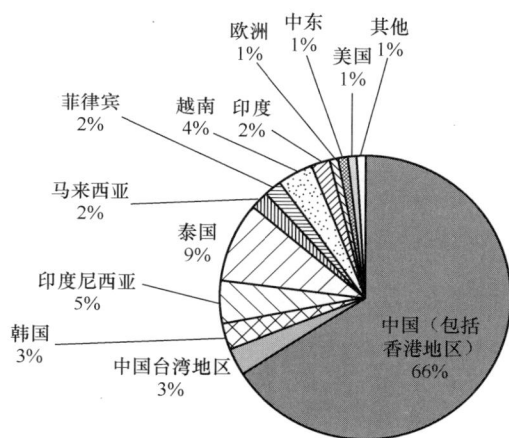

图 10　2016 年各地区日本企业的回归比例

（数据来源：日本经济产业省）

（六）劳动力与高端人才缺乏

从从业人员数的变化来看（如图 11 所示），2012 年以后，从业人员总数出现了较为快速的增长，而制造业人数一直保持在 1050 万人左右，一部分原因可能来自于制造业企业自动化率的提升。而随着日本制造业回归趋势的不断强化，日本制造业在雇佣方面也显现出了一些问题。根据日本经济产业省《制造业白书 2017》的资料显示，未来日本制造业在雇佣方面可能出现劳动力不足以及与智能制造相关的 IT 人才数量与质量的严重缺乏。

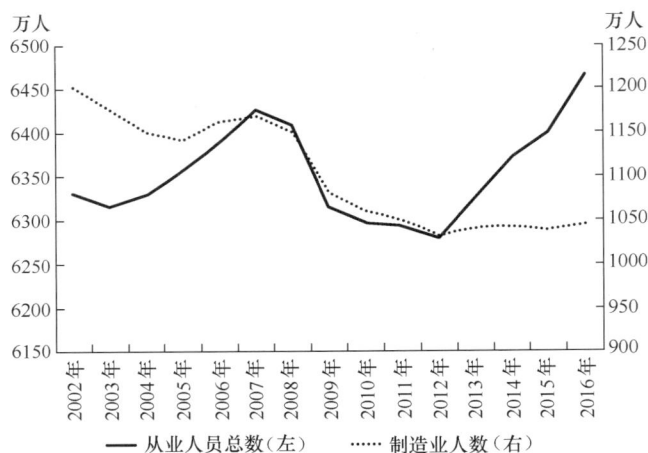

图 11　日本从业人员数的变化

（资料来源：日本经济产业省《制造业白书 2017》）

二、促进制造业发展的新举措

（一）提出适应时代发展要求的产业政策方向

助力企业实现"顾客价值观实现"手段的变化，"顾客价值观实现"即从拥有商品→利用功能→提供体验，与拥有商品相比更加重视功能利用与体验提供；以顾客需求为出发点，兼顾行业价值链发展的生产性服务业的推进；信息时代背景下的各产业融合发展的推进；认识到产业融合、方案设计与人才培育的重要性。

（二）实施重点产业培育政策

构建无人驾驶、机器人、商品制造、产业安全、能源等领域的发展平台，利用日本高水准的基础设施，制定并实施官民联合发展路线图。通过组织重大关键性项目，推进规制改革、构建无人驾驶用地图等数据基础；通过开放式的产业化据点、研究中心据点等的建设，促进各地方在智能制造领域的合作；确立 IoT 相关技术创新政策的知识产权系统；制定与共享经济相关的发展指南；推进大健康产业技术的应用，根据大健康产业数据集成分析激发新的健康关联服务业，并对医疗、保健、生物等领域的创新型机械及材料技术开发与应用进行支持。

（三）制定与世界经济形势相符的对外贸易政策

在搜集分析地缘政治情报的基础上，实施应对各种风险及变化的对外贸易战略；在跨国数据自由流动的国际准则、公平竞争网络环境的构建、网络安全性提高等方面，推进符合日本国家利益的战略；基于日本对内直接投资比率略低于其他发达国家的情况（如图 12 所示），实施改变对内直接投资环境的贸易政策。

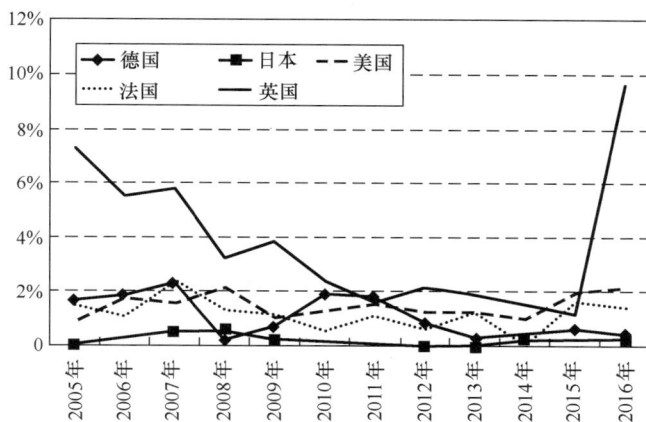

图 12　主要国家对内直接投资的变化（对 GDP 的比率）

（数据来源：日本经济产业省《通商白书》）

（四）重视人才培养机制的构建

国家、都道府县设置公共职业能力培训设施，主要包括离职者培训、在职者培训、毕业生培训；提升民间企业的职业培训能力，包括民间企业职业训练、事业团体等的职业认证训练、培训质量改善活动等；确保制造业从业人员数，促进女性从事制造行业以及年轻人对熟练技术的继承。

（五）开展与智能制造相关的科学技术研究

推进与制造业相关的基础技术研究（① 新型预测分析机器；② 最先进的大型研究设施的完善与共享，包括大型放射激光设施、X 射线自由电子激光设施、大强度质子加速器、超级电脑；③ 前沿技术开发基础的强化，包括新一代人工智能关联研究、纳米技术及材料技术的推进、光·量子关联技术；④ 其他基础性技术，包括机器人研发等）；推进官产学联合研究开发模式，具体包括涉及产学共同研究、技术转移等研究开发与成果利用的推进，以及大学研究成果产出、管理、应用的体制完善；加快区域科技创新组织建设。

（六）加强对工业发展相关领域的支持力度

2016 年日本振兴制造业的相关政策见表 1，主要涉及制造业技术开发的推进、制造业与大学的合作、就业率提升与雇佣的稳定、就业能力的开发与提升、产业集聚的推进以及中小企业培育等方面，主要涉及的手段既包括税制优惠、补助金等资金支持，又包括培训、信息提供等。

表 1 　　　　　　　　　　　2016 年日本振兴制造业的相关支持政策

项目	分类	内容	金额（亿日元）
一、制造业技术开发的推进			
与制造业相关的研究开发的实施及普及	研究开发的实施及普及	研究开发税制	6158
	基础制造技术的开发支持	人工智能、IoT、网络安全、大数据等相关	54.5
		前沿性技术研究项目	149
		纳米技术研究平台	17
		元素战略项目	20.39
		小型地球观测卫星的研究开发	54
		光·量子科学技术研究	12.89
	国家基础技术的开发及利用基础的强化	大型放射激光设施的完善与共享	95.99
		X 射线自由电子激光设施的完善与共享	74.37
		大强度质子加速器设施的完善与共享	177.88
		超级电脑	67
	招标型技术开发	战略性技术提升	139.7
		生产性服务业关联等	1024.4

续表

项目	分类		内容	金额（亿日元）
一、制造业技术开发的推进				
技术关联研修及建议	对中小企业基础完善机构的专家派遣、人才及情报提供事业			
	对中小微企业在经营方面的综合支持事业			
知识产权的获得	仿制品、走私品对策		开设政府仿制品、走私品窗口	
			派遣知识产权保护官民联合访中代表团	
	推进知识产权资产化		主办"知识产权经营WEEK2016"，普及知识产权经营知识	
	经营秘密的管理		《不正当竞争法》的修改	
	知识产权情报的活用、专利申请的支援		开展日、美、欧、中、韩以及PCT专利申请手续讲解服务	
			专利申请技术关联调查	
	权利化的支持		中小企业申请、审查金额的半额减免	
			特定业种专利申请时间的提前	
	知识产权战略的活用		知识产权综合支持窗口	
			中小企业等外国申请专利支持	6.26
			中小企业等海外侵权支持	1.32
			国内专家的派遣	
			公开专利情报数据的提供	
战略性的标准化及认证的推进	中小微企业等标准化战略的推进			
	战略性国际标准的推进			41.4
	战略性JIS化的推进	JIS高技能化		7
		基于安心、安全社会构建的JIS化的推进		
	世界通用认证基础的强化			175.2
	与亚洲各国等合作的加强			
二、制造业企业与大学的合作				
大学能力的活用	大学技术研究的产业化		实施从研究到产业化的一体化的支援体制	
	实施与研究成果最相配的研究项目			
	建设产学合作研究平台		制定技术系统革新方案	
	激发区域创新活力		充分调动地方大学的力量	
大学研究成果的利用	专利申请的支持			

项目	分类	内容	金额（亿日元）
三、就业率提升及雇佣的稳定			
雇佣的维持	雇佣调整补助金		82.62
	下岗职工的支援		132.4
劳动力供给能力的强化	雇佣情报的提供		
	雇佣管理的改善		0.14
年轻就业者的支持	年轻无业者自立的支持	与地方年轻人支援机构一起构建用人网络	38.38
其他	希望再就业高龄者的支持	高龄者雇佣保障措施	39.11
		高龄者劳动环境的完善	
	高龄者再就业的促进	介绍接收单位	811.99
	高龄者就业场所的扩大		120.75
四、职业能力的开发及提升			
职业能力开发对策的推进	公共职业训练	开设公共职业训练机构	
	求职者支援		
劳动者自发职业能力开发环境的完善	教育训练辅助制度	对劳动者自付培训费给予一定比例的补助	144.89
五、产业集聚的推进			
新产业集聚、旧产业机能强化以及新产业创出	传统工艺品产业振兴		21
	地区支柱产业的培育		20.5
	区域创新能力的提升		44.8
六、中小企业培育			
中小企业经营的改善	经营创新的推进	公共金融机关融资	
		中小企业信用保险的特例	
	创业的促进	创业、二次创业补助金	
		新创业融资制度	
		税制优惠	
新事业展开推进支援	家乡特产及知名产品推广支持		10
	公共金融机构融资支持		
中小企业海外事业拓展支持	海外规模拓展		34.3
	海外人才培育		24
	海外知识产权保护及专利申请等的支持		

资料来源：日本经济产业省《制造业白书 2017》。

三、对我国制造业发展的启示与借鉴

（一）创新重点产业培育方式

深刻认识未来重点产业发展方向及发展模式，制定适合产业发展的宏观政策，以创造公平竞争市场环境为出发点实施财税金融等支持政策；完善知识产权保护体系，激发重点企业的原始创新能力，为企业提供专利申请等服务咨询；完善相关基础设施以及制定相关规划，为无人驾驶等未来型产业发展提供发展空间；重视物联网等新一代信息技术与重点产业的融合发展，通过融合发展、集成创新等方式，提升重点产业的国际竞争力。

（二）加强适应时代要求的人才培育

设立公立的人才培训机构，提高待业人员的职业技能及知识水平；鼓励企业建设人才培训机构，标准化从业人员的业务流程，提高从业人员质量；重视适应产业革命、科技革命型人才的培养，尤其是人工智能、两化融合等领域的高精尖人才；对工匠精神进行宣贯，培养制造业者对工业产品的精益求精精神，同时鼓励年轻一代继承并发扬传统工艺。

（三）重视区域特色工业的发展

促进产业集群式发展，构建集群创新网络，提升集群创新能力；发挥"一带一路"倡议的作用，推动区域特色工业走出去，加快沿线省市工业转型升级步伐；推动京津冀、长江经济带等区域发展战略的实施，促进区域特色产业体系的形成；通过产业基金、战略性新兴人才的引进等方式，支持区域特色产业的培育。

（四）提高官产学研用联合研发的质量与效率

对大学内的研究项目进行产业化支持，提升大学研究成果的实用化效果；创新官产学研用联合发展体系，实施以项目为核心，集研究、开发、应用于一体的合作模式；建设官产学研用一体化平台，加强研究成果供给与需求对接，提升官产学研用合作效果，提升联合研发的质量与效率。

（五）实施符合我国国情的对外贸易政策

灵活应对世界经济贸易形势的变化，制定符合世界贸易形势与我国经济发展需要的对外贸易政策；将引进来与走出去相结合，积极融入新一轮的全球创新体系，提升我国工业的国际地位；改善国内投资环境，进一步放开部分领域的外资准入限制，吸引更多的世界先进工业企业来华投资。

（中国信息通信研究院　　李贺）

第四章　印度制造业发展现状、政策举措及启示

近年来，印度制造业发展迅速，拥有巨大潜力。2016年至2017年上半年，印度制造业增速虽有所回落，但仍保持中高速增长；工业生产指数稳步上升，发展势头良好；制造业采购经理指数波动较大，制造业抗风险能力仍不够强。为了提升制造业竞争力，印度政府制定了国家制造业政策，主要举措为建立一批国家投资与制造业园区，并在招商引资、监管服务、税收及金融、绿色科技及知识产权、人才培养保障等各方面提供政策支持。政策的全面、全周期和整体性值得我们学习借鉴。

一、2016年印度制造业发展情况

（一）制造业增速回落，但仍保持中高速增长

印度统计和计划执行部（MOSPI）发布的最新数据显示，2016—2017财年（即2016年4月至2017年3月）[39]，印度制造业增加值为3116亿美元（以2011—2012财年为基期价格），较上一财年实际增长7.7%。经历了2014年8.3%、2015年10.3%的高速增长后，2016年制造业增速回落至中高速水平（如图13所示），与2016年中国制造业增加值实际增速6.8%基本处于同一水平。但印度制造业的规模体量仍相对较小，制造业增加值总量仅为中国的十分之一左右。

（二）工业生产指数稳步上升

工业生产指数（IIP）是由印度中央统计办公室计算，覆盖采矿、制造业和电力3个工业领域。近年来发布的工业生产指数以2011—2012财年为100。从2016年1月开始，印度的工业生产指数（IIP）基本保持在115以上，发展势头良好，如图14所示。制造业IIP与全部工业非常接近。在细

---

[39] 印度财年为每年4月至次年3月。

分行业中，药品、医药化工、植物制品增长最快，2017 年 IIP 均在 180 以上，最高的月份达到 227。其他高于整体水平的制造业行业还有服装行业，计算机、电子和光学产品行业。汽车、拖车和半挂车，机械和设备，电气设备，制造金属制品，化学品和化工产品等行业 2016 年、2017 年的 IIP 低于整体水平。纺织品、焦炭和精炼石油产品、橡塑制品等行业与制造业整体水平基本一致。

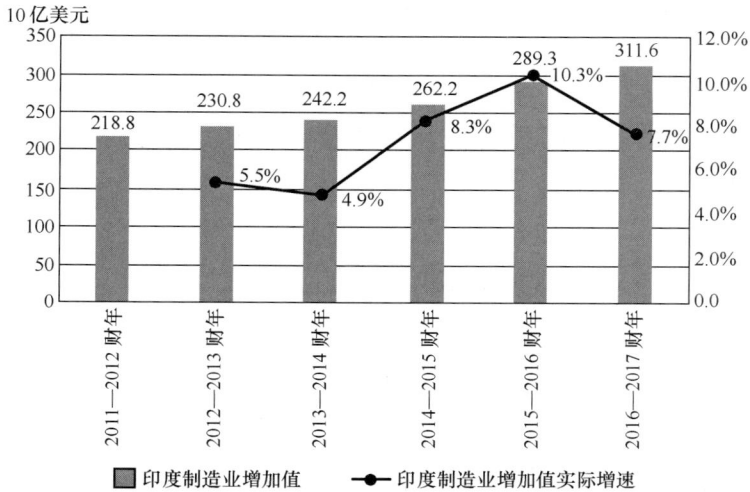

图 13　印度制造业增加值及增速（数据来源：印度统计和计划执行部）

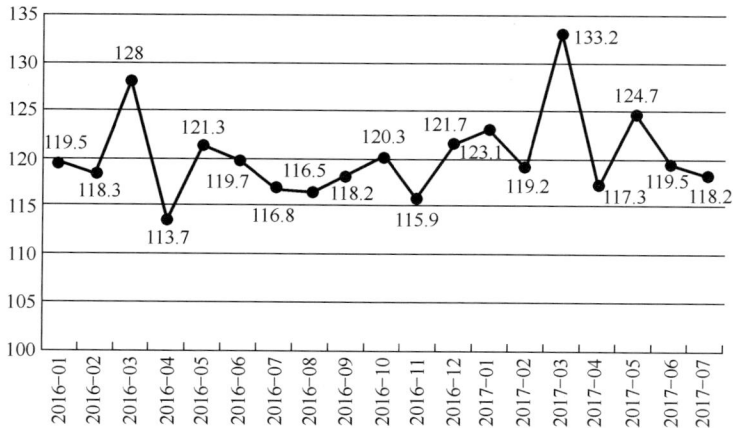

图 14　印度工业生产指数（数据来源：印度统计和计划执行部）

（三）制造业采购经理指数波动较大

近五年，印度的制造业采购经理指数（PMI）大多数月份均保持在 50 以上，表明制造业在持续增长；除了 2013 年 8～10 月连续 3 个月 PMI 低于 50 外，其余大部分月份均在 50～55 之间波动。

相比中国较为平稳的 PMI 走势，印度 PMI 月度变化较大，如图 15 所示。2016 年下半年至今，印度 PMI 呈现下降趋势，由 2016 年 10 月的 54.40 降至 2017 年 7 月的 47.90。相比中国近一年来 PMI 的稳步上升，印度 PMI 的波动表现了制造业的抗风险能力仍不够强。

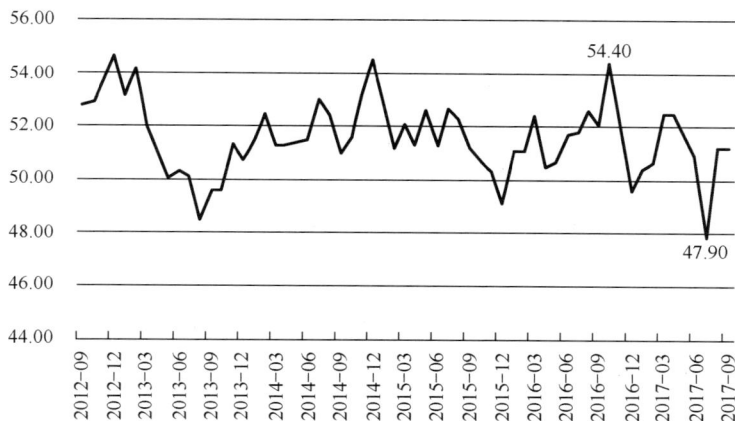

图 15　印度制造业采购经理指数（数据来源：根据新闻整理）

二、促进制造业发展的新举措

（一）全面提升制造业竞争力政策

2004 年，印度"经济改革之父"曼莫汉·辛格下决心调整产业结构，要迅速扩大制造业在整个国民经济中的比重，自此印度制造业开始步入快速发展的轨道。印度商业和工业部于 2011 年 11 月发布了《国家制造业政策》，制定了 2025 年前着力推进制造业发展的中长期规划。这项政策是迄今为止最重大、影响最深远的制造业政策。2005—2010 年，印度制造业年复合增长率为 8.5%。《国家制造业政策》制定的目标是，制造业增速在五年内由 9%提高到 12%～14%；到 2022 年，制造业占国内生产总值的比重从当前的 16%提高到 25%。为了达到这个目标，这项政策需要创造 1 亿个工作岗位，并支持所需的技能培训项目。其他相关政策包括：建立一批国家投资与制造业园区；发展中小企业；设立产业技能培训项目；促进绿色制造；简化监管审批流程等。

除此之外，这项政策还致力于改善基础设施、建立科技发展的金融和制度支持、增强国内产能并促进出口，全方位、多角度综合提升印度制造业的国际竞争力。

国家制造业政策的目标和愿景是：

在中期达到制造业年增速 12%～14%；

到 2022 年，制造业占全国 GDP 的比例达到 16%～25%；

到 2022 年，增加 1 亿个制造业工作岗位；

帮助农民工和城市贫民获取工作技能；

提高制造业的科技含量和附加值；

增强印度制造业的国际竞争力；

保证可持续增长，特别是在环境领域。

2014 年 9 月，印度总理提出"印度制造"（Make in India）计划，作为国家建设计划以及国家制造业政策的一部分。"印度制造"计划致力于把印度转型为全球设计和制造中心，是对紧要形势的及时反应。2013 年，备受瞩目的新型市场经济泡沫爆发，印度的经济增速下降到近十年来的最低谷。对金砖国家的过高期望已经不切实际，除中、俄外的其他金砖三国，即印度、巴西、南非，被列为脆弱五国（Fragile Five）。在此背景下，"印度制造"计划是对不利经济形势的回应和对策。

（二）产业布局与招商引资政策

建设"国家投资与制造业园区（NIMZ）"是国家制造业政策的重要部分。国家投资与制造业园区是大型工业绿地投资园区，致力于发展世界级的制造业。园区最小面积为 50 平方公里，工厂占地至少为 30%。印度中央政府将负责园区外部铁路、公路、港口、机场和电信等基础设施的总体规划、建设和翻新，提供提高生产力、职业技能发展和促进国内外投资的支持。园区的划定将由各州政府决定。州政府负责水和电的供应、基础设施建设、环境影响的研究，以及原土地所有者的拆迁补偿和重新安置。土地的获取主要由州政府负责。

各级政府的政府采购将优先面向国家投资与制造业园区入驻企业。2016—2017 财年，国家制造业政策已为"国家投资与制造业园区总体规划和发展基金"拨款 51.5 万美元。截至 2017 年 8 月，已有 22 个园区原则上获得批准。

国家投资与制造业园区将简化监管环境，所有审批都有明确的时间节点。在符合条件的情况下，印度中央和各州政府将提供有关用工、环境等领域规章制度的豁免。政府也将制定与公共或私营机构的合作机制，在政府机构总体监管的模式下，提供政府检验检测服务。中央和各州政府的审批流程将逐步转移至网上审批。政府还将开发统一的申请表和注册号，需要向多个部门提交的多份材料将简化为一份按月或按季度提交的材料。园区内企业的审批将由统一的窗口服务。园区企业在资产转移上也将得到园区的协助。如果一家企业想要退出，园区管理机构将协助其进行资产的转移。如果想要出售资产的企业在 3 年时间内有计划在任何一家国家投资和制造业园区内购买新工厂或设备，将免除出售工厂或设备的资本利得税。

（三）绿色科技发展政策

国家制造业政策对绿色科技发展非常重视。在绿色科技发展上，国家制造业政策将在已有激励政策的基础上，引进新的机制和绿色技术。政府已提案一项技术获取和发展基金，用于获取特定技术和创建专利库，发展控制污染和减少能耗的国产制造设备。这项基金还将作为自主专利库和授权机构。基金将向专利所有者购买知识产权。任何想要利用知识产权用于生产或研发产品的企业均可向专利库支付使用费购买权限。除了对于生产用于控制污染、减少能耗和水资源保护的设备、机械和装置的项目的鼓励政策以外，中小企业如使用专利库获取相关技术，将享有最高 30 769.23 美元的费用返还。

对于生产用于控制污染、减少能耗和水资源保护的设备、机械和装置的项目，将有 5% 的利息偿付和 10% 的资本补贴等优惠政策。对于中小企业，因为审核发生的费用，将有 25% 的补贴（补贴封顶 1538.46 美元）。对于零排放废水的企业，将有 10% 的一次性资本补贴。对于建立废水回收再利用设施的企业，将有水费优惠。对可再生能源的优惠政策将按照现有政策执行。对达到印度绿色建筑委员会绿色评级或综合生态评价的，将给予 3076.92 美元的奖励。

（四）中小企业扶持政策

除此以外，还有其他专门面向中小企业的政策支持。例如，滚转冲抵中小企业销售住宅用于再投资产生的资本利得税；对制造业中小企业的风险投资也有税收优惠政策。在金融支持上，制造业中小企业将享有银行贷款的优先权和便利措施，政府还将建立中小企业的股权交易机制。政策还将在特定领域进行政府采购，主要包括太阳能设备、电子硬件、节能运输设备、IT 支持的安全系统、能源、公路、铁路、航空和港口等关键技术。

（五）人才培养保障政策

除了对园区和企业的政策外，政府还将针对大量较低教育程度的劳动力进行产业培训和技能提升。相关职业和技能培训将通过 PPP 模式建立的产业培训学院进行。专项技能的培养将通过职业技术学校进行。在每个国家投资与制造业园区，还将设立讲师培训中心。

三、对我国制造业发展的启示和未来展望

印度"国家制造业政策"一系列政策措施设计全面、考虑周全，在原有优惠政策的基础上为"国家投资与制造业园区"制定了更有吸引力的政策。政策覆盖了从招商引资、企业入驻到生产经营乃至退出机制等全套生命周期，范畴包含了土地、税收、金融支持、科技知识产权支持、人才培养等影响印度制造业投资的关键问题，对印度发展制造业的困难短板具有针对性。政策还特别考虑到了由失业保障政策和偿债基金共同构成的投资企业退出机制。对于开拓并不熟悉的新兴市场的外资机构，退出机制也是作为重要保障的"定心丸"。但由于印度的国家制造业政策是自上而下的国家级层面、全国一体化的政策，产业定位导向并不突出，且相关政策多数仍处于规划阶段，规划中的项目、机制、基金等措施尚未落实执行，政策落地执行的效果

仍有待评估。

　　印度虽然在技术、管理、基础设施和物流等方面还较为落后，但拥有 13 亿人口的庞大市场是印度发展制造业的最大优势。印度在劳动力密集型产业特别是服装、电子等制造业行业增长迅速，发展势头较好，具有巨大潜力。

　　　　　　　　　　　（中国信息通信研究院　　　张婧姝）

后　记

　　《中国工业发展报告》自 2012 年面世至今，已经是连续第六年出版。2017 年，我们进一步创新组织模式、强化研究深度、深化质量把控、丰富研究内容，立足当前工业发展的时代背景和历史阶段，围绕主要问题和热点议题，对中国工业发展进行全面解读和深入研判，以期为读者提供更全面、更准确、更具前瞻性和参考价值的研究报告。

　　近年来，中国信息通信研究院围绕工业供给侧结构性改革、新旧动能转换、工业经济质量评价、工业形势研判、工业发展战略等领域开展了大量的研究工作，形成了系列研究成果。同时，我院组织建设了国家制造强国产业基础大数据平台，整合政府机构、研究院所、行业协会、微观企业等相关数据资源，为本报告的研究提供了强大的数据支持。本报告是上述研究成果的系统集成和综合体现，希望本报告的内容能够引起社会各界对新时代我国工业转型发展的深入思考和热烈讨论，共同推进我国工业实现高质量发展。

　　本报告征求了工业和信息化部相关司局的意见，并在相关司局指导下修改完善。中国石油和化学工业联合会、中国钢铁工业协会、中国有色金属工业协会、中国建筑材料联合会、中国汽车工业协会、中国机械工业联合会、中国纺织工业联合会、中国轻工业联合会、中国医药企业管理协会、中国电子信息行业联合会等单位为本报告提供了高水平的稿件，在此一并表示感谢！对于报告中的不足之处，真诚欢迎社会各界给予批评和指正！

编　者

2017 年 11 月